华东政法大学研究生系列规划教材

华东政法大学
教材建设和管理委员会

主　　任　郭为禄　叶　青
副 主 任　韩　强
部门委员　虞潇浩　杨忠孝　洪冬英
　　　　　屈文生　陆宇峰
专家委员　王　迁　孙万怀　杜素娟
　　　　　余素青　任　勇　钱玉林

电子数据
司法实务

王学光 ◎ 编著

北京大学出版社
PEKING UNIVERSITY PRESS

图书在版编目(CIP)数据

电子数据司法实务/王学光编著.—北京:北京大学出版社,2022.12
ISBN 978-7-301-33737-0

Ⅰ.①电… Ⅱ.①王… Ⅲ.①电子技术—应用—司法鉴定—研究 Ⅳ.①D918.9-39

中国国家版本馆 CIP 数据核字(2023)第 028546 号

书　　　名	电子数据司法实务 DIANZI SHUJU SIFA SHIWU
著作责任者	王学光　编著
责 任 编 辑	李小舟
标 准 书 号	ISBN 978-7-301-33737-0
出 版 发 行	北京大学出版社
地　　　址	北京市海淀区成府路 205 号　100871
网　　　址	http://www.pup.cn　新浪微博:@北京大学出版社
电 子 信 箱	sdyy_2005@126.com
电　　　话	邮购部 010-62752015　发行部 010-62750672　编辑部 021-62071998
印 刷 者	天津中印联印务有限公司
经 销 者	新华书店
	730 毫米×980 毫米　16 开本　19 印张　367 千字 2022 年 12 月第 1 版　2022 年 12 月第 1 次印刷
定　　　价	78.00 元

未经许可,不得以任何方式复制或抄袭本书之部分或全部内容。
版权所有,侵权必究
举报电话:010-62752024　电子信箱:fd@pup.pku.edu.cn
图书如有印装质量问题,请与出版部联系,电话:010-62756370

春华秋实结硕果 奋进征程启新篇

——华东政法大学研究生系列规划教材总序

中国特色社会主义进入新时代，在迈向建设社会主义现代化国家的新征程上，党和国家事业发展迫切需要培养造就大批德才兼备的高层次人才。习近平总书记强调，研究生教育在培养创新人才、提高创新能力、服务经济社会发展、推进国家治理体系和治理能力现代化方面具有重要作用。为全面贯彻落实全国教育大会、全国研究生教育会议精神，切实提升研究生教育支撑引领经济社会发展能力，加快新时代研究生教育改革发展势在必行。为此，亟需优化研究生课程体系，加强研究生教材建设，创新研究生教学方式，突出研究生的创新意识和创新能力培养，切实提升研究生人才培养质量。

春华秋实结硕果，华东政法大学喜迎七十华诞，经过70年的建设和发展，华政已由一所不足1000人的单一学科院校成长为一所以法学学科为主，兼有经济学、管理学、文学、工学等学科的办学特色鲜明的多科性的高水平地方大学，被誉为"法学教育的东方明珠"。华政研究生教育也已走过40年的非凡历程，回首过往，教授们在课堂上传播知识、分享见解，他们的讲义、讲稿都是浓缩的精神财富，弥足珍贵。教材是教师思想智慧和研究成果的结晶，是传播知识和传递价值的重要载体，是师生学习和交流的重要工具，在教学中具有教育引领和立德树人的重要作用。为贯彻落实上海市人民政府《关于本市统筹推进一流大学和一流学科建设实施意见》（沪府发〔2018〕7号）、上海市教育委员会《上海高等学校创新人才培养机制 发展一流研究生教育试行方案》（沪教委高〔2018〕75号）和我校"十三五"发展规划纲要，深入推进研究生教育质量保障体系建设和专业学位综合改革，提升我校研究生培养质量，我校于2019年开始实施地方高水平大学和一流研究生教育引领计划系列项目建设，包括对10个研究生教材建设项目进行资助，自此有序迈开我校研究生教材建设的步伐。

根据《教育部 国家发展改革委 财政部关于加快新时代研究生教育改革发展的意见》（教研〔2020〕9号）、《上海市教育委员会 上海市发展和改革委员会 上海市财政局关于加快新时代上海市研究生教育高质量发展的实施意见》（沪教委高〔2021〕42号）等文件精神，我校紧密结合经济社会发展需要，根据学科和人才培养特色，规范研究生核心课程设置，开好学科基础课程、核心课程和前沿课程，制定交叉学科专门的课程体系,着力打造我校研究生精品示范课程。为更好地提供课程配套教材,提升课程教学质量,推动优质资源共享,我校组织开展了研究生系列规划教材建设工作,主要包含以下几个方面:

一是建设习近平法治思想专项研究生教材。为深入学习贯彻习近平法治思想,推进习近平法治思想"三进"工作,把习近平法治思想有效融入课程思政建设,立项资助习近平法治思想专项教材,要求充分体现习近平关于全面依法治国、建设法治强国等方面的新理念、新思想和新战略。**二是建设研究生专业基础课和专业核心课教材。**面向我校法学学科以及其他特色优势学科的研究生专业基础课和专业核心课,建设一批专业课教材,夯实学科基础。要求体现本学科专业优势和特色,在内容和体系上有明显特色和创新,及时吸纳最新科研和教研成果。**三是建设研究生交叉学科教材。**为加强我校交叉学科、新兴学科建设,激发学校创新活力,提升学科竞争力,建设一批高质量的法学与其他学科交叉教材,体现我校特色和优势,为国家法治建设作出新的贡献。**四是建设专业学位研究生实务教材。**为保证我校专业学位研究生复合型、应用型人才培养目标的实现,提高专业学位研究生课程教学的实效性,建设一批高质量的实务教材,编写的案例应以培养学生实践能力和职业技能为导向,要符合应用性、典型性、客观性、创新性要求。

我校研究生系列规划教材建设具有鲜明的特色和优势,我认为主要体现在以下几点:

第一,立德树人,坚持政治和学术标准统一。我校研究生教材建设立足为党育人、为国育才的使命,坚持立德树人,坚持思想政治教育和科学教育并重,要求政治标准和学术标准相统一。大力加强研究生课程思政建设,坚持习近平新时代中国特色社会主义思想和社会主义核心价值观进教材、进课堂、进头脑,把研究生课程教材质量作为学校学位点合格评估、学科发展水平、教师绩效考核和人才培养质量评价的重要内容和重要大事来谋划和落实,力求站位高、标准严、评审细、成效好。

第二,专家领衔,确保研究生教材质量有保障。我校研究生教材建设提倡组建团队集体编写,在此基础上进一步打造一支较为稳定的研究生课程教学团队。学校立项资助的研究生教材主编基本上都是各个学科领域的优秀知名专家,具有丰富的经验,已编写出版过高质量的教材,且对本领域的重点和前沿问题发表有很高质量的研究成果。编写的研究生教材内容能够充分反映各学科的最新研究成果,在国内同类教材中具有鲜明的特色或具有先进性。学校组织校内外同行专家进行教材书稿评审验收,以严格的过程管理和成果验收机制,充分发挥专家的作用,确保研究生教材的质量有保障。

第三,百花齐放,建设研究生品牌教材体系。围绕上海市地方高水平大学和一流研究生教育建设目标,学校通过立项资助鼓励广大教师积极开展教材研究,编写出版高水平高质量教材，建设并形成具有华政特色的研究生品牌教材体系。其中，既有各个法学学科领域的重点经典专题研究类教材，也有数字法治人工智能等前沿问题探讨类教材；既有适合学术学位研究生的理论型教材，也有针对专业学位研究生的实务型教材；既有向纵深拓展的专业学科教材，也有横向宏阔视野的交叉学科教材。充分呈现了华政研究生教材建设百花齐放的美好态势。

第四，国际视野，全面助力涉外法治人才培养。 华政始终坚持"开门办学、开放办学、创新办学"的发展理念，在科学研究、人才培养、社会服务、国际交流与合作、文化传承与创新等方面承担起社会主义政法院校应有的责任，历来注重涉外法治人才的培养。我校国际法系曹建明教授主编的《国际经济法概论》荣获司法部普通高校法学优秀教材一等奖，曹建明教授和贺小勇教授主编的《世界贸易组织》获得上海普通高校优秀教材二等奖，朱榄叶教授和贺小勇教授的专著《WTO争端解决机制研究》荣获司法部第三届全国法学教材与科研成果三等奖，何勤华教授主编的《外国法制史》获得司法部第二届法学教材与科研成果三等奖、上海市高校优秀教材一等奖，丁伟教授主编的《国际私法学》获得上海普通高校优秀教材三等奖，刘晓红教授和袁发强教授主编的《国际商事仲裁》以及王虎华教授主编的《国际公法学》荣获上海普通高校优秀教材二等奖，等等。2021 年 2 月，根据教育部的通知要求，我校进一步加大法律硕士专业学位（涉外律师）研究生人才的培养力度。2021 年 4 月，我校成立了最高人民法院国际合作局司法协助研究基地，致力于培养大批德法兼修的高素质涉外法治人才。2021 年 9 月，我校受司法部律师工作局委托，承担法律硕士专业学位（涉外律师）研究生培养项目联合培养工作，学校也对此项目相关的研究生教材予以倾斜资助，全面助力高端涉外法治人才的培养。2022 年，学校率先在全国成立了独立运行的二级学院——涉外法治学院，培养国际知识产权法律、国际组织人才。

研究生教育肩负着高层次人才培养和创新创造的重要使命，是国家发展、社会进步的重要基石，是应对全球人才竞争的基础布局。我校现在推出的研究生系列规划教材，紧密结合当前经济社会实际，体现了我校研究生导师的最新研究成果，反映了本学科领域发展的动态前沿，我们相信它们是符合广大研究生的学习需求的，也相信能收获研究生教材建设项目的预期成效。

今后，我校将坚持以习近平新时代中国特色社会主义思想为指导，全面贯彻党的教育方针，坚定走内涵式发展道路，以立德树人、服务需求、提高质量、追求卓越为主线，不断推出研究生精品课程和高质量品牌特色教材，为有效提升研究生人才培养质量，为实现中华民族伟大复兴的中国梦作出新的更大的贡献！

叶 青
2022 年 12 月

前　　言

　　电子数据的研究涉及了法律、计算机犯罪和司法鉴定等各个学科。国内电子数据相关书籍大致分为两类：一类是以技术为主要内容的计算机犯罪、电子数据取证的专著、教材，另一类是以电子数据相关法律为讲述内容的专著、教材。而结合电子数据司法实务，也就是既包括电子数据基本知识的讲解、电子数据取证的实际案例，又涵括实际诉讼案件中电子数据相关问题的书籍，国内基本上少之又少，可以说是存在空缺。本书就是基于现在国内电子数据相关书籍状况，结合电子数据的实际技术和案件诉讼中的相关司法问题编写而成，是一本十分贴近司法实务的实训教程，也是本科生、研究生在研习有关电子数据相关案例时很好的教学指引。

　　本书包括"电子数据理论及实例"与"电子数据案例辨析"两大部分，介绍了电子数据的基础知识，并通过取证与司法鉴定的实训案例，以及刑事、民事、行政案例的解读辨析，对电子数据的相关问题进行了探讨。与现在国内外电子数据相关书籍更偏向于理论讲述相比，本书以培养学生实践能力和职业技能为导向，是理论与实务相结合，且更偏向于实务的电子数据教程。电子数据是新兴的证据形式，在信息社会快速发展的今天，如果学生掌握了解有关电子证据的方法和理念，对于其今后的学术研究和职业发展都将有很大的帮助。

　　本书是关于电子数据司法实务相关内容的编著，力求在理论联系实务方面为电子数据司法实践提供一些参考和帮助，在撰写的过程中难免会存在一些不足之处，恳请各位专家、学者不吝指正，同时虚心接受各界的批评。

王学光

2022 年 10 月

于上海·华东政法大学

目 录

上篇 电子数据理论及实例

第一章 电子数据概述 (3)
  第一节 计算机犯罪 (3)
  第二节 电子数据 (5)
  第三节 我国电子数据相关立法、法规、司法解释 (13)
  第四节 电子证据相关问题 (16)

第二章 电子数据取证与司法鉴定 (22)
  第一节 电子数据取证概述 (22)
  第二节 电子数据司法鉴定 (46)
  第三节 电子数据取证及鉴定规范 (72)

第三章 电子数据取证及鉴定实例 (106)
  第一节 易失性数据收集 (106)
  第二节 常见用户痕迹数据的收集 (113)
  第三节 基于文件系统的磁盘数据取证 (121)
  第四节 利用第三方电子数据存证平台取证 (132)
  第五节 IP地址重定向 (137)
  第六节 软件反编译 (140)
  第七节 网络取证技术 (143)
  第八节 服务器取证技术 (150)
  第九节 内存取证技术 (156)

下篇 电子数据案例辨析

第四章 刑事诉讼中的电子数据 (163)
  第一节 滴滴打车空姐遇害案 (163)
  第二节 暗网案件——"丝绸之路"网站案 (172)

第三节　快播案……………………………………………………（180）
　　第四节　复旦大学研究生林森浩投毒案…………………………（194）
　　第五节　红黄蓝幼儿园虐童案……………………………………（202）

第五章　民事诉讼中的电子数据…………………………………（212）
　　第一节　张某武诉陈某雄合作合同案……………………………（212）
　　第二节　奇虎360与腾讯纷争案("3Q大战")……………………（225）
　　第三节　今日头条与腾讯纷争案("头腾大战")…………………（244）
　　第四节　微软与上海大亚信息产业有限公司计算机软件著作权
　　　　　　纠纷案……………………………………………………（267）
　　第五节　华泰一媒公司诉道同公司著作权侵权案………………（274）

第六章　行政诉讼中的电子数据…………………………………（285）
　　第一节　牛某诉黔东南州公安局交通警察大队案………………（285）

后　　记………………………………………………………………（294）

上篇 电子数据理论及实例

第一章 电子数据概述

第一节 计算机犯罪

一、计算机犯罪概念

自1946年世界上第一台计算机诞生,经过七十多年的发展,计算机等相关技术已经成为当今世界应用领域的核心技术。无论在我国还是在世界上其他国家,计算机和互联网技术在各领域都被广泛地使用,并发挥着巨大的作用。计算机、互联网的发展给人类带来了前所未有的便捷,但同时也滋生出与之有关的违法犯罪活动。计算机犯罪(Computer Crime)始于20世纪60年代,到了80年代特别是进入90年代后,呈愈演愈烈之势。计算机犯罪不仅会给受害者造成巨大的经济损失,而且会扰乱社会的经济秩序,对各国的国家安全、社会文化等都构成威胁。

到目前为止,国际上尚未对计算机犯罪形成一个公认的定义。从法学角度,计算机犯罪一般是指行为人故意实施在计算机内,以资源为对象或以计算机为工具危害计算机产业的正常管理秩序,违反计算机软件保护及信息系统安全保护制度等法规,侵害与计算机有关权利人的利益,以及其他危害社会、情节严重的行为。我国公安部计算机管理监察司提出的定义则是:"以计算机为工具或以计算机资产为对象实施的犯罪行为",并进一步解释:"工具是指计算机信息系统(包括大、中、小、微型系统),也包括在犯罪进程中计算机技术知识所起的作用和非技术知识的犯罪行为。犯罪一词中包含了危害社会和应处以刑罚的含义"。[①]

二、计算机犯罪状况及发展趋势

计算机犯罪是一种与时代同步发展的高科技犯罪。然而,由于计算机犯罪的隐蔽性和匿名性等特点,使得对计算机犯罪的侦查非常困难。据统计,在美国,2001年被报道的计算机犯罪只有11%,其中仅1%的罪犯被侦查过,而85%以上的犯罪根本就没有被发现。2006年美国FBI统计数据显示,616家接受统计的企业中,有52%企业的计算机系统曾遭到非法使用,几乎所有企业的网站

---

① 参见公安部计算机管理监察司:《计算机安全必读》,群众出版社1990年版,第15页。

都遭受过攻击;其中,313家被统计企业在这一年里因为计算机和网络安全事故总共损失了超过5200万美元。2014年美国国际战略研究中心研究发现,网络犯罪给全世界带来的损失约在3450亿美元和4450亿美元之间,这一数值占当时全球GDP的0.62%。ForgeRock《消费者身份信息违规报告》公布的统计数据显示,至2019年,网络盗窃造成的经济损失年平均增长率约为11%,网络犯罪分子在2019年暴露了超过50亿条数据记录,给美国组织造成了超过1.2万亿美元的损失。在新冠疫情期间,德国西部北威州政府由于未能建立安全机制,使用网站分发冠状病毒紧急援助资金时遭遇了钓鱼攻击,直接损失数千万欧元。而这一趋势将继续增长,预计到2024年,网络犯罪给全世界带来的损失所占全球GDP的百分比将增长近70%,到时全球损失将超过5万亿美元。

在我国,虽然没有计算机与网络安全问题造成经济损失的正式统计报告,但是网上诈骗、银行卡盗用、信用卡伪造、网络赌博和有害信息发布等事件屡见不鲜,且有继续增长的态势。根据公安部公共信息网络安全监察局发布的信息,近年来我国的计算机违法犯罪案件一直呈上升趋势,1998年立案侦查计算机违法犯罪案件仅为百余起;2000年剧增至2700余起,2005年则到了2万余起;2012年全国公安机关累计破获计算机违法犯罪案件11.8万余起。[1] 根据最高人民检察院公布的相关数据,至2019年,检察机关共起诉涉网络犯罪案件14万余人,共起诉帮助信息网络犯罪活动、非法利用信息网络、侵犯公民个人信息犯罪等案件1.1万余件合计2.7万余人。计算机犯罪不仅给政府、企业及网民带来了经济损失,而且给青少年的道德教育带来了消极影响。

现在,计算机违法犯罪存在五个值得注意的动向:一是利用计算机制作、传播色情、淫秽物品的案件十分突出;二是利用计算机网络侵犯公私财物的案件呈多发趋势;三是危害计算机信息网络安全的案件增幅较大,如计算机病毒在网上的传播及各种木马软件的横行;四是侵犯公民人身权利和民主权利的案件增多;五是利用互联网危害国家安全的案件持续上升。

一方面,从计算机犯罪现状看,未来计算机犯罪正朝着计算机罪犯年轻化、工具普及化、专业分工化以及黑客横行等方向发展。另一方面,从国家安全角度看,未来计算机犯罪正朝着计算机犯罪社会化、犯罪国际化、犯罪的政治因素增加以及受害损失程度增大、数量增多等方向迈进。

---

[1] 参见《2012年中国互联网违法犯罪问题年度报告》,中国人民公安大学警务改革与发展研究中心2013年1月18日发布。

第二节 电子数据

为了应对基于计算机、网络等的违法犯罪活动,世界各国从二十世纪八九十年代就开始对计算机犯罪活动进行研究和立法探索。经过多年的发展,逐步形成了对于计算机犯罪中电子数据证据(简称电子证据)的获取及电子数据相关立法的完善过程。

从违法犯罪涉及计算机、网络方面以来,电子证据历经了从不被采纳到逐步认可、从书面电子化到电子证据的演变发展过程。但电子证据不仅仅只在刑事诉讼中存在,在民事诉讼和行政诉讼中也同样存在。自2012年起,我国三大诉讼法相继将电子数据修订增补为法定证据,从而确立了电子数据作为证据的法律地位。

一、电子数据概念

电子数据是指通过电子信息技术形成的以数字化形式存储、处理和传输的数据信息,如电子邮件、聊天记录、系统日志、数字多媒体信息(文本、语音、图像和视频)、计算机程序数据等。电子数据范围比较宽泛,但诉讼中所涉及的与案件有关的电子数据指的是电子证据,即案件发生过程中形成的,以数字化形式存在的,能够证明案件事实的数据。2015年2月4日施行的《最高人民法院关于适用〈中华人民共和国民事诉讼法〉的解释》(以下简称《民事诉讼法解释》)指出,网上聊天记录、博客、微博客、手机短信、电子签名、域名等形成或者存储在电子介质中的信息,可以视为民事案件中的证据。这为电子证据给出了一些具体范例。

对于电子数据、电子证据,我国相关法规及司法解释也给出过一些相应的定义,例如:

(1) 2005年3月颁布的《公安机关电子数据鉴定规则》(公信安[2005]281号)第2条:本规则所称的电子数据,是指以数字化形式存储、处理、传输的数据。

(2) 2009年4月下发的《人民检察院电子证据鉴定程序规则(试行)》第2条:电子证据是指由电子信息技术应用而出现的各种能够证明案件真实情况的材料及其派生物。

(3) 2016年9月两高一部联合下发的《关于办理刑事案件收集提取和审查判断电子数据若干问题的规定》(以下简称《电子数据若干问题的规定》)第1条:电子数据是案件发生过程中形成的,以数字化形式存储、处理、传输的,能够证明案件事实的数据。

二、电子证据的特点

电子证据作为一种新的证据类型,与传统的证据类型相比较具有以下特点:

(1) 精确性。电子证据是基于电子信息技术形成的数据,很少受主观因素的影响,能够避免其他证据的一些弊端,如证言的误传、书证的误记等。

(2) 脆弱易逝性。由于电子数字信息是用二进制数据表示的,以数字信号的方式存在,而数字信号是非连续性的,因此故意或因为差错对电子证据进行的变更、删除、剪接、截收和监听等,从技术上很难查清,而且随着时间的推移及环境影响,电子数据可能会产生损失。

(3) 隐蔽性。电子证据在计算机系统内可存在的范围很广,使得其容易被隐藏。另外,由于电子证据在存储、处理的过程中,其信息的表示形式为二进制编码,一切信息都由这些编码来传递,使得电子证据极易改变原来的形式而隐蔽在其他电子数据中。

(4) 复合性或多样性。电子证据的表现形式是多样的,尤其是多媒体技术的出现,更使电子证据综合了文本、图形、图像、动画、音频、视频等多种媒体信息,这种以多媒体形式存在的电子证据几乎涵盖了所有传统证据类型。

(5) 易扩散性。电子数据具有极强的可复制性。例如,以电子邮件发送信息,要比发送纸质文件的扩散性强大得多。在网络中,一份电子文件可以同时被发送给多个接收端,而且此时电子文件的原件与复制件间没有实质上的差别。

此外,电子证据还具有收集迅速、易于保存、占用空间少、容量大、传送和运输方便、可以反复重现、易于使用、便于操作等特点。

三、电子证据发展概况

为了应对基于计算机、网络等的违法犯罪活动,世界各国从二十世纪八九十年代就开始了对于相关犯罪活动的立法探索和研究。国际上,国际法律界已赋予电子数据的证据地位并努力完善电子证据的立法结构。例如,早期在大陆法系国家中,由于其规定凡是能够证明案件真实情况的事实都可以被法庭采纳,对证据种类限制较少,因此电子证据虽然缺乏立法上明确的规定,但仍可被使用。而英美法系国家奉行"最佳证据规制",认为原件才是最可信、最可靠的证据形式。由于电子证据不存在传统意义上的"原件",其原件只是一堆人们无法肉眼识别的电、磁、光信号,人们看到的是其外在表现形式,这就使得电子证据在诉讼或仲裁中的应用受到限制。

(一) 大陆法系

1. 德国

德国对于电子证据方面的立法开始得较早,自二十世纪八九十年代起,德国就开始对在使用信息及网络技术实施的新型犯罪上,国内刑法能否对其提供充分的惩戒方面进行了审查、修改和补充。《德国刑法典》[①]第 202a 条(1986 年设立,2007 年修改)、第 202b 条(2007 年设立)、第 202c 条(2007 年设立)、第 303a 条分别规定了刺探数据、截留数据、预备刺探或者截留数据、数据篡改的刑责,并且对"数据"进行了解释(数据是指仅通过电子、磁性或者其他不可直接感知的方式存储或传输的数据);第 263a 条(1986 年设立,1998 年轻微修改)对计算机诈骗进行规定,且其刑罚较一般性犯罪行为起点更高,为五年。此外,《德国刑法典》还对网络色情犯罪、通过互联网宣扬暴力的犯罪以及利用互联网煽动民众的犯罪进行规定。

《德国民事诉讼法典》[②]并没将电子证据纳入严格证据体系,但是其第 298a 条和第 371a 条都明确了电子文件的证明价值和方式。《德国民事诉讼法典》中电子证据的地位没有与严格证据相对等,仅以其他方式表达出证据可采性。《德国刑事诉讼法典》[③]中也没有直接和具体地说明电子证据,而是规定了电子证据的取证规则。其中,第 99 条说明了电子证据的可扣押情形;第 99b 条主要规定了电子文件(电子证据)的保全规则、传输方式,以防数据丢失及保证电子证据的完整性和合法性;第 100 条是对电子证据进行扣押后的合法处置要求及方式;第 100g 条则规定了可合法收集相关电子证据(涉及生活、交通等隐私数据)的犯罪类型以及收集内容和要求。

此外,在有关电子证据的综合性立法上,德国有 1996 年的《信息 2000 年——德国进入信息社会之路》,其为信息社会制定了初步的法律框架。1997 年,德国出台了世界上第一部规范互联网的法律——《信息和通信服务规范法》,此法由《电信服务法》《数据保护法》《数字签名法》三部法律组成,涉及了互联网的方方面面,涵盖了网络服务提供者的责任、个人数据保护、网络犯罪、未成年人保护、版权保护等各方面。在计算机犯罪方面,除了基本的《德国刑法典》,还有 2004 年《电信法》、2007 年《网络犯罪公约》和《关于打击计算机犯罪的框架决议》。在个人数据保护方面,有 1977 年德国联邦制定的《联邦数据保护法》,进入 21 世纪之后,为适应网络和技术的发展,其先后进行了 4 次修订。德国的其他电子证据相关法律还有《关于电子签名框架的立法》(Gesetz über Rahmenbe-

---

① Strafgesetzbuch(StGB), https://www.gesetze-im-internet.de/bundesrecht/stgb/gesamt.pdf, 2016 年 2 月 10 日访问。

② Zivilprozessordnung, https://www.gesetze-im-internet.de/bundesrecht/zpo/gesamt.pdf, 2016 年 2 月 10 日访问。

③ Strafprozeßordnung, https://www.gesetze-im-internet.de/bundesrecht/stpo/gesamt.pdf, 2016 年 2 月 10 日访问。

dingungen für elektronische Signaturen)①,它是在《欧盟电子签名指令》的指导下出台的,以保障电子商务交易安全。

2. 法国

法国没有专门的证据法典,对于电子证据的直接相关规定,大多来自本国的民事和刑事相关法律法规。

在民法领域中,《法国民法典》②第 1316 条规定:"由一系列文字、字母、数字、或其他任何具有可理解的符号或标志组成的内容,无论其载体和传输方式,均为书证。"第 1316-1 条规定:"以电子形式形成的文书与书面形式的书证均视为证据,前提是完成或做出该文书的人能够正式地得以识别,该文书的制作与保管的条件应能保持其完整性,签字应与签名人相一致,并代表当事人对由该行为所产生义务的同意。"可见,电子证据在此处虽然是电子数据形式,但只要像书证一样能够表达出类似书证的含义就是证据,电子签名的效力得以法律确认。《法国民事诉讼法》③没有直接对电子数据进行解释和说明,更没有将电子数据明确定为法定证据,而仅在第 287 条规定了电子签名的有效完整可以对案件真实情况加以佐证,其完整性要求应同于《法国民法典》第 1316-4 条。

《法国刑法典》④主要在侵犯人身以及侵犯财产的犯罪中提及计算机数据。第 226-16 条(2004 年修订)规定,未经法定程序,擅自处置人身性电子数据应当受到刑罚,本罪包含过失犯罪。第 226-17 条、第 226-18 条、第 226-19 条、第 226-20 都是针对泄漏不同类型数据的不同处罚规定。第 226-22 条(2002 年生效)规定了对个人隐私数据的刑法保护。在侵犯财产罪方面,主要是处理未经授权访问数据的行为,具体法条有第 323-1 条至第 323-7 条共七个条文。《法国刑法典》没有对电子数据进行详细的说明和应用。而在法国的刑事法律范畴中,关于证据确立的是证据自由原则。在证据能力方面,法国刑事法能够采纳一切的证据形式,对证据方法也没有法律限制,只要是符合特定的证据搜查、提交规则,并进过法庭辩论和质证,都可以采用来证明案件事实,但有一项排除证据能力的原则性规定:不符合合法程序并损害了抗辩方权利的证据不可采。⑤ 由此可见,法国诉讼法中对于证据采用的是审查判断制,只要能够合法、有效证明案件事实,

---

① 资料来源于北大法律信息网文献库,http://article.chinalawinfo.com/ArticleHtml/Article_35805.shtml,2016 年 2 月 10 日访问。
② Code civil,http://codes.droit.org/cod/civil.pdf,2016 年 2 月 11 日访问。
③ Code de procédure civile,http://www.cjoint.com/doc/16_01/FAipduvSmib_codeprocedurecivile2016.pdf,2016 年 2 月 11 日访问。
④ Code pénal,http://www.cjoint.com/doc/16_01/FAhnIM1xInM_codepenal2016.pdf,2016 年 2 月 11 日访问。
⑤ 参见余昕刚:《法国刑事证据法评介》,载何家弘主编:《证据学论坛》(第一卷),中国检察出版社 2000 年版,第 461 页。

都可能被法庭采纳,不存在电子证据在运用中的实质障碍。在《法国刑事诉讼法典》①中,对电子证据的收集如截听电讯记录作了专门的规定。该法第 100 条规定了截留、录制、抄录电讯记录的程序。

此外,基于联合国国际贸易法委员会通过的《电子商务示范法》,法国于 1996 年通过了《欧盟指令 1999/93/ECC》,认可并使用电子签名,此举后被纳入《法国民法典》,可以理解为"变异的书证"。虽然此项法律没有将电子数据纳入法定证据种类,但是修改了"书证"的含义,变相扩大了书证的范围,某些符合要求的电子文件等同于书证。② 这项法律将电子签名的概念纳入法国的法律框架,并确定了这一技术的最低要求,以保证电子记录的真实性。另外,法国电子数据证据出现在了信息系统安全领域中,法国国家信息系统安全局(www.ssi.gouv.fr)负责制定信息系统安全框架。此处的电子数据是指维护信息系统安全、完整、隐私的交换数据,这些数据被用于访问控制系统、用户身份信息验证、访问记录、电子签名、时间戳、事件日志记录以及认证体系等。此外,电子数据证据还被应用于电子信息归档,这里主要是为了保护公民(用户)的个人隐私数据,使得侵犯人身性或财产性个人隐私数据的行为均会受到法律的惩治。

(二) 英美法系

1. 美国

美国的法律浩如烟海,其既是计算机的发源地,也是最早对计算机违法犯罪进行法律规制的国家之一。然而,目前美国也没有出台单行电子证据法,除了联邦证据法对电子证据有所涉及之外,其他更多是分散在诸如《与计算机相关的欺诈及其他犯罪行为法》《非法进入信息存储的通信系统法》《笔录和陷阱法》《信息披露法》《电子通讯隐私保护法》等法律规定之中。同时,美国是典型的判例法国家,在联邦法庭以及各州司法案件中都存在对电子证据的司法应用案例,这对于如何界定电子证据以及分析其法律应用都有着不可或缺的作用。美国关于电子证据的立法是建立在证据规则体系之下的,而其证据框架主要是以 1974 年生效的《美国联邦证据法》为基础,之后补充了成文法,如《美国 1999 年统一证据规制》《美国联邦民事诉讼规则》《美国联邦刑事诉讼规则》等法案,并遵循最佳证据规则和补正规则,逐步完善了电子证据认证规则。此外,法官和陪审团在证据采信或价值判断问题上也拥有极大的自由裁量权。

《美国联邦证据规则》③中,其第 803 条"传闻规则例外"第 6 项为"关于日常

---

① Code de procédure pénale, http://www.cjoint.com/doc/16_01/FAhu4ma6VOM_cpp2016.pdf, 2016 年 2 月 11 日访问。

② See Antoine Meissonnier and Françoise Banat-Berger, French legal framework of digital evidence, *Records Management Journal*, Vol. 25, No. 1, 2015.

③ Graham, Michael H, *Federal Rules of Evidence in a Nutshell*, West Press, 1992, p.307.

行为、活动的记录",即第803(6)条对计算机记录内容加以了认证。第901(b)(5)条规定了对声音的识别方法,使电子数据形式的录音能够对口头陈述予以确认。第901(b)(9)条将计算机打印物作为书证予以确认,并且在第1001(1)条又对其进一步规定。此规定使书证的电子文件化响应了最佳证据规则,同时也表明电子数据可以作为证据进行司法实践应用。这些条例的规定为《美国联邦证据法》从传闻证据规则、最佳证据规则以及电子数据鉴证规则等方面对电子数据作为证据使用奠定了基础。

在联邦级别的法案中,《美国刑事诉讼法》和《美国民事诉讼法》主要规定了计算机存储记录和计算机生成记录的认证要求,重点对电子证据的完整性和合法性有所规范,保障了电子证据的证据能力。其中,计算机存储记录是指以电子形式表现出来的书面材料,如电子邮件、即时通讯聊天记录等;计算机生成记录是指直接由计算机系统或程序输出的信息,如安全、事件日志记录等。前者包含人的陈述,所以必须经过传闻证据的检验才能作为证明案件事实的依据;后者是由计算机依一定的计算机系统或者程序对信息自动化处理所得的结果,是由计算机创造的,所以需要鉴定计算机程序是否正常。除上述两类电子数据外,还有第三种电子数据类型,也就是上述二者交叉的数据类型。另外,《美国1999年统一证据规则》首次给出了电子证据的原则性含义,即存储或写入在实体介质中的能被认知的数据记录,如录音、图片、商业网上记录等。而传统的书证可以电子记录的形式表现,电子书证等同于书证。此外,《美国1999年统一证据规则》对电子记录的完整性、计算机环境、采信标准进行了相应的规定。为保障电子商务交易的安全,《美国统一电子交易法》和《美国全球与全国商务电子签名法》对电子记录以电子签名形式进行了规定。

在州立法层面上,各州在联邦成文法的基础上也进行相应的调整和修改,建立各州自己的立法法案,如《加利福尼亚州证据法典》《犹他州数字签名法》等。

2. 英国

英国没有专门的电子证据立法,在刑事实体法中,其主要涉及了计算机滥用行为和利用计算机犯罪的行为。《英国计算机滥用法案》(1990年生效)规定了惩罚"未经授权访问计算机材料"行为和"为实施犯罪或方便将来实施犯罪而未经授权访问"行为。在此法案中,首次出现"计算机材料"这一名词,并给出了有关说明。在程序法中,《英国刑事诉讼程序规则》最初形成于2005年,并且每年都会以修订案的形式对其进行补充和完善。在2015年10月最新修订的《英国刑事诉讼程序规则》中,第5.3条"签名格式"要求法院与当事人以及当事人之间的法定通知书应该有身份认证,这种身份认证可以以电子签名的形式体现,但电子签名应当能保证其合法有效。同时,"刑事诉讼指引"①一章第一节规定了文书等文档可以通过法庭确认的电子文档形式予以呈现,以缩减诉讼时间提高效率,其第 5B.28 条规定:"如果书证或者书面意见转化成电子文件应当确保其存储的安全性,防止被篡改或者毁损。"《英国民事诉讼规则》则对"披露的电子文件"进行了解释:"电子文档"是指以电子形式保存的任何文件。它包括电子邮件和其他电子通信记录、文字处理文档和数据库文件等。除了是从计算机系统以及其他电子设备和媒介容易获得的文件外,它还包括被存储在服务器上,并已被删除的备份系统和文件,以及原数据不是通常在屏幕上或打印出可见的其他嵌入式数据。同时,《英国民事诉讼规则》明确了电子数据处理的一般性原则和保全方式以及使用方式。由此可以看出,《英国民事诉讼规则》中的电子文件其实就是将实物证据的范围扩大了,其以电子数据方式呈现,在确定无疑情况下,可被法庭所采纳。

此外,《英国 1999 年青少年审判与刑事证据法》认可计算机打印输出可作为法庭证据,并且扩大了这种计算机生成数据的范围,放宽了可采性的标准。

(三)其他地区或组织

1. 联合国

联合国由于其特殊的地位,很早就关注了电子数据相关方面的应用,只不过之前对于电子数据的称谓没有统一,涉及的电子数据主要有"电子单证""电子签名""电子文件"等。20 世纪 80 年代以来,联合国国际贸易法委员会为了顺应商贸的全球性发展,着力于解决电子商务活动中电子证据法律难题。例如,在 1985 年第十八届会议上提交了 EDI(电子数据交换)报告《关于计算机记录的法律价值评估》,建议各国建立有关电子计算机记录的法律体系。又如,在 1996 年通过了《电子商务示范法》和《电子商务示范法颁布指南》,在 2000 年又颁布了《电子签字示范法》和《电子签字示范法颁布指南》,共同致力于解决数据电文的书面形式、原件和签字问题,对电子证据的可采性标准和证明力问题进行了很好的规定,而且首创了电子证据保全制度。

2. 欧盟

20 世纪 80 年代,欧洲理事会开始着手《关于网络犯罪公约》的起草,历经 27 次讨论修改,最终于 2001 年颁布生效。该公约第二章对电子数据证据的调查规定了较为详细的程序和要求,包括一般性规定、数据的快速保护、提交指令、搜查和扣押计算机数据、计算机数据实时收集等各项规定。在网络安全方面,欧盟自

---

① 原文为"If a document has been read aloud to the court in its entirety, it should usually be provided on request, unless to do so would be disruptive to the court proceedings or place an undue burden on the court, the advocates or others. It may be appropriate and convenient for material to be provided electronically, if this can be done securely."

1998年起,几乎每年都会颁布安全指令,例如《关于制定技术标准和规章领域内信息供应程序的第98/34/EC号指令(技术标准与规章指令)/21》(1998)、《关于共同体内部市场的信息社会服务尤其是电子商务的若干法律方面的第2000/31/EC号指令(电子商务指令)/39》(2000)、《关于电子通信网络和服务授权的第2002/20/EC号指令(授权指令)/107》(2002)、《关于电子通信行业个人数据处理和个人隐私保护的第2002/58/EC号指令(隐私与电子通信指令)/192》(2002),此外还通过了各项关于信息安全的决议,例如《关于建立欧洲信息社会安全战略的决议》(2007)等。

大陆法系国家的证据制度是遵循法定证据原则,但近年来为了提高法官的审判案件的机动性,也允许法官自由心证。这点对于电子证据的应用同样适用。大陆法系国家虽然没有对电子证据进行单行立法规定或专门性规定,但在各项诉讼法和证据法中会对电子证据予以说明和解释。因此,司法实践中并不存在使用上的实质障碍,电子证据的采信由法官自由裁量,不拘泥于法律的规定。英美法系国家证据规则特点是拥有详尽的采信规则和排除规则,大量证据规则都与证据的可采性有关,经过证据规则的检验才会出现在法官或陪审团面前。在电子证据方面,需要考虑电子证据鉴证规则、最佳证据规则、传闻规则的规定,通过专门的立法、法律修订或判例法等方式加以规定。法官和陪审团更多关注电子证据的证明力大小,而电子证据的采纳与否依据成文的法条。综合大陆法系和英美法系有关电子证据的立法和研究成果来看,两种法系的国家大多都没有专门的证据法,不同法系国家结合自身证据规则将电子证据或转化或另立成为新的证据。总体上,各国都是着力于补充完善电子证据立法框架,解决当前电子证据应用的难题。

在电子证据的研究与立法方面,我国由于相较信息技术发达的国家进入网络时代稍晚,因此相应工作起步比较迟缓。但是,进入21世纪以来,我国也加快了相关工作的步伐,不断加强了对电子证据的相关立法和相应法规规定。具体内容将在本章第三节中进行介绍。

四、电子证据应用相关情况

在现代社会中,电子信息大部分流通于网络空间(因特网、电话网、有线电视网等)。随着计算机网络的发展,利用计算机等数字设备进行的犯罪活动层出不穷,造成的经济损失巨大。2021年4月全球爆发QLocker勒索病毒案件,短短五天时间,QLocker家族收到的赎金便高达26万美元,其单个设备赎金为500美元左右,粗略计算已有525个受害者中招。

据统计,截至2021年1月,全球手机用户数量为52.2亿,互联网用户数量为46.6亿,社交媒体用户数量为42亿。在众多网民中,大多数都通过网络进行过交易。2020年中国司法大数据研究院发布的《网络购物合同纠纷案件特点和趋势（2017.1—2020.6）司法大数据专题报告》显示，2017年到2020年，全国各级人民法院一审新收网络纠纷案件共计4.9万件，其中包括个人信息泄露、网络消费欺诈、网络著作权侵权及银行账户被盗。

从上述的统计数据可以看出，由于计算机犯罪及网络安全案件的爆发，电子证据应用的急迫性显著上升。因为只有获取到有效的电子证据，犯罪分子才能被绳之以法，此类犯罪才能得到抑制。然而，实际情况中，对于电子证据的获取和使用却不是很理想，还没有达到对于计算机犯罪的有效抑制和网络信息安全的相应保障地位。

第三节　我国电子数据相关立法、法规、司法解释

我国相较于信息技术发达的国家进入网络时代稍晚，虽然至今没有单独对电子数据进行立法，但进入21世纪以来，我国不断加强了对电子证据的相关立法和法规规定。2012年后，我国三大诉讼法相继将电子数据确立为法定证据种类，其间最高人民法院和最高人民检察院也出台了如何使用和认定电子证据的司法解释，国务院以及下属单位也颁布了对电子证据加以规定的相应行政规章。我国逐渐形成了以三大诉讼法为基础，其他各项证据法规相补充的电子证据体系。

一、基本立法中电子数据的规定

根据《中华人民共和国民法典》（以下简称《民法典》）"合同编"第469条第2款，"书面形式"是指合同书、信件和数据电文（包括电报、电传、传真、电子数据交换和电子邮件）等可以有形地表现所载内容的形式。1999年《中华人民共和国合同法》是最早对数据电文进行规定说明的基本法律，相较于西方发达国家仅晚几年。

2004年颁布的《中华人民共和国电子签名法》（以下简称《电子签名法》）第2条规定："本法所称电子签名，是指数据电文中以电子形式所含、所附用于识别签名人身份并表明签名人认可其中内容的数据。本法所称数据电文，是指以电子、光学、磁或者类似手段生成、发送、接收或者储存的信息。"《电子签名法》对数据电文的定性、运用规则、认证规则和法律责任都作了详尽的规定，旨在解决民商事活动中的数据安全性问题。

2012年修正的《中华人民共和国民事诉讼法》（以下简称《民事诉讼法》）第63条规定："证据包括：（一）当事人的陈述；（二）书证；（三）物证；（四）视听资料；（五）电子数据；（六）证人证言；（七）鉴定意见；（八）勘验笔录。证据必须

查证属实,才能作为认定事实的根据。"2012年修正的《中华人民共和国刑事诉讼法》(以下简称《刑事诉讼法》)第48条规定:"可以用于证明案件事实的材料,都是证据。证据包括:(一)物证;(二)书证;(三)证人证言;(四)被害人陈述;(五)犯罪嫌疑人、被告人供述和辩解;(六)鉴定意见;(七)勘验、检查、辨认、侦查实验等笔录;(八)视听资料、电子数据。证据必须经过查证属实,才能作为定案的根据。"2014年修正的《中华人民共和国行政诉讼法》(以下简称《行政诉讼法》)第33条规定:"证据包括:(一)书证;(二)物证;(三)视听资料;(四)电子数据;(五)证人证言;(六)当事人的陈述;(七)鉴定意见;(八)勘验笔录、现场笔录。以上证据经法庭审查属实,才能作为认定案件事实的根据。"三大诉讼法都将电子数据确定为法定证据,明确其证据地位。虽然电子数据在不同诉讼法中地位不尽相同,但都能够在基础性程序法中获得一席之地,这说明电子数据已然成为案件中不可或缺的证据种类组成。

2015年《中华人民共和国网络安全法(草案)》是为了表明国家信息网络安全的重要性和顺应社会发展而初步进行编写的规定网络安全的基本法律。虽然草案仍存在众多的不足之处,但对于网络运行安全、电子数据信息安全和安全责任都进行相应的规定。2016年11月,《中华人民共和国网络安全法》(以下简称《网络安全法》)正式出台,对更好地规范整个网络环境、保护国家和公民的安全利益起到了重要作用。

二、行政法规和行政规章(包括部门规章)中电子数据的规定

2020年修改后的《公安机关办理刑事案件程序规定》对电子数据证据进一步提出程序性规定,其第63条规定:"公安机关接受或者依法调取的行政机关在行政执法和查办案件过程中收集的物证、书证、视听资料、电子数据、鉴定意见、勘验笔录、检查笔录等证据材料,经公安机关审查符合法定要求的,可以作为证据使用。"这明确了电子数据的证据地位。第67条对电子数据的复制件进行了规定,其应当附带有关的制作过程及原件、原物存放处的文字说明,并由制作人和物品持有人或者物品持有单位有关人员签名。第229、230条对电子证据的扣押程序进行了严格规定,明确了扣押的执行人、程序要求、限制条件等。

《互联网信息服务管理办法》第14条规定:"从事新闻、出版以及电子公告等服务项目的互联网信息服务提供者,应当记录提供的信息内容及其发布时间、互联网地址或者域名;互联网接入服务提供者应当记录上网用户的上网时间、用户账号、互联网地址或者域名、主叫电话号码等信息。互联网信息服务提供者和互联网接入服务提供者的记录备份应当保存60日,并在国家有关机关依法查询时,予以提供。"

《电信和互联网用户个人信息保护规定》对网络上的个人信息数据使用进行

法律规范,电信业务经营者、互联网信息服务提供者在提供服务的过程中收集、使用用户个人信息,应当遵循合法、正当、必要的原则。未经用户同意,电信业务经营者、互联网信息服务提供者不得收集、使用用户个人信息。其中,用户个人信息是指电信业务经营者和互联网信息服务提供者在提供服务的过程中收集的用户姓名、出生日期、身份证件号码、住址、电话号码、账号和密码等能够单独或者与其他信息结合识别用户的信息以及用户使用服务的时间、地点等信息。

《互联网电子邮件服务管理办法》规定了电子邮件相关信息的注册、运行、隐私数据等方面,规定互联网电子邮件服务提供者及其工作人员不得非法使用用户的个人注册信息资料和互联网电子邮件地址;未经用户同意,不得泄露用户的个人注册信息和互联网电子邮件地址,但法律、行政法规另有规定的除外。

《计算机信息网络国际联网安全保护管理办法》为了加强对计算机信息网络国际联网的安全保护,在第6条规定:"任何单位和个人不得从事下列危害计算机信息网络安全的活动:(一) 未经允许,进入计算机信息网络或者使用计算机信息网络资源的;(二) 未经允许,对计算机信息网络功能进行删除、修改或者增加的;(三) 未经允许,对计算机信息网络中存储、处理或者传输的数据和应用程序进行删除、修改或者增加的;(四) 故意制作、传播计算机病毒等破坏性程序的;(五) 其他危害计算机信息网络安全的。"

总而言之,我国行政机关为了应对网络时代的发展和电子证据的司法实践,出台了涉及行政行为各方面的行政法规及部门规章。大致来看,各种法规、规章虽然能够对信息网络各方面进行及时性的规定,但是缺乏行政执法的原则性规定,对电子证据的规定大多都是"各家各论",没有较为协调统一的原则性规定。

三、"两高"司法解释和联合决定中电子数据的规定

《最高人民法院关于民事诉讼证据的若干规定》(以下简称《民事诉讼证据规定》)第23条第1、2款规定:"人民法院调查收集视听资料、电子数据,应当要求被调查人提供原始载体。提供原始载体确有困难的,可以提供复制件。提供复制件的,人民法院应当在调查笔录中说明其来源和制作经过。"对计算机数据的复制件提出要求,应当证明其合法性和完整性。

《最高人民法院关于适用〈中华人民共和国刑事诉讼法〉的解释》(以下简称《刑事诉讼法解释》)第108条、第110条、第112条对视听资料、电子数据的收集、保全、关联性以及真实性等进行了规定;第109条、第113条、第114条就非法证据的强制排除与裁量排除规则进行了规定。在2018年《刑事诉讼法》修改之前,最高人民法院、最高人民检察院、公安部、国家安全部和司法部联合发布的《关于办理死刑案件审查判断证据若干问题的规定》和《关于办理刑事案件排除非法证据若干问题的规定》就基本上确立了非法证据排除规则,2018年《刑事诉讼法》修改时大篇幅地吸收了这两个规定的内容。

《民事诉讼法解释》第 116 条规定中对电子数据进行了说明,是指通过电子邮件、电子数据交换、网上聊天记录、博客、微博客、手机短信、电子签名、域名等形成或者存储在电子介质中的信息。存储在电子介质中的录音资料和影像资料,也适用电子数据的规定。

《最高人民法院关于审理利用信息网络侵害人身权益民事纠纷案件适用法律若干问题的规定》中对惩治网络服务提供者侵犯用户合法权益、擅自利用用户个人数据行为进行了规定,对如何认定侵权方式、过错程度、责任分配也进行了较为详尽的规定。

两高一部在 2016 年 9 月 9 日印发的《电子数据若干问题的规定》(法发〔2016〕22 号),以单独司法解释的形式对司法实践中遇到的电子数据取证的若干问题进行了解释。《电子数据若干问题的规定》不仅明文规定了电子数据取证与保全中完整性保护原则、合法保全原则以及最佳证据规则,还对证据调取与见证人制度、侦查机关的勘验、检查与侦查实验、电子数据移送与展示、专家辅助人的出庭制度等进行了翔实的规定。

此外,2019 年 12 月 25 日,最高人民法院公布了《最高人民法院关于修改〈关于民事诉讼证据的若干规定〉的决定》,修订后的《民事诉讼证据规定》于 2020 年 5 月 1 日起施行。《最高人民法院关于修改〈关于民事诉讼证据的若干规定〉的决定》是 2002 年 4 月 1 日《民事诉讼证据规定》施行以来的首次全面修改。它以修改后的《民事诉讼法》为根据,在 2015 年《民事诉讼法解释》的基础上,结合民事审判实践,对《民事诉讼证据规定》施行以来有关民事诉讼证据的司法解释、司法文件进行了全面梳理,对审判实践中积累的经验进行了全面总结,对实践中暴露出的问题进行了有针对性的回应。

从以上不完全统计的法律法规可以看出,目前我国同世界上其他大多数国家一样,没有出台专门的电子证据法,只有少数的法律涉及了电子证据问题,具体规定电子证据的认证、收集、保全、鉴定等方面的主要是行政法规和规章、地方法规和规章以及司法解释,对于电子证据的司法应用仍缺乏更强有力的法律支撑。同时,关于电子证据的规定散布于各部门法中,零散不成体系,没有完备、系统、可操作性强、有较强法律效力的电子证据法律制度。

第四节 电子证据相关问题

自 2012 年起,我国三大诉讼法相继将电子数据确立为法定证据,从而解决了我国电子数据法律地位的定性问题。但是,从国内外关于电子证据的立法和研究情况来看,随着各国电子数据的应用及发展,围绕电子证据还存在着一些相应的问题。

一、证据获取保全困难

在计算机网络应用迅猛发展的今天,对当事人来说,电子证据的获取及保全可能是取得证据最重要的途径和最有效的手段。电子证据获取过程充满了复杂性和多样性,这使得相关技术也显得复杂和多样。电子证据获取所需要使用的取证工具非常多,主要涉及磁盘映像拷贝、网络检测、分析等多种工具和软件。如果取证工具不具有很强的可靠性和有效性,将会极大地影响电子证据取证的质量。

对电子证据进行获取保全必须持十分审慎的态度,在具体操作上亦有许多问题需要研究,因为申请人通常是要求对对方的证据进行获取保全,而这些证据的存放环境很复杂,既可能是在被申请人的机器内或外围存储设备中,也可能在网络上的某台或数台服务器中,这就涉及他人(包括第三人)的权利及顾客隐私权等问题。此外,电子证据保全对技术要求也很高,它并不是简单对电子数据进行拷贝、导出就能实现,而是往往需要将整个存储器从机器中拆卸出来并聘请专门人员对数据进行鉴定、还原等处理。一旦硬件损坏或误操作,将导致数据不能读取甚至毁坏,其带来的损失将是不可估量的,这些方面都必须引起我们的高度关注。

对电子证据的收集、运用、判断是一个逐步完善、逐步规范的过程,在很大程度上有赖于技术的发展和推广。因此,在立法上既要有超前性,又要有灵活性,不宜制定过于量化的条款。同时,还要注意一个有害的倾向:由于电子证据具有无形性和易破坏性的特点,因此对收集后的电子证据的认定经常提出过于苛刻的要求,似乎不到万无一失的程度就不能对其加以采信。这种极端的谨慎也是不可取的。事实上,任何一种传统的证据都存在被伪造、被篡改、被破坏的可能,任何一种传统的证据都存在灭失、难以再现的威胁,在对证据的取舍和认定上,每一个承办人都会程度不同地运用"自由心证原则"。所以,法律不应给司法人员评判、获取及保全电子证据设置过多的障碍。

二、取证规范及证据的有效性

电子证据取证是一项科学性的活动,整个取证过程都是以科学、技术的操作规范并加以法律法规的相应约束完成。因为只有加强电子证据的取证规范,才能保证电子证据在程序和实体上满足合法性的要求。电子证据取证程序规范也是电子证据取证工作的重要环节。取证程序规范与否直接关系到取证的成败，唯有在合理合法的取证程序指导下电子证据取证结果才具有说服力，才能被法庭所认可。若取证程序缺乏统一标准，不仅会影响取证工作的顺利开展，而且会使通过取证所获取的证据以及得出的结论丧失说服力。

电子证据的取得除了要合法外，还要遵循自愿、真实的原则，当事人不得以非法侵入他人计算机信息系统、采用偷听偷录等方式方法获取证据。如果证据是由第三人提供，则该第三人应出具保证证据自生成或收到后始终保持原始状态且本人是自愿提供该证据的文件或数字签名。鉴于事实上当事人在纠纷中很难获得对方的证据，对于因侵权所引起的纠纷，应当由侵权行为人承担举证责任。证据取得的途径可以是多方面的，但必须以立法的形式规定取得电子证据的程序及权限，特别是向 ISP[①] 或专业网络公司、数据公司要求取得某项证据时，要严格遵守与客户签订的保密协议和服务条款，不得随意泄露用户个人信息，更不得以诉讼需要为名肆意窃取他人隐私材料和保密信息。

三、证据的出示

证据最终需要在法庭中进行展示、说明、质证、确证，电子证据亦不例外。证据出示也可称为证据展示、证据开示，是将涉案证据经过司法人员、鉴定人员、诉讼人员等相关人员检验分析后依法在庭审中向法官和双方当事人进行展示和表现，用于证明案件事实的过程。

电子证据由于其特殊属性与传统证据有异，在经过法律程序的认定之后，在相关诉讼程序允许的情况下，需要在法庭上接受质证并同时予以证据呈现。现今是一个视觉媒体的时代，信息可以经过多种传播渠道，如以文字、声音、图像以及视频等进行传播和展示，而这种视觉的转变，更有利于提高人们对信息理解、学习以及记忆的效果。在法庭中，这些社会媒体的变化同样对庭审有着深远影响。如果通过一张照片就能够反映案件的真实情况，何必律师千言万语来描述？同理，图表、模型、影片、实验、地图、图解甚至当庭演示，对庭审的顺利开展和证据的有效表现都会有极大的帮助。不论是检察人员还是诉讼双方，只要能够将证据在诉讼庭审中有效地展示出来，必定对证据的证明力、诉讼效率和整个诉讼程序都是有益的。

然而，电子证据不同于物证、书证等肉眼可见的实体物质，也不同于证人证言等可通过有关人员的陈述予以表达。有的电子证据如数码照片、电子邮件、的

---

① Internet Service Provider，网络服务商。

确可通过电子设备予以展示内容或打印出纸质文件进行呈现内容,但也有的电子证据如数据片段,通过某些软件在计算机屏幕上只能显示出一些文字乱码,若没有深厚的计算机技术知识,一般人包括审判人员、检察人员、辩方人员等,都是无法理解其实际含义的。这仅仅是电子数据证据在展示时存在的一个问题而已,而在具体的司法实践中还存在着这种情况:司法人员和辩护双方只能云里雾里地听着鉴定人等有计算机知识的相关专业人员的大谈特谈涉案电子证据,却很难直观地理解这些电子证据的真实含义。这就导致审判人员将电子证据的技术性认定问题完全抛给鉴定人等相关人员,只进行案件综合的判定。

四、电子证据关联主体责任

在现代社会,电子数据信息大部分流通于网络空间(因特网、电话网、有线电视网等等)。网络本身并无边界,它是一个全球性的系统,无法将它像物理空间那样分隔成许多领域。对传统的司法管辖权来说,要在这样一个性质完全不同的空间中划定界限是十分困难的。据统计,至 2017 年年底,全球总网民数量高达 40.21 亿。[①] 至 2018 年年底,我国网民规模已达 8.29 亿,其中手机网民就有 8.17 亿。在众多网民中,大多数都通过网络进行过交易。但在网络安全上,据统计,至 2018 年年底,我国就有 50.8% 的网民遇到过网络安全事件,如个人信息泄露、网络消费欺诈、网络著作权侵权、银行账户被盗等。[②] 面对此种情况,现亟需立法者制定有效解决纠纷问题的规则,以认定网络服务中关联主体的责任。虽然国内外已经根据互联网发展制定了一系列解决此类问题的规则与机制,但均缺乏统一的电子证据关联主体责任体系,其主要的共同问题是:其一,在责任认定的主体上仅限定为网络服务提供者,而没有根据主体特性有区别、有联系地进行区分及认定;其二,仅单独割裂权利、义务关系,而没有很好地从义务推及到责任的认定。

在大陆法系中,德国最早确立了网络服务提供者责任的基本原则,制定了《多媒体法》《电子媒体法》等,其中规定了网络服务市场准入原则、网络服务内容层次化责任承担基本原则、隐私保护基本原则等。在普通法系中,英美等国也紧随网络技术发展不断更新网络立法,并在基本原则上具体细化网络服务提供者的责任,制定了《2000 年数字版权法案》(美国)、《数字经济法案》(英国)等。国外立法与研究相对较为成熟,确立了责任认定基本原则和基本规则,如"避风港

[①] 参见《中国互联网发展状况统计报告》,中国互联网网络信息中心[2018]41 号。
[②] 参见《中国互联网发展状况统计报告》,中国互联网网络信息中心[2019]43 号。

原则""三振规则"等①,在具体认定细节上有深入区分。但是,国外的研究主体仅限于网络服务提供者,且权利、义务与责任区分不清晰。因此,需要构建以电子证据关联主体为基础,着重分析义务、责任的责任体系。

我国《民法典》"侵权责任篇"第1194条概括性地规定了网络侵权相关责任人需要承担的相应责任。之后,针对具体立法实践和层出的网络侵权问题,国务院出台了诸如《信息网络传播权保护条例》等具体行政法规,最高人民法院也根据相关实际案例制定了确认网络服务提供者责任的司法解释等。国内立法与研究虽然相对较晚,但其成果能够较好地解决实际网络侵权问题。然而,国内立法没有确立责任原则和规则的统一认定,而主要是关注具体规则的适用。还有其没有主体的概括性分类,各部门法之间没有协调好规定范围,缺乏提纲挈领的统一认定原则,总是亦步亦趋地解决实际问题,缺乏法律解决问题的延展性。因此,需要构建以主体分类为基础,统一责任认定原则与规则的责任体系。无论是基本法《民法典》还是行政法规《信息网络传播权保护条例》等相关法律中的具体法条法规,都是从主体的行为方式结合判定的具体规则来评价相关主体的法律责任问题。然而,实际情况更为复杂,审判者在面对控辩双方的相当理由时,或者面对依据诸如"红旗原则""避风港原则"之外的情况时,难免存在无法考虑周延之处,缺乏一定的兜底性责任认定方式,来防范无法应用具体法律规则时的法律漏洞。法律原则作为法律规则适用的基础,从法理上是起到补救法律规则无法有效适用的"难堪之处"。对此,可以借鉴德国《多媒体法》的立法经验,将电子证据关联主体的责任认定原则和规则统筹于责任认定的法律规范之中,协调二者的适用性,以求最大程度地解决用户和服务主体之间的争议问题。

综合国内外情况,电子证据关联主体责任体系(简称责任体系)的建立应包含三方面内容:(1)一般主体和特定主体的分类;(2)从权利、义务到责任的递进;(3)责任认定原则和规则的统一。主体的分类是责任体系的基础,义务与责任是责任体系的主要对象,原则与规则是责任体系的责任认定依据,三者有机统一、相辅相成。构建责任体系的主要目的是以电子证据关联主体责任体系为依托,来认定各电子证据关联主体责任的承担与豁免。

五、电子证据立法有待完善

随着我国信息化战略的不断推进以及电子化社会的深入发展,计算机犯罪、网络犯罪对我们社会生活的影响将会越来越大。从我国电子证据相关立法情况来看,民事立法主要是针对电子商务、民商事活动,其重点在于电子证据的认证,

---

① 参见唐绪军:《破旧与立新并举 自由与义务并重——德国"多媒体法"评介》,载《新闻与传播研究》1997年第3期。

也就是电子证据可采性和证明力问题。而刑事立法主要表现在与网络犯罪相关的电子证据调查措施上，其重点是电子证据的调查措施和认证规则。因此，我国目前关于电子证据立法主要集中在电子证据的调查程序和认证规则上。但是，电子证据作为技术性极强的事物，其在立法上还缺乏基础性研究，存在有些规定过于粗糙、难以付诸司法实践等问题。

电子证据的立法脉络虽然和其他专门立法体系相类似，但深入分析可以发现，效力较高的法律和行政法规在具体司法实践中较为缺乏司法裁判和执法依据的衡量标准，而位阶较低的部门规章囿于某一具体部门之中，地方性法规及规章局限于某一地区的范围之内，具有较重的地方性色彩，较难在全国范围内施行。这也就导致审判机关、检察机关需要在司法实践中不断摸索，具体问题以司法解释形式加以规范，而这样似乎就陷入了"头痛医头、脚痛医脚"的"怪圈"。因此，要想根本性地改变这一局面，必须在立法方面有所作为，体系化电子证据立法也正是诸多学者在此问题上的研究方向。

随着信息技术和网络应用的快速发展，越来越多的犯罪案件和诉讼纠纷都涉及了电子证据。制定单独的《电子证据法》实现电子证据获取及认定的"有法可依"，在实现电子证据从收集到开示整个过程的规范化的同时，也在一定程度上保障了电子证据的证明力。同时，电子证据单独立法也是解决电子证据采信难、认证难等相关问题的一个好办法。

第二章 电子数据取证与司法鉴定

第一节 电子数据取证概述

随着网络与信息技术的发展，法律理论界和司法实务界都对电子证据开展了深入的研究，其中电子数据的获取是其最先面临的问题。面对什么样的客体需要取证、由什么人取证、用什么取证、怎么取证、按照什么程序开展取证，这些都是当前学者、研究人员以及实践人员所要思考和解决的问题。

一、电子数据取证概念

对于电子数据取证概念的定义，国内外有不同的阐述。美国国家标准与技术研究院（National Institute of Standards and Technology，NIST）给出了电子数据取证较为官方的解释：在保证数据信息完整性和严格的证据保管链条之下，对数据进行确认、收集、检验、分析的科学应用活动。美国应急响应准备小组则认为，电子数据取证是 Computer Forensics，是运用科学知识收集、分析和向法庭展示电子证据的过程，并指出它是一门学科，包含了计算机科学技术和法学、统计学等交叉学科，研究从计算机系统、网络、无线通信和存储设备中按照能被法庭所采纳为证据的方式收集、分析电子数据。我国学者对电子数据取证的定义也有许多，其中中科院高能所的许榕生教授认为："电子数据取证是指对能够为法庭接受的、足够可靠和有说服性的，存在于计算机和相关外设中的电子证据的确认、保护、提取和归档的过程。"著名计算机取证专家麦永浩教授认为："电子数据取证是运用计算机及其相关科学和技术的原理与方法获取与计算机有关的证据以证明某个客观事实的过程，主要包含证据的确定、收集、保护、分析、归档以及法庭出示。"[1] 综合国内外对电子数据取证概念的阐述，我们认为，电子数据取证是指依照相关的法律规定，由具有法律资格的取证人员，使用相应的软件和工具对足够可靠的、有说服力的、有法律效力的电子数据证据的获取、保存、分析及提出的过程。也就是针对存放电子数据的电子设备，进行能够为法庭所接受

---

[1] 陈龙等主编：《计算机取证技术》，武汉大学出版社2007年版，第1页。

的证据的获取、保存、分析和出示的过程。

有关电子类数据信息取证的概念存在着许多称谓,比较普遍的有"数字取证""计算机取证""网络取证""电子数据取证""电子证据取证"等。这些不同的概念主要是根据具体取证客体不同或因电子数据信息定义差异而有所区分。"数字取证"强调的是针对以二进制编码的数字序列为构成基础的数字信息进行调查取证分析;"计算机取证"和"网络取证"针对的客体分别是以计算机设备为中心的电子设备进行调查取证分析和以网络系统为中心的动态信息系统进行调查取证分析;"电子数据取证"则是以法律中法定证据种类——电子数据为调查取证分析对象进行的与数据侦查取证的相关活动;而"电子证据取证"只是"电子数据取证"技术性概念的别称,虽然电子数据已经被法律确立为法定证据种类,但从发现的"电子数据"到成为定案的"电子数据证据"或"电子证据"仍需要进一步检验认定。因此,可几乎等同看待"电子证据取证"和"电子数据取证"。总体而言,这些相似的概念在具体调查分析中运用的理论知识、技术和工具基本上完全重合。也就是说,不同的概念只是理论研究上针对不同客体或对象所定下的不同名称而已,它们在取证实践中差别甚小。

二、电子数据取证涉及的知识体系

电子数据取证涉及三个重要的知识体系。

(一)计算机科学

电子数据取证中计算机科学的应用主要体现在提供用于获取、保存、分析电子证据的相关方法和技术支持上。

(二)法学

法学主要涉及取证过程的法律规范以及提供一套适当的方法,用于在法律效力范围内规范地分析任何形式的电子数据及其相关问题。

(三)刑事侦查学

刑事犯罪中的电子数据取证涉及刑事侦查,而刑事侦查学主要是通过综合相关的技术知识和适当的科学方法找寻案件线索,并较完善地分析有关电子证据在形成时罪犯的犯罪手段、行为、动机及犯罪目的等。

三、电子数据取证发展概况

电子数据取证是近几十年来才发展起来的新型领域,它的历史还比较短暂。计算机技术源于美国,电子数据取证的发展也是从美国等信息技术比较发达的国家兴起的。根据电子数据取证的发展进程,可将其分为萌芽期、初步发展期、递进发展期、蓬勃发展期四个阶段。

（一）萌芽期（1960—1985）

这个时期是没有电子数据取证或计算机取证概念的，也没有这个方面的记录和研究，但这个时期却是引发后期电子数据取证研究的重要阶段。从20世纪60年代到80年代初，计算机主要是作为一种工业设备应用于大型企业、研究中心和政府机构，它们需要的是一种大型综合性的物理基础设施，包括大型电力设备、空调、机械设备。计算机可能只是作为一种工业机器被专门的工作人员所使用，主要的功能就是数据处理，以代替耗费更多的人为运算。有巨大的利益就会有潜在的犯罪，在20世纪70年代就出现了针对金融领域大型计算机的犯罪，最有名的案件之一就是被后世常谈的"半分钱犯罪"：机构内部的计算机程序员擅自修改银行利率计息程序，将不足一分钱的利息转入私有账户。如果是成千上万的账户的半分钱被私自转入行为人的账户，则结果可想而知，半分钱乘以一百万的利润将会吸引当时一大批黑客牟取私利。① 此时，有预见性的学者进行了相关研究，例如进行如何使用数字信息调查和分析利用计算机进行犯罪的行为，Donn B. Parker 1976年出版的《利用计算机犯罪》中就有相关阐述。在美国，当时并没有协调统一的组织，国防部、国税局和联邦调查局各自都会通过大型计算机的存储数据和访问日志来调查这些犯罪案件。但是，随着计算机技术发展和涉及计算机犯罪数量的增长，这种没有统一组织、统一行动指南以及完善的制度、工具、方法的调查活动已经不能解决计算机犯罪这一难题，由此，电子数据取证悄然兴起。

（二）初步发展期（1985—1995）

进入20世纪80年代中期，随着IBM个人电脑的兴起，计算机爱好者的数量呈爆炸式增长，但随之而来的副作用是导致通过计算机进行的违法犯罪活动呈几何倍数增长。在此背景下，美国FBI实验室开始对计算机取证进行研发，并成立了计算机分析响应组CART（Computer Analysis and Response Team）。一些来自美国国税局和国防部的研究人员创建了民间数字取证组织——IACIS（International Association of Computer Investigation Specialists，国际计算机调查专家协会），以提供搜查取证方案。1993年，美国联邦调查局举办了第一届计算机证据的国际会议，来自26个国家的代表参加了这次会议，共同认为数字取证需要统一协调努力，需要彼此分享经验提供援助。第二届会议于1995年在美国马里兰州的巴尔的摩举办，并成立了计算机证据的国际组织 IOCE（International Organization on Computer Evidence）。这些会议和组织对"电子数据取

---

① See Bill Nelson, Amelia Phillips, Frank Enfinger, Christopher Steuart, *Guide to Computer Forensics and Investigation* (*Second edition*), Course Technology, 2005, p. 5.

证"的概念、标准及原则都有了一些创新和研究。此外,其他一些国家如英国也逐渐开展了有关计算机犯罪取证方面的研究,并在高级警察协会 ACPO(Association of Chief Police Officers)的帮助下创立了取证计算机组织 FCG(Forensic Computing Group)。

这个时期,在取证工具方面,电子数据取证工具主要是命令行工具和一些商业产品,如 Andy Fried 的 IRS 工具套件、Steve Mare 的 Mare 软件箱、Steve Choy 的 IACIS 工具套件、Hama 的 REDX 组件以及 Norton 取证工具箱(允许多操作和多管道运行)等,这些工具大多只能解决针对诸如恢复删除文件的某一个特定的取证问题,取证软件功能还比较单一。

在这个阶段,电子数据取证人员大多只能在自己的办公室或者家里办公,没有专门的实验环境可供执行,甚至一些大型国家执法部门都很难有专项资金去购置设备。因此,除了建立专门的组织和开发工具之外,如何培训取证人员也是当时开展取证研究的重心之一。一些机构看到了数字取证能力培训的重要性,例如,IRS 创建了计算机证据恢复专家计划 SCERS(Seized Computer Evidence Recovery Specialist),美国特勤局建立了电子犯罪特别代理项目 ECSAP(Electronic Crimes Special Agent Program),FBI 也建立了计算机分析响应小组 CART 等。但不可否认的是,当时取证能力培训的力度和规模都不大,大多是依靠先前有取证经验的前辈逐一指导,缺少统一的培训机制和完整的培训内容。

(三)递进发展期(1995—2005)

这个时期是电子数据取证取得长足进步和发展的阶段,它通过三个契机推动了电子数据取证的进一步发展:第一个契机是技术的革新。计算机进入个人家庭,手机成为必要生活工具,互联网联通社会的各个方面,成为城市和国家的"神经系统"。特别是到了 21 世纪初,几乎人人都有移动电话和邮箱账号,人们的基本生活已经离不开网络。第二个契机是儿童色情案件的出现和爆发。根据当时的调查,计算机成为网络儿童色情传播的关键所在,为此 FBI 单独成立了一个以网络儿童色情为主要任务的行动小组,其他相关执法部门也开始通过电子证据调查这类案件。第三个契机是 911 事件。虽然计算机在劫机中只起到了一个很小的作用,但不可否认的是恐怖分子正在努力通过计算机来实施网络世界中的恐怖袭击。战争是推动科技发展的极其重要的内因,在后来的阿富汗、伊拉克战争中,缺乏电子数据信息获取能力更加成为其突出的盲点。在这三个契机的推动下,各国都开始投入大量的人力、财力、物力到电子数据取证中。电子数据取证逐步向专业化发展,基本原则也由专门机构逐步制定。此外,电子数据取证的程序制度化也得到了加强,IOCE、八国集团①高科技犯罪小组委员会、数字取证科学工作组(Scientific Working Group on Digital Evidence,SWGDE)在1999—2000年相继出台了一系列取证规范。除了颁布取证规范,美国犯罪实验室主管协会下属的实验室认可委员会ASCLD-LAB(American Society of Crime Laboratory Directors-Laboratory Accreditation Board)联合SWGDE认可了数字取证作为实验学科,并且在2004年,将FBI的北德州地区计算机取证实验室作为第一个ASCLD-LAB认证的数字取证实验室。同时,取证工具也得到了极大的开发和应用,早期的命令行工具功能不断增加,还添加了用户操作和交互式界面,其中第一款工具是由Andy Rosen为Macintosh取证而设计的商业取证软件Expert Witness,之后其又开发了EnCase,EnCase附带着取证工具套件,成为具有代表性和标准性的商业取证软件。美国政府也开发一些取证工具,如FBI的案件自动检索系统ACES(Automated Case Examination System)、IRS的iLook工具等。同时,开源社区也紧随取证工具开发的节奏,开发出来相应的工具软件,如Linux的Helix、Sleuth Kit和Autopsy Browser等。

而在此阶段,直到2000年左右,计算机取证的概念及技术才进入我国,我国整体的取证研究在此时期还处于起步阶段,取证技术的研发在这个阶段还没有兴起,还缺乏相应的法律规范,仅在2004年颁布的《电子签名法》中提及数字签名的法律效力,但未对电子证据的概念作出解释说明。此外,2004年,北京人民警察学院和中国科学软件研究所联合举办了首届全国计算机取证技术研讨会,会议首次在国内对取证问题提出一些建设性意见,建议引进国外取证理念和技术方案。

(四)蓬勃进步期(2005—至今)

电子数据取证在这段时期从深度和广度两个层次不断发展。与前三个时期不同,这个时期不仅在电子数据取证技术(技术标准、软硬件工具开发)上有了更进一步的发展,而且在法律制度、取证程序、取证原则等各方面都有了较为深入的研究。

1. 技术方面

(1) 静态取证技术

静态取证技术是在事件发生后对数据进行提取、分析,抽取出有效电子数据证据的方法技术。此阶段,这些静态取证技术发展得比较成熟,特别是在对于事发现场证据的提取、分析、鉴定、提交以及合法性的把握等方面,都有不少成熟的方法和技术方案。例如,磁盘映像拷贝技术、数据恢复技术、信息搜索与过滤技

---

① 八国集团(Group of Eight)是指八大工业国美国、英国、德国、法国、日本、意大利、加拿大及俄罗斯的联盟,但随着G20的兴起、中国的发展,G20组织已经逐渐代替G8。

术等静态取证技术，在取证过程中发挥了重要的作用。一些安全公司所开发的静态取证工具软件如 Forensic Toolkit(FTK)、The Cornoner's Toolkit(TCT)、X-Ways Forensics、NTI、Cellebrite 系列、盘石取证系列（奇安信公司）、美亚取证工具系列，以及继续更新性能的 EnCase、Autopsy 等工具，在性能上得到了取证专家们的认可。

（2）动态取证技术

动态取证技术是现今电子数据取证领域研究的一个热点。这是因为，随着计算机犯罪技术的不断提高，出现了以删除、隐藏数据为主要目的的反取证技术，主要包括数据擦除、数据隐藏和数据加密等技术。这些技术的出现，使得已有的电子数据取证技术（主要是静态取证技术）无法适应要求，其取证效果大大降低。通常情况下，在计算机、网络等系统被成功入侵的过程中，都包括三个阶段——入侵前、入侵中和入侵后。而前面所提到的静态取证技术和工具软件，大多是针对第三阶段的取证工作，即入侵后的调查取证，这也是静态取证的典型特征。那么，在入侵前和入侵中所产生的犯罪证据如果被入侵者在入侵时运用反取证技术进行蓄意破坏，所有的事后取证工作将会变得非常困难。因此，尽可能地在入侵前和入侵中进行犯罪证据的获取，才能避免证据被破坏，这就是动态取证技术。此阶段，对于动态取证技术的研究包括入侵检测技术、数据欺骗技术、网络监听技术、攻击源追踪技术以及数据挖掘技术等，相庆的取证工具有 SANS SIFT、Xplico、DEFT、Mozilla InvestiGator、The Sleuth Kit（+ Autopsy）和 ChromeForensics 等。

（3）其他取证技术

有线和无线网络深入到我们的基本生活，也带动了网络取证工具的研究和发展，手机取证、云计算和大数据的网络取证研究等取证技术逐渐涌现出来，相应的取证工具有 Cellebrite、Oxygen Forensic Suite、搜索云服务平台、ST-5000 网擎舆情监测系统等。取证实验室建设也不再局限于现实环境，而是扩展到虚拟实验室的取证工作环境中，如 VMWare 和存储区域网络(SAN)。

2. 相关法律方面

随着电子数据取证的发展，各国都逐渐对电子数据取证及其在司法中的应用开展研究。其中，2006 年美国法院根据新民事诉讼规则将电子数据作为证据的一种形式，并颁布实施了一系列相应的强制性法律程序、司法规则等。我国也在 2012 年修正的《刑事诉讼法》《民事诉讼法》以及 2014 年修正的《行政诉讼法》中将电子数据纳入作为法定证据种类，同时也在逐渐制定各种相应的法律条文、司法解释及相应的取证规则等。与此同时，随着电子数据取证热度的逐渐提升，国内外各大学术机构和科研院所也注意到了电子数据取证的重要性，并加大力度开展相关司法内容的研究。同时，电子数据取证与法律相结合的相关会议和论文、著作等学术研究成果的数量也在快速增加。此外,对电子数据取证从业人员和计算机司法鉴定人员的职业素养以及行业要求也加强了规范和约束。

当前取证技术研究处于蓬勃发展阶段,但是在与其相关的法律制度上,还都处于未完善阶段,许多取证技术问题、网络犯罪问题和隐私保障等问题都有待法律进行规制。此外,由于高新技术(如改性芯片、物联网、无人驾驶等)的涌现,相对滞后的取证技术缺少针对性的取证解决技术和方案。总而言之,电子数据取证是复杂而多变的交叉领域,未来的电子数据取证需要更多管理,其中法律制度的约束和技术工具的研发管理都是重要的问题,全球化的联合取证也是未来的发展趋势。

四、电子数据取证技术及工具

电子数据取证的目的就是要确定相关的责任者和其实施的行为。根据 Locard 的交换理论:"任何人或事只要进入过犯罪现场,必然会带走某些现场物质或者留下他们的蛛丝马迹。"[1]电子数据的信息犯罪同样适用这个道理。而电子数据取证所要做的事情就是,通过相应的技术及工具,"找出是谁(Who)、在什么时间(When)、从(在)哪里(Where)、怎么样地(How)、做了什么(非法)事情(What)"[2]。

(一)静态取证技术

1. 电子数据收集和保全技术

电子数据收集技术是指取证人员依照法定程序在对相关电子数据证据收集和获取过程中所使用的技术。出于数据安全性考虑,在获取电子数据时的每一个环节都需要确保处置的数据和原始数据相同,证明收集的数据没有出现任何改动(或是有改动也是由计算机本质因素决定的,对取证的真实性没有任何不利的影响),并详细记录所有取证活动的过程,妥善保存得到的电子数据。电子数据证据可能存在于系统日志、数据文件、寄存器、交换区、隐藏文件、空闲的磁盘空间、打印机缓存、网络数据区、计数器、用户进程存储区、堆栈、文件缓冲区和文件系统本身等不同位置。常用的数据收集技术包括:对数据和软件的安全搜集技术;对磁盘或其他存储介质的安全无损伤复制备份技术;对磁盘空间、未分配空间和自由空间中包含的信息的挖掘技术等。

电子数据保全技术是指取证人员依照法定程序,遵照授权的方法,使用授权的软硬件设备,将已收集的数据从目标机器转移到取证设备上之后,对电子数据

---

[1] Richard Saferstein, *Forensic Science Handbook*(Volume Ⅱ), Prentice Hall, 2004, p.23.
[2] 陈龙等主编:《计算机取证技术》,武汉大学出版社 2007 年版,第 6 页。

及整套的取证机制进行保全的过程中所使用的技术,包括安全的传输技术、数据复制备份技术、数据裁剪和恢复技术、数据加密技术、数字摘要技术、数字签名技术和数字证书等。

数据复制备份技术主要指从待分析的设备中把电子数据复制出来,以固定证据数据,并保证有关证据数据的原始性和完整性的技术。待分析的设备一般包括计算机、网络通信设备、电子数据存储设备等。数据复制备份技术主要包含数据复制技术、数据镜像技术和数据快照技术等。数据复制是通过复制粘贴操作或借助某些工具批量操作实现数据文件的备份。数据镜像一般是针对硬件存储设备如硬盘、手机存储卡等的备份,有两种方式:一种是逻辑镜像,其是采用介质到文件的复制过程,复制时多采用"扇区对扇区"的复制技术,一般采用了无损压缩的方式;另一种是物理镜像,其是存储设备之间直接进行的"比特到比特"的复制,所有数据按位被一对一地复制和存储。数据快照是指为存储内容建立一个数据意义上的"指针"的集合,可以作为其他主机的一个卷或者文件系统来安装,并可以作为原始数据的一个完整复制。[①]

另外,在数据校验的相关技术中,数据加密技术是把数据和信息转换为不可辩识密文的过程,实现在不安全的环境中信息的安全传输。数字摘要技术也称作安全 HASH 编码法(SHA:Secure Hash Algorithm),用于对所要传输的数据进行运算生成信息摘要,确保数据没有被修改或变化,保证信息的完整性不被破坏。数字签名技术可以用来保证信息传输过程中信息的完整性、提供信息发送者的身份认证以及其不可抵赖性,使用公开密钥算法是实现数字签名的主要技术。数字证书则是将公钥与其所有者的个人详细资料(诸如姓名、地址)联系起来,证书本身并无法保证其所有者的身份,要使别人认可,证书必须由更高的权威机构——认证中心(CA)签署。

2. 电子数据处理及司法鉴定技术

电子数据处理及鉴定技术是指对已收集的电子数据进行数据恢复、过滤、模式匹配等预处理工作后,对处理过的数据进行数据统计、数据挖掘等分析工作的技术,其目的是对电子数据中数据的特征项,如产生时间、修改痕迹、关键信息内容等给出明确且符合法律规范的分析及说明。目前,数据处理分析技术大致包括数据检索技术、数据恢复技术、数字摘要分析技术、日志分析技术、数据解密技术以及数据内容比对分析技术等。

(1) 数据检索技术

数据检索技术是指将计算机、网络以及各种电子设备中大量杂乱的数据,通

[①] 参见蒋平等编著:《数字取证》,清华大学出版社、中国人民公安大学出版社 2007 年版,第 73 页。

过关键信息的匹配过程,找出与案件相关的文件数据,其基本思想是在大量的电子设备和海量的信息中将每一个被检索对象进行比对,确定是否符合特定条件,并将符合条件的数据予以收集。在数据检索过程中,预测信息与检索的数据信息的关系如图 2-1、图 2-2 所示。常见的检索技术可分为基于数据内容的检索技术、基于数字指纹的检索技术和基于痕迹信息的检索技术等。

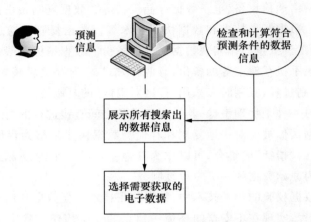

图 2-1　预测信息与检索信息关系

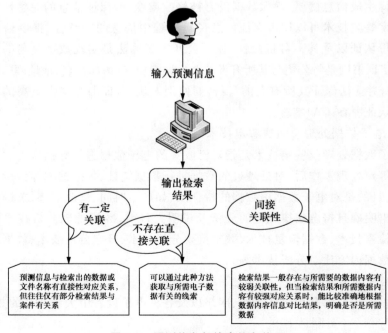

图 2-2　预测信息与检索信息关系

输入的预测信息和检索出的数据结果有三种关系。第一种：预测信息与检索出的结果，在文件名称或文件的内容上有直接性对应关系。检索结果与所需要的数据内容存在一定的关联性，这种情况下，仅有部分检索结果与案件有关系。第二种：预测信息与检索出的结果，在文件的内容或属性上有间接关系。检索结果一般存在与所需要的数据内容有较弱关联性，但与所需数据的其他属性等方面具有紧密关联性。此外，在这种情况中，当其他属性方面与所需的数据具有唯一性对应关系时（如通过具体的编码方式进行内容检索），可以检索出与案件有关的结果。第三种：预测信息与检索内容不存在明显的关联性。这种情况下，可以通过此种方法获取与所需电子数据相关联的线索。

(2) 数据恢复技术

有时，犯罪分子会人为地破坏记录数据的介质或直接删除与案件相关的数据。因此，要想还原数据的真实性，需要利用数据恢复技术，对被破坏的介质或数据进行恢复。数据恢复技术是指对电子数据中被删除、覆盖、损害或者加密的文件进行还原恢复的技术。它主要涉及文件系统级的恢复技术，例如在系统崩溃后，对其进行恢复，把里面的证据文件清理出来。此外还有系统文件应用级的恢复技术，例如被删除数据文件的恢复技术、错误文件修复技术和加密文档的破解技术等。

具体来说，数据恢复技术主要分为软件恢复技术和硬件恢复技术。

软件恢复技术是在硬件层次技术上的，因为计算机操作系统是管理计算机软硬件资源的程序，负责内存管理与配置、系统资源的调度、输入与输出设备的控制和管理、文件系统网络管理等基本事务。计算机操作系统在处理数据时，要求较高效率，力求在不出错的前提下用最少的时间完成任务。因此，对文件系统进行格式化操作时，考虑到高效率，可以不清除原文件系统中所有文件和数据信息，而只在特定区域建立起文件系统的结构即可。没有新文件覆盖原数据时，原来存储数据的实际位置上还保留着被删除文件或者被格式化前的数据内容，因而可以恢复出这些被删除或格式化之前的文件数据，基本方法是：首先，定位数据的存储位置，如基于文件系统的数据恢复方法和基于文件特征的数据恢复方法；其次，读取数据内容信息和其他信息，如文件大小信息，文件名称、创建时间、修改时间等。

① 基于文件系统的数据恢复方法：所有文件系统均有记录文件目录和文件名称信息的目录结构，记录文件占用空间的结构和实际数据内容信息。当删除文件时，只是将文件系统的目录结构进行删除标记、清空文件占用空间结构的相应位置信息，实际数据内容并未删除。因此，基于文件系统可以进行数据恢复。

② 依据文件特征的数据恢复方法：虽然文件的目录数据破坏后，无法确定哪个数据簇可能属于那个文件，但是各种类型的文件有一定的数据特征，例如 office2003 版本的 Microsoft Word 和 Microsoft Excel 的前 8 个字节数据都是 16 进制数 D0 CF 11 E0 A1 B1 1A E1，所以可以根据不同文件类型的数据特征从数据区直接读取文件数据，如图 2-3、图 2-4、图 2-5 所示。

```
Offset     0  1  2  3  4  5  6  7   8  9  A  B  C  D  E  F
00000000  D0 CF 11 E0 A1 B1 1A E1  00 00 00 00 00 00 00 00
00000010  00 00 00 00 00 00 00 00  3E 00 03 00 FE FF 09 00
00000020  06 00 00 00 00 00 00 00  00 00 00 02 00 00 00 00
```

图 2-3　Word 前 8 个字节

```
Offset     0  1  2  3  4  5  6  7   8  9 10 11 12 13 14 15
00000000  FF D8 FF E0 00 10 4A 46  49 46 00 01 01 01 00 60
00000016  00 60 00 00 FF E1 10 84  45 78 69 66 00 00 4D 4D
00000032  00 2A 00 00 00 08 00 04  01 3B 00 02 00 00 00 06
```

图 2-4　JPEG 前 5 个字节

```
Offset     0  1  2  3  4  5  6  7   8  9 10 11 12 13 14 15
00000000  25 50 44 46 2D 31 2E 35  0D 0A 25 B5 B5 B5 B5 0D
00000016  0A 31 20 30 20 6F 62 6A  0D 0A 3C 3C 2F 54 79 70
00000032  65 2F 43 61 74 61 6C 6F  67 2F 50 61 67 65 73 20
```

图 2-5　PDF 前 4 个字节

硬件恢复技术涉及系统的硬件层面，比如，对硬件进行修复甚至替换原来损害的器件。在老式硬盘中，采用的都是比较古老的 CHS（Cylinder/Head/Sector）结构体系，硬盘盘片的每一条磁道都具有相同的扇区数，由此产生了所谓的 3D 参数（Disk Geometry），老式硬盘结构即是磁头数（Heads）、柱面数（Cylinders）、扇区数（Sectors）以及相应的 3D 寻址方式。

常见的硬盘损坏类型有：① 磁头组件损坏，主要指硬盘中磁头组件的某部分被损坏，造成部分或全部磁头无法正常读写的情况。磁头组件损坏的方式和可能性非常多，主要包括磁头脏、磁头磨损、磁头悬臂变形、磁线圈受损、移位等。② 控制电路损坏，是指硬盘的电子线路板中的某一部分线路断路或短路，或者某些电气元件或 IC 芯片损坏等，导致硬盘在通电后盘片不能正常起转，或者起转后磁头不能正确寻道等。③ 扇区物理性损坏，是指因为碰撞、磁头摩擦或其他原因导致磁盘盘面出现物理性损坏，譬如划伤、掉磁等。④ 综合性损坏，主要是指因为一些微小的变化使硬盘产生种种问题。

(3) 数据解密技术

电子数据取证中经常会遇到一个有密码保护的文件或者经过某种加密后的程序,需要取证人员破解密码,以获取加密的数据。数据解密技术也叫密码破解技术,是数据加密技术的逆过程。数据加密技术是对已知明文数据采用加密算法对数据"加壳",实现数据的加密。在这个过程中,加密算法是公开的,而密钥是保密的,所以密码破译实际是对密钥的破解。[①] 常见的解密技术包括:密钥空间攻击,用密钥空间中所有可能密钥依次测试,直到找到正确密钥或者解密出有意义明文为止;字典攻击,攻击者搜索明文和密文对,将其放在字典中,对需要破解的密文,在字典中找到是否存在相应密文,有则可恢复明文;查表攻击,选择明文攻击方法,对已知明文,使用所有密钥进行加密,将密文和对应密钥放入表中,对于给定的密文可直接从表里找到密钥;解码攻击,对计算机系统中存储加解密文件的密钥的位置进行攻击;重置攻击,前提是一个加密文件产生两个不同类型的密钥,一个是用于加密文件的密钥,另一个是直接加密文件内容,用一个已知口令产生的密钥来改写加密文件的密钥。常见的密码破解有系统登录密码的破解、办公文档的破解、压缩文档的破解、聊天工具密码和记录的破解、MD5 破解、EFS 加密文件破解、对无线局域网 WEP 密码的破解、CMOS 密码的破解等。

(4) 数据挖掘技术

数据挖掘(Data Mining)在大数据时代显得十分重要。由于从纷繁冗杂的无用数据中寻找出对案件侦查有用的数据是极为困难的,因此数据挖掘技术对于数据取证工作来说具有很重要的作用。数据挖掘集合了数据库管理、数理统计、并行计算、可视化技术以及模式识别、机器学习等诸多理论和实践操作,是一个交叉科学领域。现在主流的数据挖掘工具中,涉及数据挖掘模型设计的有 SPSS (Statistical Product and Service Solutions)、SAS(Statistical Analysis System);涉及内容管理的有 Vignette Eprise 系统;涉及数据可视化的有 Style Scope 和 Space 系统等。数据挖掘主要功能有区分、管理、聚类、预测以及演变分析,如关联规则分析(Association Rule)、聚类分析(Clustering)以及分类分析(Classification)等。

3. 电子数据提交及出示技术

电子数据提交技术是指依据法律程序,遵循法庭可接受的证据形式,形成可提交的电子证据及相应文档说明的技术。它把对目标计算机系统的全面分析和追踪结果进行汇总,然后给出分析结论,这一结论的内容应包括:系统的整体情况、发现的文件结构、数据、作者的信息,对信息的任何隐藏、删除、保护、加密企图,以及在调查中发现的其他相关信息。然后标明提取时间、地点、设备、提取

---

① 参见王俊:《论电子数据鉴定》,载《证据科学》2008 年第 2 期。

人及见证人,以证据的形式按照合法的程序提交给司法机关。

电子数据出示技术是指在庭审过程中,为了说明证据而需要将其在庭上展示出来的相应技术。电子数据的具体形式多种多样,如电子文档、系统日志文件、数据库文件、浏览器缓存文件等,但大多可以归为以下几类:数据文档类,主要包括 Word 文档、Excel 文件、TXT 文件、PDF 文件、电子邮件等可编辑文档;影音文件类,主要包括各种格式的音频、影片和数码照片等;系统文件类,主要包括操作系统产生的各类日志、注册表信息、文件打开记录、USB 插拔记录等;应用程序衍生类,这里仅指应用程序产生的电子数据,例如 QQ 即时通讯保留的聊天记录等;网络系统衍生类,例如服务器的网络连接信息、网站的数据流量信息等。针对不同类型的电子数据,需要用到不同的出示方式,下面具体介绍目前主要的集中出示方式。

(1) 电子文件

能够通过计算机等设备直接在屏幕上进行显示的电子文件,其重要信息是文件的内容,审判人员及其他相关人员所需要接受的就是文件的信息内容。这种文件可以以电子文档形式,在庭审中的安全的计算机上进行展示,若符合证据披露范围,可通过投影设备公放出来。例如,一份电子邮件的信息,如图 2-6 所示。

图 2-6　电子邮件信息

电脑的应用程序日志信息也可以通过电子文档形式进行内容初步展现,如图 2-7 所示。

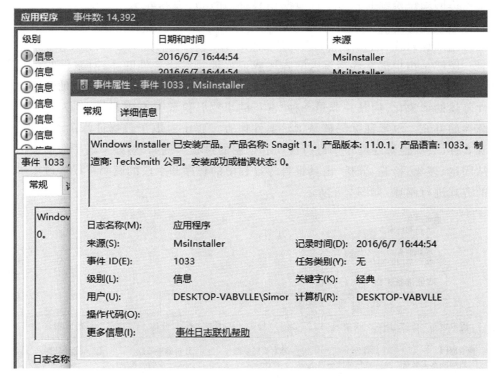

图 2-7　电脑应用程序日志信息

电子文档的表现形式是当前电子数据证据表现最为广泛的展示方式，不论是检察人员搜集的证据，还是经过司法鉴定的电子数据证据，大多都是以文档信息展现。

（2）音频和视频播放

我国公安系统依据国家相关安全要求，在重要的公共场所设置了大量的监控设备，如学校、火车站、汽车站、机场、人流量较大的公共广场等，这是打击违法犯罪活动、侦查案件的重要手段。从语言文字和音视频所产生的直接信息来看，音视频在某种程度上更具有直观性，能够较为完整地还原违法犯罪事实。例如，某饭店中犯罪嫌疑人盗窃他人财物的行为，能够被相关的摄像设备记录下来，并且可以结合图像同一性司法鉴定，对犯罪嫌疑人和录像中的人物进行是否为同一人的司法鉴定。这类证据文件也可以在庭审中的安全计算机上进行展示。

（3）图解和地图等过程模型

针对犯罪嫌疑人在某一段时间内的活动轨迹，取证等相关专业人员可以通过手机的定位系统和相关事件时间信息,制作出行为人的生活轨迹表。有关电子数据经过专业人员按照法定程序进行检验分析,可以作为辅助证明信息与其他证据如证人证言、犯罪嫌疑人供述等相印证。

图解是指根据案件当事人的陈述或证人证言等语音性陈述,对案件的相关信息如发生场所、天气环境等,按照"一定比例"制作的分析图。图解有助于语言性陈述的形象化,但其并非是一种"真正的事物",仅仅具有解释性,作为语言性陈述的补充。电子证据图解是指对案件侦查过程中对电子数据证据的合法性、真实性、关联性等在庭审中进行说明和证明的过程。例如,对整个电子数据证据从固定、搜集、检验、分析、出具报告等过程中的程序和手段的说明可以通过图解的方式进行阐述,如图2-8所示。

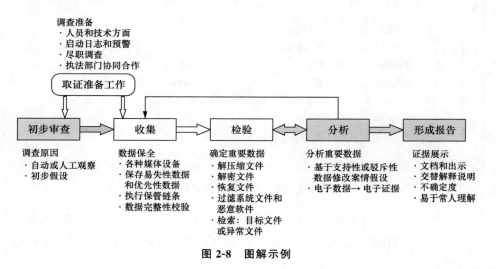

图 2-8 图解示例

(4) 实验演示

电脑绘图已经成为二维模型和三维模型重建的重要手段。有时会很难将一个极具有专业性的电子证据证明体系以语言文字的方式向相关人员解释,或者这些审判人员和诉讼参与人很难理解这种对电子数据证据的语言性的陈述,不能将其与案件证明事实相关联。那么,如果通过计算机设计程序,诸如将模拟的网络传输方式、途径、手段等进行虚拟环境的实验演示,相信更多的普通人会容易理解电子证据证明体系的原理。例如,可以根据实际网络财产盗取案件相关情况,设计硬件设备、软件设备、网络条件等,构建一个模拟的网络盗取案件,进行网络现场还原,从而使得司法人员更加容易理解网络盗取这一过程。

(5) 相关人员陈述

除了上述通过电子信息设备的展示系统,相关人员陈述的重要性也不能被忽视,如司法鉴定人员在庭审中所做的司法鉴定陈词。限于某些特殊情况,当实际条件无法让电子数据证据以图片、视频、音频、模型等方式予以表现或者展示成本过高时,相关人员对电子证据的说明和证明就发挥了不可替代的作用。例如,计算机司法鉴定人员无法将实验室中重要的仪器设备带入法庭,或者无法通过实验演示方式对整个司法鉴定过程进行详细的解释,这时就需要司法鉴定人以口头陈述的方式,详细地向法官、检察人员和其他有关人员将司法鉴定流程、原理、工具等等合法性和合理性予以说明,必要时可与专家辅助人进行交流解释。因此,相关人员的陈述也是电子数据证据出示的一种补充,甚至是一种不可或缺的呈现方式。

(二) 动态取证技术

动态取证是通过将入侵检测、网络监听、攻击追踪以及蜜罐等网络安全技术紧密结合起来,同时在确保系统安全的情况下,获取入侵者实时的大量电子数据证据,并将这些证据进行保全、分析及提交的过程。

1. 入侵检测技术

入侵检测系统又称 IDS(Intrusion Detection Systems)。它采取各种安全技术和安全策略,对网络等系统的运行状况进行监视,尽可能发现各种攻击企图、攻击行为或者攻击结果,以保证网络系统资源的安全性、完整性和可用性。

入侵检测技术是建立入侵检测机制、检测网络系统访问的相关技术。它从计算机网络或计算机系统的关键点收集信息并进行分析,从中发现网络等系统中是否有违反安全策略的行为和被攻击的迹象。由于仅仅使用一个防火墙来保证系统的安全性是远远不够的,因此入侵检测就成了系统的第二道安全防线。它是防火墙的合理补充,提高了信息安全基础结构的完整性。入侵检测技术一般通过采用改进的基于模式匹配的入侵检测方法(1995 年由 Kumar 提出),通过判别从主机日志数据中提取的数据特征和网络中搜集到的数据特征是否在入侵库中出现来检测入侵行为。

2. 数据欺骗技术

数据欺骗技术也称蜜罐技术,是 HoneyPot 的中文译名。蜜罐就如同一个情报收集系统,是经过网络专家精心伪装的诱骗系统。当攻击者入侵系统后,所有的操作和行为都会被记录和监视。蜜网是蜜罐技术的高级形式,是在一台或多台蜜罐主机的基础上,结合防火墙、路由器、入侵检测系统等设备形成的网络系统,如图 2-9 所示。

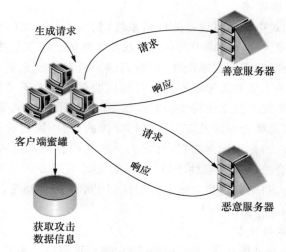

图 2-9 蜜罐技术图解

3. 网络监听技术

网络监听技术是提供给网络安全管理人员进行管理的工具,可以用来监视网络的状态、数据流动情况以及网络上传输的信息等。当信息以明文的形式在网络上传输时,使用监听技术进行数据检测、捕获并不是一件难事,只要将网络接口设置成监听模式,便可以源源不断地截获网上传输的信息。网络监听可以在网上的任何一个位置实施,如局域网中的一台主机、网关上或远程网的调制解调器之间等。例如,用户的账户名和口令等信息以明文的方式在网上传输,而此时一个黑客或网络攻击者正在进行网络监听,其只要具有初步的网络和TCP/IP协议知识,便能轻易地从监听到的信息中提取出感兴趣的部分。反之,正确地使用网络监听技术也可以发现入侵并对入侵者进行追踪定位。在对网络犯罪进行侦查取证时,可实时获取有关犯罪行为的重要数据,成为打击网络犯罪的有力手段。

4. 攻击源追踪技术

为了防止 IP 地址被查获,入侵者可以使用代理,尤其是使用国外代理,这就使得侦查工作更为困难。代理服务器即 Proxy 服务器,是互联网上中转站,它的工作机制很像我们生活中常常提及的代理商。代理服务器有三种类型,分别是透明代理、匿名代理和高度匿名代理。透明代理也称简单代理,它会改变你的 request fields,并会向服务器传送你的真实 IP,代理服务器只是起到跳板的作用。匿名代理也就是普通匿名代理,它能隐藏你的真实 IP,但会更改你的 request fields,有可能会被认为使用了代理。有的代理会剥离你的部分信息(就好比防火墙的 stealth mode),使服务器端探测不到你的操作系统版本和浏览器版本。高度匿名代理也称全匿名代理,它不会改变你的 request fields,使服务器端看起来就像有个真正的客户浏览器在访问它。你的真实 IP 是隐藏起来的,服务器的网管不会认为你使用了代理。此外,大部分黑客攻击其他机器时,都会通过控制别人的机器(俗称"肉鸡")间接进行攻击,在这种情况下,入侵者会连续跳转多次,使得对入侵者源 IP 地址的追踪及获取更加困难。

攻击源追踪技术是在攻击正在进行或完成的情况下,根据已获取的实时信息来确定攻击者位置。根据追踪的主动性,可以分为主动追踪和被动追踪。主动追踪利用得到的信息有目的性地进行策划,主要有 ICMP 追踪消息、日志记录分析、包标记等;被动追踪只是在发现攻击后,在攻击源追踪处理过程中要求攻击必须持续进行,直至找到真正的攻击源为止,主要有入口过滤法、输入调试法、受控制的淹没法等。①

此外,动态取证在取证后所涉及的电子数据证据司法鉴定及出示等方面的技术,与静态取证后所涉及的情况基本相同,此处就不再赘述。

(三) 典型取证工具

电子数据取证是基于电子设备及相应软件,利用各种技术性手段对取证对象进行检验分析的活动。因此,取证行为本身也是软硬件的运用操作及相关结果的分析过程。取证工具在电子数据取证流程各环节中的体现如图 2-10 所示。

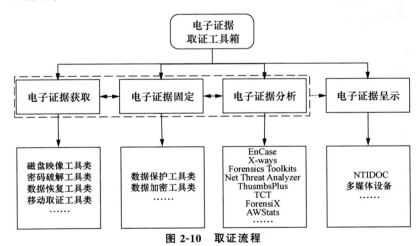

图 2-10 取证流程

1. EnCase

EnCase 是目前使用最为广泛的计算机取证工具,至少超过 2000 家的法律执行部门在使用它。它提供良好的基于 Windows 的用户界面,如图 2-11 所示。EnCase 是用 C++编写的容量大约为 1M 的程序,它能调查 Windows、Macin-

---

① 参见蒋平等编著:《数字取证》,清华大学出版社、中国人民公安大学出版社 2007 年版,第 82 页。

tosh、Linux、Unix 以及 DOS 机器的硬盘,把硬盘中的文件镜像成只读的证据文件,这样可以防止调查人员修改数据而使其成为无效的证据。为了确定镜像数据与原始数据相同,EnCase 会计算 CRC 校验码和 MD5 哈希值进行比较。EnCase 对硬盘驱动镜像后重新组织文件结构,采用 Windows GUI 显示文件的内容,允许调查员使用多个工具完成多个任务。在检查一个硬盘驱动时,EnCase 深入操作系统底层查看所有的数据——包括文件松弛区、未分配的空间和 Windows 交换分区(存有被删除的文件和其他潜在的证据)的数据。在显示文件方面,EnCase 可以以多种标准如时间戳或文件扩展名来排序。此外,EnCase 可以比较已知扩展名的文件签名,使得调查人员能确定用户是否通过改变文件扩展名来隐藏证据。对调查结果可以采用 html 或文本方式显示,且可以打印出来。

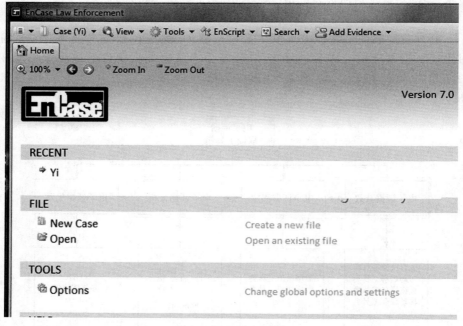

图 2-11　EnCase 界面

EnCase Forensic Edition 需要安全密钥来运行所有的功能。安全密钥是连接在计算机上对特定应用程序进行访问控制的设备。安全密钥提供了最有效的版权保护方法。EnCase 安全密钥连接在 PC 的并口或 USB 接口上。如果没有安全密钥连接至存储计算机("存储"计算机指调查人员的计算机),Encase 可以获取证据文件,但不能分析证据文件。Dos 模式下的 EnCase,没有安全密钥连接至计算机也可以获取介质。EnCase 可以安装至多台计算机上进行同时获取,但分析操作只能在连接有安全密钥的计算机上进行。

主要功能有：
- 同时搜索和分析不同的文件系统，包括 FAT12、FAT16、FAT32、NTFS、LINUX、Sun Solaris、Palm、Macintosh、CDFS、ISO 9660 和 DVD-R。
- EnScript 宏语言可以创建强大的过滤器和程序，从而定制你的 EnCase，并可以使用先进的技术来自动分析案件中的所有数据。
- 图片集视图自动识别一块介质上的普通图片并用缩略图的方式将其显示，这样可以方便的将其标记或拷贝至 CD-R 上。
- 在 Windows 平台上将物理磁盘镜像恢复至新的硬盘上。
- 通过并口、网卡或 FastBloc 以非写入的预览方式浏览计算机，以便快速确定在调查范围内该计算机是否包含证据。
- 生成或导入特定的文件 Hash 集。
- 对特殊介质进行获取、鉴别和创建案件，可读取软盘、Zip、Jaz 驱动器、光磁介质、IDE 和 SCSI 硬盘。
- 在 Dos 环境下获取硬盘，在 Windows 环境下通过 FastBloc（只读硬件设备）获取硬盘。
- 查看文件而不会修改文件内容、时间戳或 Hash 值。
- 对整个案件使用任意多个搜索条件进行关键词搜索。
- 使用强大的 UNIX GREP 语法进行高级搜索。
- 搜索结果自动高亮显示并归档。
- 文件排序提升至 5 个不同的标准，包括时间戳。
- 查看复合文件，如 Windows 注册表、Outlook 电子邮件文件及其附件和 Zip 文件。
- 使用强大的图形时间线视图查看案件中所有文件的相关时间戳。
- 对感兴趣的文件、文件段或图像文件做书签方便将来参考，并自动在最后生成的报告中包括所有书签。
- 可以导出文件的任意部分、选中的文件或整个目录树。
- 恢复磁盘或卷镜像至其他硬盘上。
- 识别和验证文件特征，可以添加自定义签名。
- 浏览系统中特殊文件，如交换文件、松散文件、打印假脱机文件和回收站中的文件。
- 构建已知文件 Hash 库，使 EnCase 自动识别这些文件。
- 格式化的报表显示了案件的内容、日期、时间及相关调查人员。
- 对案件中的任意文件，以图形方式显示磁盘簇或扇区的分配。
- Hex/Text 视图显示任意文件的内容（松散文件以红色显示）。
- 用户界面类似 Windows 资源管理器，易于理解和操作。

2. X-ways Forensics

X-Ways Forensics 是用于计算机取证的综合取证、分析软件,可在 Windows XP/2003/Vista/2008/7/8/8.1/10 及 WinPE/FE 操作系统下运行,有 32 位和 64 位版。它事实上就是 WinHex(如图 2-12 所示)的法证授权版本,具有跟 WinHex 相同的界面和比 WinHex 更多的功能,此外还增加了文件预览等实用功能。

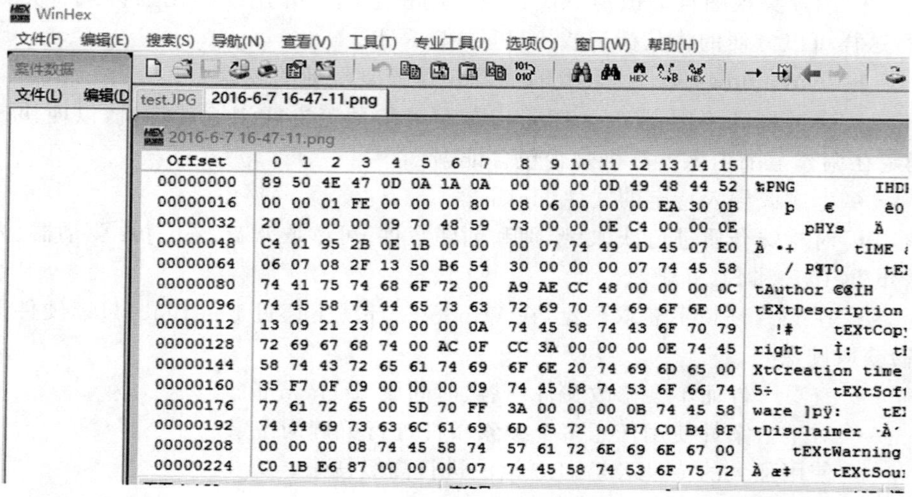

图 2-12　WinHex 界面

主要功能有:

- 磁盘克隆和镜像功能,进行完整数据获取。
- 可分析 RAW/dd/ISO/VHD/VMDK 格式原始数据镜像文件中的完整目录结构,支持分段保存的镜像文件。
- 支持磁盘、RAID、扇区大小为 8KB 最大 2TB 的镜像的完全访问。
- 支持对 JBOD、RAID 0、RAID 5、RAID 5EE、RAID 6、Linux 软 RAID、Windows 动态磁盘和 LVM2 等磁盘阵列。
- 自动识别丢失/删除的分区。
- 支持 FAT12、FAT16、FAT32、exFAT、TFAT、NTFS、Ext2、Ext3、Ext4、Next3、CDFS/ISO9660/Joliet、UDF 文件系统。
- 无须修改原始硬盘或镜像纠正分区表或文件系统数据结构来解析文件系统。
- 查看并获取 RAM 和虚拟内存中的运行进程。
- 多种数据恢复功能,可对特定文件类型恢复。
- 基于 GREP 符号维护文件头签名数据库。

- 支持 20 种数据类型解释。
- 使用模板查看和编辑二进制数据结构。
- 数据擦除功能,可彻底清除存储介质中残留数据。
- 可从磁盘或镜像文件中收集残留空间、空余空间、分区空隙中信息。
- 创建证据文件中的文件和目录列表。
- 能够非常简单地发现并分析 ADS 数据(NTFS 交换数据流)。
- 支持多种哈希计算方法(CRC32,MD4,ed2k,MD5,SHA-1,SHA-256,RipeMD...)。
- 强大的物理搜索和逻辑搜索功能,可同时搜索多个关键词。
- 在 NTFS 卷中为文件记录数据结构自动加色。
- 书签和注释。
- 可以运行在 Windows FE 中等 Windows 环境。
- 配合 F-Response 可进行远程计算机分析。

3. Forensic Toolkits

Forensic Toolkits 主要包括 FTK Imager、Forensic Toolkit(简称 FTK)、Registry Viewer(简称 RV)、Password Recovery Toolkit(简称 PRTK)、Distributed Network Attack(简称 DNA)、WipeDrive 等几款工具软件。界面如图 2-13 所示。

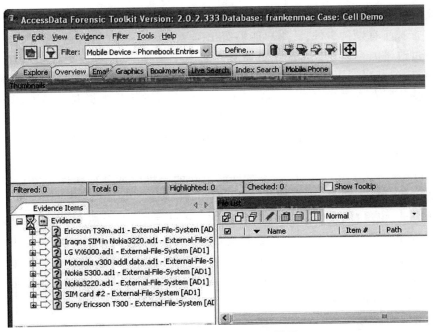

图 2-13 Forensic Toolkits 界面

其中，FTK Imager 是一个数据预览和映像工具，它可使调查人员快速访问电子数据以确定是否有必要使用 FTK 或其他分析工具作进一步分析。FTK Imager 还能够在不更改原始证据的情况下创建计算机数据的精确副本。FTK 软件可以提供全面、彻底的计算机数据分析、检查能力，具有强大的文件索引、过滤和查找功能。RV 软件可以查看注册表信息、读取独立的注册表文件、破解注册表中被保护的数据。PRTK 是一款密码破解工具，可以找回忘记的文档口令等信息，并且可以评估口令的安全性。DNA 也是一种破解密码的工具，但其破解的方法与 PRTK 不尽相同，它不是依靠单机进行密码破解，而是集中局域网内甚至世界各地分散的计算机的运算力量，对 Microsoft Word、Excel 和 Adobe Acrobat（PDF）加密文件进行攻击。由于 DNA 工作原理采用的是密钥搜索方式，因此可以在一定时间内完全破解密码。

4. Cellebrite 系列

Cellebrite 系列是一款现在主流的手机取证套件，它主要是针对存在于手机内存、SIM 卡和扩展卡的相关数据，进行提取及分析，以寻找出有价值的案件线索和能被法庭所接受的证据。Cellebrite 公司主要针对手机取证进行研发，开发出了诸如 UFED（Universal Forensic Extraction Device）移动设备。其中 UFED Physical Analyzer 是一款很强大的移动取证工具，该工具的最新版 UFED Physical Analyzer 3.0 支持广泛的先进功能，包括：可以恢复已删除的图像文件和碎片（即便图像只剩下一部分也可以恢复）；让用户能够按照时间顺序同时查看所有设备事件；让用户能够突出基于预设值列表的信息。此软件还拥有经过改进的可以让分析工作更加高效的用户界面，用户可以更轻松地查看更多信息，包括联系人图片和登记项中的某些数据是否已经被删除。这个新版本还支持从所有取得和未取得 root 权限的安卓设备进行物理提取和编码，同时包含了一款新工具 UFED Reader，该工具让用户可以与任何获得授权的个人（即便他们没有 UFED 许可证）分享提取和分析结果。

5. Oxygen Forensic Suite

Oxygen Forensic Suite 是一款性能出众的手机取证分析软件，采用底层的通信协议，支持对手机基本信息、SIM 卡信息、联系人列表、组信息、快速拨号、通话记录、短消息、短信中心时间戳、日历、待办事项、文本便签、照片、视频、音频、LifeBlog 数据（所有活动，包含地理信息）、Java 程序、手机内存和闪存卡中的文件系统数据、GPRS 和 Wi-Fi 使用记录、录音文件等信息的获取与恢复。对 Symbian 操作系统、苹果 iPhone、Android、Windows Mobile 和 RIM BlackBerry 黑莓手机具有最佳的支持。

主要功能有：

- 支持对地理位置信息和 LifeBlog 数据库的获取。

- 支持对智能手机扩展日志分析功能。
- 支持对 Symbian 操作系统手机删除短消息的恢复。
- 支持对 Windows Mobile 手机中删除电话本和通话记录的恢复。
- 支持对电话本扩展信息的获取,如联系人相片、群组信息、一键拨号、用户自定义标签等。
- 支持对网页浏览器缓存进行分析。
- 支持数据搜索功能,所有的数据根据类别进行归类,便于搜索、排序、分组以及快速查找所需的信息。
- 目前可以支持超过 3000 种手机型号。

6. SANS SIFT

SANS 的调查取证工具包 SIFT 是一个基于 Ubuntu 的动态取证分析组件,其中包括所有深入取证或事件响应调查的工具。它支持专家证人格式(E01)、高级证据格式(AFF)和 RAW(DD)格式的证据进行分析。SIFT 包括诸多工具,例如,log2timeline 用于分析涉案设备的系统日志,并自动创建日志时间表;Plaso 可以自动生成各种文件的时间戳等相关信息。除此之外,还有 afflib、libbde、libesedb、libevt、libevtx、libewf、libfvde、libvshadow、qemu 和 SleuthKit 等取证分析组件。

7. The Sleuth Kit (+Autopsy)

The Sleuth Kit (+Autopsy)套件是一个开源的数字取证工具包,可用于深入分析各种文件系统。该取证软件本质上是猎犬套件上面的一个 GUI 组件,它配备了时间轴分析、散列过滤、文件系统的分析与搜索等功能,同时也可添加其他模块的扩展功能。

8. Xplico

Xplico 是一个开源的网络取证分析工具,其目的是提取互联网流量的应用程序数据,如 Xplico 可以提取 POP、IMAP 或 SMTP 通信的电子邮件消息。其特点是可以支持多种协议(如 HTTP、SIP、IMAP、TCP、UDP)重组,并能够将数据输出到 MySQL 或 SQLite 数据库中。

9. X-Scan 扫描器

X-Scan 扫描器采用多线程方式对指定 IP 地址段(或单机)进行安全漏洞检测,支持插件功能。扫描内容包括远程服务类型、操作系统类型及版本,各种弱口令漏洞、后门、应用服务漏洞、网络设备漏洞、拒绝服务漏洞等二十几个大类。

10. ST-5000 网擎舆情监测系统

网擎系统是一个集舆情信息的全面聚合、快速发现、智能识别、深度分析为一体的综合应用平台,其利用大数据及相关技术实现了互联网舆情相关工作的简单化、智能化。网擎系统 2015 版在数据采集效率方面有很大提升,在数据处理方面增加了聚类、智能学习、垃圾过滤处理等功能。

11. 搜索云服务平台

美亚"搜索云"服务平台实现了云计算与搜索引擎技术的结合，可对境内网的论坛、新闻、博客、微博等各种媒体信息进行全面、及时的搜索，并能够做深度的综合分析及研判。通过跟踪已知舆情和聚焦未知舆情，它可以将跟踪结果实时地通过移动终端推送给客户，以进行全面的信息监测。

12. Mozilla InvestiGator

Mozilla InvestiGator 是一个进行远程端点的调查取证 OpSec 平台，由安装在基础设施（实时查询的文件系统、网络状态、内存或端点配置）的所有系统的代理组成。

13. Joy

Joy 是一个从实时网络流量捕获数据包并分析网络流量数据的工具，它主要被用于进行网络调查（探索大规模数据，尤其是跟安全和威胁有关的数据）、安全监控和取证。

总体而言，可用于静态和动态取证的电子数据取证工具有很多，可分为专用性工具和非专用性工具。其中，国外的开源工具和商业工具相较国内的工具产品来说，在种类上更加丰富，并且具有更好的操作性。国内的工具主要集中于取证硬件的开发，取证软件则相对较少。除此之外，国内外在取证软硬件工具的审查评估体系和部门建设方面也存在较大差距，如美国有专门的计算机取证工具审查项目（CFTT），而我国目前主要致力于取证工具开发标准的建立，并在逐渐完善审查评估的专门体系。

第二节　电子数据司法鉴定

电子数据司法鉴定（也叫电子证据司法鉴定）是指在诉讼活动中，司法鉴定人员运用计算机及其相关学科的工具、技术，以第三方独立性角度对诉讼中涉及的电子证据专门性问题进行鉴别和判断，并提供鉴定意见的活动。[①] 电子证据取证是指执法及相关人员运用计算机及相关学科的工具及技术，对能够为法庭接受的、足够可靠和有说服性的、存在于计算机和相关外设中的电子证据，进行确认、保护、提取、归档和出示的过程。由此可见，电子证据的取证和鉴定有一些区别，取证的主体主要是执法人员及相关人员，而鉴定的主体主要是独立的第三方司法鉴定人员。电子证据司法鉴定虽限于取证中识别与鉴真电子证据、辅助计算机等犯罪取证活动以及确立电子数据证据的法律效力和证据效力，但是从

[①] 参见杜志淳主编：《司法鉴定概论》（第二版），法律出版社 2012 年版，第 3 页。

技术上论述，电子证据的取证技术和鉴定技术并没有太大区别。两者技术在本质上是相同的，只是根据实施主体的不同，而称其为电子数据取证技术或电子证据鉴定技术。[1]

一、电子数据司法鉴定概述

（一）电子数据司法鉴定基本定义

电子数据司法鉴定、电子物证司法鉴定以及电子证据司法鉴定和计算机司法鉴定等术语通常用来指明同一概念。例如，2005年《公安机关鉴定机构登记管理办法》中将电子数据检验鉴定定义为，包含对计算机存储设备和其他电子设备中存储的电子数据的检验鉴定。2000年《司法鉴定执业分类规定（试行）》使用"计算机司法鉴定"作为单独的执业类型，2009年《司法鉴定收费管理办法》中使用"电子数据鉴定"术语与声像资料司法鉴定并齐。可见，电子数据司法鉴定、电子物证司法鉴定以及电子证据司法鉴定和计算机司法鉴定在实践中是存在通用情况的。

目前，诸多著作都对电子证据司法鉴定有着相类似的定义方法。有的学者认为，从法律层面看，电子证据司法鉴定是指在诉讼活动中电子证据司法鉴定人运用计算机科学理论和技术或者专门知识，对诉讼涉及的专门性问题进行鉴别和判断并提供鉴定意见的活动。[2] 有的学者认为，电子物证检验是指公安司法鉴定机构的电子数据鉴定人员按照技术规程，运用专业知识、仪器设备和技术方法，对受理委托鉴定的检材进行检查、验证、鉴别、判定并出具检验鉴定意见的过程。[3] 有的学者认为，电子证据取证和鉴定是指由相应的主体出于取得和确证电子证据的目的，采取的发现、提取、固定、分析、解释、鉴别、判断电子证据的专门性证据调查活动。[4] 有的学者认为，计算机司法鉴定是指由计算机司法鉴定资格的鉴定机构或鉴定人，依法接受委托，运用计算机理论和技术以及其他相关的专门知识对与计算机相关案件的有关内容进行专业检验、分析、判断、鉴定，并出具鉴定意见的活动。[5] 也有的学者认为，电子数据鉴定是用基于科学原理以及经过科学实践检验的方法，发现、收集、固定、提取、分析、解释、证实、记录和描述电子设备中存储的电子数据，以发现案件线索，认定案件事实的科学。[6]

纵观电子证据司法鉴定以及其他类似术语的不同定义，参考其他学者的观点，我们从不同角度对电子证据司法鉴定进行了分析。电子证据司法鉴定是一种新型的司法鉴定，其鉴定对象是以数字化形式存储、处理、传输的数据；鉴定主

---

[1] 参见余彦峰：《电子数据司法鉴定概述》，载《信息网络安全》2008年第11期。
[2] 参见麦永浩主编：《电子数据司法鉴定实务》，法律出版社2011年版，第2页。
[3] 参见汤艳君主编：《电子物证检验与分析》，清华大学出版社2014年版，第13页。
[4] 参见杜春鹏：《电子证据取证和鉴定》，中国政法大学出版社2014年版，第74页。
[5] 参见杜志淳主编：《司法鉴定概论》（第二版），法律出版社2012年版，第420—421页。
[6] 参见陈龙等主编：《计算机取证技术》，武汉大学出版社2007年版，第67页。

体要求是具备计算机专业知识以及已在相关部门登记的有鉴定资质的鉴定人;鉴定目的是为涉及电子数据证据的诉讼裁判提供依据。因此,结合传统司法鉴定的概念,可以认为,所谓电子证据司法鉴定是指具有鉴定资质的有专门知识的人采用技术手段,通过对电子数据的识别与认定,从涉案电子数据中获取最有证明力的电子证据,并将其作为认定案件事实依据的专门活动的过程。电子证据司法鉴定可用于刑事诉讼、民事诉讼、行政执法、财务审计、公司调查、保险行业以及知识产权保护等领域。电子证据司法鉴定可以为涉及电子数据的案件在处理时,提供有力的依据,其也是信息时代解决涉及"电子"诉讼纠纷案件的有效手段。

(二)电子数据司法鉴定特点

电子证据司法鉴定是法庭科学的具体表现之一,是将科学技术应用于法律诉讼之中,它具有法律和技术的交叉属性。从鉴定技术属性来看,它具有技术理论、鉴定方法以及实施工具等方面的综合应用;从鉴定法律属性来看,它具有鉴定主体合法性以及鉴定行为客观性的要求。因此,电子证据司法鉴定具备法律理论和鉴定技术多重糅合的综合特征。

从目前电子证据司法鉴定现状看,其特点大致体现在以下几个方面:(1)电子证据司法鉴定主要是针对计算机相关案件的专门技术问题进行判断的活动,鉴定主体是具有法律、计算机以及其他相关专业知识的交叉学科人才,其主体的类型是特定的。此外,在很多情况下,电子证据司法鉴定主体还需要拥有其他专业知识,其在技能上又是复合的。因此,电子证据司法鉴定的鉴定主体不仅具有特定性,还具有复合性。(2)司法鉴定不仅依靠计算机通用理论,有时候还需要对特定的软件、硬件进行研究,从中发现科学规律。但是,软件的版本是会升级变化的,原来得出的规律可能会随之发生变化。如果依赖过去的知识进行鉴定,可能无法得出结论,甚至得出错误的结论。因此,电子证据司法鉴定的鉴定技术具有多样性及变化性。(3)电子证据鉴定中,鉴定客体常常是动态变化的,如对内存中数据的鉴定,其信息很容易变化,也容易消失;删除以后的文件和文件系统扇区外的病毒代码,在操作系统级别是无法看见的;对数据的鉴定不仅有对程序功能的鉴定,还有对证据取得的真实性、完整性鉴定等。因此,电子证据司法鉴定的鉴定客体具有复杂性。(4)鉴定意见包括肯定结论、否定结论、无法鉴定等。一般情况下,不能得出肯定结论便可以得出否定结论,反之亦然。但是,在电子证据司法鉴定中,如果委托人提供的材料比较有限、不充分,那么只能作出无法鉴定或否定的结论,而不能作出肯定的结论。因此,有时鉴定意见会存在局限性。

(三)电子数据司法鉴定主要内容

电子证据司法鉴定实质研究内容包含很多方面,大致包括鉴定的主体、客体、方法、技术手段、鉴定内容、鉴定类型等。

1. 电子数据司法鉴定的主体

电子证据司法鉴定主体必须是由国家司法部授予资质的鉴定机构和鉴定人。司法鉴定机构是司法鉴定人依法执业的场所,有广义的司法鉴定机构与狭义的司法鉴定机构之分。广义的司法鉴定机构包括司法鉴定机关根据法律和规章自行设立与管理的内设鉴定机构和经省级司法行政机关审核登记,具备《司法鉴定机构登记管理办法》规定的条件,取得《司法鉴定许可证》,在登记的司法鉴定业务范围内开展司法鉴定活动的法人或其他组织。狭义的司法鉴定机构仅指具备《司法鉴定机构登记管理办法》规定的条件,经省级司法行政机关审核登记,取得《司法鉴定许可证》,在登记的司法鉴定业务范围内开展司法鉴定活动的法人或其他组织。① 司法鉴定人是依托于司法鉴定机构,由国家司法部门认定的具有相关门类鉴定资格且具有相关专业技术的专业人员。

2. 电子数据司法鉴定技术

电子证据司法鉴定在一定层面上相当于技术的应用。电子证据司法鉴定的根本特点之一就是技术性。司法鉴定中电子证据鉴定技术应当符合成熟可靠性原则,并且有明确的可实施操作性。依据不同的标准,可以分为以下几类:从电子数据取证和鉴定对象上,可以分为基于网络方面和基于主机系统(包括单机和可移动设备);从功能上,电子数据取证和鉴定技术可以分为识别类、存储类、固定类、检索类、检验类、分析类、呈现类等;从过程来看,电子数据取证和鉴定可以分为对物理获取和信息发现。

3. 电子数据司法鉴定工具

电子证据司法鉴定工具是整个电子证据鉴定工作中的软件硬件集成,是技术实现的基础保障。鉴定工作能否有效顺利地进行,在很大程度上依靠的是工具的完备与否和正确运用与否。依据当前电子证据司法鉴定工具情况,其可以分为专用工具和通用工具两大类。专用工具是专门为了电子数据取证和鉴定而设计开发的,一般具有校检功能;通用工具并非是专门为了司法取证鉴定而设计的,但其某些软件功能能够在取证和鉴定中常常被使用。

4. 电子数据司法鉴定原则

电子证据司法鉴定遵循合法性原则。电子证据司法鉴定是司法工作中的一个重要环节,因而电子证据司法鉴定必须满足主体合法,即只有具备合法的调查取证与司法鉴定身份,才能执行相应的取证与司法鉴定活动。同时,还要满足对象合法,在检查设备时,只有与被怀疑与案件事实有关联的信息才能作为被取证的对象。电子证据司法鉴定的手段和过程也需满足合法性,取证与司法鉴定活

---

① 参见杜志淳主编:《司法鉴定概论》(第二版),法律出版社2012年版,第83页。

动的每个环节都应该遵循标准程序,采取的手段应该符合法律的要求。整个取证过程与司法鉴定都必须受到监督,以保证电子证据司法鉴定过程的合法性。①

(1) 主体合法

鉴定人必须具备电子证据司法鉴定人资格。根据现有法律规定,可以将我国司法鉴定人分为两种类型:一种为资格型司法鉴定人,另一种为专聘型司法鉴定人。目前,我国计算机司法鉴定人主要是资格型司法鉴定人。因此,鉴定人在实施计算机司法鉴定活动时,其执业鉴定资格必须已经经司法机关等法定机构审核、批准登记和名册公告,并获得认定。

(2) 客体合法

在受理司法鉴定业务过程中,鉴定材料的来源必须合法,司法鉴定的用途也必须合法。根据《司法鉴定程序通则》规定,鉴定材料不真实、不完整、不充分或者取得方式不合法,鉴定事项的用途不合法或者违背社会公德的等情形,均属于鉴定机构不予受理的法定事由。如果鉴定活动中鉴定材料来源和用途非法,鉴定机构违法受理鉴定案件所出具的鉴定意见,会因缺乏合法性而不被采纳。

(3) 程序合法

首先,整个数据的获取、分析鉴定过程应当受到监督和控制,确保鉴定结果有效准确。在安全妥善环境中进行鉴定工作,获取分析证据数据时不能改变其原始性,取证过程中注重保障数据证据的原始性。

其次,司法鉴定活动中,出现法定回避事由的,应依法实行回避。当司法鉴定人本人或者其近亲属,与委托人、委托的鉴定事项或者鉴定事项涉及的案件有利害关系,可能影响其独立、客观、公正鉴定的,应当回避。在重新鉴定活动中,参加过同一鉴定事项的初次鉴定的司法鉴定人应该回避;在同一鉴定事项的初次鉴定过程中作为专家提供过咨询意见的司法鉴定人也应该进行回避。

最后,在诉讼法中,对司法鉴定的时限有具体的法律规定。计算机司法鉴定从受理到司法鉴定文书出具需在规定的时间完成。因为案件复杂、疑难,或者其他原因确需延长的,必须按照规定的审批程序批准,并征得委托人同意,才可适当延长。

5. 电子数据司法鉴定程序

司法鉴定实施制度主要包括鉴定的申请、决定、委托、受理、实施、鉴定的时限、鉴定人的回避、鉴定质量控制与保障等制度。司法鉴定实施制度是司法鉴定管理制度中重要的核心制度,它直接关系到司法鉴定工作的正常运行及其质量,关系到司法鉴定工作程序是否合法、规范,鉴定的技术方法、手段是否科学先进可靠,鉴定所适用的标准是否正确、有效,鉴定意见所依据的数据是否准确、客

---

① 参见廖根为:《计算机司法鉴定:理论探索》,法律出版社2012年版,第28,29页。

观、科学等。司法鉴定实施制度直接会影响到司法公正、司法权威。司法鉴定的启动是司法鉴定程序的开端。

电子证据司法鉴定与其他司法鉴定一样,整个鉴定活动必须遵循合法、科学、客观、公正、独立、监督的原则,并按照法律法规规定的合法程序进行。电子证据司法鉴定,其鉴定活动过程分为六个阶段,依次为申请、决定、委托、受理、实施、出具意见。司法鉴定从启动开始的整个过程都应严格依照我国法律程序进行。根据我国司法鉴定的一般程序,可以将电子证据司法鉴定活动的基本框架通过图 2-14 进行表示。①

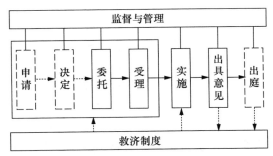

图 2-14 电子证据司法鉴定框架

（1）申请

申请指鉴定申请人必须向有决定权的机关提出司法鉴定的请求,并且说明理由的活动。比如,在审判活动中,必须向人民法院提出电子证据司法鉴定申请,并说明申请的理由。一般申请需要以书面的形式递交,申请书中应当写明案由、鉴定对象、鉴定理由、鉴定要求、拟聘请的司法鉴定机构或鉴定人。依据我国《刑事诉讼法》规定,犯罪嫌疑人、被害人是补充鉴定或重新鉴定的申请主体。在刑事案件活动中,在侦查阶段,侦查机关为了查明案件事实,可以依职权实施鉴定委托,当事人及其他诉讼参与人也可以提出鉴定申请;鉴定以后,侦查机关应当将鉴定意见告知犯罪嫌疑人,犯罪嫌疑人可以提出补充鉴定和重新鉴定的申请;侦查机关收到申请后,对鉴定意见进行审查。在审查起诉阶段,可以由犯罪嫌疑人、辩护人或者犯罪嫌疑人的近亲属以及被害人或者被害人的法定代理人、近亲属、诉讼代理人提出申请补充鉴定或重新鉴定,检察机关进行审查并做出决定;针对某些专门性问题,检察机关也可以主动提出鉴定申请。在审判阶段,当事人、辩护人和诉讼代理人均有权申请重新鉴定,由法院审查决定。在刑事自诉案件中,主要由提供证据一方即一般由原告提出申请,决定机关为法院。民事诉

---

① 参见廖根为:《计算机司法鉴定:理论探索》,法律出版社 2012 年版,第 38 页;王永全、齐曼主编:《信息犯罪与计算机取证》,北京大学出版社 2010 年版,第 327—329 页。

讼、行政诉讼中的当事人及其代理人有权申请司法鉴定。在非诉活动中，单位或者个人也可以直接以自己的名义向司法鉴定机构不经过申请阶段直接提出鉴定委托。例如，律师事务所可以在非诉业务中直接向司法鉴定机构委托鉴定。

（2）决定

决定指的是有决定权的机关根据当事人的申请和理由，按照法律规定，决定是否允许当事人进行司法鉴定。决定鉴定的，还必须根据当事人各方的意愿共同确定或由决定机关指定相应的鉴定机构。在刑事诉讼中，电子证据司法鉴定决定权由侦查机关、检察机关、审判机关来行使。在侦查阶段，如果为了查明案情，需要解决电子证据司法鉴定专门问题时，应当由侦查机关指派、聘请具有电子证据司法鉴定资质的鉴定机构和鉴定人员对电子数据进行鉴定。如果计算机问题出现在审查起诉阶段，则鉴定决定权为检察机关，鉴定由检察长批准，向有关鉴定机构聘请有电子证据司法鉴定资格的人员进行鉴定。如果上述问题出现在审判阶段，则决定由人民法院决定与委托。在民事诉讼和行政诉讼中，有决定权的机关为人民法院。一般委托由有决定权的人民法院直接委托鉴定机构进行鉴定。

（3）委托

委托指决定机关向鉴定机构出具书面委托书，委托进行司法鉴定的活动。在委托活动中，必须明确司法鉴定的具体事项，以及能够提供的检材和样本。在电子证据司法鉴定中，必须向鉴定机构出具书面委托书，委托书包含委托的机构、委托的鉴定事项、委托的日期、委托的机构等内容。在被鉴定事项中，必须清晰地描述委托电子证据司法鉴定的事项。

（4）受理

受理指的是鉴定机构根据鉴定机构的资质和技术条件决定对委托机关的委托是否受理的活动。受理司法鉴定事项时，需要确定委托要求是否在鉴定机构业务受理范围内，委托书是否明确，鉴定材料是否客观真实、全面、充分。在检查委托书时，需检查委托书中是否有委托人或委托机构、签章，是否有明确的鉴定要求，是否提供了足够的材料。经过对委托书内容、委托事项、送鉴材料等项目进行审核后，符合受理条件的，当时能够决定受理的，与委托方签订委托受理合同。当时不能决定是否受理的，可以向委托方出具司法鉴定委托材料收领单，在收领委托材料之日起7个工作日内作出是否受理的决定。如果不符合受理条件的，决定不予受理，退回鉴定材料并向委托人书面说明理由。

（5）实施

实施指的是鉴定机构对依法受理的鉴定业务，安排具有相应鉴定资质的鉴定人员对委托的鉴定事项进行鉴定的活动。

（6）出具鉴定意见

出具鉴定意见指的是鉴定人员按照司法鉴定文书的标准格式，将鉴定过程、鉴定意见等内容形成正式文书的活动。

(7) 出庭

鉴定意见本身是鉴定人自身对鉴定事项的看法,因而可能会存在错误。因此,鉴定人在双方当事人要求下,有义务出庭解释鉴定意见,接受当事人的质询,以解释说明鉴定意见的正确性。另外,双方当事人在认为鉴定意见的出具不符合程序要求,鉴定机构、鉴定人资质不合法,鉴定方法不正确时,也都可以向人民法院申请,让鉴定人出庭接受质证,人民法院也可根据审理案件的需要要求鉴定人出庭。

(四) 电子数据司法鉴定相关法律法规情况

为了规范电子证据司法鉴定活动,相关单位颁布了涉及电子证据司法鉴定各个方面的相关法律法规和技术标准,例如《公安机关电子数据鉴定规则》《公安机关办理刑事案件程序规定》《公安机关刑事案件现场勘验检查规则》《电子数据司法鉴定通用实施规范》《北京市高级人民法院关于办理各类案件有关证据问题的规定(试行)》《人民检察院电子证据鉴定程序规则(试行)》等。相较于传统鉴定,电子证据司法鉴定是较为新型的司法鉴定类型,它不仅涉及电子数据证据自身的特性,也受到最新有关电子数据的法律法规的影响。因此,对电子证据司法鉴定法律状况的探讨应当从电子数据和司法鉴定两方面出发进行研究。在涉及电子数据证据方面,三大诉讼法均已有所规定,将其单独作为一种证据类型列出。在鉴定方面,诉讼法等法律法规也早已确立其证据效力。

1. 基本法

(1)《刑事诉讼法》

2018 年 10 月 26 日修改的《刑事诉讼法》第五章"证据"中第 50 条规定,电子数据可以用于证明案件事实的材料,作为法定证据种类(2012 年修改的《刑事诉讼法》首次将其纳入法定证据种类)。此处电子数据是指与案件事实有关的电子邮件、网上聊天记录、电子签名、访问记录等电子形式的证据,如证人作证的录像、电子版的合同等。另外,在《刑事诉讼法》中,第六种法定证据类型是鉴定意见,这是在 2012 年《刑事诉讼法》中进行的修改,即将"鉴定结论"改为"鉴定意见",其是指有专门知识的鉴定人对案件中的专门性问题进行鉴定后提出的书面意见。这里"鉴定意见"一词与《关于司法鉴定管理问题的决定》的用词相一致,更具有科学性和符合术语用语的规范性。

此外,《刑事诉讼法》第 29 条规定,担任过本案的证人、鉴定人、辩护人、诉讼代理人在法定条件下应当自行回避,当事人以及其法定代理人也有权要求他们回避。第 146 条至第 149 条对于鉴定的目的和主体、鉴定程序、告知犯罪嫌疑人、被害人鉴定意见以及补充鉴定意见或者重新鉴定等进行了规定。

(2)《民事诉讼法》

继 2005 年《关于司法鉴定管理问题的决定》和 2012 年《刑事诉讼法》均将

"鉴定结论"改为"鉴定意见"后,2012年修改的《民事诉讼法》也进行了相应的调整。2021年修改的《民事诉讼法》继续使用"鉴定意见"一词作为进行鉴定后提出的书面意见。此外,2021年《民事诉讼法》在第47条中规定了回避事项:是本案当事人或者当事人、诉讼代理人近亲属的,与本案有利害关系的,与本案当事人、诉讼代理人有其他关系,可能影响对案件公正审理的,当事人有权要求其回避。第66条规定,电子数据作为法定证据种类(2012年修改的《民事诉讼法》首次将其纳入法定证据种类),是指基于计算机应用、通信等现代化电子技术手段形成的数字、文字、图形等能够证明案件事实的证据。第79条至第82条对司法鉴定各方面以及专家辅助人的出庭进行规定,明确了司法鉴定的启动程序、鉴定人的权利义务及出庭作证的内容。

(3)《行政诉讼法》

2014年修改的《行政诉讼法》在其第五章将电子数据纳入法定证据体系,"鉴定结论"改为"鉴定意见";2017修改的《行政诉讼法》仍延续这些规定。

2. 诉讼法配套规定

(1)《刑事诉讼法解释》(2021年3月1日)①

第四章"证据"中规定,对电子邮件、电子数据交换、网上聊天记录、博客、微博客、手机短信、电子签名、域名等电子数据,应当着重审查原始存储介质是否移送;收集程序、方式是否符合法律及有关技术规范;电子数据内容是否真实,有无删除、删改、修改、增加等情形;电子数据与案件事实有无关联。这从侧面突出了电子证据司法鉴定在解决电子数据真实性、合法性、关联性问题时所起到的重要作用。

(2)《人民检察院刑事诉讼规则》(2019年12月30日)

第三章"回避"中第37条规定,本规则关于回避的规定适用于人民检察院聘请或者指派的鉴定人。第五章"证据"中第64条规定,行政机关在行政执法和查办案件过程中收集的鉴定意见、勘验检查笔录,经过人民检察院审查符合法定要求的,可以作为证据使用。第218条至第222条规定了人民检察院为了查明案件情况,解决案件某些专门性问题,可以进行鉴定,需要检察长批准,由检察院技术部门有鉴定资格的人员进行,必要时也可以聘请其他有资格人员进行,但应针对鉴定人所在单位的同意。

(3)《公安机关办理刑事案件程序规定》(2020年9月1日)

第三章"回避"中第40条规定,本章关于回避的规定适用于鉴定人,由县级以上公安机关负责人决定。第五章"证据"中第63条规定,公安机关接受或者依法调取的行政机关在行政执法和查办案件过程中收集的物证、书证、视听资料、

---

① 括号内日期均为法规施行日期。

电子数据、鉴定意见、勘验笔录、检查笔录等证据材料,经公安机关审查符合法定要求的,可以作为证据使用。第 64 条规定,物证的照片、录像或者复制品经过与原物合适无误或者经过鉴定证明为真实的,可以作为证据使用。

(4)《最高人民法院、最高人民检察院、国家安全部、司法部、全国人大常委会法制工作委员会关于实施刑事诉讼法若干问题的规定》(2013 年 1 月 1 日)

第 29 条规定,依法应当出庭的鉴定人经过人民法院通知未出庭作证的,鉴定意见不得作为定案的根据。鉴定人由于不能抗拒的原因或者其他正当理由无法出庭的,人民法院可以根据案件审理情况决定延期审理。

(5)《民事诉讼证据规定》(2020 年 5 月 1 日)

第 30 条至第 36 条对鉴定的申请、启动、事项、责任、条件都有详细的规定。对鉴定书的审查主要从委托人姓名或者名称、委托鉴定的内容、委托鉴定的材料、鉴定的依据及使用的科学技术手段、对鉴定过程的说明、明确的鉴定结论、对鉴定人鉴定资格的说明、鉴定人员及鉴定机构签名盖章等方面进行判断。第 98 条规定了对鉴定人的人身保护,不得进行挟私报复。调查人员调查收集电子数据或者录音、录像等视听资料的,应当要求被调查人提供有关资料的原始载体。对证据材料真实性和合法性的认证都可以通过司法鉴定予以确认。

(6)《最高人民法院关于行政诉讼证据若干问题的规定》(2002 年 10 月 1 日)

第 14 条规定,被告向人民法院提供的在行政程序中采用的鉴定意见,应当载明委托人和委托鉴定的事项、向鉴定部门提交的相关材料、鉴定的依据和使用的科学技术手段、对鉴定部门和鉴定人鉴定资格的说明,并应有鉴定人的签名和鉴定部门的盖章。通过分析获得的鉴定意见,应当说明分析过程。第 64 条规定,以有形载体固定或者显示的电子数据交换、电子邮件以及其他数据资料,其制作情况和真实性经对方当事人确认,或者以公证等其他有效方式以证明的,与原件具有等同的证明效力。

3. 鉴定规则和相关规定

(1)《司法鉴定程序通则》(2016 年 5 月 1 日)

司法鉴定程序是指司法鉴定机构和司法鉴定人进行司法鉴定活动应当遵循的方式、方法、步骤以及相关的规则和标准。该通则适用于司法鉴定机构和司法鉴定人从事各类司法鉴定业务的活动。同时,该通则在总则中对鉴定人执业道德、执业纪律、责任承担、回避规定、出庭义务等都作了说明;在分则中对司法鉴定的委托与受理、司法鉴定的实施、司法鉴定意见书的出具等鉴定流程事项进行了具体的规定。

(2)《公安机关电子数据鉴定规则》(2005 年 3 月 23 日)

该规则中所称的电子数据鉴定,是指公安机关电子数据鉴定机构的鉴定人按照技术规程,运用专业知识、仪器设备和技术方法,对受理委托鉴定的检材进行检查、验证、鉴别、判定,并出具鉴定意见的过程。公安机关电子数据鉴定机构应当具备以下条件:① 有明确的业务范围。② 有在业务范围内开展电子数据鉴定所必需的硬件设备和基础设施。③ 有与独立开展电子数据鉴定业务相适应的专业人员。从事电子数据鉴定的人员,应当经地市级以上公安机关公共信息网络安全监察部门推荐,通过公安部组织的有关考试、考核,并取得公安部颁发的《公安机关电子数据鉴定人资格证书》。

(3)《人民检察院电子证据鉴定程序规则(试行)》(2009年)

该规则对电子证据进行了说明,电子证据是指由电子信息技术应用而出现的各种能够证明案件真实情况的材料及其派生物。电子证据鉴定是人民检察院司法鉴定人根据相关理论和方法,对诉讼活动中涉及的电子证据进行检验鉴定,并作出意见的一项专门性技术活动。电子证据鉴定范围主要包含:① 电子证据数据内容一致性的认定。② 对各类存储介质或设备存储数据内容的认定。③ 对各类存储介质或设备已删除数据内容的认定。④ 加密文件数据内容的认定。⑤ 计算机程序功能或系统状况的认定。⑥ 电子证据的真伪及形成过程的认定。⑦ 根据诉讼需要进行的关于电子证据的其他认定。此外,该规则对与受理和委托、检验鉴定过程、检验鉴定文书都有详尽的规定。

(4)《电子数据司法鉴定通用实施规范》(2014年3月17日)

该规范认为,电子数据是基于计算机应用和通信等电子化技术手段形成的客观资料,用以表示文字、图形符号、数字、字母等信息,包括以电子形式存储或传输的静态数据和动态数据。同时,该规范规定了电子数据鉴定的基本原则:① 原始性原则:电子数据鉴定应以保证检材/样本的原始性为首要原则,禁止任何不当操作对检材/样本原始状态的更改。② 完整性原则:在条件允许的情况下,电子数据鉴定应当先对原始电子数据制作电子数据副本,并进行完整性校验,确保电子数据副本与原始电子数据的一致性。③ 安全性原则:电子数据鉴定原则上以电子数据副本为操作对象,检材/样本应封存妥善保管以确保安全。整个检验鉴定过程应在安全可控的环境中进行。④ 可靠性原则:电子数据鉴定所使用的技术方法、检验环境、软硬件设备应经过检测和验证,确保鉴定过程、鉴定结果的准确可靠。⑤ 可重现原则:电子数据鉴定应通过及时记录、数据备份等方式,保证鉴定结果的可重现性。⑥ 可追溯原则:电子数据鉴定过程应受到监督和控制,通过责任划分、记录标识和过程监督等方式,满足追溯性要求。⑦ 及时性原则:对委托鉴定的动态、时效性电子数据,应及时进行数据固定与保存,防止数据改变和丢失。该规范还给出了电子数据鉴定的通用程序:案件受理(程序审核、技术审核、受理规则)——检验/鉴定(方案制定、鉴定实施)——文书出具(文书起草、文书发放)——出庭作证。

二、电子数据司法鉴定主要类型及常用技术

（一）电子数据司法鉴定主要类型

根据鉴定性质和证据认定特点，电子证据司法鉴定可以分为来源鉴定、同一鉴定、相似性鉴定、内容鉴定、功能鉴定、资产损失鉴定、数据综合分析鉴定以及复合鉴定八类。[①]

1. 来源鉴定

来源鉴定是指根据委托人提供的有关资料，对犯罪者在实施犯罪时，确认其所使用的工具、软件以及判断检材的最初来源的鉴定，如主机 IP 地址和 MAC 地址来源分析、电子邮件来源分析、数据包来源分析等。来源鉴定在追踪网络违法犯罪案件时，对确定违法犯罪者机器的位置、软件最初制作者也有着重要的意义。

2. 同一鉴定

同一鉴定是指比较两个电子文件、代码、信息等是否来源于同一客体的鉴定，它与来源鉴定性质不同。同一鉴定中，委托人需要同时提供检材和样本，且检材和样本的信息内容基本相似。来源鉴定中，委托人只需要提供检材，其目的是寻找和判断检材的最初来源，或者其生成或运行路径。

3. 相似性鉴定

相似性鉴定指的是对文件或代码在某种性质上相似程度的鉴定。相似性鉴定与同一鉴定类似，但鉴定机理是不同的。相似性鉴定也是对两份软件或程序进行比对，但不是检验它们是否完全同一，而是检验它们在形成过程中是否存在相似性。相似性鉴定主要在知识产权领域采用，最常见的为软件"实质相似"鉴定。在软件著作权领域，证明原告软件与被告软件是否实质相似是认定软件著作权是否侵权的核心。

4. 内容鉴定

内容鉴定主要指文件内容的真实性鉴定，以及对存储介质内一些隐藏的、秘密的数据进行分析判断并进行恢复和还原的鉴定。电子数据内容鉴定技术实际上是分析和发现二进制数据所表达的真实信息内容的技术。常见电子文件需要内容鉴定的原因可能是数据在处理或者转移过程中出现错误、产生乱码，或者数据信息被加密，或者信息无法被访问等。相应地，可采用的分析手段有乱码分析、加密信息分析、口令破解、隐藏数据发现等。

5. 功能鉴定

功能鉴定主要是对计算机软件（包括具有破坏性的程序、合法程序等）的功能进行分析，判断是否具有某种功能，或者与所描述的功能是否一致的鉴定。功

[①] 参见王永全、齐曼主编：《信息犯罪与计算机取证》，北京大学出版社 2010 年版，第 316—327 页。

能鉴定既可以通过源代码进行,也可以通过目标代码进行,具体比对对象需要根据案件情况确定。常见的功能鉴定有恶意代码鉴定、软件功能鉴定、技术措施鉴定等。恶意代码鉴定指的是对被检验代码进行分析,判断它是否属于恶意代码,属于何种恶意代码,具有哪些破坏功能等。软件功能鉴定指的是通过检验和分析计算机软件,判断软件是否具有某一项或某几项功能,或者判断软件应具有的某种功能是否达到特定技术指标为目的的鉴定。技术措施性质鉴定是指通过对技术措施的功能分析,判断技术措施的性质,例如判断其是否具有控制访问次数功能、是否能够跟踪并收集用户信息、是否能够强制删除用户账号、是否能够删除竞争对手的程序等。

对软件或程序功能鉴定最直接的方法是通过实验进行。通过运行破坏性的程序,观察监视系统的状态,分析其运行的过程与危害的结果。由于破坏程序具有破坏作用,可以使用特殊的软件模拟测试的环境,例如可以使用 VMWare 虚拟测试平台对破坏程序进行分析。

6. 资产损失鉴定

资产损失鉴定是指对涉案的计算机软硬件资产和其他无形资产进行评估,判断案件涉及资产损失情况的鉴定。这类鉴定中,需对电子数据所造成的损失进行评估,要求司法鉴定人除了具备计算机技术和基本法律知识外,还需要具有审计、逻辑、管理等相关学科的知识。

7. 数据综合分析鉴定

数据综合分析鉴定是指在发现电子证据过程中所采用的技术是综合的,通常从案情出发,要求找出判定案件事实和性质的相关电子数据。例如,在可能被黑客非法侵入的计算机信息系统中,要求侦查人员通过各种手段及技术(如数据检索技术、数据恢复技术、数据提取与固定技术等)找出与案件相关的所有电子数据证据。在这一类鉴定中,实际上鉴定人员完成了部分侦查人员的工作,或者需要与侦查人员密切合作,共同完成案件侦查工作。

8. 复合鉴定

复合鉴定是指其他的比较特殊的鉴定,在鉴定过程中涉及的事项比较多、学科知识广,难以纳入其他几类电子证据司法鉴定的鉴定。常见的有企业各种应用系统鉴定、加密数据鉴定、数字证据链鉴定、电子证据司法鉴定文书复审等。企业各种应用系统鉴定是指对企业的应用系统或软件(如 ERP、SCM、OA 等)中所存储数据的有效性、真实性及其所反映的公司财务、管理等情况的鉴定。加密数据鉴定指的是根据委托人提供的计算机有关资料或设备等,对计算机加密信息进行破解,翻译加密信息内容或者判断相关信息是否符合计算机相关安全要求的鉴定。加密数据鉴定的内容很多,常见的鉴定有密文破解与分析、口令破解、数字签名信息鉴定等。数字证据链是指根据案件中涉及的数字证据,以及物证、书证等其他证据,通过综合分析证据链,判断其是否能够证明某种案件事实。这实际上是一种对涉案证据真实性和可靠性进行判断的综合鉴定。电子证据司法鉴定文书复审是通过对电子证据司法鉴定文书的鉴定过程、方法和结论的描述等内容的分析,结合其他相关材料,判断鉴定文书中鉴定意见是否科学可靠并出具复审意见的鉴定。

(二)电子数据司法鉴定常用技术

电子证据司法鉴定涉及的技术有司法鉴定的基本技术、计算机技术、相关交叉学科技术。司法鉴定基本技术指的是司法鉴定各学科共通的基本技术理论,如同一性鉴定理论、种属鉴定理论、逻辑推理理论等;计算机技术是电子证据司法鉴定中最常用的技术理论;而相关交叉学科技术和理论涉及的范畴很广,包括会计、审计、知识产权、管理学等。在这些技术中,相关计算机技术在电子证据司法鉴定的全过程中起到了至关重要的作用,其主要包括计算机硬件技术、软件相关知识、网络技术、信息安全技术、信息存储技术等[①]。

1. 数据复制技术

电子数据的复制技术主要指从待鉴定的设备中把电子数据复制出来,以固定证据数据,并保证这个证据数据的原始性和完整性。待鉴定设备是指存储、处理或者传输二进制数据的设备,包括计算机、通信设备、网络设备、电子数据存储设备等。数据复制技术主要包含数据备份、数据镜像和数据快照。数据备份是通过复制粘贴操作或借助某些工具批量操作;数据镜像是按比特位一对一进行复制的完全镜像技术;数据快照是指为存储内容建立一个数据意义上的"指针"的集合,可以作为其他主机的一个卷或者文件系统来安装,并可以作为原始数据的一个完整复制。

2. 数据恢复技术

许多案件中相关的电子数据都是不完整的,很难直接作为电子数据证据。有时,犯罪分子还会人为地破坏记录数据的介质或直接删除与案件相关的数据。因此,要想还原数据的真实性,需要利用数据恢复技术,对被破坏的介质或数据进行恢复。数据恢复技术是对电子数据中被删除、覆盖、损害或者加密的文件进行还原恢复。它主要涉及文件系统级的恢复技术,如在系统崩溃后,对其进行恢复,把里面的证据文件清理出来。此外还有系统文件应用级的恢复技术、被删除数据文件的恢复技术以及错误文件修复技术和加密文档的破解技术等。

3. 数据检索技术

数据检索技术是指利用计算机科学技术自动在虚拟空间检索特定数据(或

---

① 参见麦永浩主编:《电子数据司法鉴定实务》,法律出版社 2011 年版,第 50 页;廖根为:《计算机司法鉴定:理论探索》,法律出版社 2012 年版,第 53—63 页;余彦峰:《电子数据司法鉴定概述》,载《信息网络安全》2008 年第 11 期。

证据)的技术,其关键在于如何提高检索结果的准确性和检索效率。数据检索的基本思想是在虚拟网络空间中对每一个被检索对象进行比对,确定其是否符合特定条件,并将符合条件的数据予以收集。常见的检索技术可分为基于数据内容的检索技术、基于数字指纹的检索技术、基于痕迹信息的检索技术。

4. 数据固定技术

在对大量数据进行分析过程中,为了防止对原始数据或者原始设备的意外破坏,常需要在备份的数据上进行分析,这要求实现对原始数据进行准确复制。复制的过程就是数据的提取和固定的过程。数据提取和固定的具体方法很多,但根据提取和固定的数据性质不同,可以分为易失性数据的提取和固定以及静态数据的提取和固定。

易失性数据主要指内存中存储的数据,这些数据在计算机断电以后便丢失。收集易失性数据往往需要在关机之前便提取和固定。除了内存中存储的数据外,有时候会将一些难以发现的、需要及时收集的其他数据也纳入到易失性数据中。易失性数据主要包括系统基本信息、用户活动信息、网络状态信息、系统状态信息等。静态数据指的是存储在硬盘、U 盘、可读写光盘以及电子设备存储卡等存储介质上的数据,这些数据常常在关机以后再进行提取和固定。静态数据的提取和固定有两种不同方法,一种是逻辑镜像法,其是一种介质到文件的复制过程,复制时多采用"扇区对扇区"的复制技术,复制目标是一个镜像文件;另一种是物理镜像法,其是介质到介质的复制过程,是存储设备之间直接进行的"比特到比特"的复制,所有数据按位被一对一地复制和存储。

5. 数据解密技术

密码破解技术是数据加密技术的逆过程。数据加密技术是对已知明文数据采用加密算法对数据"加壳"实现数据的加密。在这个过程中,加密算法是公开的,而密钥是保密的,所以密码破译实际是对密钥的破解。[①] 密码攻击主要类型有:已知密文攻击,攻击者已知若干密文,需要将其还原成明文,攻击者可以采用强力攻击法进行破解;已知明文攻击,攻击者可能知道部分或全部加密的明文及对应的密文;选择明文攻击,攻击者有机会接触密码机,并能选择一些明文,产生密文;选择密文攻击,攻击者有机会接触密码机,可选择一些密文,产生明文。

密码破解常见方法有:密钥空间攻击,用密钥空间中所有可能密钥依次测试,直到找到正确密钥或者解密出有意义明文为止;字典攻击,攻击者搜索明文和密文,将其放在字典中,对需要破解的密文,在字典中找到是否存在相应密文,有则可恢复明文;查表攻击,采用选择明文攻击方法,对已知明文使用所有密钥进行加密,将密文和对应密钥放入表中,对于给定的密文可直接从表里找到密

[①] 参见王俊:《论电子数据鉴定》,载《证据科学》2008 年第 2 期。

钥;解码攻击,对计算机系统中存储加解密文件的密钥的位置进行攻击;重置攻击,前提是一个加密文件产生两个不同类型的密钥,一个密钥用于加密文件的密钥,另一个直接加密文件内容,用一个已知口令产生的密钥来改写加密文件的密钥。

6. 数据截取技术

数据截取技术主要应对于网络取证和鉴定,在违法犯罪活动进行时,使用数据截取技术将犯罪嫌疑人的证据进行截获,同时进行分析、鉴定,使其作为开示证据。

在网络传输中,数据截取技术一般使用数据包监听技术和辐射信号捕获分析技术。数据包监听是通过将网络接口设置为监听模式,以截获传输线路中的数据包,监视网络的状态、数据流动情况以及网络上传输的信息。计算机网络上交换的数据结构单元是数据包,在以太网中则称为帧。数据包包括报头部分(传输所需的必要信息)和报文部分(传输所载的内容信息)。图 2-15 为数据包监听示意图。

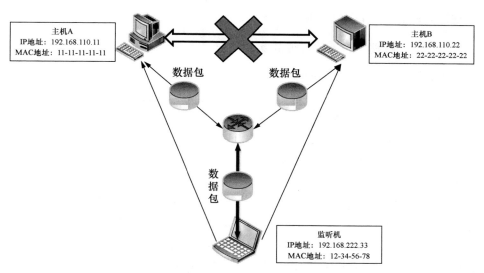

图 2-15 数据包监听流程

辐射信号捕获分析是通过敏感电磁辐射的方法来获得物体的信息,之后对其波段的辐射数据或图像数据来进行分析,如图 2-16 所示。

图 2-16 辐射信号捕获分析流程

还有一种主动型获取数据信息的方式就是蜜罐技术,蜜罐是 HoneyPot 的中文译名,就好比是情报收集系统,是网络专家经过精心伪装的诱骗系统,当攻击者入侵系统后,其所有的操作和行为都会被记录和监视。而蜜网是蜜罐技术的高级形式,是在一台或多台蜜罐主机的基础上,结合防火墙、路由器、入侵检测系统等设备而形成的网络系统。

7. 数据开示技术

电子数据开示是指将经过鉴定所获取的电子数据以及鉴定意见以科学、正确、清晰和易于理解的方式呈交给法庭的过程。电子数据开示是电子证据司法鉴定的最后一个环节,其实也是鉴定人出庭完成的最后一个工作内容。一旦通过诉讼质证,电子数据得以认证,最终可被定为定案依据。为了满足这样的要求,必须注意在开示过程中对取证和鉴定每一个环节的科学性和合法性进行详细解释和说明,将归档、专家证言、建议应对措施、统计性解释等内容制作成完整的开示材料,目的是实现能够展示出各鉴定证据最完整的程序过程。常见的数据开示技术表现形式有照片、影片、录音和录像带,必要时可进行图解、建立模型和地图,鉴定人也可以当堂进行绘画演示等。①

三、电子数据司法鉴定管理制度

(一) 司法鉴定管理制度背景

在案件审理中,通过鉴定得出的鉴定意见作为科学证据可以帮助法官查清案件事实。高水平的鉴定意见不仅需要鉴定人员有合法的鉴定资格、较高的科学素养,还要保证鉴定主体的中立性。司法鉴定意见会对案件当事人的人身或财产利益造成重大影响。因此,为了确保鉴定意见的可信度,国家必须增强对司法鉴定的管理。

在我国司法鉴定体制改革前,侦查机关、检察机关、法院系统对其设立的鉴定机构形成了各自封闭的非制度化的"多头管理"体制。这种体制造成不必要的重复鉴定,引起社会公众对司法鉴定的不信任。不同职能部门所属鉴定机构出具的专业意见分歧较大,加大了审判人员查明事实的难度。混乱的管理格局也不利于司法鉴定行业能力和水平的提高。为了解决管理问题,2005 年全国人大常委会颁布了《关于司法鉴定管理问题的决定》。这是我国司法鉴定改革的里程碑。根据该决定的要求,司法行政机关以法医、物证、声像资料类管理为基础,以加强基础建设为重点,管理司法鉴定职业活动。从 2005 年始,司法行政部门坚持致力于推进司法鉴定统一管理体制的改革。司法部制定了《司法鉴定机构登

---

① 参见〔美〕托马斯·A.马沃特:《庭审制胜》(第七版),郭烁译,中国人民大学出版社 2012 年版,第 145—190 页。

记管理办法》《司法鉴定人登记管理办法》《司法鉴定程序通则》《司法鉴定执业活动投诉处理办法》等多部规章。这些已经实施的法律和规章,为建立统一的司法鉴定管理体制做出了重要贡献。但是,由于各个国家机关对基本法律的理解不一致,《关于司法鉴定管理问题的决定》贯彻执行得并不到位,司法鉴定统一管理体制虽然形成了却仍不够完善,影响了司法鉴定改革进程。司法鉴定制度改革不是各部门各自为政,它必须与我国的诉讼制度的改革同步,并且顺应证据法学的发展。所以,继续改革司法鉴定管理制度需要立法的支持,在实践中需要各职能部门达成共同的认识。

统一的司法鉴定管理体制有利于提高司法鉴定的公信力,有利于鉴定行业的有序竞争。我国目前的司法鉴定管理制度依然在司法鉴定机构、鉴定类别的统一管理以及鉴定执业监督管理方面存在各种问题。只有解决这些问题,才能继续推进司法鉴定体制改革。通过对司法鉴定管理体制中的问题进行透彻分析,并借鉴国外已经逐渐成熟的有效司法鉴定管理手段,可以弥补我国司法鉴定管理体制中的缺陷,加速司法鉴定法治化。

(二)电子数据司法鉴定管理制度

司法鉴定是从科学技术的角度帮助司法机关确认真实、可靠的证据。鉴定人的技术水平和所使用的技术方法与鉴定意见的可靠性息息相关。同时,电子证据的技术性较强,其可靠性和公正性更容易受到质疑或难以为外行人所理解。因此,更需要通过完善司法鉴定管理制度增强电子证据司法鉴定的规范性和科学性。[①]

现行的《司法鉴定机构登记管理办法》和 2005 年《关于司法鉴定管理问题的决定》对司法鉴定机构应具备的条件作了规定,但对于从事电子证据司法鉴定活动的鉴定机构的资质和条件未作特别规定。当前我国有些司法鉴定机构的中立性和统一性较弱,有鉴于此,电子证据的司法鉴定机构管理必须与司法鉴定的统一管理同步,在统一司法鉴定管理的基础上实现规范性。对此,一方面,可以在省一级设立电子证据司法鉴定中心,独立于公、检、法机关,具有独立法人资格,每年接受资格审查和注册;另一方面,应该考虑到电子证据司法鉴定的技术、方法有别于肉眼观察、理化分析、显微鉴别等传统的物证鉴定技术、方法,对从事电子证据司法鉴定的机构的准入规则、执业资质作出独立规定。此外,要对从事电子证据司法鉴定专门机构的检测、鉴别设备和软件的多样性和先进性、专业技术人员的数量和技术职称、从业经历、司法鉴定经验等也要进行规制。

(三)电子数据司法鉴定人管理体制

对于司法鉴定人资格,我国采取的是鉴定人职业资格庭前确认制,但并未建

[①] 参见汪建成:《司法鉴定基础理论研究》,载《法学家》2009 年第 4 期。

立专门的电子证据司法鉴定专家名册,也未对从事电子证据司法鉴定的鉴定人资格作出特殊规定。这使法庭在选择信息技术专家和审查其资格等方面无法可依,影响诉讼公正和诉讼效率。

鉴于电子证据司法鉴定的技术特性,法律规范应当对此作出特别规定,给予特别管理。在授予电子证据司法鉴定专家资格或法庭遴选电子证据专家证人时,应重点审查以下内容:(1)候选人是否拥有信息技术专业的学习经历、学历程度以及从业经历;(2)候选人是否从事全职信息技术相关工作,或在所属部门、行业具有的专业程度如何等;(3)候选人是否具有电子证据司法鉴定的经历以及其经验的丰富程度;(4)候选人是否熟悉信息技术领域内的相关技术标准、行业技术规范以及熟悉的程度;(5)候选人是否具备参与诉讼的条件,如是否有足够的时间、精力从事电子证据的分析、鉴别活动,是否能够以通俗易懂的语言或方式在法庭上解释司法鉴定的过程及其结论等。电子证据司法鉴定人与其他鉴定人一样,应接受统一的登记、名册编制和公告管理。考虑到信息技术更新换代的速度较快,在审查和编制电子证据司法鉴定专家名册时,可以适当缩短审查和注册周期,以便及时吐故纳新。

(四)电子数据司法鉴定的诉讼制度

在很多情况下,科学技术和专门知识并不总是能达到明白无误或无可置疑的程度,科技的不确定性和司法鉴定意见不可避免的主观性常常使司法鉴定的可靠性和公正性受到质疑。因此,司法鉴定意见应当纳入诉讼的轨道,在理性对抗和公平交涉的诉讼活动内接受审查,发挥出帮助认定案件事实和解决诉讼纠纷的作用。这便是司法鉴定与诉讼制度的内在联系。这种联系具体表现在鉴定申请和决定程序、司法鉴定意见的质证程序以及救济程序等方面。在我国,公、检、法等职能部门均享有自主启动司法鉴定的权力,而当事人只能在对司法鉴定意见不服时申请补充鉴定或重新鉴定。考虑到我国职权主义诉讼传统和控辩双方诉讼武装悬殊的现实,可以保留职权部门依职权自主启动司法鉴定的权力。但是,为了保护犯罪嫌疑人、被告人和被害人的权利,应当对自主启动司法鉴定的权力予以限定,如建立告知制度、完善救济程序等。其中,重要的一项是建立备鉴制度,即为当事人申请重新鉴定或补充鉴定保留检材,不能耗尽或销毁。在电子证据的司法鉴定方面,借鉴英国警察局长协会和电子数据证据国际组织的立法经验,应明确规定受聘于职能部门的司法鉴定人必须做到以下几点:(1)任何处理行为均不可更改被检验介质上的数据;(2)如果不得不访问原始介质,访问者必须具备相应的能力,并证明其行为的必要性和可能造成的后果;(3)对证据处理的全过程要详细记录,独立的第三方根据记录应能重复检验过程并获得相同结果。案件侦办负责人有责任确保相关法律和以上原则在证据处理全过程中被认真遵守。与此同时,法律应当赋予当事人包括犯罪嫌疑人、被告人和被害人独立的申请鉴定的权利,以体现司法鉴定程序的诉讼性和公正性。

（五）电子数据司法鉴定的质证程序

我国法律未明确要求鉴定人出庭作证,对于鉴定意见的可靠性和合法性采取的是书面、间接的审查方式。这种质证方式与对抗制诉讼模式并不统一,这也是导致司法鉴定意见信任危机的原因之一。这是因为,电子证据的司法鉴定本身的可靠性有待于审查和甄别。正如控辩双方交叉询问是探究案件事实最好的方法,鉴定人出庭解释、说明鉴定的过程和方法、鉴定意见的依据,并由控辩双方予以质询,同样是确认司法鉴定意见可靠性的有效方法。因此,对于电子证据的司法鉴定,法律应明确规定电子证据司法鉴定人应当出庭作证,对电子证据司法鉴定的技术、方法、程序、结论以及结论的依据等作出解释和说明。同时,控辩双方均有权对电子证据司法鉴定人的资格、所使用的技术和方法以及得出结论的依据进行交叉询问。

（六）电子数据司法鉴定的救济程序

电子证据司法鉴定的救济程序主要是指补充鉴定和重新鉴定程序。赋予当事人申请补充鉴定和重新鉴定的权利,既是尊重当事人诉讼主体地位和保障当事人合法权利的体现,也有助于增强司法鉴定意见的可靠性,充分发现案件事实。但是,也应当看到,由于我国对于重新鉴定的条件和程序没有明确规定,造成重新鉴定过于随意或申请重新鉴定限于反复拉锯状态。这体现出诉讼程序控制功能的不足。在这一方面,司法鉴定制度改革应重点解决的问题是重新界定重新鉴定的决定主体。如果赋予当事人自行重新鉴定的权利,这可能会使重复鉴定的现象更为普遍。但是,在实际操作中,即便是在由控诉方占绝对优势的审前程序里,法律赋予当事人重新鉴定的权利也很难实现。因此,可以保留公、检、法等职能部门依职权重新鉴定,当事人有权申请重新鉴定的规定,并在此框架下健全和完善重新鉴定的条件和程序,通过具体的权利救济程序,来弥补控辩双方在决定权上的不平等。

1. 重新鉴定的条件

实践中决定或申请重新鉴定常常使用的理由是:(1)鉴定机构或鉴定人不具备鉴定资格;(2)鉴定人违反回避规定、鉴定人徇私枉法或违反司法鉴定职业道德或执业纪律;(3)鉴定程序不符合相关技术规范、检材虚假或不具备鉴定条件;(4)鉴定意见有矛盾或依据不充分,鉴定意见与其他重要证据相矛盾等。针对此种情形,法律应对重新鉴定作出明确规定。此情况发生时,公、检、法部门可以决定重新鉴定,犯罪嫌疑人或被害人可以申请重新鉴定。

2. 重新鉴定的程序

现行法律虽然规定了当事人申请重新鉴定的权利,但是规定较为抽象,不具可操作性。在司法鉴定改革中,法律应对当事人的权利救济程序作出细致规定,具体应包括:(1)侦查机关应当将用作证据的司法鉴定意见告知当事人;(2)当事人如有异议可以在一定日期内提出重新鉴定的申请;(3)对于当事人提出的重新鉴定的申请,侦查机关应在一定日期内做出答复;(4)当事人对侦查机关不予重新鉴定决定不服的,可以在一定日期内向法院申请复议;(5)法院应在一定日期内对当事人的申请进行复议,并做出答复。

四、当前我国电子数据司法鉴定存在的问题及建议

自2012年起,我国三大诉讼法相继将电子数据纳入法定证据体系,电子数据对案件事实的证明作用不断增强,诉讼活动中产生的与电子数据相关的问题也日益积累,与此对应的是电子证据司法鉴定的佐证正在发挥着越来越重要的作用。电子证据司法鉴定主要涉及两个方面——法律规制和技术实现。它既是法庭科学鉴定的一种,也需要借助信息科学的知识,同时还是司法诉讼证明的重要手段。因此,电子证据司法鉴定是基于证据学、法庭科学鉴定学、信息技术学等多领域交叉性知识,依法对涉案的电子数据作出专业性判断并给出鉴定意见的活动。因此,电子证据司法鉴定存在的问题不仅仅涉及司法鉴定自身的制度问题,由于电子数据自身的特性,其也涉及电子证据司法鉴定技术上的问题。

(一)法律与制度方面

1. 缺乏调整司法鉴定与诉讼法律之间关系的专门性法律

司法鉴定与诉讼制度的关系最为密切。在一定程度上,它是为诉讼服务的,旨在为裁判者在诉讼中正确地理解证据和认定案件事实提供可靠的证据方法。鉴定意见在现代诉讼中所起的作用越来越大。法官需要借助司法鉴定从技术上获得鉴定意见的支持,然后凭借自己的法律知识、审判经验以及实践能力综合对案件的事实有一个充分的认识,最终对案件有所裁定。因此,亟须相关司法鉴定的法律规定来调整诉讼法律与司法鉴定之间相衔接的问题,同时也能有效促进司法鉴定的长远进步。2005年通过的《关于司法鉴定管理问题的决定》是顺应诉讼法发展的必然结果,也是诉讼制度改革对司法鉴定的具体要求。然而,该决定作为司法鉴定制度改革的法律,主要是对从事司法鉴定业务的鉴定人以及鉴定机构应当具备的条件、权利义务、法律责任、管理制度作出专门规定,没有很好地解决司法鉴定涉及的刑事诉讼、民事诉讼、行政诉讼等诸多问题,其中就包括没有明确司法鉴定在诉讼法中的具体位置和位序结构等。对此,我国应该加强相应司法鉴定管理法规,明确诉讼法律与司法鉴定之间的衔接问题。

2. 鉴定管理机关与委托司法鉴定的审判机关之间缺少沟通

拥有鉴定管理权的是司法行政机关,与司法鉴定管理有关的政府文件只是在行政机关上下级之间传递。人民法院是使用鉴定意见的审判机关,地方法院常常从司法系统中获得各种法律规范和审判指导。因此,司法行政机关与审判

机关之间平行的交流不多。最高人民法院规定了"计算机随机法""抽签法"之类易于操作的方法,帮助审判人员从鉴定名册中挑选鉴定机构,承接需要鉴定的项目。根据最高院的规定,各级地方法院不需要把司法行政机关作为委托的中间环节,而可以直接将需要鉴定的项目交给鉴定机构。实践中,有些地方法院为了减少鉴定时间,规定技术辅助部门要对鉴定工作每周排查,进行事中监督和催办制度。法院作为委托机关有权知道鉴定工作的进展情况,但是对鉴定工作的监管是司法行政部门的职权。另外,当法官在诉讼进行中注意到鉴定机构不规范的鉴定活动时,如果及时告诉鉴定主管部门,那么司法行政部门调查属实后就可以依法对这些鉴定机构和鉴定人进行相应的行政处罚。司法行政机关和司法机关缺少信息交流体现了我国司法鉴定执业监督的不完善,易形成有碍鉴定体制全局发展的监管空白区。只有主管鉴定的行政职能机关与委托鉴定的其他国家机关进行及时有效的信息共享,才能让鉴定意见的可采性提升,让司法行政机关的监督管理更全面科学,维护司法鉴定的良好秩序。①

3. 缺乏鉴定人执业情况的监管制度

目前,我国在司法鉴定人制度方面的建设总体上仍然缺乏详尽而完善的规定,主要通过司法部制定的行政规章、最高人民检察院制定的内部管理规范进行调整,适用范围不高,实际的应用中没有很好的效果。对鉴定机构和鉴定人准入登记是最基本的司法行政部门的行政许可行为。执业活动的监管是指对审核登记进入的司法鉴定机构在开展鉴定业务活动过程中的监督和管理,其手段是统一组织的执法检查和鉴定机构的动态评估制度。当下,司法行政部门的管理力量很大程度上投入到了审核准入中,对已有执业资格的鉴定人管理并不到位。

2010年,为了规范对鉴定的投诉处理,司法部出台了《司法鉴定执业活动投诉处理办法》。按照该办法,司法行政部门要对接到的投诉进行调查后作出相应的处理。该办法的实施有利于规范司法鉴定执业活动,维护受损害委托主体的利益。但是,这样的救济是事后的。司法行政机关对鉴定执业情况的监督应该是从准入到退出的连续监管。违法违规的鉴定行为已经造成委托人的利益受损的,投诉处理最好的结果是弥补损失,虽然有些损失在事后是无法恢复的。此外,司法鉴定的质量与委托主体的权益相关。因此,司法鉴定主管部门应该加强对鉴定活动的全程监管。只有连续的监管才能提高鉴定意见的可靠性,减少投诉,维护司法鉴定科学公正的形象。

2013年,《司法鉴定机构资质认定评审准则》开始在全国范围内适用,对已经获得准入的鉴定机构开展了认证活动,目的是提高司法鉴定的质量。从该准

---

① 参见王俊、常娟:《我国电子数据司法鉴定人准入管理制度的完善》,载《中国司法鉴定》2012年第6期。

则规定的内容来看,其主要强调的是鉴定机构的内部管理,认为外部管理只是辅助,并提出由鉴定机构的最高负责人及其指定的其他内部人员或相关人员对鉴定机构执业活动进行监管,司法行政机关只是作为最后的验收者。这样的自我监督确实可以规范司法鉴定执业行为。但是,该准则并没有规定这些鉴定机构内部的监管人员不认真履职的不利后果,过分信任鉴定机构和鉴定人的自律性。造成这种现象的原因是司法鉴定行政管理队伍人员有限,管理力量不足,且急缺具备鉴定专业知识的人员,无法对鉴定机构和鉴定人开展的具体鉴定工作进行专业监督。

我们建议,可以参考国外关于司法鉴定人的立法经验。在英美法系中,司法鉴定人被称为专家证人,其地位等同于普通证人,需要在庭审中接受询问。而在大陆法系中,司法鉴定人被定位成法官助手,其职责是弥补法官知识和经验的不足,这就决定了其地位高于一般证人的地位。在我国,司法鉴定人是具有科学技术和专门知识的独立的诉讼参与人,其仅对自己参与的鉴定案件的鉴定意见负责。综合考量鉴定人在诉讼领域以及构建稳定社会的职责,应当将司法鉴定人的身份定位为履行国家赋予保障诉讼活动的诉讼参与人。在鉴定人的权利义务方面,可以以现行法条为修订的主线,从具体的权利与义务进行合理的修改和增加。同时,相应的电子证据司法鉴定人也应当受此调整,并对之进行监管。

4. 鉴定规则问题及建议

目前,电子证据司法鉴定规则主要关注的问题是关于电子证据可采集性认定的基本原则:第一,不歧视原则。只要电子证据对案件中争议事实具有证明性,其本身具有真实性,且不具有明显的违法性,就应当予以采纳。第二,"先归类、后认定"原则。由于电子证据的种类繁多,因此需要判断其属于哪一类型,这种归类行为由鉴定人执行。然后,鉴定人分别按照具体类型的鉴定规则进行,在鉴定的过程中需要充分考虑电子证据的特殊性,以决定是否最终采纳。在这一程序中,鉴定人的工作需要将计算机技术和鉴定规则相结合,出具鉴定意见。第三,关联性、合法性和真实性原则。将电子证据与传统证据相比较,有的观点认为,电子证据是传统证据的演变形式,或者说是传统证据在新技术条件下的新的表现形式。根据我国相关法律规定,证据必须具有关联性、合法性与真实性才能作为定案的依据,电子证据也必须经过关联性、合法性与真实性的检验。

电子证据的可采集性标准应依据以上三个原则展开,同时借鉴传统证据在这些方面的经验予以确认,具体表现为:(1)关联性在很大程度上是一个事实问题,电子证据与案件是否具有关联性与传统证据相比并无特殊之处。(2)合法性问题在客观上存在着一个利益衡量的价值取向问题,我国目前采取的是有限的非法证据排除规则。(3)对电子证据真实性的判断比较困难,这是由于电子证据的生成、传递、存储、再现等运行的各个环节容易出现对他人合法权益的侵犯,加上其本身所依赖的计算机系统脆弱性的问题,容易导致其受到攻击、篡改且不容易被发现。目前的解决方式是利用计算机技术和密码学的原理,对电子证据进行固定和加密,从而保证其真实性。

此外,关于电子证据的司法鉴定规则,还要遵循司法鉴定的基本原则,主要包括:(1) 依法鉴定原则:司法鉴定从程序到实体,从形式到内容,从技术手段到技术标准,都必须遵守相关的法律、法规和技术规范的规定;(2) 尊重科学原则:司法鉴定活动是法律规范下的科技实证活动;(3) 独立鉴定原则:司法鉴定活动是具有科学技术和专门知识的鉴定人接受司法机关或当事人的委托,对诉讼中遇到的专门性问题进行鉴别判断并提供鉴定意见的活动;(4) 鉴定公开原则:司法鉴定活动应坚持鉴定公开原则;(5) 鉴定公正原则:司法鉴定活动应坚持鉴定公正原则;(6) 遵守规范、标准原则:司法鉴定活动应坚持遵守技术操作规范、鉴定标准的原则。

关于电子证据的司法鉴定规则的研究,在参考了上海辰星电子数据司法鉴定中心相关规则的基础上(该中心于2010年4月获得中国合格评定国家认可委员会颁发的《实验室认可证书》和国家认证认可监督管理委员会颁发的《资质认定计量认证证书》),可以得到如下的鉴定规则:

第一,司法鉴定的委托与受理。委托方应提交《司法鉴定委托书》,其他文档、介质等材料以电子文件形式存放,一并提交至司法鉴定中心,鉴定机构在收领委托材料之日起7个工作日内做出是否受理的答复:

(1) 符合受理条件的,司法鉴定中心通知委托人签订《司法鉴定协议书》。

(2) 委托材料不充分尚不具备受理条件的,通知请求人补充相关材料。请求人应当于收到该通知之日起15日内将补充材料送达,否则视为撤回委托。

(3) 不符合受理条件,决定不受理的,通知委托人并说明理由。

第二,司法鉴定的组织和实施。组织和实施鉴定,原则上按照《司法鉴定程序通则》执行。电子证据的司法鉴定规则也应参照该通则,就其中司法鉴定的委托和实施中需要注意的规则问题加以阐述:

(1) 电子证据的生成环节:电子证据是否是在正常的活动中按常规程序生成的;生成电子证据的系统是否曾被非法人员控制;系统的维护和调试是否处于正常状态;生成电子证据的程序是否可靠;人工录入电子证据时,录入者是否被有效地监督并按照严格的操作程序合法录入等。这些因素都会影响生成的电子证据的真实可靠性,所以在认证时应加以分析和判断。

(2) 电子证据的存储环节:委托人存储电子证据的方法是否科学;存储电子证据的介质是否可靠;存储电子证据时是否加密;所存储的电子证据是否会遭受未经授权的接触等。

(3) 电子证据的传送环节:有些电子证据需要经过网络传递和输送,这期间的任何一个环节都可能发生信息丢失、改变,从而降低电子证据的证明力。因此,认证时要调查分析传递、接收电子证据时所用的技术手段或方法是否科学、可靠;传递电子证据的"中间人"(如网络运营商等)是否公正;电子证据在传递的过程中有无加密措施、有无可能被非法截获等。

(4)电子证据的收集环节:电子证据是由谁收集的,收集证据者与案件有无利害关系;收集电子证据的过程中是否遵守了法律的有关规定;收集、提取电子证据的方法(如备份、打印输出等)是否科学、可靠;收集者在对证据进行重组、取舍时是否客观公正,所采用的方法是否科学可靠等。

(5)电子证据是否被删改过:将电子证据与其曾经由第三方保留的原件或备份进行比较核实是实践中可行的捷径,因而事先公证无疑是最有效的措施。例如,2001年北京市高级人民法院颁行的《关于办理各类案件有关证据问题的规定(试行)》规定:"用有形载体固定或者表现的电子数据交换、电子邮件、电子数据等电脑贮存资料的复制件,其制作应经公证或者经对方当事人确认后,才具有与原件同等的证明力。"

第三,出具司法鉴定文书。鉴定机构在鉴定期限内完成司法鉴定后,出具司法鉴定文书。正本一式三份,其中两份交委托人,一份由司法鉴定机构存档。

第四,办理时限。自决定受理司法鉴定委托之日起,鉴定机构一般在30个工作日内出具司法鉴定文书;复杂、疑难的司法鉴定经机构负责人批准并征得委托人同意后,可在60个工作日内完成。鉴定过程中需要补充鉴定材料所需的时间,不计入鉴定时限。

5. 司法鉴定的标准化问题及建议

司法鉴定标准是指对鉴定制定一套硬性的指标和操作程序,用以评估结果、参数,使所应用的技术形成固定的程序,以保证鉴定的质量。如果某种鉴定采用了标准的方法,那么在很大程度上它可以解决实验室间在方法、技术操作和鉴定意见制作上的差异问题,使各实验室的结果具有可比性。这有利于跨地区办案,适应鉴定和技术交流国际化的发展趋势。因此,制定鉴定标准的目的在于使鉴定工作走向规范化,并通过立法纳入法治轨道,利用法律的权威性与强制性,确保鉴定意见的科学性、合法性,避免鉴定人出具鉴定意见的随意性和侦查审判人员采用鉴定意见的盲目性。

我们可以将司法鉴定标准从总体上划分为两个部分:第一部分是鉴定意见的形成标准,即从鉴定材料的收集、鉴定的启动、检测项目的设计、鉴定方法的确定、检验结果的评断、鉴定意见的得出到鉴定文书的生效全过程中涉及的标准。这部分标准主要是为了确保鉴定意见的科学性和客观性,尽可能地排除由于各个环节中人为因素的影响而导致的鉴定意见偏离科学和客观的轨道。这部分标准是司法鉴定行业标准的核心部分,也是确保鉴定意见公信力的最为重要的环节。第二部分是鉴定意见的运用标准,其核心是鉴定意见可采性标准。这部分标准贯穿于鉴定意见司法应用的始终。鉴定意见的形成标准突出鉴定的技术、步骤、方法,是以明确的、细化的标准条款来约束鉴定人和鉴定参与人与鉴定相关的行为。它以标准条款的形式明确告知此类鉴定的最佳方法、必须达到的实验室环境条件、设备仪器条件、需严格遵从的步骤、鉴定意见需达到的条件、鉴定人应持有的职业心态、必须遵守的职业道德等。司法鉴定的管理机构或司法鉴定的行业协会应以鉴定意见的形成标准作为对鉴定人的考核基础,并配以相应的惩处办法,保证鉴定意见形成标准的落实,实现其确保鉴定意见科学、客观的功效。鉴定意见的应用标准是对鉴定意见的形成条件、鉴定意见的可靠性和可信度、鉴定意见的可采性及鉴定意见的证明能力等设定一系列的标准,使法官、检察官、律师和诉讼的其他参与人不会因为相关科学知识的缺乏而对该鉴定意见束手无策。他们可以用已确立的这一系列标准对鉴定意见的相关问题,如对该鉴定意见作为证据的适合性、证明力和证据能力,作出一个判断。

(二) 技术与表述方面

1. 技术的理论保障及软硬工具的局限

电子证据司法鉴定是一种较为新型的鉴定类型,在司法鉴定领域,它不像传统的物证鉴定、法医鉴定那样具备深厚的司法鉴定理论知识体系。目前对电子证据司法鉴定技术方面理论的来源主要是计算机科学相关技术,但电子证据司法鉴定是诉讼程序法等相关法律与信息技术相结合的科学活动。因此,需要对电子证据司法鉴定的支持理论进行扩充,将诉讼法、鉴定规范等相关理论和计算机科学技术等知识相结合,完善电子证据司法鉴定的理论保障。

在软硬件工具上,我国目前主流的取证和鉴定工具依旧采取国际化的产品,例如 EnCase、X-ways 等。使用国际化产品虽然能够较好地解决某些电子数据取证和鉴定的基本问题,但是由于国外的软件是基于其本国的法律法规进行研发并投入使用的,这样就会导致我们在引用国外软件的使用操作时得出的结果不一定会符合我国的法律规定。因此,需要国家进一步扩大对取证软硬件行业的支持力度,不断研发出适应我国国情的取证和鉴定的软硬件工具。"工欲善其事,必先利其器",只有良好的工具才能给电子数据取证和鉴定奠定良好的基础。

2. 电子数据司法鉴定意见表述规范建议

目前的电子证据司法鉴定的结论主要体现为司法鉴定文书。电子证据司法鉴定的文书分为两类:第一类是计算机司法鉴定文书,第二类是声像资料司法鉴定文书。其中,鉴定文书分为司法鉴定意见书和司法鉴定检验报告书两类。目前我国参照采用的主要是 2016 年 11 月 21 日司发通〔2016〕112 号公布,自 2017 年 3 月 1 日起施行的《司法鉴定委托书》等 7 种文书格式;以及 2015 年 12 月 6 日上海市司法鉴定协会公布,自 2016 年 1 月 1 日起参照执行的《计算机司法鉴定文书规范》。参照这些规范的同时对于电子证据司法鉴定意见表述还应结合一般原则和合法性审查。

(1) 一般原则

电子证据司法鉴定文书制作过程主要包括内容形成、文书打印、文书装订、加盖印章与签字等,具体体现为由封面、正文、附件三个部分组成。其中,封面主要记载鉴定的机构与鉴定的类别;正文记录鉴定活动及其结果的主要内容;附件主要包括与鉴定相关的附件;主要有鉴定意见、检验报告有关的关键图表、照片、参考文献,以及软盘、光盘、硬盘等存储电子证据的存储介质等的目录。

(2) 合法性审查

鉴定文书的内容应当客观、真实地反映整个鉴定的程序和实质,其格式应该符合相关法律法规的规定,即鉴定文书应当注明受理日期、委托人、委托事由、鉴定要求、鉴定材料的情况、检验以及鉴定的过程、鉴定意见和鉴定人等。鉴定内容应当正确,不得出现文字错误;鉴定书的封面应该是正式的印刷品;鉴定书的文字部分应该是打印或者复印;鉴定文书的图片和表格应该清晰、完整,并附有文字说明和编号;鉴定文书的语言文字要规范、流畅;鉴定人应在相应的位置签名并盖章,整个鉴定文书通常使用 A4 规格纸张,需要加盖骑缝章、鉴定机构专用钢印、鉴定机构专用红章以及正本与副本章等。

第三节 电子数据取证及鉴定规范

一、概述

(一) 分工负责、互相配合、互相制约原则与以审判为中心的诉讼制度改革

2014 年 10 月,中共十八届四中全会通过的《中共中央关于全面推进依法治国若干重大问题的决定》中明确提出,要"推进以审判为中心的诉讼制度改革,确保侦查、审查起诉的案件事实证据经得起法律的检验。全面贯彻证据裁判规则,严格依法收集、固定、保存、审查、运用证据,完善证人、鉴定人出庭制度,保证庭审在查明事实、认定证据、保护诉权、公正裁判中发挥决定性作用"。2016 年,最高人民法院、最高人民检察院、公安部、国家安全部、司法部联合印发了《关于推进以审判为中心的刑事诉讼制度改革的意见》。

以审判为中心的刑事诉讼制度改革的基本内容包括:第一,强调在侦查、起诉和审判三者关系中,审判是中心。侦查机关的侦查、检察院的起诉都应当按照法院裁判的要求和标准;第二,强调庭审的实质化。

"推进以审判为中心的诉讼制度改革"意味着规范侦查行为和取证规则,为公正审判打下坚实的基础;审查起诉、提起公诉是以审判为中心的诉讼制度改革

的中间环节,也是防范冤假错案的屏障;庭审是以审判为中心诉讼制度改革的核心,更是以审判为中心的关键环节。"推进以审判为中心的诉讼制度改革"这一重大决策符合诉讼规律、司法规律和法治规律,是破解制约刑事司法公正突出问题、加强人权司法保障的必由之路。此项改革有利于更好地贯彻我国《刑事诉讼法》中"分工负责、互相配合、互相制约"的诉讼原则。

(二)技术规范的发展与存在意义

在电子数据取证及鉴定的萌芽期与初步发展期,技术上的取证措施是从零开始发展,电子数据取证及鉴定的程序尚未建立起一套统一的规范,其证据能力和证明力有待加强。因此,需要一套完备的电子数据取证及鉴定的程序来规范整个流程,而技术规范是整个电子数据取证及鉴定程序的关键。

技术规范的存在意义在于两点:一是作为电子数据取证及鉴定的质量监控标准,即技术规范能在整体上提高电子数据取证及司法鉴定的质量。二是作为电子数据取证及鉴定的评判标准,即技术规范便于对电子数据取证及司法鉴定的科学性和规范性进行评断。可以说,技术规范是破解电子数据取证及鉴定程序乱象的关键,是加强电子数据取证与司法鉴定监管的必由之路。

技术规范是衔接法律规则与司法实践的结合点。因此,公安部、司法部等行政部门,在关于电子数据取证与司法鉴定领域的行政法规中,亦强调了技术规范的重要性。2007年10月1日实施、2016年5月1日再次修订后实施的《司法鉴定程序通则》第23条规定:"司法鉴定人进行鉴定,应当依下列顺序遵守和采用该专业领域的技术标准、技术规范和技术方法:(一)国家标准;(二)行业标准和技术规范;(三)该专业领域多数专家认可的技术方法。"而2017年2月16日实施的公安部最新版《公安机关鉴定规则》第35条第1款规定:"鉴定人应当按照本专业的技术规范和方法实施鉴定,并全面、客观、准确地记录鉴定的过程、方法和结果。"

(三)国内现有技术规范的框架

1. 现有标准规范的分类

在关注电子数据取证与司法鉴定行业的技术规范之前,应了解我国对于标准规范的分类与具体定位。根据2017年修订的《中华人民共和国标准化法》(以下简称《标准化法》)第2条规定,标准(含标准样品),是指农业、工业、服务业以及社会事业等领域需要统一的技术要求。标准包括国家标准、行业标准、地方标准和团体标准、企业标准。其中,国家标准分为强制性标准、推荐性标准,行业标准、地方标准是推荐性标准。强制性标准必须执行,国家鼓励采用推荐性标准。

对于我国应重点管控的领域,如公民人身健康、生命财产、国家安全、生态环境和经济管理等领域,应当制定并遵守强制性国家标准。根据《标准化法》第10条规定,对保障人身健康和生命财产安全、国家安全、生态环境安全以及满足经济社会管理基本需要的技术要求,应当制定强制性国家标准。国务院有关行政主管部门依据职责负责强制性国家标准的项目提出、组织起草、征求意见和技术审查。国务院标准化行政主管部门负责强制性国家标准的立项、编号和对外通报。强制性国家标准由国务院批准发布或者授权批准发布。法律、行政法规和国务院决定对强制性标准的制定另有规定的,从其规定。

当然,为了与强制性国家标准配套,亦可选择遵守推荐性国家标准。根据《标准化法》第11条规定,对满足基础通用、与强制性国家标准配套、对各有关行业起引领作用等需要的技术要求,可以制定推荐性国家标准。推荐性国家标准由国务院标准化行政主管部门制定。

对于某一个具体的行业,如注册财会行业、律师行业、司法鉴定从业行业等,在没有强制性国家标准或推荐性国家标准的情况下,可在自治性行业管理机构的组织下制定该行业的行业标准。根据《标准化法》第12条规定,对没有推荐性国家标准、需要在全国某个行业范围内统一的技术要求,可以制定行业标准。行业标准由国务院有关行政主管部门制定,报国务院标准化行政主管部门备案。

为满足地方自然条件、风俗习惯等特殊技术要求,可以制定地方标准。根据《标准化法》第13条规定,地方标准由省、自治区、直辖市人民政府标准化行政主管部门制定;设区的市级人民政府标准化行政主管部门根据本行政区域的特殊需要,经所在地省、自治区、直辖市人民政府标准化行政主管部门批准,可以制定本行政区域的地方标准。地方标准由省、自治区、直辖市人民政府标准化行政主管部门报国务院标准化行政主管部门备案,由国务院标准化行政主管部门通报国务院有关行政主管部门。

当然,在某个团体内部,国家亦鼓励其建立相应的团体标准。根据《标准化法》第18条规定,国家鼓励学会、协会、商会、联合会、产业技术联盟等社会团体协调相关市场主体共同制定满足市场和创新需要的团体标准,由团体成员约定采用或者按照本团体的规定供社会自愿采用。制定团体标准,应当遵循开放、透明、公平的原则,保证各参与主体获取相关信息,反映各参与主体的共同需求,并应当组织对标准相关事项进行调查分析、实验、论证。国务院标准化行政主管部门会同国务院有关行政主管部门对团体标准的制定进行规范、引导和监督。

2. 技术规范与标准制定原则

技术规范与标准的制定要遵循过程完整性原则。这类标准规范沿着电子数据取证、鉴定的基本流程,对各环节涉及的技术进行归纳总结,制定相应规范。规范应包括整个取证、鉴定过程的规范,以及某个特定取证、鉴定步骤的细化规范。

技术规范与标准的制定要以特定对象或特定需求为基础。这类标准规范考虑到取证、鉴定对象的特殊性或者当事人委托的具体要求,针对一些常见的取证、鉴定项目制定了单独的标准规范。但是,处理这些问题时仍遵循取证、鉴定的基本流程,因而仍适用电子数据取证、鉴定的基本标准规范。

(四) 电子数据取证与司法鉴定技术规范和相关标准

1. 司法鉴定技术规范与标准的分类

司法鉴定的相关标准目前专门适用"四大类",包括法医类、物证类、声像资料类和环境损害类,而司法鉴定相关标准还可细分为"技术标准"与"技术规范"。

司法鉴定"国家标准"大致分两类:一类是由公安部负责业务指导的全国刑事技术标准化技术委员会、全国道路交通管理标准化技术委员会、全国爆炸物品公共安全管理标准化技术委员会等提出并归口的部分相关国家标准,数量有数十项;另一类是由司法部提出并归口的部分相关国家标准,截至目前(至2020年12月,下同)共有11项。

司法鉴定"行业标准"大致也分两类:一类是指公安部制定发布的部分相关公共安全行业标准(GA),数量有数百项;另一类是由司法部制定发布的部分相关司法行政行业(SF)标准,截至目前共有20项。

司法鉴定"技术规范"则主要是指由司法部制定发布的司法鉴定技术规范(SF/Z)。现行有效技术规范有近百项。

2. 电子数据取证与司法鉴定行业中相关标准

目前,我国电子数据取证、鉴定领域共颁布了80余项技术标准、技术规范。其中,国家标准有4项,公共安全行业标准有45项,司法鉴定技术标准及规范有20项,认证认可行业标准和规范8项,团体标准3项,其他规范文件1项。由于篇幅原因,以下仅列出关键的部分标准。

1. 国家标准(共4项)

GB/T 29360-2012 电子物证数据恢复检验规程

GB/T 29361-2012 电子物证文件一致性检验规程

GB/T 29362-2012 电子物证数据搜索检验规程

GB/T 31500-2015 信息安全技术 存储介质数据恢复服务要求

2. 公共安全行业标准(共45项,在此仅列出5项)

GA/T 754-2008 电子数据存储介质复制工具要求及检测方法

GA/T 755-2008 电子数据存储介质写保护设备要求及检测方法

GA/T 756-2008 数字化设备证据数据发现提取固定方法

GA/T 757-2008 程序功能检验方法

GA/T 828-2009 电子物证软件功能检验技术规范

3. 司法鉴定技术标准及规范(共20项,在此仅列出5项)

SF/Z JD0300001-2010 声像资料鉴定通用规范(属于声像资料鉴定)

SF/Z JD0301001-2010 录音资料鉴定规范(属于声像资料鉴定)

SF/Z JD0304001-2010 录像资料鉴定规范(属于声像资料鉴定)
SF/Z JD0400001-2014 电子数据司法鉴定通用实施规范
SF/Z JD0401001-2014 电子数据复制设备鉴定实施规范
4. 团体标准(共 3 项)
T/SHSFJD 0002-2019 电子游戏主机检验技术方法
T/SHSFJD 0001-2020 基于区块链技术的电子数据存证规范
T/SHSFJD 0002-2020 电子文档相似性检验技术规范
5. 其他文件(共 1 项)
中华全国律师协会律师办理电子数据证据业务操作指引

二、电子数据取证规范

(一)电子数据取证的诉讼理论通论
1.《电子数据若干问题的规定》概述

两高一部在 2016 年 9 月 9 日以法发〔2016〕22 号印发了《电子数据若干问题的规定》(自 2016 年 10 月 1 日起施行)。《电子数据若干问题的规定》是一部对于电子数据取证相关问题的司法解释,对其的解读,对于理解电子数据取证的规范不可或缺。

《电子数据若干问题的规定》分为五个部分:(1)一般规定(第 1—6 条);(2)电子数据的收集与提取(第 7—17 条);(3)电子数据的移送与展示(第 18—21 条);(4)电子数据的审查与判断(第 22—28 条);(5)附则(第 29—36 条)。

《电子数据若干问题的规定》的出台,是为了规范电子数据的收集、提取和审查判断。在《电子数据若干问题的规定》出台以前,对于电子数据的取证规范以及非法电子数据的排除,只能依照 2012 年《刑事诉讼法》第 54 条之非法证据排除规则以及 2012 年《刑事诉讼法解释》第 94 条之视听资料、电子数据的排除规则进行逆向推理,以推测合法的电子数据收集、提取和审查过程。而《电子数据若干问题的规定》是一部规定电子数据取证程序的司法解释,其有效弥补了电子数据的收集、提取等程序的漏洞。

《电子数据若干问题的规定》的出台,能在一定程度上提高刑事案件的办理质量及效率。推进以审判为中心的诉讼制度改革,目的是促使办案人员树立办案必须经得起法律检验的理念,确保侦查、审查起诉的案件事实证据经得起法律检验,保证庭审在查明事实、认定证据、保护诉权、公正裁判中发挥决定性作用。而《电子数据若干问题的规定》无疑在一定程度上保证了电子数据取证的规范性,提高办案的效率与质量。

下面将结合《电子数据若干问题的规定》与诉讼法理论,对电子数据取证与司法鉴定的规范性问题进行详细解读。①

2. 电子数据取证中的刑事诉讼主体

刑事诉讼主体又称刑事诉讼当事人,是指同案件有直接利害关系而参加刑事诉讼的人员,可大致分为专门机关与诉讼当事人。专门机关包括公安机关、人民检察院和人民法院,而诉讼当事人是指包括被害人、自诉人、犯罪嫌疑人、被告人和附带民事诉讼当事人在内的当事人,以及包括法定代理人、诉讼代理人、辩护人、证人、鉴定人和翻译人员在内的其他诉讼参与人。

《电子数据若干问题的规定》同样规定了侦查机关、人民检察院和人民法院是收集、提取电子数据的专门机关,其有权依法向个人和单位收集、提取电子数据。根据《电子数据若干问题的规定》第3条规定,人民法院、人民检察院和公安机关有权依法向有关单位和个人收集、调取电子数据,有关单位和个人应当如实提供。

侦查机关、人民检察院和人民法院在收集、提取电子数据时应严格遵守法律程序。《刑事诉讼法》第3条第2款规定,人民法院、人民检察院和公安机关进行刑事诉讼,必须严格遵守本法和其他法律的有关规定。而《电子数据若干问题的规定》第2条规定,侦查机关应当遵守法定程序,遵循有关技术标准,全面、客观、及时地收集、提取电子数据;人民检察院、人民法院应当围绕真实性、合法性、关联性审查判断电子数据。

若侦查机关、人民检察院和人民法院在收集、提取电子数据时未按法定程序进行,则应进行补正说明。根据《刑事诉讼法》第56条的规定,收集物证、书证等证据不符合法定程序,可能严重影响司法公正的,应当予以补正或者作出合理解释;不能补正或者作出合理解释的,对该证据应当予以排除。

3. 电子数据取证中的刑事诉讼客体

我国传统的刑事诉讼理论认为,刑事诉讼客体是指刑事诉讼认识或刑事诉讼活动的对象,即刑事诉讼主体所进行的诉讼活动所共同指向的对象。而刑事诉讼的证据,属于传统刑事诉讼理论中的刑事诉讼客体之一。

对于《刑事诉讼法》中规定的电子数据的具体含义,《电子数据若干问题的规定》采用了概括式规定、肯定式列举以及否定式列举进行了详细解释,其第1条规定,电子数据是案件发生过程中形成的,以数字化形式存储、处理、传输的,能够证明案件事实的数据。具体包括以下几种:

(1) 网页、博客、微博客、朋友圈、贴吧、网盘等网络平台发布的信息;

(2) 手机短信、电子邮件、即时通信、通讯群组等网络应用服务的通信信息;

---

① 除特别注明外,所出现法规均指最新版。

（3）用户注册信息、身份认证信息、电子交易记录、通信记录、登录日志等信息；

（4）文档、图片、音视频、数字证书、计算机程序等电子文件。

其中，以数字化形式记载的证人证言、被害人陈述以及犯罪嫌疑人、被告人供述和辩解等证据，不属于电子数据。确有必要的，对相关证据的收集、提取、移送、审查，可以参照适用《电子数据若干问题的规定》的相关规定。

当然，侦查机关、人民检察院和人民法院作为收集、提取电子数据的专门机关，其应负有一定的保密义务。《电子数据若干问题的规定》第4条规定，电子数据涉及国家秘密、商业秘密、个人隐私的，应当保密。

（二）电子数据取证的诉讼理论原则

1. 电子数据提取与完整性保护原则

对于电子数据的提取，如有必要通过网络等介质进行，则可通过网络在线提取等方式进行。《电子数据若干问题的规定》第6条规定，初查过程中收集、提取的电子数据，以及通过网络在线提取的电子数据，可以作为证据使用。

而对于电子数据的完整性保护，根据《电子数据若干问题的规定》第5条规定，应当采取以下一种或者几种方法保护电子数据的完整性：

（1）扣押、封存电子数据原始存储介质；

（2）计算电子数据完整性校验值；

（3）制作、封存电子数据备份；

（4）冻结电子数据；

（5）对收集、提取电子数据的相关活动进行录像；

（6）其他保护电子数据完整性的方法。

2. 电子数据取证中的合法保全原则

查封、扣押、冻结是指侦查机关依法对与案件有关的物品、文件、款项等强制扣留或者冻结的一种侦查行为，也是诉讼证据保全的手段之一。在对于电子数据取证之前，侦查机关往往需要对计算机、手机、平板电脑等关键设备进行查封扣押，以便后续对电子数据进行收集、提取。

在查封、扣押的过程中，亦应遵循合法性原则。在侦查活动中发现的可用以证明犯罪嫌疑人有罪或者无罪的各种财物、文件，应当查封、扣押；与案件无关的财物、文件，不得查封、扣押。此外，根据《公安机关办理刑事案件程序规定》第228条规定，在侦查过程中需要扣押财物、文件的，应当经办案部门负责人批准，制作扣押决定书；在现场勘查或者搜查中需要扣押财物、文件的，由现场指挥人员决定；但扣押财物、文件价值较高或者可能严重影响正常生产经营的，应当经县级以上公安机关负责人批准，制作扣押决定书。

考虑到电子数据的特殊性，对于电子数据的存储介质，其原始存储介质应具有一定的优先性。封存的过程中应保证数据的完整性,查封、扣押笔录则应记录检材的封存状态。《电子数据若干问题的规定》第 8 条规定,收集、提取电子数据,能够扣押电子数据原始存储介质的,应当扣押、封存原始存储介质,并制作笔录,记录原始存储介质的封存状态。封存电子数据原始存储介质,应当保证在不解除封存状态的情况下,无法增加、删除、修改电子数据。封存前后应当拍摄被封存原始存储介质的照片,清晰反映封口或者张贴封条处的状况。封存手机等具有无线通信功能的存储介质,应当采取信号屏蔽、信号阻断或者切断电源等措施。

此外,侦查机关、检察院根据侦查犯罪的需要,可以对犯罪嫌疑人的财产进行查询冻结。《刑事诉讼法》第 144 条规定,人民检察院、公安机关根据侦查犯罪的需要,可以依照规定查询、冻结犯罪嫌疑人的存款、汇款、债券、股票、基金份额等财产。

但在某些特殊情况下,需经县级以上公安机关负责人或者检察长批准,才可以对电子数据进行冻结。根据《电子数据若干问题的规定》第 11 条规定,具有下列情形之一的,经县级以上公安机关负责人或者检察长批准,可以对电子数据进行冻结:

(1) 数据量大,无法或者不便提取的;
(2) 提取时间长,可能造成电子数据被篡改或者灭失的;
(3) 通过网络应用可以更为直观地展示电子数据的;
(4) 其他需要冻结的情形。

此外,根据《电子数据若干问题的规定》第 12 条规定,冻结电子数据,应当制作协助冻结通知书,注明冻结电子数据的网络应用账号等信息,送交电子数据持有人、网络服务提供者或者有关部门协助办理。解除冻结的,应当在三日内制作协助解除冻结通知书,送交电子数据持有人、网络服务提供者或者有关部门协助办理。

冻结电子数据,应当采取以下一种或者几种方法:
(1) 计算电子数据的完整性校验值;
(2) 锁定网络应用账号;
(3) 其他防止增加、删除、修改电子数据的措施。

对于电子数据存储介质等财产的冻结,为了防止公权力的滥用以及实现最小损害原则,对于冻结的时间以及是否能重复冻结,亦有规定。根据《公安机关办理刑事案件程序规定》第 242 条以及第 243 条之规定,犯罪嫌疑人的财产已被冻结的,不得重复冻结,但可以轮候冻结。冻结存款、汇款、证券交易结算资金、期货保证金等财产的期限为六个月,每次续冻期限最长不得超过六个月。对于重大、复杂案件,经设区的市一级以上公安机关负责人批准,冻结存款、汇款、证券交易结算资金、期货保证金等财产的期限可以为一年,每次冻结期限最长不得超过一年。

3. 电子数据取证中的最佳证据规则

最佳证据规则又称原始证据规则,是指以文字、符号、图形等方式记载的内容来证明案情时,其原件才是最佳证据。该规则要求书证、电子数据的提供者应尽量提供原件,如果提供副本、抄本、影印本等非原始材料,则必须提供充足理由加以证明,否则该书证不具有可采性。

我国的书证尚未明确规定最佳证据规则,但是在《电子数据若干问题的规定》中,最佳证据规则有明确的体现。我国对于电子数据的提取和收集,以扣押原始存储介质为原则,以直接提取电子数据为例外,以打印、拍照、录像等方式为补充。《刑事诉讼法解释》第83条第1款规定,据以定案的物证应当是原物。原物不便搬运、不易保存,依法应当由有关部门保管、处理,或者依法应当返还的,可以拍摄、制作足以反映原物外形和特征的照片、录像、复制品。《刑事诉讼法解释》第84条第1款规定,据以定案的书证应当是原件。取得原件确有困难的,可以使用副本、复制件。根据《电子数据若干问题的规定》第9条规定,具有下列情形之一,无法扣押原始存储介质的,可以提取电子数据,但应当在笔录中注明不能扣押原始存储介质的原因、原始存储介质的存放地点或者电子数据的来源等情况,并计算电子数据的完整性校验值:

(1) 原始存储介质不便封存的;

(2) 提取计算机内存数据、网络传输数据等不是存储在存储介质上的电子数据的;

(3) 原始存储介质位于境外的;

(4) 其他无法扣押原始存储介质的情形。

对于原始存储介质位于境外或者远程计算机信息系统上的电子数据,可以通过网络在线提取。为进一步查明有关情况,必要时,可以对远程计算机信息系统进行网络远程勘验。进行网络远程勘验,需要采取技术侦查措施的,应当依法经过严格的批准手续。

在司法实践中,亦存在着无法封存扣押原始存储介质也无法提取电子数据的情形,如内存映像、开机状态的屏幕影像等不可再现的动态数据等。这时应采取打印、拍照、录像等方法进行电子数据固定,并通过传统技术手段监控和保证整个数据采集过程没有破坏数据的完整性。《电子数据若干问题的规定》第10条规定,由于客观原因无法或者不宜依据第8条、第9条的规定收集、提取电子数据的,可以采取打印、拍照或者录像等方式固定相关证据,并在笔录中说明原因。

(三) 电子数据取证的诉讼理论分论

1. 证据调取与见证人制度

在对电子数据进行勘验、检查之前,应对冻结的电子数据进行调取,才能进行进一步的侦查。对于调取冻结的数据,应制作数据调取通知书,并通知数据持有人。《电子数据若干问题的规定》第 13 条规定,调取电子数据,应当制作调取证据通知书,注明需要调取电子数据的相关信息,通知电子数据持有人、网络服务提供者或者有关部门执行。

《电子数据若干问题的规定》第 14 条规定,收集、提取电子数据,应当制作笔录,记录案由、对象、内容、收集、提取电子数据的时间、地点、方法、过程,并附电子数据清单,注明类别、文件格式、完整性校验值等,由侦查人员、电子数据持有人(提供人)签名或者盖章;电子数据持有人(提供人)无法签名或者拒绝签名的,应当在笔录中注明,由见证人签名或者盖章。有条件的,应当对相关活动进行录像。

可以看出,在对电子数据进行获取的过程中,应满足一定的形式规范。电子数据的收集、提取过程配有笔录,笔录应详细记录案由、对象、内容、收集、提取电子数据的时间、地点、方法、过程。笔录应附电子数据清单,其中注明类别、文件格式、完整性校验值等,最后应附上侦查人员、数据持有人以及见证人的签章,有条件的还应全程录像。

在收集、提取电子数据的过程中,以有见证人在场为原则,笔录中注明情况并拍摄录像为例外。根据《电子数据若干问题的规定》第 15 条规定,收集、提取电子数据,应当根据《刑事诉讼法》的规定,由符合条件的人员担任见证人。由于客观原因无法由符合条件的人员担任见证人的,应当在笔录中注明情况,并对相关活动进行录像。针对同一现场多个计算机信息系统收集、提取电子数据的,可以由一名见证人见证。

对于见证人的资格,根据《刑事诉讼法解释》第 80 条规定,下列人员不得担任刑事诉讼活动的见证人:

(1) 生理上、精神上有缺陷或者年幼,不具有相应辨别能力或者不能正确表达的人;

(2) 与案件有利害关系,可能影响案件公正处理的人;

(3) 行使勘验、检查、搜查、扣押等刑事诉讼职权的公安、司法机关的工作人员或者其聘用的人员。

由于客观原因无法由符合条件的人员担任见证人的,应当在笔录材料中注明情况,并对相关活动进行录像。

2. 侦查机关的勘验、检查与侦查实验

对于检查电子数据的原则,应优先使用备份数据检查,优先使用写保护设备进行检查。根据《电子数据若干问题的规定》第 16 条第 2 款的规定,电子数据检查,应当对电子数据存储介质拆封过程进行录像,并将电子数据存储介质通过写保护设备接入到检查设备进行检查;有条件的,应当制作电子数据备份,对备份进行检查;无法使用写保护设备且无法制作备份的,应当注明原因,并对相关活动进行录像。

在对电子数据的勘验、检查过程中,可采用的检查方法有恢复、破解、统计、关联、比对等方式。必要时,可以进行侦查实验。根据《电子数据若干问题的规定》第 16 条第 1 款的规定,对扣押的原始存储介质或者提取的电子数据,可以通过恢复、破解、统计、关联、比对等方式进行检查。必要时,可以进行侦查实验。

在对电子数据的勘验、检查过程中,应制作勘验、检查笔录,其中应包括检查方法、过程、结果,并由相关人员签章。根据《电子数据若干问题的规定》第 16 条第 3 款的规定,电子数据检查应当制作笔录,注明检查方法、过程和结果,由有关人员签名或者盖章。进行侦查实验的,应当制作侦查实验笔录,注明侦查实验的条件、经过和结果,由参加实验的人员签名或者盖章。

《电子数据若干问题的规定》第 17 条规定,对电子数据涉及的专门性问题难以确定的,由司法鉴定机构出具鉴定意见,或者由公安部指定的机构出具报告。对于人民检察院直接受理的案件,也可以由最高人民检察院指定的机构出具报告。

3. 审查起诉中的电子数据移送与展示

对于电子数据的移送,首先要保证数据的完整性不被破坏。这要求电子数据要以封存的状态进行移送,数据备份要与原件同时移送,且对于冻结的电子数据,应附上数据清单、查看工具以及工具使用说明。根据《电子数据若干问题的规定》第 18 条规定,收集、提取的原始存储介质或者电子数据,应当以封存状态随案移送,并制作电子数据的备份一并移送。对网页、文档、图片等可以直接展示的电子数据,可以不随案移送打印件;人民法院、人民检察院因设备等条件限制无法直接展示电子数据的,侦查机关应当随案移送打印件,或者附展示工具和展示方法说明。对冻结的电子数据,应当移送被冻结电子数据的清单,注明类别、文件格式、冻结主体、证据要点、相关网络应用账号,并附查看工具和方法的说明。

在电子数据的展示过程中,应遵循一定的展示规则。非直观的电子数据移送,需附加打印件、展示工具或方法。对恶意代码等无法直接展示的电子数据,则需附加数据属性与功能说明。根据《电子数据若干问题的规定》第 19 条规定,对侵入、非法控制计算机信息系统的程序、工具以及计算机病毒等无法直接展示的电子数据,应当附电子数据属性、功能等情况的说明。对数据统计量、数据同一性等问题,侦查机关应当出具说明。

在人民检察院接收到侦查机关的移送后,在审查起诉的过程中,应对侦查机关移送的材料进行审查。根据《人民检察院刑事诉讼规则》第330条规定,人民检察院应当查明证明犯罪事实的证据材料是否随案移送;证明相关财产系违法所得的证据材料是否随案移送;不宜移送的证据的清单、复制件、照片或者其他证明文件是否随案移送;证据是否确实、充分,是否依法收集,有无应当排除非法证据的情形;采取侦查措施包括技术侦查措施的法律手续和诉讼文书是否完备;等等。

对于人民检察院发现的电子证据不符合要求的,应当通知公安机关补充移送或者进行补正;对于人民法院发现的电子证据不符合要求的,应当通知人民检察院。根据《电子数据若干问题的规定》第20条规定,公安机关报请人民检察院审查批准逮捕犯罪嫌疑人,或者对侦查终结的案件移送人民检察院审查起诉的,应当将电子数据等证据一并移送人民检察院。人民检察院在审查批准逮捕和审查起诉过程中发现应当移送的电子数据没有移送或者移送的电子数据不符合相关要求的,应当通知公安机关补充移送或者进行补正。对于提起公诉的案件,人民法院发现应当移送的电子数据没有移送或者移送的电子数据不符合相关要求的,应当通知人民检察院。公安机关、人民检察院应当自收到通知后三日内移送电子数据或者补充有关材料。

4. 庭审中的证据能力与证明力审查

根据《刑事诉讼法》第50条规定,可以用于证明案件事实的材料,都是证据。由此可以看出,刑事证据本身是一种客观存在的材料,且刑事证据是证明案件真实情况的根据和认定案件事实的手段。此外,根据《刑事诉讼法》第50条的穷举性列举,刑事证据必须满足符合法律规定的八种形式,视听资料与电子数据属于八种表现形式之一。

刑事证据有三个基本特征,即客观性、关联性和合法性。

所谓客观性,是指证据必须是客观存在的事实,不以人的主观意志为转移,任何主观想象、虚构、猜测、假设、臆断、梦境以及来源不清的道听途说等并非客观存在的事实,都不能成为刑事诉讼中的证据。根据证据的客观性理论,在言词证据中,具有证据价值的,只能是其对案件事实的陈述,而不能是对案件的意见或者看法。然而,在电子数据中,客观性还可具体细分为真实性与完整性。

对于电子数据的真实性,应从电子数据移送的外观,是否采用数据签名技术,是否符合可重现的科学原则,数据非实质性修改(如格式修改等)是否有说明,是否进行过数据内容完整性审查等角度进行审查。根据《电子数据若干问题的规定》第22条规定,对电子数据是否真实,应当着重审查以下内容:

(1) 是否移送原始存储介质;在原始存储介质无法封存、不便移动时,有无说明原因,并注明收集、提取过程及原始存储介质的存放地点或者电子数据的来源等情况；

(2) 电子数据是否具有数字签名、数字证书等特殊标识；

(3) 电子数据的收集、提取过程是否可以重现；

(4) 电子数据如有增加、删除、修改等情形的，是否附有说明；

(5) 电子数据的完整性是否可以保证。

对于电子数据的完整性，应从电子数据的外观检查、获取到开示的证据链完整性判定等为指导原则。对于证据链形成完整性检查，要强化数据收集、提取、固定、存管等过程的检查。根据《电子数据若干问题的规定》第23条规定，对电子数据是否完整，应当根据保护电子数据完整性的相应方法进行验证：

(1) 审查原始存储介质的扣押、封存状态；

(2) 审查电子数据的收集、提取过程，查看录像；

(3) 比对电子数据完整性校验值；

(4) 与备份的电子数据进行比较；

(5) 审查冻结后的访问操作日志；

(6) 其他方法。

关联性也称相关性，是指证据必须与案件事实有客观联系，对证明刑事案件事实具有某种意义。反之，与案件无关的事实或材料，都不能成为刑事证据。关联性是证据的一种客观属性，不是办案人员的主观想象或者强加的联系，而是根源于证据事实同案件事实之间的客观联系。

证据与案件事实相关性的形式是多种多样、十分复杂的。其中，最常见的是因果联系，即证据事实是犯罪的原因或结果的事实；然后是与犯罪相关的空间、时间、条件、方法、手段的事实。它们或者反映犯罪的动机，或者反映犯罪的手段，或者反映犯罪过程和实施犯罪的环境、条件，或者反映犯罪后果，还有反映犯罪事实不存在或犯罪并非犯罪嫌疑人、被告人所为等。

证据的关联性是证据证明力的原因。证据对案件事实有无证明力以及证明力的大小，取决于证据本身与案件事实有无联系以及联系的紧密、强弱程度。根据《电子数据若干问题的规定》第25条规定，认定犯罪嫌疑人、被告人的网络身份与现实身份的同一性，可以通过核查相关IP地址、网络活动记录、上网终端归属、相关证人证言以及犯罪嫌疑人、被告人供述和辩解等进行综合判断。认定犯罪嫌疑人、被告人与存储介质的关联性，可以通过核查相关证人证言以及犯罪嫌疑人、被告人供述和辩解等进行综合判断。

所谓合法性，是指证据必须依照法定程序收集，且证据必须符合法定的证据形式。此外，证据经过法庭的质证程序才能作为定案的根据，未经法庭质证的证据，不能在判决中使用。

对于电子数据收集、提取的程序合法性判定，首先要看人数是否符合规定、取证方法是否是公认标准,以及电子数据取证的相关文档记录是否规范、完整。还应关注的是取证过程中涉及的人员资质是否符合法律规定,是否有录像监控,电子数据取证流程是否规范,等等。根据《电子数据若干问题的规定》第24条规定,对收集、提取电子数据是否合法,应当着重审查以下内容:

(1) 收集、提取电子数据是否由二名以上侦查人员进行,取证方法是否符合相关技术标准;

(2) 收集、提取电子数据,是否附有笔录、清单,并经侦查人员、电子数据持有人(提供人)、见证人签名或者盖章;没有持有人(提供人)签名或者盖章的,是否注明原因;对电子数据的类别、文件格式等是否注明清楚;

(3) 是否依照有关规定由符合条件的人员担任见证人,是否对相关活动进行录像;

(4) 电子数据检查是否将电子数据存储介质通过写保护设备接入到检查设备;有条件的,是否制作电子数据备份,并对备份进行检查;无法制作备份且无法使用写保护设备的,是否附有录像。

总之,对于电子数据的证据能力,应先关注刑事证据的客观性与合法性,并结合诉讼理论中的传闻证据规则、意见证据规则、最佳证据规则以及自白任意规则进行综合判断。对于电子数据的证明力,应关注刑事证据的关联性。如果电子数据的证明力有待加强,则应结合诉讼理论中的关联性规则以及补强证据规则进行证明力的补强。

5. 电子数据的裁量排除与强制排除

证据裁判原则是刑事证据制度的基本原则之一,又称证据裁判主义、证据为本原则,是指对于案件事实的认定,必须有相应的证据予以证明。证据裁判原则主要有四个具体表现:第一,认定案件事实必须依靠证据,没有证据不能认定案件事实。第二,用于认定案件事实的证据必须具有证据能力,即具有证据资格。第三,用于定案的证据必须是在法庭上查证属实的证据,除非法律另有规定。第四,综合全案证据必须达到法定的证明标准才能认定案件事实。

我国《刑事诉讼法》规定的刑事证据的证明标准为以排除合理怀疑为原则,高度盖然性为例外。因此,对于不符合法定程序的电子数据,在特定情况下应当被排除。我国的诉讼法体系将非法证据的排除分为裁量排除与强制排除。

电子数据收集与提取形式上有瑕疵,应裁量排除。电子数据未以封存的状态进行移送,电子数据相关文档或清单不完善、不规范,以及具有其他流程和形式上的瑕疵,若不能补正或者作出合理解释的,不得作为定案的根据。根据《刑事诉讼法解释》第109条第2项的规定,制作、取得的时间、地点、方式等有疑问,不能作出合理解释的,不得作为定案的根据。《电子数据若干问题的规定》第27条规定,电子数据的收集、提取程序有下列瑕疵,经补正或者作出合理解释的,可以采用；不能补正或者作出合理解释的，不得作为定案的根据：

（1）未以封存状态移送的；

（2）笔录或者清单上没有侦查人员、电子数据持有人（提供人）、见证人签名或者盖章的；

（3）对电子数据的名称、类别、格式等注明不清的；

（4）有其他瑕疵的。

电子数据收集与提取中，若数据的完整性和真实性被破坏，则应进行裁量排除。如经审查无法确定真伪，电子数据被篡改、伪造或真伪难辨，电子数据部分被修改、增删，其他不能证明电子数据保持真实完整性的情形等，均不得作为定案的根据。根据《刑事诉讼法解释》第109条第1项的规定，系篡改、伪造或者无法确定真伪的，不得作为定案的根据。《电子数据若干问题的规定》第28条规定，电子数据具有下列情形之一的，不得作为定案的根据：

（1）电子数据系篡改、伪造或者无法确定真伪的；

（2）电子数据有增加、删除、修改等情形，影响电子数据真实性的；

（3）其他无法保证电子数据真实性的情形。

6. 诉讼中的鉴定制度与鉴定人的出庭义务

司法鉴定是指在诉讼活动中鉴定人运用科学技术或者专门知识对诉讼涉及的专门性问题进行鉴别和判断并提供鉴定意见的活动。《刑事诉讼法》第146条规定，为了查明案情，需要解决案件中某些专门性问题的时候，应当指派、聘请有专门知识的人进行鉴定。《公安机关办理刑事案件程序规定》第248条规定，为了查明案情，解决案件中某些专门性问题，应当指派、聘请有专门知识的人进行鉴定。而《人民检察院刑事诉讼规则》第218条也规定，人民检察院为了查明案情，解决案件中某些专门性的问题，可以进行鉴定。

鉴定人的选定有两种方式：一是指派，即由公安机关或者人民检察院，指派其内部的刑事技术鉴定部门具有鉴定资格的专业人员进行鉴定。根据《人民检察院刑事诉讼规则》第218条规定，鉴定由人民检察院技术部门有鉴定资格的人员进行。二是聘请，即由公安机关或者人民检察院聘请其他部门的专业人员进行鉴定。根据《公安机关办理刑事案件程序规定》第248条规定，需要聘请有专门知识的人进行鉴定，应当经县级以上公安机关负责人批准后，制作鉴定聘请书。《人民检察院刑事诉讼规则》第218条规定，必要时，可以聘请其他有鉴定资格的人员进行，但是应当征得鉴定人所在单位的同意。

在鉴定前应做好准备，侦查机关应当为鉴定人提供必要的条件，及时向鉴定人送交有关检验材料和对比样本等原始材料，介绍与鉴定有关的情况，并且提出要求鉴定解决的问题，但是不得暗示或者强迫鉴定人作出某种鉴定意见。根据

《公安机关办理刑事案件程序规定》第 249 条规定,公安机关应当为鉴定人进行鉴定提供必要的条件,及时向鉴定人送交有关检材和对比样本等原始材料,介绍与鉴定有关的情况,并且明确提出要求鉴定解决的问题。《人民检察院刑事诉讼规则》第 219 条亦作了类似规定。

鉴定人进行鉴定后,应当写出鉴定意见,并且签名,同时附上鉴定机构和鉴定人的资质证明。司法鉴定实行鉴定人负责制度,鉴定人应当独立进行鉴定,对鉴定意见负责。多人参加的鉴定,对鉴定意见有不同意见的,应当注明。根据《公安机关办理刑事案件程序规定》第 251 条规定,鉴定人应当按照鉴定规则,运用科学方法独立进行鉴定。鉴定后,应当出具鉴定意见,并在鉴定意见书上签名,同时附上鉴定机构和鉴定人的资质证明或者其他证明文件。

根据《刑事诉讼法》第 148 条规定,侦查机关应当将用作证据的鉴定意见告知犯罪嫌疑人、被害人。如果犯罪嫌疑人、被害人提出申请,可以补充鉴定或者重新鉴定。根据《公安机关办理刑事案件程序规定》第 253 条规定,犯罪嫌疑人、被害人对鉴定意见有异议提出申请,以及办案部门或者侦查人员对鉴定意见有疑义的,可以将鉴定意见送交其他有专门知识的人员提出意见。必要时,询问鉴定人并制作笔录附卷。

此外,鉴定人还有出庭的义务。《刑事诉讼法》第 192 条第 1 款规定,公诉人、当事人或者辩护人、诉讼代理人对鉴定意见有异议,人民法院认为鉴定人有必要出庭的,鉴定人应当出庭作证。《电子数据若干问题的规定》第 26 条第 1 款规定,公诉人、当事人或者辩护人、诉讼代理人对电子数据鉴定意见有异议,可以申请人民法院通知鉴定人出庭作证;人民法院认为鉴定人有必要出庭的,鉴定人应当出庭作证。《公安机关办理刑事案件程序规定》第 256 条第 1 款规定,公诉人、当事人或者辩护人、诉讼代理人对鉴定意见有异议,经人民法院依法通知的,公安机关鉴定人应当出庭作证。

鉴定人没有正当理由拒绝出庭的,其出具的鉴定意见不能作为定案的根据,且人民法院应当对鉴定人进行司法通报。《刑事诉讼法》第 192 条第 3 款规定,公诉人、当事人或者辩护人、诉讼代理人对鉴定意见有异议,人民法院认为鉴定人有必要出庭的,鉴定人应当出庭作证。经人民法院通知,鉴定人拒不出庭作证的,鉴定意见不得作为定案的根据。《电子数据若干问题的规定》第 26 条第 2 款规定,经人民法院通知,鉴定人拒不出庭作证的,鉴定意见不得作为定案的根据。对没有正当理由拒不出庭作证的鉴定人,人民法院应当通报司法行政机关或者有关部门。

7. 专家辅助人的出庭制度

有专门知识的人又称专家辅助人,并非刑事诉讼法定的诉讼参与人。由于专家辅助人与鉴定人有很大的相似性,有关专家辅助人的诉讼地位和权利义务,通常参照鉴定人的规定。此种具有专门知识的人属于回避的对象。根据刑事诉讼法和相关司法解释的规定,有专门知识的人参与刑事诉讼主要有如下几种方式:

第一,参与勘验、检查。《刑事诉讼法》第 128 条规定,侦查人员对于与犯罪有关的场所、物品、人身、尸体应当进行勘验或者检查。在必要的时候,可以指派或者聘请具有专门知识的人,在侦查人员的主持下进行勘验、检查。

第二,出庭就鉴定意见提出意见。《刑事诉讼法》第 197 条规定,法庭审理过程中,当事人和辩护人、诉讼代理人有权申请通知新的证人到庭,调取新的物证,申请重新鉴定或者勘验。公诉人、当事人和辩护人、诉讼代理人可以申请法庭通知有专门知识的人出庭,就鉴定人作出的鉴定意见提出意见。《电子数据若干问题的规定》第 26 条第 3 款也规定,公诉人、当事人或者辩护人、诉讼代理人可以申请法庭通知有专门知识的人出庭,就鉴定意见提出意见。

第三,对技术性证据材料进行审查并提出意见。《人民检察院刑事诉讼规则》第 334 条第 2 款规定,人民检察院对鉴定意见等技术性证据材料需要进行专门审查的,按照有关规定交检察技术人员或者其他有专门知识的人进行审查并出具审查意见。

第四,根据电子数据的具体类型,借助多媒体设备出示、播放或者演示。《电子数据若干问题的规定》第 21 条规定,控辩双方向法庭提交的电子数据需要展示的,可以根据电子数据的具体类型,借助多媒体设备出示、播放或者演示。必要时,可以聘请具有专门知识的人进行操作,并就相关技术问题作出说明。

第五,进行检验并提交检验报告。根据《刑事诉讼法解释》第 100 条与第 101 条的规定,对案件中的专门性问题需要鉴定,但在当地没有法定司法鉴定机构,或者法律、司法解释规定可以进行检验的,可以指派、聘请有专门知识的人进行检验,检验报告可以作为定罪量刑的参考。

8. 关键术语的名词解释

根据《电子数据若干问题的规定》第 29 条规定,下列用语的含义如下:

(1) 存储介质,是指具备数据信息存储功能的电子设备、硬盘、光盘、优盘、记忆棒、存储卡、存储芯片等载体。

(2) 完整性校验值,是指为防止电子数据被篡改或者破坏,使用散列算法等特定算法对电子数据进行计算,得出的用于校验数据完整性的数据值。

(3) 网络远程勘验,是指通过网络对远程计算机信息系统实施勘验,发现、提取与犯罪有关的电子数据,记录计算机信息系统状态,判断案件性质,分析犯罪过程,确定侦查方向和范围,为侦查破案、刑事诉讼提供线索和证据的侦查活动。

(4) 数字签名,是指利用特定算法对电子数据进行计算,得出的用于验证电子数据来源和完整性的数据值。

（5）数字证书，是指包含数字签名并对电子数据来源、完整性进行认证的电子文件。

（6）访问操作日志，是指为审查电子数据是否被增加、删除或者修改，由计算机信息系统自动生成的对电子数据访问、操作情况的详细记录。

三、电子数据、司法鉴定相关法规补充（一）

（一）《最高人民法院关于修改〈关于民事诉讼证据的若干规定〉的决定》概述

2019年12月25日，最高人民法院公布了《最高人民法院关于修改〈关于民事诉讼证据的若干规定〉的决定》，修改后的《民事诉讼证据规定》于2020年5月1日起施行。

修改后《民事诉讼证据规定》共100条，保留的原有条文仅11条，其余89条为修改或新增加的条文，下面只对其中有关司法鉴定和电子数据的问题进行梳理和概要性阐释。

《最高人民法院关于修改〈关于民事诉讼证据的若干规定〉的决定》是2002年4月1日《民事诉讼证据规定》施行以年来的首次全面修改。《最高人民法院关于修改〈关于民事诉讼证据的若干规定〉的决定》以修改后的《民事诉讼法》为根据，在2015年《民事诉讼法解释》的基础上，结合民事审判实践，对2002年《民事诉讼证据规定》施行以来有关民事诉讼证据的司法解释、司法文件进行了全面梳理，对审判实践中积累的经验进行了全面总结，对实践中暴露出的问题进行了有针对性的回应。《最高人民法院关于修改〈关于民事诉讼证据的若干规定〉的决定》既是对2002年《民事诉讼证据规定》的修改，也是对《民事诉讼法解释》的完善、补充，是对民事诉讼法有关证据制度的规定在审判实践中如何适用的进一步解释，对于民事审判实践意义重大，影响深远。

（二）关于电子数据部分

1. 民事诉讼中的电子数据范围

为增强电子数据在审判实践中的操作性，2019年《最高人民法院关于修改〈关于民事诉讼证据的若干规定〉的决定》根据电子数据的表现形式和特点将其进行归类整理，分为了四类：一是内容数据，指与案件有关的文档、图片、图像等电子数据；二是衍生数据，指对内容数据进行操作时，计算机自动生成的有关操作行为的数据；三是环境数据，指数据的生成、增加、删除、修改、传输所依赖的软硬件环境；四是通信数据，是指在利用网络传输数据时生成的关于通信的数据。在此基础上，修订在征求了网络、电子计算机专业人士意见的基础上，将电子数据的范围确定为网络平台发布的信息，网络应用服务的通信信息，注册信息、交易记录等痕迹信息，以及文档、音频、视频等电子文件；同时规定了"其他以数字化形式存储、处理、传输的能够证明案件事实的信息"的兜底性条款,为当事人区分搜集相关证据提供了指引的线索。

根据《民事诉讼证据规定》第 14 条规定,电子数据包括下列信息、电子文件:

(1) 网页、博客、微博客等网络平台发布的信息;

(2) 手机短信、电子邮件、即时通信、通讯群组等网络应用服务的通信信息;

(3) 用户注册信息、身份认证信息、电子交易记录、通信记录、登录日志等信息;

(4) 文档、图片、音频、视频、数字证书、计算机程序等电子文件;

(5) 其他以数字化形式存储、处理、传输的能够证明案件事实的信息。

2. 民事诉讼中的最佳证据规则

根据《民事诉讼法解释》第 104 条第 2 款的规定,能够反映案件真实情况、与待证事实相关联、来源形式符合法律规定的证据,应当作为认定案件事实的根据。因此,当事人提供或者人民法院依职权调查收集视听资料、电子数据,根据最佳证据规则,当事人应当提供原始载体。根据《民事诉讼证据规定》第 15 条规定,当事人以视听资料作为证据的,应当提供存储该视听资料的原始载体。当事人以电子数据作为证据的,应当提供原件。电子数据的制作者制作的与原件一致的副本,或者直接来源于电子数据的打印件或其他可以显示、识别的输出介质,视为电子数据的原件。

根据《民事诉讼证据规定》第 23 条规定,人民法院调查收集视听资料、电子数据,应当要求被调查人提供原始载体。提供原始载体确有困难的,可以提供复制件。提供复制件的,人民法院应当在调查笔录中说明其来源和制作经过。人民法院对视听资料、电子数据采取证据保全措施的,适用《民事诉讼证据规定》的相关规定。

3. 庭审中的证据能力与证明力审查

人民法院对于电子数据的真实性,应当结合电子数据的生成、存储、传输所依赖的计算机系统的硬件、软件环境是否完整、可靠,是否处于正常运行状态,如处于非正常状态下的影响程度,则是否具备有效的防止出错的监测、核查手段,是否被完整地保存、传输、提取,相关搜集的方法是否可靠,相关搜集的主体是否适当等因素综合判断。在有必要时,可以通过鉴定、勘验的方法,辅助法官形成心证。

《民事诉讼证据规定》第 93 条规定,人民法院对于电子数据的真实性,应当结合下列因素综合判断:

(1) 电子数据的生成、存储、传输所依赖的计算机系统的硬件、软件环境是否完整、可靠;

(2) 电子数据的生成、存储、传输所依赖的计算机系统的硬件、软件环境是

否处于正常运行状态,或者不处于正常运行状态时对电子数据的生成、存储、传输是否有影响;

(3) 电子数据的生成、存储、传输所依赖的计算机系统的硬件、软件环境是否具备有效的防止出错的监测、核查手段;

(4) 电子数据是否被完整地保存、传输、提取,保存、传输、提取的方法是否可靠;

(5) 电子数据是否在正常的往来活动中形成和存储;

(6) 保存、传输、提取电子数据的主体是否适当;

(7) 影响电子数据完整性和可靠性的其他因素。

人民法院认为有必要的,可以通过鉴定或者勘验等方法,审查判断电子数据的真实性。

4. 绝对免证事实与相对免证事实

免证事实是指不需要当事人承担举证责任即可以认定的事实。立法及司法解释确立免证事实,可以减轻当事人的证明负担,提高诉讼效率。在诉讼中,有些事实是显著事实,其真实性一目了然;有些已经法院生效裁判所确认或经公证机关所确认,法院可以直接认定其真实性。最高人民法院相关司法解释规定了六种免证事实,即众所周知的事实、自然规律及定理、推定的事实、法院生效裁判所认定的事实、仲裁机关生效仲裁裁决所认定的事实、公证机关公证文书所认定的事实。

根据民事诉讼理论的分类,可以将免证事实分为绝对免证事实和相对免证事实。只有自然规律及定理属于绝对免证事实。相对免证事实也是一种推定的事实,但如果有相反的证据推翻这一主张,则相对免证事实不成立。

《民事诉讼证据规定》第 94 条规定,电子数据存在下列情形的,人民法院可以确认其真实性,但有足以反驳的相反证据的除外:

(1) 由当事人提交或者保管的于己不利的电子数据;

(2) 由记录和保存电子数据的中立第三方平台提供或者确认的;

(3) 在正常业务活动中形成的;

(4) 以档案管理方式保管的;

(5) 以当事人约定的方式保存、传输、提取的。

电子数据的内容经公证机关公证的,人民法院应当确认其真实性,但有相反证据足以推翻的除外。

(三) 关于司法鉴定

鉴定是民事诉讼涉及专业性问题查明事实的重要手段,鉴定意见也是民事诉讼中十分重要的证据形式,在民事诉讼中具有重要地位。但在审判实践中,鉴定存在的问题比较突出。审判人员对鉴定程序参与不充分、人民法院对鉴定人参与诉讼缺乏有效管理和监督等情形普遍存在,这些都是民事诉讼中亟待解决的问题。2019年《最高人民法院关于修改〈关于民事诉讼证据的若干规定〉的决定》主要从以下几个方面对2002年《民事诉讼证据规定》的有关内容进行完善和补充。

1. 审判人员对鉴定程序的参与

审判实践中,一些审判人员对当事人鉴定申请缺乏必要审查,放任申请、"不鉴不审";一些法院委托鉴定事项不明确、不具体,委托鉴定之后不闻不问、不监督鉴定过程和期限,导致鉴定程序冗长、鉴定意见缺乏针对性。2019年《最高人民法院关于修改〈关于民事诉讼证据的若干规定〉的决定》针对这些问题,加强了审判人员对鉴定程序的参与和管理。

其一,规定了人民法院对鉴定的释明和当事人申请期间的要求,促使当事人及时、适当地提出鉴定申请。

其二,规定了鉴定事项、鉴定范围、鉴定目的和鉴定期限属于委托书必要记载事项,而这四项内容一般需要与鉴定人充分沟通的基础上才能明确。通过关于委托书记载内容的规定,促进审判人员积极参与鉴定过程。

2. 鉴定人的诉讼管理

对鉴定人的行政管理,归属于行政主管部门或者行业组织,但对鉴定人参与民事诉讼的活动进行管理,则是人民法院的职权。针对审判实践中鉴定人参与诉讼活动不规范的情况,2019年《最高人民法院关于修改〈关于民事诉讼证据的若干规定〉的决定》从以下几个方面加强对鉴定人的诉讼管理:

其一,规定了鉴定人承诺制度及故意作虚假鉴定的处罚,要求鉴定人在从事鉴定活动之前,应当签署承诺书,保证客观、公正、诚实地进行鉴定等,增加其内心的约束,促使其谨慎、勤勉履行职责;鉴定人违背承诺,故意作虚假鉴定的,除应当退还鉴定费用外,由于其行为构成妨碍民事诉讼,人民法院应当依照《民事诉讼法》第111条规定对其进行处罚。

其二,规定了鉴定人如期提交鉴定书的义务,未按期提交且无正当理由的,当事人可以重新申请鉴定,原鉴定人收取的鉴定费用退还。

其三,对鉴定人在人民法院采信鉴定意见后擅自撤销的行为规定了处罚措施,鉴定人无正当理由撤销鉴定意见的,应当退还鉴定费用,人民法院应当对这种妨碍民事诉讼的行为予以处罚,并支持当事人关于鉴定人负担合理费用的主张。

3. 电子数据取证中的合法保全原则

增加一条作为第24条:

"人民法院调查收集可能需要鉴定的证据,应当遵守相关技术规范,确保证据不被污染。"

4. 诉讼强制措施的比例原则与见证人制度

将第 24 条改为第 27 条,修改为:

"人民法院进行证据保全,可以要求当事人或者诉讼代理人到场。

根据当事人的申请和具体情况,人民法院可以采取查封、扣押、录音、录像、复制、鉴定、勘验等方法进行证据保全,并制作笔录。

在符合证据保全目的的情况下,人民法院应当选择对证据持有人利益影响最小的保全措施。"

5. 法院的申请鉴定释明义务与依职权委托鉴定

增加一条作为第 30 条:

"人民法院在审理案件过程中认为待证事实需要通过鉴定意见证明的,应当向当事人释明,并指定提出鉴定申请的期间。

符合《最高人民法院关于适用〈中华人民共和国民事诉讼法〉的解释》第九十六条第一款规定情形的,人民法院应当依职权委托鉴定。"

6. 司法鉴定与举证责任的分配

将第 25 条改为第 31 条,修改为:

"当事人申请鉴定,应当在人民法院指定期间内提出,并预交鉴定费用。逾期不提出申请或者不预交鉴定费用的,视为放弃申请。

对需要鉴定的待证事实负有举证责任的当事人,在人民法院指定期间内无正当理由不提出鉴定申请或者不预交鉴定费用,或者拒不提供相关材料,致使待证事实无法查明的,应当承担举证不能的法律后果。"

7. 司法鉴定人的选取与司法鉴定委托书

将第 26 条改为第 32 条,修改为:

"人民法院准许鉴定申请的,应当组织双方当事人协商确定具备相应资格的鉴定人。当事人协商不成的,由人民法院指定。

人民法院依职权委托鉴定的,可以在询问当事人的意见后,指定具备相应资格的鉴定人。

人民法院在确定鉴定人后应当出具委托书,委托书中应当载明鉴定事项、鉴定范围、鉴定目的和鉴定期限。"

8. 司法鉴定人的承诺书制度与法律责任

(1) 增加一条作为第 33 条:

"鉴定开始之前,人民法院应当要求鉴定人签署承诺书。承诺书中应当载明鉴定人保证客观、公正、诚实地进行鉴定,保证出庭作证,如作虚假鉴定应当承担法律责任等内容。

鉴定人故意作虚假鉴定的,人民法院应当责令其退还鉴定费用,并根据情节,依照民事诉讼法第一百一十一条的规定进行处罚。"

(2) 增加一条作为第 42 条：

"鉴定意见被采信后，鉴定人无正当理由撤销鉴定意见的，人民法院应当责令其退还鉴定费用，并可以根据情节，依照民事诉讼法第一百一十一条的规定对鉴定人进行处罚。当事人主张鉴定人负担由此增加的合理费用的，人民法院应予支持。

人民法院采信鉴定意见后准许鉴定人撤销的，应当责令其退还鉴定费用。"

(3) 增加一条作为第 81 条：

"鉴定人拒不出庭作证的，鉴定意见不得作为认定案件事实的根据。人民法院应当建议有关主管部门或者组织对拒不出庭作证的鉴定人予以处罚。

当事人要求退还鉴定费用的，人民法院应当在三日内作出裁定，责令鉴定人退还；拒不退还的，由人民法院依法执行。

当事人因鉴定人拒不出庭作证申请重新鉴定的，人民法院应当准许。"

(4) 将第 80 条改为第 98 条，修改为：

"对证人、鉴定人、勘验人的合法权益依法予以保护。

当事人或者其他诉讼参与人伪造、毁灭证据，提供虚假证据，阻止证人作证，指使、贿买、胁迫他人作伪证，或者对证人、鉴定人、勘验人打击报复的，依照民事诉讼法第一百一十条、第一百一十一条的规定进行处罚。"

9. 司法鉴定意见书的出具、审查与质证

(1) 增加一条作为第 34 条：

"人民法院应当组织当事人对鉴定材料进行质证。未经质证的材料，不得作为鉴定的根据。

经人民法院准许，鉴定人可以调取证据、勘验物证和现场、询问当事人或者证人。"

(2) 增加一条作为第 35 条：

"鉴定人应当在人民法院确定的期限内完成鉴定，并提交鉴定书。

鉴定人无正当理由未按期提交鉴定书的，当事人可以申请人民法院另行委托鉴定人进行鉴定。人民法院准许的，原鉴定人已经收取的鉴定费用应当退还；拒不退还的，依照本规定第八十一条第二款的规定处理。"

(3) 将第 29 条改为第 36 条，修改为：

"人民法院对鉴定人出具的鉴定书，应当审查是否具有下列内容：

（一）委托法院的名称；

（二）委托鉴定的内容、要求；

（三）鉴定材料；

（四）鉴定所依据的原理、方法；

（五）对鉴定过程的说明；

(六)鉴定意见；

(七)承诺书。

鉴定书应当由鉴定人签名或者盖章,并附鉴定人的相应资格证明。委托机构鉴定的,鉴定书应当由鉴定机构盖章,并由从事鉴定的人员签名。"

(4)增加一条作为第 37 条：

"人民法院收到鉴定书后,应当及时将副本送交当事人。

当事人对鉴定书的内容有异议的,应当在人民法院指定期间内以书面方式提出。

对于当事人的异议,人民法院应当要求鉴定人作出解释、说明或者补充。人民法院认为有必要的,可以要求鉴定人对当事人未提出异议的内容进行解释、说明或者补充。"

(5)增加一条作为第 79 条：

"鉴定人依照民事诉讼法第七十八条的规定出庭作证的,人民法院应当在开庭审理三日前将出庭的时间、地点及要求通知鉴定人。

委托机构鉴定的,应当由从事鉴定的人员代表机构出庭。"

(6)将第 59 条改为第 80 条,修改为：

"鉴定人应当就鉴定事项如实答复当事人的异议和审判人员的询问。当庭答复确有困难的,经人民法院准许,可以在庭审结束后书面答复。

人民法院应当及时将书面答复送交当事人,并听取当事人的意见。必要时,可以再次组织质证。"

10. 司法鉴定人的出庭制度

(1)增加一条作为第 38 条：

"当事人在收到鉴定人的书面答复后仍有异议的,人民法院应当根据《诉讼费用交纳办法》第十一条的规定,通知有异议的当事人预交鉴定人出庭费用,并通知鉴定人出庭。有异议的当事人不预交鉴定人出庭费用的,视为放弃异议。

双方当事人对鉴定意见均有异议的,分摊预交鉴定人出庭费用。"

(2)增加一条作为第 39 条：

"鉴定人出庭费用按照证人出庭作证费用的标准计算,由败诉的当事人负担。因鉴定意见不明确或者有瑕疵需要鉴定人出庭的,出庭费用由其自行负担。

人民法院委托鉴定时已经确定鉴定人出庭费用包含在鉴定费用中的,不再通知当事人预交。"

(3)将第 60 条改为第 82 条,修改为：

"经法庭许可,当事人可以询问鉴定人、勘验人。

询问鉴定人、勘验人不得使用威胁、侮辱等不适当的言语和方式。"

11. 重新鉴定与补充鉴定

(1) 将第 27 条改为第 40 条,修改为:

"当事人申请重新鉴定,存在下列情形之一的,人民法院应当准许:

(一) 鉴定人不具备相应资格的;

(二) 鉴定程序严重违法的;

(三) 鉴定意见明显依据不足的;

(四) 鉴定意见不能作为证据使用的其他情形。

存在前款第一项至第三项情形的,鉴定人已经收取的鉴定费用应当退还。拒不退还的,依照本规定第八十一条第二款的规定处理。

对鉴定意见的瑕疵,可以通过补正、补充鉴定或者补充质证、重新质证等方法解决的,人民法院不予准许重新鉴定的申请。

重新鉴定的,原鉴定意见不得作为认定案件事实的根据。"

(2) 将第 28 条改为第 41 条,修改为:

"对于一方当事人就专门性问题自行委托有关机构或者人员出具的意见,另一方当事人有证据或者理由足以反驳并申请鉴定的,人民法院应予准许。"

12. 专家辅助人的出庭制度

(1) 增加一条作为第 83 条:

"当事人依照民事诉讼法第七十九条和《最高人民法院关于适用〈中华人民共和国民事诉讼法〉的解释》第一百二十二条的规定,申请有专门知识的人出庭的,申请书中应当载明有专门知识的人的基本情况和申请的目的。

人民法院准许当事人申请的,应当通知双方当事人。"

(2) 增加一条作为第 84 条:

"审判人员可以对有专门知识的人进行询问。经法庭准许,当事人可以对有专门知识的人进行询问,当事人各自申请的有专门知识的人可以就案件中的有关问题进行对质。

有专门知识的人不得参与对鉴定意见质证或者就专业问题发表意见之外的法庭审理活动。"

13. 庭审中的证据能力与证明力审查

增加一条作为第 93 条:

"人民法院对于电子数据的真实性,应当结合下列因素综合判断:

(一) 电子数据的生成、存储、传输所依赖的计算机系统的硬件、软件环境是否完整、可靠;

(二) 电子数据的生成、存储、传输所依赖的计算机系统的硬件、软件环境是否处于正常运行状态,或者不处于正常运行状态时对电子数据的生成、存储、传输是否有影响;

（三）电子数据的生成、存储、传输所依赖的计算机系统的硬件、软件环境是否具备有效的防止出错的监测、核查手段；

（四）电子数据是否被完整地保存、传输、提取，保存、传输、提取的方法是否可靠；

（五）电子数据是否在正常的往来活动中形成和存储；

（六）保存、传输、提取电子数据的主体是否适当；

（七）影响电子数据完整性和可靠性的其他因素。

人民法院认为有必要的，可以通过鉴定或者勘验等方法，审查判断电子数据的真实性。"

14. 民事诉讼中的电子数据保全制度

增加一条作为第 99 条：

"本规定对证据保全没有规定的，参照适用法律、司法解释关于财产保全的规定。

除法律、司法解释另有规定外，对当事人、鉴定人、有专门知识的人的询问参照适用本规定中关于询问证人的规定；关于书证的规定适用于视听资料、电子数据；存储在电子计算机等电子介质中的视听资料，适用电子数据的规定。"

四、电子数据、司法鉴定相关法规补充（二）

2021 年 1 月 26 日，最高人民法院公布了《刑事诉讼法解释》（法释〔2021〕1 号）。该解释于 2020 年 12 月 7 日由最高人民法院审判委员会第 1820 次会议通过，自 2021 年 3 月 1 日起施行。其中，视听资料、电子数据部分从 3 条增至 8 条。

（一）背景

2018 年 10 月 26 日，第十三届全国人民代表大会常务委员会第六次会议通过《关于修改〈中华人民共和国刑事诉讼法〉的决定》。这是继 1996 年和 2012 年《刑事诉讼法》修改后，对中国特色刑事诉讼制度的又一次十分重要的改革与完善。为正确执行修改后的《刑事诉讼法》，最高人民法院根据法律修改情况，结合人民法院审判工作实际，制定了《刑事诉讼法解释》。

（二）视听资料、电子数据部分

第四章"证据"第七节"视听资料、电子数据的审查与认定"中有 8 条说明：

1. 第 108 条

对视听资料应当着重审查以下内容：

（1）是否附有提取过程的说明，来源是否合法；

（2）是否为原件，有无复制及复制份数；是复制件的，是否附有无法调取原件的原因、复制件制作过程和原件存放地点的说明，制作人、原视听资料持有人

是否签名;

(3) 制作过程中是否存在威胁、引诱当事人等违反法律、有关规定的情形;

(4) 是否写明制作人、持有人的身份,制作的时间、地点、条件和方法;

(5) 内容和制作过程是否真实,有无剪辑、增加、删改等情形;

(6) 内容与案件事实有无关联。

对视听资料有疑问的,应当进行鉴定。

2. 第109条

视听资料具有下列情形之一的,不得作为定案的根据:

(1) 系篡改、伪造或者无法确定真伪的;

(2) 制作、取得的时间、地点、方式等有疑问,不能作出合理解释的。

3. 第110条

对电子数据是否真实,应当着重审查以下内容:

(1) 是否移送原始存储介质;在原始存储介质无法封存、不便移动时,有无说明原因,并注明收集、提取过程及原始存储介质的存放地点或者电子数据的来源等情况;

(2) 是否具有数字签名、数字证书等特殊标识;

(3) 收集、提取的过程是否可以重现;

(4) 如有增加、删除、修改等情形的,是否附有说明;

(5) 完整性是否可以保证。

4. 第111条

对电子数据是否完整,应当根据保护电子数据完整性的相应方法进行审查、验证:

(1) 审查原始存储介质的扣押、封存状态;

(2) 审查电子数据的收集、提取过程,查看录像;

(3) 比对电子数据完整性校验值;

(4) 与备份的电子数据进行比较;

(5) 审查冻结后的访问操作日志;

(6) 其他方法。

5. 第112条

对收集、提取电子数据是否合法,应当着重审查以下内容:

(1) 收集、提取电子数据是否由二名以上调查人员、侦查人员进行,取证方法是否符合相关技术标准;

(2) 收集、提取电子数据,是否附有笔录、清单,并经调查人员、侦查人员、电子数据持有人、提供人、见证人签名或者盖章;没有签名或者盖章的,是否注明原因;对电子数据的类别、文件格式等是否注明清楚;

（3）是否依照有关规定由符合条件的人员担任见证人，是否对相关活动进行录像；

（4）采用技术调查、侦查措施收集、提取电子数据的，是否依法经过严格的批准手续；

（5）进行电子数据检查的，检查程序是否符合有关规定。

6. 第113条

电子数据的收集、提取程序有下列瑕疵，经补正或者作出合理解释的，可以采用；不能补正或者作出合理解释的，不得作为定案的根据：

（1）未以封存状态移送的；

（2）笔录或者清单上没有调查人员或者侦查人员、电子数据持有人、提供人、见证人签名或者盖章的；

（3）对电子数据的名称、类别、格式等注明不清的；

（4）有其他瑕疵的。

7. 第114条

电子数据具有下列情形之一的，不得作为定案的根据：

（1）系篡改、伪造或者无法确定真伪的；

（2）有增加、删除、修改等情形，影响电子数据真实性的；

（3）其他无法保证电子数据真实性的情形。

8. 第115条

对视听资料、电子数据，还应当审查是否移送文字抄清材料以及对绰号、暗语、俗语、方言等不易理解内容的说明。未移送的，必要时，可以要求人民检察院移送。

五、计算机犯罪相关法规

中共十八届四中全会通过的《中共中央关于全面推进依法治国若干重大问题的决定》明确提出，"推进以审判为中心的诉讼制度改革"不仅要求全面贯彻证据裁判规则，严格取证规则，还应关注以实体法为核心的实体裁判领域，而计算机相关犯罪的实体法规制在《中华人民共和国刑法》（以下简称《刑法》）第285条至第287条相关条文之中有相关规定。因此，有必要在电子数据取证程序的基础上，对计算机相关犯罪的实体法予以介绍。

（一）非法侵入计算机信息系统罪；非法获取计算机信息系统数据、非法控制计算机信息系统罪；提供侵入、非法控制计算机信息系统程序、工具罪

第285条 【非法侵入计算机信息系统罪】违反国家规定，侵入国家事务、国防建设、尖端科学技术领域的计算机信息系统的，处三年以下有期徒刑或者拘役。

非法侵入计算机信息系统罪,是指自然人或者单位违反国家规定,侵入国家事务、国防建设、尖端科学技术领域的计算机信息系统的行为。根据 2011 年 8 月 1 日发布的《最高人民法院、最高人民检察院关于办理危害计算机信息系统安全刑事案件应用法律若干问题的解释》(以下简称《计算机案件解释》)的规定,计算机信息系统是指具备自动处理数据功能的系统,包括计算机、网络设备、通信设备、自动化控制设备等。对于是否属于"国家事务、国防建设、尖端科学技术领域的计算机信息系统"难以确定的,应当委托省级以上负责计算机信息系统安全保护管理工作的部门检验。侵入则是指未经授权和批准而私自运用计算机等终端设备,对国家事务、国防建设、尖端科学技术领域的计算机进行访问或截取数据的行为。

【非法获取计算机信息系统数据、非法控制计算机信息系统罪】违反国家规定,侵入前款规定以外的计算机信息系统或者采用其他技术手段,获取该计算机信息系统中存储、处理或者传输的数据,或者对该计算机信息系统实施非法控制,情节严重的,处三年以下有期徒刑或者拘役,并处或者单处罚金;情节特别严重的,处三年以上七年以下有期徒刑,并处罚金。

本罪的犯罪对象是指第 285 条第 1 款以外的计算机信息系统。本罪的犯罪手段有三类:第一类是侵入前款规定以外的计算机信息系统;第二类是获取该计算机信息系统存储、处理或者传输的数据;第三类是对该该计算机信息系统实施非法控制。三类犯罪手段都要求达到严重的情节方能入罪。

对于"前款规定以外"的描述应当理解为是表面的构成要件要素,而非真正的构成要件要素。如果行为人侵入了国家事务、国防建设、尖端科学技术领域的计算机信息系统,且运用了本款所描述的第二类或是第三类犯罪手段,情节特别严重,应当认定构成本罪。考虑到本款罪名的法定刑重于前款犯罪,从犯罪事实和刑罚的体系性角度而言应当认定其相应的罪名。若仅着眼于"前款规定以外"的描述,则有可能在司法实践中造成犯罪情节和刑罚不协调、不均衡的情形。

对于"获取"和"控制",应当理解为一旦行为人获取了计算机信息系统中的部分、全部数据,以及通过发送指令的形式远程操纵该计算机信息系统,则应当认定构成本罪所描述的"获取"和"控制"。"获取"和"控制"是否进行后续数据清洗,以及是否利用相关数据进行盈利,实则不影响本罪的成立,其"获取"和"控制"的瞬间实则完成了本罪的既遂。

根据《计算机案件解释》的规定,非法获取计算机信息系统数据或者非法控制计算机信息系统,具有下列情形之一的,应当认定为"情节严重":

(1) 获取支付结算、证券交易、期货交易等网络金融服务的身份认证信息 10 组以上的;

(2) 获取第 1 项以外的身份认证信息 500 组以上的;

(3) 非法控制计算机信息系统 20 台以上的；

(4) 违法所得 5000 元以上或者造成经济损失 1 万元以上的；

(5) 其他情节严重的情形。

【提供侵入、非法控制计算机信息系统程序、工具罪】提供专门用于侵入、非法控制计算机信息系统的程序、工具，或者明知他人实施侵入、非法控制计算机信息系统的违法犯罪行为而为其提供程序、工具，情节严重的，依照前款的规定处罚。

单位犯前三款罪的，对单位判处罚金，并对其直接负责的主管人员和其他直接责任人员，依照各该款的规定处罚。

对于"专门用于侵入、非法控制计算机信息系统的程序、工具"，根据《计算机案件解释》的规定，可分为如下几类：

(1) 具有避开或者突破计算机信息系统安全保护措施，未经授权或者超越授权获取计算机信息系统数据的功能的；

(2) 具有避开或者突破计算机信息系统安全保护措施，未经授权或者超越授权对计算机信息系统实施控制的功能的；

(3) 其他专门设计用于侵入、非法控制计算机信息系统、非法获取计算机信息系统数据的程序、工具。

根据《计算机案件解释》的规定，以下情况应当认定为"情节严重"：

(1) 提供能够用于非法获取支付结算、证券交易、期货交易等网络金融服务身份认证信息的专门性程序、工具 5 人次以上的；

(2) 提供第 1 项以外的专门用于侵入、非法控制计算机信息系统的程序、工具 20 人次以上的；

(3) 明知他人实施非法获取支付结算、证券交易、期货交易等网络金融服务身份认证信息的违法犯罪行为而为其提供程序工具 5 人次以上的；

(4) 明知他人实施第 3 项以外的侵入、非法控制计算机信息系统的违法犯罪行为而为其提供程序、工具 20 人次以上的；

(5) 违法所得 5000 元以上或者造成经济损失 1 万元以上的；

(6) 其他情节严重的情形。

(二) 破坏计算机信息系统罪；网络服务渎职罪

第 286 条 【破坏计算机信息系统罪】违反国家规定，对计算机信息系统功能进行删除、修改、增加、干扰，造成计算机信息系统不能正常运行，后果严重的，处五年以下有期徒刑或者拘役；后果特别严重的，处五年以上有期徒刑。

违反国家规定，对计算机信息系统中存储、处理或者传输的数据和应用程序进行删除、修改、增加的操作，后果严重的，依照前款的规定处罚。

故意制作、传播计算机病毒等破坏性程序，影响计算机系统正常运行，后果

严重的,依照第一款的规定处罚。

单位犯前三款罪的,对单位判处罚金,并对其直接负责的主管人员和其他直接责任人员,依照第一款的规定处罚。

本罪的主要构成包括三类形式。

第一类是指对计算机信息系统功能进行删除、修改、增加、干扰,造成计算机信息系统不能正常运行的情形。根据《计算机案件解释》,以下情况应当认定为破坏计算机信息系统功能,后果严重的情形:

(1) 造成10台以上计算机信息系统的主要软件或者硬件不能正常运行的;

(2) 对20台以上计算机信息系统中存储、处理或者传输的数据进行删除、修改、增加操作的;

(3) 违法所得5000元以上或者造成经济损失1万元以上的;

(4) 造成为100台以上计算机信息系统提供域名解析、身份认证、计费等基础服务或者为1万以上用户提供服务的计算机信息系统不能正常运行累计1小时以上的;

(5) 造成其他严重后果的。

第二类是指对计算机信息系统中存储、处理或者传输的数据和应用程序进行删除、修改、增加的操作的情形。后果严重的认定标准与第一类相同。

第三类是指故意制作、传播计算机病毒等破坏性程序,影响计算机系统正常运行的情形。对于"包含计算机病毒在内的破坏性程序"的认定,根据《计算机案件解释》的规定,主要包含以下三种情形:

(1) 能够通过网络、存储介质、文件等媒介,将自身的部分、全部或者变种进行复制、传播,并破坏计算机系统功能、数据或者应用程序的;

(2) 能够在预先设定条件下自动触发,并破坏计算机系统功能、数据或者应用程序的;

(3) 其他专门设计用于破坏计算机系统功能、数据或者应用程序的程序。

对于后果严重的认定,根据《计算机案件解释》的规定,主要包含五种认定情形:第一,制作、提供、传输上述第一种程序,导致该程序通过网络存储介质、文件等媒介传播的;第二,造成20台以上计算机系统被植入上述第二、三种程序的;第三,提供计算机病毒等破坏性程序10人次以上的;第四,违法所得5000元以上或者造成经济损失1万元以上的;第五,造成其他严重后果的。

第286条之一 【拒不履行信息网络安全管理义务罪】网络服务提供者不履行法律、行政法规规定的信息网络安全管理义务,经监管部门责令采取改正措施而拒不改正,有下列情形之一的,处三年以下有期徒刑、拘役或者管制,并处或者单处罚金:

(一) 致使违法信息大量传播的;

（二）致使用户信息泄露,造成严重后果的;
（三）致使刑事案件证据灭失,情节严重的;
（四）有其他严重情节的。

单位犯前款罪的,对单位判处罚金,并对其直接负责的主管人员和其他直接责任人员,依照前款的规定处罚。

有前两款行为,同时构成其他犯罪的,依照处罚较重的规定定罪处罚。

对于"信息网络安全管理义务",应当是由法律、行政法规明文规定的义务。对于"网络服务提供者",应当包括网络接入服务提供者和网络内容服务提供者。可以说,《网络安全法》第76条第3项关于"网络运营者,是指网络的所有者、管理者和网络服务提供者"的规定,实则表明网络服务提供者是狭义的网络运营者的观点。而广义的网络运营者还应包含网络的所有者和管理者。因此,《网络安全法》第21条"网络安全等级保护义务"、第34条"关键信息基础设施的额外保护义务"和第48条"恶意程序的监管义务",也应适用于本罪所称的"网络服务提供者"。

根据本条第1款的规定,拒不改正情节严重的,才成立本罪。情节严重包括以下情形:(1)致使违法信息大量传播的;(2)致使用户信息泄露,造成严重后果的;(3)致使刑事案件证据灭失,情节严重的;(4)有其他严重情节的。

（三）利用计算机实施犯罪的提示性规定;非法利用信息网络罪;帮助信息网络犯罪活动罪

第287条　【利用计算机实施犯罪的提示性规定】利用计算机实施金融诈骗、盗窃、贪污、挪用公款、窃取国家秘密或者其他犯罪的,依照本法有关规定定罪处罚。

这里值得注意的是对于《刑法》第287条本身的定性,即《刑法》第287条是属于法律拟制还是属于注意规定。换而言之,如果《刑法》本身并不存在第287条的规定,则以计算机网络为手段的金融诈骗、盗窃、贪污等犯罪是否能划入"网络犯罪"这一大概念之内？根据刑法学理观点,无论是根据"四要件"犯罪构成要件说的观点、温和的"三阶层"犯罪构成要件说或是"不法有责"的二分体系,犯罪目的与犯罪手段不影响犯罪故意的成立,而金融诈骗、盗窃、贪污行为并不会因其犯罪手段采用了新兴高科技"计算机网络"而直接改变其罪名,因此无论《刑法》第287条是否存在,都不会影响网络犯罪的概念及其范围的界定。《刑法》第287条仅仅是刑法中的注意规定,而非法律拟制。

第287条之一　【非法利用信息网络罪】利用信息网络实施下列行为之一,情节严重的,处三年以下有期徒刑或者拘役,并处或者单处罚金:

（一）设立用于实施诈骗、传授犯罪方法、制作或者销售违禁物品、管制物品等违法犯罪活动的网站、通讯群组的;

（二）发布有关制作或者销售毒品、枪支、淫秽物品等违禁物品、管制物品或者其他违法犯罪信息的；

（三）为实施诈骗等违法犯罪活动发布信息的。

单位犯前款罪的，对单位判处罚金，并对其直接负责的主管人员和其他直接责任人员，依照第一款的规定处罚。

有前两款行为，同时构成其他犯罪的，依照处罚较重的规定定罪处罚。

根据本条规定，非法利用信息网络最主要包括三类。

第一类是设立用于实施诈骗、传授犯罪方法、制作或者销售违禁物品、管制物品等违法犯罪活动的网站、通讯群组的。这就要求行为人设立网站的主观目的就是实施诈骗、传授犯罪方法、制作或者销售违禁物品、管制物品等犯罪，而非适用于一般违法活动。

第二类是发布有关制作或者销售毒品、枪支、淫秽物品等违禁物品、管制物品或者其他违法犯罪信息的。尽管第二类的描述是"或者其他违法犯罪信息"，但是根据同类解释的原则，行为人发布的其他信息应当与"制作或者销售毒品、枪支、淫秽物品等违禁物品、管制物品"相当。而类似于发布招嫖信息、办假证等落入行政处罚领域的违法信息，不应局限于法条所描述的"违法信息"，更不应运用扩大解释的原理将其入罪。

第三类是为实施诈骗等违法犯罪活动发布信息的。当然以实施诈骗为目的而在网上发布违法犯罪信息，实则构成诈骗罪的预备犯，根据想象竞合犯的原理，一行为触及多个异种罪名时，应当从一重处罚。

第 287 条之二 【帮助信息网络犯罪活动罪】明知他人利用信息网络实施犯罪，为其犯罪提供互联网接入、服务器托管、网络存储、通讯传输等技术支持，或者提供广告推广、支付结算等帮助，情节严重的，处三年以下有期徒刑或者拘役，并处或者单处罚金。

单位犯前款罪的，对单位判处罚金，并对其直接负责的主管人员和其他直接责任人员，依照第一款的规定处罚。

有前两款行为，同时构成其他犯罪的，依照处罚较重的规定定罪处罚。

对于本罪，学界关注的问题之一就是，本罪是否落入了共犯的正犯化的范畴？如果是，则本罪应当以何帮助犯正犯化理论予以解释？

所谓共犯的正犯化，是指刑法分则将狭义的共犯规定为正犯的情况，包括教唆犯的正犯化和帮助犯的正犯化。而刑法分则条文对帮助犯设定独立法定刑时，并不一定落入帮助犯的正犯化范畴，而是应当分三类情况予以讨论，即帮助犯的绝对正犯化、帮助犯的相对正犯化、帮助犯的量刑规则。

所谓帮助犯的绝对正犯化，是指帮助犯已经被分则条文提升为正犯。《刑法》第 107 条规定的资助危害国家安全犯罪活动罪、第 120 条之一第 1 款规定的帮助恐怖活动罪就属于此情形。帮助犯的绝对正犯化扩大了相应的处罚范围,因为帮助犯被正犯化后,其成立犯罪与否不再以其他正犯实施符合构成要件的不法行为为前提。此外,帮助犯的绝对正犯化提升了处罚程度,其量刑不再适用《刑法》第27条关于从犯的规定,而必须按照分则条文予以处罚。当然,帮助犯被正犯化后,教唆他人实施该正犯行为,可成立对该正犯的教唆犯,而帮助他人实施该正犯行为的,同理也成立相应的帮助犯。

所谓帮助犯的相对正犯化,是指帮助犯是否被提升为正犯,需要独立判断帮助行为是否值得科处刑罚,即这种帮助犯是否值得处罚,取决于该帮助犯本身是否侵害法益以及侵害的程度。

所谓帮助犯的量刑正犯化,是指帮助犯没有被提升为正犯,但刑法分则为其规定了独立的法定刑,因此不适用刑法关于帮助犯的处罚规定。帮助信息网络犯罪活动罪实则落入该情形,因为本罪的处罚范围不变,本罪规定的行为依然是帮助行为,其成立犯罪以正犯实施了不法行为为前提。本罪的行为性质也不变,教唆他人实施本罪的帮助行为不成立教唆犯,而应认定成立帮助犯。单纯帮助他人实施这些帮助行为,对正犯结果不起作用,不成立犯罪。本罪的处罚程度有所提升,因为刑罚的认定应当结合本罪的条文,而不应适用《刑法》第27条关于从犯的规定。

第三章 电子数据取证及鉴定实例

第一节 易失性数据收集

一、问题描述及相关知识点

1. 问题描述及要求

利用相关工具完成易失性数据收集,要求如下:
(1) 记录现场计算机的系统时间和日期;
(2) 记录现场计算机从上一次重启系统运行的时间;
(3) 查看当前有哪些用户与现场计算机系统保持连接状态;
(4) 列出现场计算机系统上所有文件的目录清单,记录文件的大小、访问时间、修改时间和创建时间;
(5) 获取现场计算机的 IP 地址、子网掩码、默认网关、DNS 配置、网络接口的 MAC 地址、主机名等信息;
(6) 获取现场计算机的 ARP 缓存信息;
(7) 获取现场计算机的网络连接、路由表和网络接口信息,检查打开端口以及与这些监听端口相关的所有连接信息等;
(8) 获取现场计算机的平台信息以及安装的软件、补丁等信息。

其他要求及注意事项为:
(1) 能创建应急工具箱,并创建应急工具箱校验和;能在最低限度地改变系统状态的情况下收集易失性证据;熟悉 PSTools 工具包各组件的功能以及使用方法和技巧;熟悉 Windows 系统内可获取易失性数据的工具的功能以及使用方法和技巧;
(2) 生成校验和,是为了确保应急工具盘中的工具是原始的、未被修改的,从而保证收集的信息的准确性;工具盘写保护,是为了确保应急工具盘创建后不被修改,从而保证工具盘中的工具的可信性;两次使用 time 和 date 命令记录取证开始和结束的时间,是为了保护取证人员工作的一致性,排除其破坏现场的嫌疑。

2. 相关概念及知识点介绍

(1) 易失性是数据的一种状态属性,是指数据保存的环境如果不能满足某种条件,就确定会丢失。例如,保存在 DRAM(动态随机存取存储器)中的数据是易失的,因为只要 DRAM 的电源被切断,其中所保存的数据就会丢失。

(2) 易失性跟介质有关。例如,我们常用的机械盘,其内部的磁盘碟片上的材料的"矫顽力(coercivity)"决定了易失性。矫顽力越强,就越难以改变磁颗粒状态,也就更难丢失数据。

(3) 易失数据的等级从高到低依次是:寄存器、CACHE;路由表、进程表、内核统计;临时文件系统;硬盘;离线日志、监视数据;物理配置、网络拓扑;备份介质磁盘等。

3. 案例实验所需系统及相关软件

操作系统:Windows 7。

需求:默认的 admin＄共享可用;Remote Registry 服务开启。

工具:PsTools;cmd.exe;netstat;ipconfig;md5sum;arp。

二、操作过程

(1) 将 Windows 系统内可获取易失性数据的工具存入 U 盘,创建应急工具盘。应急工具盘中的常用工具有:cmd.exe;netstat;ipconfig;md5sum;arp;PsTools 工具包等。

(2) 用 md5sum 工具创建工具盘上的所有命令的校验和,生成文本文件 cmdhash.txt,保存到工具盘中,并将工具盘写保护,见图 3-1。

图 3-1　MD5 校验值文件

（3）用 time 和 date 命令记录现场计算机的系统时间和日期,见图 3-2。

图 3-2　系统当前时间和日期

（4）用 psuptime 工具记录现场计算机上一次重启系统运行的时间,见图 3-3。

图 3-3　上一次重启系统运行的时间

（5）用 psloggedon 工具查看当前有哪些用户与现场计算机系统保持连接状态，见图 3-4。

图 3-4　用户与现场计算机系统保持连接状态

（6）用 dir 命令列出现场计算机系统上所有文件的目录清单，记录文件的大小、访问时间、修改时间和创建时间，见图 3-5。

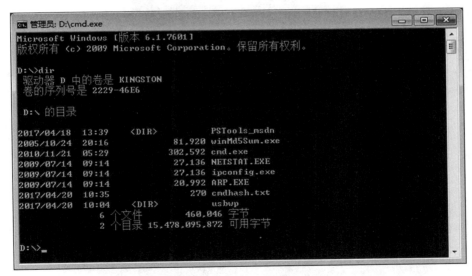

图 3-5　系统上所有文件的目录清单

（7）用 ipconfig 工具获取现场计算机的 IP 地址、子网掩码、默认网关、DNS 配置、网络接口的 MAC 地址、主机名等信息，见图 3-6。

图 3-6 用 ipconfig 查看系统

（8）用 ARP 工具获取现场计算机的 ARP 缓存信息，见图 3-7。

图 3-7 系统 ARP 缓存信息

（9）用 netstat 工具获取现场计算机的网络连接、路由表和网络接口信息，检查打开端口以及与这些监听端口相关的所有连接信息等，见图 3-8。

图 3-8　用 netstat 工具查看系统

（10）用 psinfo 工具获取现场计算机的平台信息以及安装的软件、补丁等信息，见图 3-9。

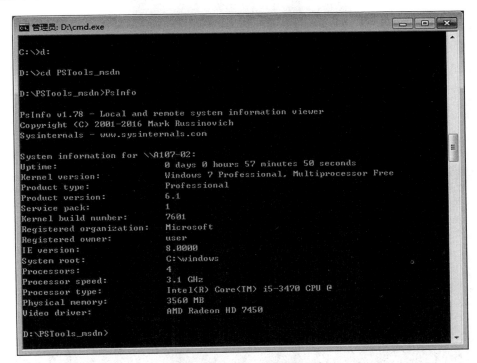

图 3-9　用 psinfo 工具查看系统

（11）用 pslist 工具获取现场计算机正在运行的进程信息，见图 3-10。

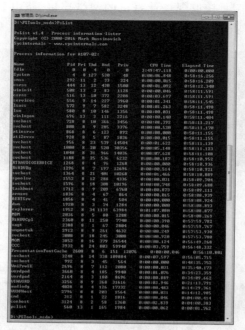

图 3-10 系统正在运行的进程信息

（12）用 time 和 date 命令再次记录现场计算机的系统时间和日期，见图 3-11。

图 3-11 系统当前时间和日期

第二节　常见用户痕迹数据的收集

一、问题描述及相关知识点

1. 问题描述及要求

利用相关工具完成常见用户痕迹数据的收集，要求如下：

(1) 记录现场计算机的系统时间和日期；

(2) 保证痕迹数据未被篡改；

(3) 保证取证工具的可靠性。

2. 相关概念及知识点介绍

用户使用计算机、手机、平板电脑等电子设备进行常规的工作时都会产生很多用户痕迹数据，包括 Link 文件、元数据、Thumbnail(缩略图)、回收站数据、网络信息等。

(1) Link 文件

Link 文件一般称为链接文件或快捷方式文件，是指扩展名为 .lnk 的文件。.lnk 是 Windows 系统默认的快捷方式的扩展名。Link 文件由 Windows 自动创建，通常包含卷信息、原始位置、系统名称等内容。Link 文件具备以下特点：用于指向其他文件的 Link 文件，通常称为快捷方式文件，以方便使用者快速调用原始文件。Link 文件不一定是用户主动建立的，特别是在作为快捷方式以外的链接文件出现时。当用户打开和使用文件时，Windows 自动创建链接文件并显示在"Recent Document/Files Folder"中。如果用户从 USB 设备中打开并编辑一个文件，但从未复制到系统中，那么该文件的 Link 文件将被创建在用户账户目录下的"Recent Items Folder"文件夹中。Link 文件会包含原始文件的 MAC 时间(文件修改时间 Modified Time、最后访问时间 Access Time 和创建时间 Create Time)、存储路径以及所在磁盘的卷信息或网络共享信息。

(2) 元数据

元数据(Metadata)是描述数据的数据，也称中介数据或诠释数据。Metadata 名词起源于 1969 年，由 Jack E. Myers 提出。Metadata 的基本定义出自 OCLC 与 NCSA 所主办的 Metadata Workshop 研讨会，它将 Metadata 定义为"描述数据的数据"(Data about Data)。

数据文件存储时，我们可以直接看到它是一个文档、图片、视频或数据库文件，这些都是数据本身。然而，在存储该数据时，文件系统还会产生很多无法直接看到的与该数据有关的数据，如文件系统中文件检索表、路径信息、地址信息等，这些数据称为文档、图片、视频等在共享卷中的元数据。例如，电影文件本身是一个视频文件数据,单击右键查看视频文件属性,其中的存储路径、码率、文件大小、导演、演员、制作单位等,就是视频文件的元数据。还有在地理空间信息中用于描述地理数据集的内容、质量、表示方式、空间参考、管理方式以及数据集的其他特征,也都是元数据。在案件的调查取证过程中,一些数据(如存储在计算机里的电子邮件、附件等)所包含的元数据往往成为一些案件的破案依据。

元数据的存在,在法律界已经引起非常大的争议,焦点在于:在案件诉讼期间是否应该提供元数据?在许多情况下,并不要求公诉方提供带有元数据的文件;如果此时辩方要求附加提供元数据,那么法官应要求公诉方补充证据,否则不能要求诉讼开始。

(3) Thumbnail

Windows 为了更快地显示图片,会自动将文件夹中的图片缩略图保存为索引文件 Thumbs.db。Thumbs.db 保存在每一个包含图片或照片的目录中,可缓存图像文件的格式包括 jpeg、bmp、gif、tif、pdf 以及 htm。Thumbs.db 文件是一个数据库文件,里面保存了这个目录下所有图像文件的缩略图(格式为 jpeg)。当以缩略图查看时,将会生成一个 Thumbs.db 文件,而且其体积随着文件夹中图片数量的增加而增大。Thumbs.db 是 Windows 系统为了提高文件夹在缩略图查看方式下的响应速度而对当前文件夹下的图像文件建立的缓存,这个文件本身并无大碍,但因为本身是"系统文件+隐藏文件",缺省情况下为隐藏文件。如果将某些图片删除,由于 Thumbs.db 不能立即自动更新,将涉案的图片删除后,因为有工具可以查看 Thumbs.db 的内容,甚至可以导出其中的图像,因此调查人员可以通过 Thumbs.db 得到此文件夹中的所有文件名及缩略内容,然后使用 Thumbs.db 浏览器下载此目录下的所有图像文件并浏览。

(4) 回收站数据

回收站是 Windows 文件系统中的重要区域,能够帮助调查人员在取证过程中调查已被删除的文件信息。回收站 recycle.bin 是一个隐藏的目录。

在 Windows 系统中,当用户删除一个文件时,它唯一的安全标识符 SID (Security Identifier)将被用于在目录 RECYCLER 中创建一个子目录。另外,这个路径的内部还有另一个隐藏的二进制文件 INFO2,它用于映射回收站中的文件名与其实际的原始名称和路径。

(5) 网络信息

随着互联网技术的发展,通过网络传输的信息越来越多,浏览器会存放一些此方面的相关记录。以最具代表性的 IE 浏览器为例,其记录中含有收藏夹、缓存、Cookies、搜索历史、历史记录等。

浏览器缓存是指在本地使用的计算机硬盘中开辟一个内存区,作为数据传输的缓冲区,然后用这个缓冲区来暂时保存用户以前访问过的信息。浏览器会采用累积式加速的方法,将你曾经访问的网页内容(包括图片以及 cookie 文件等)存放在缓存中。以后再访问网站时，IE 会首先搜索这个目录，如果其中已经有访问过的内容，那么 IE 就不必从网上下载，而直接从缓存中调出来，从而提高了访问网站的速度。

收藏夹是用来收集感兴趣的页面地址，或者将怕忘记的网页地址收藏起来方便下次打开，收藏过的内容都会在 IE 浏览器收藏夹中显示。

Cookies 指的是存储在用户本地终端上的数据，服务器可以利用 Cookies 包含信息的任意性来筛选并经常性维护这些信息，以判断在 HTTP 传输中的状态。Cookies 的一个重要应用是"购物车"之类的处理。用户可能会在一段时间、在同一家网站的不同页面中选择不同的商品，这些信息都会写入 Cookies，以便在最后付款时提取信息。

历史记录中包含历史记录名称、URL、最后访问时间、访问者、映射文件等。

3. 案例实验所需系统及相关软件

(1) Windows 操作系统；

(2) 取证工具(SafeAnalyzer)；

(3) 检材镜像。

二、操作过程

1. Windows 操作系统内一些常规用户痕迹数据的收集

(1) 查看 Link 文件，在桌面找某文件快捷方式，如微信的快捷方式，点击鼠标右键选择属性，如图 3-12 所示。

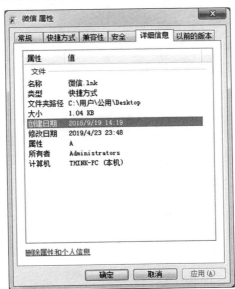

图 3-12　微信的 Link 文件

（2）查看元数据，在计算机中找到某 Word 文件点击后，如图 3-13 所示。

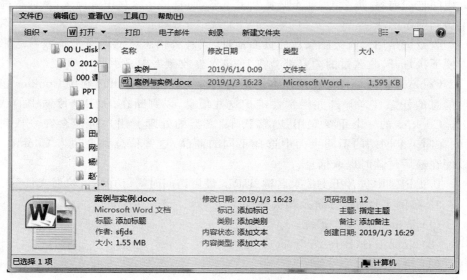

图 3-13　Word 文件的元数据

（3）查看 Thumbs.db 文件，在计算机搜索栏里搜索 Thumbs.db，并点击右键选择属性查看，如图 3-14、图 3-15 所示。

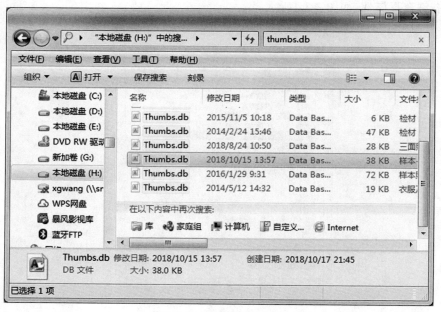

图 3-14　Thumbs.db 文件

图 3-15 Thumbs.db 文件属性

(4) 查看 IE 浏览器缓存文件,点击浏览器右上方工具选项,点击 Internet 选项,如图 3-16 所示;在浏览历史记录中点击设置选项,如图 3-17 所示;点击查看文件选项,查看缓存文件,如图 3-18 所示。

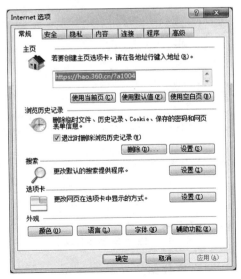

图 3-16 Internet 选项

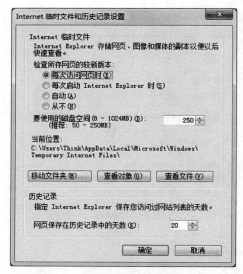

图 3-17　Internet 临时文件和历史记录

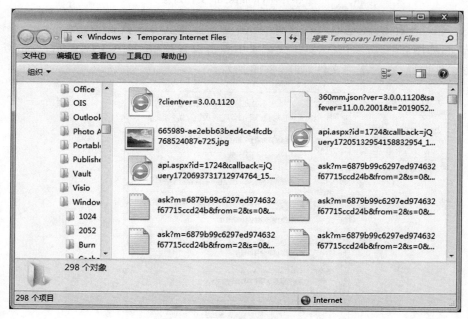

图 3-18　IE 浏览器缓存文件

2. 使用取证软件用户痕迹数据的收集

（1）使用 SafeAnalyzer 取证软件加载硬盘镜像，如图 3-19 所示。

第三章 电子数据取证及鉴定实例

图 3-19 添加证据加载镜像文件对话框

（2）使用 SafeAnalyzer 取证软件恢复被删除数据，这里使用"目录恢复"，如图 3-20 所示。

图 3-20 目录恢复对话框

(3) 使用 SafeAnalyzer 取证软件分析镜像数据,如图 3-21 所示。

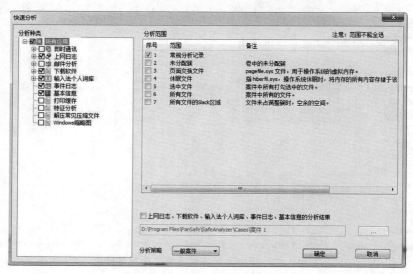

图 3-21 快速分析对话框

(4) 使用 SafeAnalyzer 取证软件查找敏感信息,如图 3-22 所示。

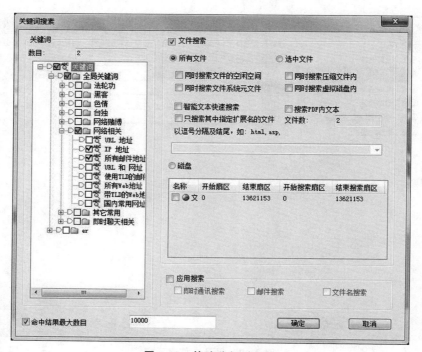

图 3-22 快速分析对话框

第三节 基于文件系统的磁盘数据取证

一、问题描述及相关知识点

1. 问题描述及要求

利用相关工具完成磁盘数据的恢复,要求如下:

(1) 学会借助 DiskGenius 软件对被删除的文件以及被格式化的 U 盘进行数据恢复;

(2) 了解并掌握一些常用的数据恢复软件的使用方法和技能,熟练使用 DiskGenius;

(3) 理解文件存放原理,懂得数据恢复的可能性,使用 WinHex 对磁盘数据进行镜像备份;

(4) 了解并掌握一些常用的数据恢复软件的使用方法和技能,使用 WinHex 进行删除后文件的恢复。

2. 相关概念及知识点介绍

(1) 数据恢复:指通过技术手段,将保存在台式机硬盘、笔记本硬盘、服务器硬盘、存储磁带库、移动硬盘、U 盘、数码存储卡、Mp3 等设备上丢失的电子数据进行"抢救"和恢复的技术。

(2) 分区:硬盘存放数据的基本单位为扇区,我们可以理解为一本书的一页。当我们装机或买来一个移动硬盘,第一步便是为了方便管理——分区。无论用何种分区工具,都会在硬盘的第一个扇区标注上硬盘的分区数量、每个分区的大小、起始位置等信息,术语称为主引导记录(MBR),也有人称为分区信息表。当主引导记录因为各种原因(硬盘坏道、病毒、误操作等)被破坏后,一些或全部分区自然就会丢失不见,根据数据信息特征,我们可以重新推算计算分区大小及位置,手工标注到分区信息表,这样"丢失"的分区就回来了。

(3) 文件分配表:为了管理文件存储,硬盘分区完毕后,接下来的工作是格式化分区。格式化程序根据分区大小,合理地将分区划分为目录文件分配区和数据区,就像我们看的书籍一样,前几页为章节目录,后面才是真正的内容。文件分配表记录着每一个文件的属性、大小、在数据区的位置。我们对所有文件的操作,都是根据文件分配表来进行的。文件分配表遭到破坏以后,系统无法定位到文件,虽然每个文件的真实内容还存放在数据区,系统仍然会认为文件已经不存在。数据丢失就像一本书籍的目录被撕掉一样,要想直接去想要的章节,已经不可能了,要想得到想要的内容,只能凭记忆知道具体内容的大约页数,或每页(扇区)来寻找相应的内容。被破坏的数据还可以恢复回来,下面的实验就是通过寻找扇区来进行数据恢复的。

（4）DiskGenius软件提供了分区表备份和恢复、分区参数修改、重建分区表、硬盘主引导记录修复等强大的分区维护功能，还提供了建立、激活、删除、隐藏分区之类的基本硬盘分区管理功能，同时还具有分区格式化、分区无损调整、硬盘表面扫描、扇区拷贝、彻底清除扇区数据等实用功能。

3. 案例实验所需系统及相关软件

（1）操作系统：Windows 7；

（2）外存储设备：一个可用的 USB 硬盘，类型为 NTFS；

（3）软件：WinHex、DiskGenius。

二、操作过程

1. 用 DiskGenius 恢复已被删除的文件

（1）拷贝 Word 类型的文本文件到自备 U 盘中，然后将此文件删除，接下来打开 DiskGenius 软件进行数据恢复，将此文件恢复出来。具体操作见图 3-23 至图 3-27。

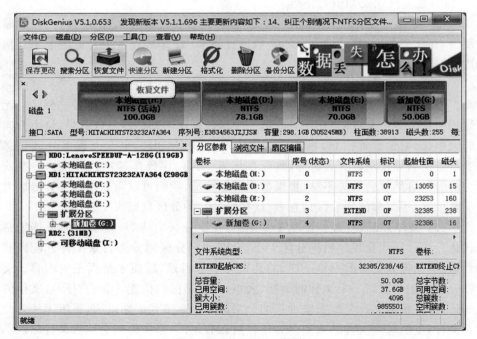

图 3-23　DiskGenius 软件

第三章 电子数据取证及鉴定实例

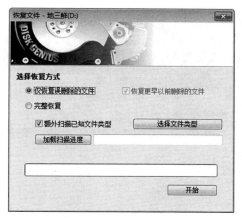

图 3-24 选择恢复方式

图 3-25 选择恢复的文件类型

图 3-26 恢复进度

图 3-27　查看恢复的文件

（2）已被删除的文件恢复出来后，选择具体要还原的文件，点击鼠标右键或选择文件菜单中的"复制到指定文件夹"命令项，将文件恢复拷贝到指定位置。

2. 用 DiskGenius 软件恢复格式化后的磁盘上的数据

（1）先格式化 U 盘，然后打开软件进行恢复，其中文件类型要都选上。具体操作见图 3-28、图 3-29。

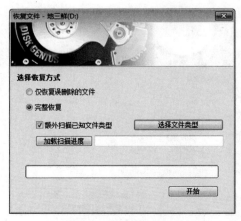

图 3-28　选择恢复方式

图 3-29 选择恢复的文件类型

(2) 选择开始,U 盘开始数据恢复,此操作耗时会比较长,见图 3-30。

图 3-30 恢复进度

3. 基于文件系统的数据恢复

软件的自动恢复是基于文件头部与文件尾部的特征信息进行搜索与全盘恢复。考虑到类似于 txt 的文本文档无头部与尾部的特征信息,软件的签名恢复效果较差,因此需采用基于文件系统的数据恢复技术对磁盘进行手工分析,以达到良好的数据恢复效果。本案例以 NTFS 文件系统为例,使用 WinHex 软件对手工分析进行简单介绍。

(1) 下载最新版本的 WinHex 软件,放在自带 U 盘、移动硬盘等存储设备上,并且自行购买专家版的注册码。

(2) 运行 WinHex,打开工具菜单下的打开磁盘,从物理介质中找到本机上的硬盘,列出整个硬盘中的比特序列,见图 3-31。

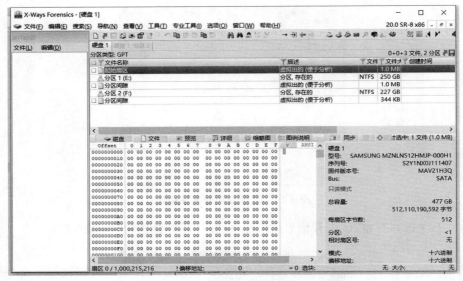

图 3-31　硬盘中的比特序列

(3) 打开文件菜单下的创建磁盘镜像,选择 Raw 镜像格式,勾选计算哈希值:MD5,然后选择备份路径,点击"确定"即可完成备份,见图 3-32、图 3-33。

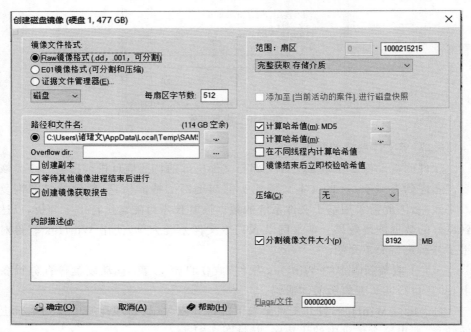

图 3-32　创建磁盘镜像

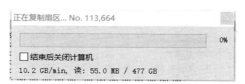

图 3-33　备份进度

4. 使用 WinHex 进行删除后文件的恢复

(1) 打开磁盘 1 分区 2 进行引导扇区分析，查看模板管理器 Boot Sector NTFS，点击“应用”，见图 3-34。

Boot Sector NTFS, 基本偏移: 0

Offset	标题	
0	JMP instruction	EB 52 90
3	File system ID	NTFS
11	Bytes per sector	512
13	Sectors per cluster	8
14	Reserved sectors	0
16	(always zero)	00 00 00
19	(unused)	00 00
21	Media descriptor	F8
22	(unused)	00 00
24	Sectors per track	63
26	Heads	255
28	Hidden sectors	524,294,144
32	(unused)	00 00 00 00
36	(always 80 00 80 00)	80 00 80 00
40	Total sectors excl. backup	475,920,383
48	Start C# $MFT	786,432
56	Start C# $MFTMirr	2
64	FILE record size indicator	-10
65	(unused)	0
68	INDX buffer size indicator	1
69	(unused)	0
72	32-bit serial number (hex)	89 1C 89 B6
72	32-bit SN (hex, reversed)	B6891C89
72	64-bit serial number (hex)	89 1C 89 B6 53 89 B6 2E
80	Checksum	0
510	Signature (55 AA)	55 AA

图 3-34　Boot Sector NTFS

(2) 如图 3-35 所示，偏移量 0x03 表明磁盘 1 分区 2 为 NTFS 文件系统；偏移量 0x0D 的值为 0x08，表明每簇扇区数为 8；偏移量 0x30 的值为 0x0C0000，表明 $ MFT 起始簇为 0x0C0000。考虑到本案例中每簇扇区数为 8，每扇区的大小为 0x200，通过如下公式可计算得到 $ MFT 的起始偏移为 0xC0000000。

$$0x0C0000 * 8 * 0x200 = 0xC0000000$$

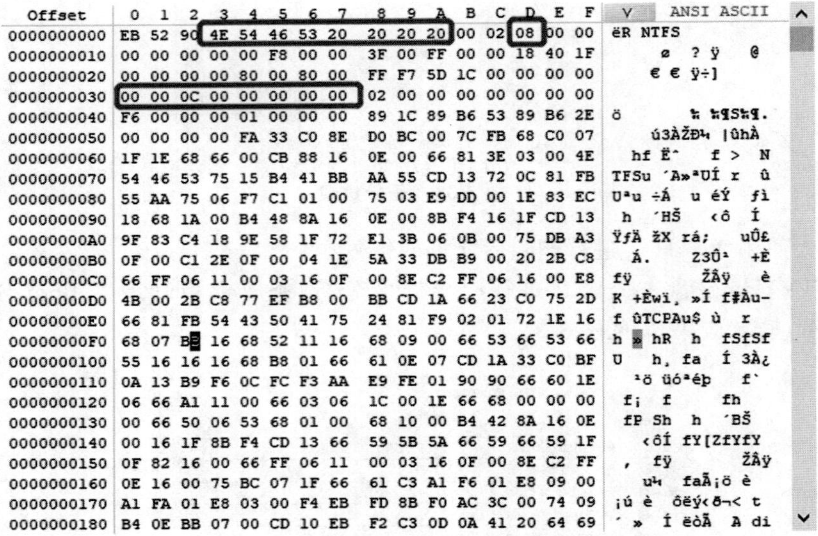

图 3-35 文件系统信息

（3）使用 WinHex 跳转到偏移量 0xC0000000，以进行 $MFT 表头分析。如图 3-36 所示，偏移量 0xC0000000 表明了 $MFT 文件记录的标志，即 FILE 标志；偏移量 0xC0000016 的值为 0x01，表明 $MFT 表头的删除状态为 1，即处于未删除状态；偏移量 0xC0000018 的值为 0x01B0，表明 $MFT 文件记录的长度为 0x01B0，即 432 字节。

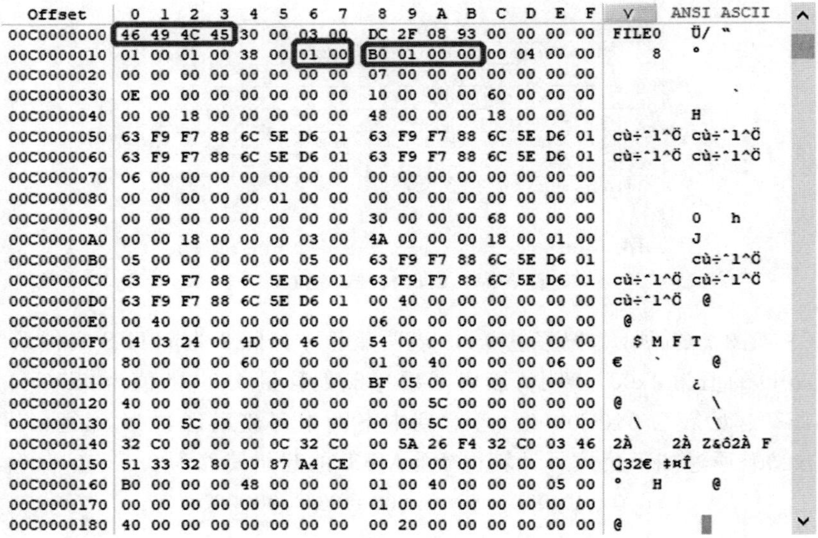

图 3-36 MFT 表头分析

（4）数据恢复有两种策略：一是基于文件头部与文件尾部特征进行数据恢复，二是基于文件系统进行数据恢复。由于本案例演示的是基于 NTFS 文件系统的数据恢复技术，因此在 $MFT 中搜索本案例删除的文件名 123.txt。考虑到 $MFT 是使用 Unicode 进行编码的，则在搜索过程中应使用 Unicode 进行编码，搜索结果如图 3-37 所示。

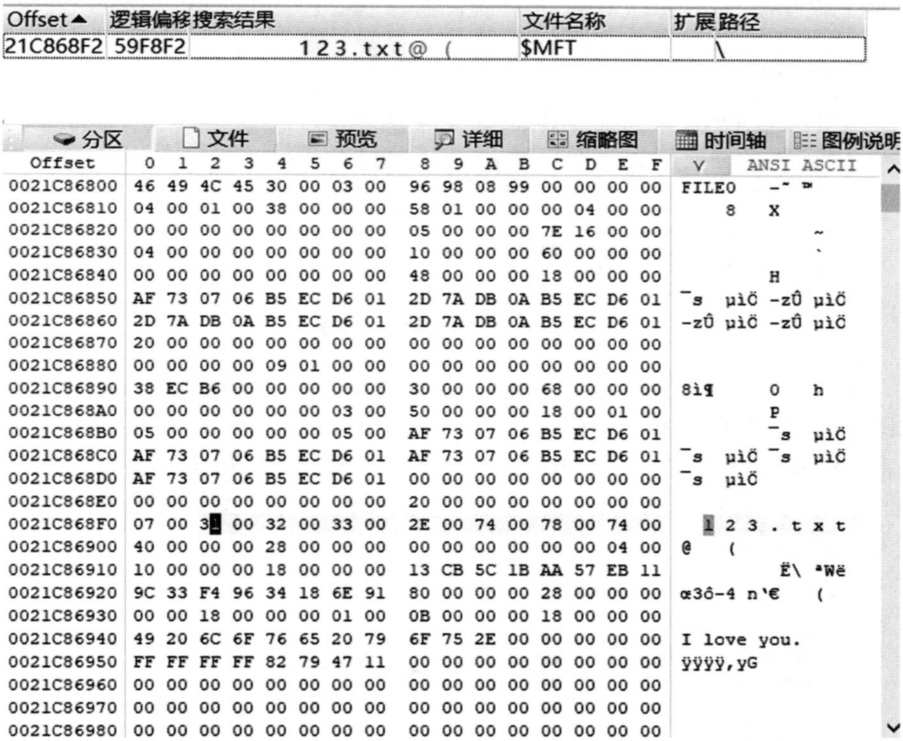

图 3-37　123.txt 的文件记录搜索结果

（5）找到搜索结果所在的 $MFT 文件记录，发现 FILE 标志位于偏移量 0x21C86800。对 123.txt 的属性进行初步分析，如图 3-38 所示，通过分析并解码 123.txt 的文件记录头、0x10 属性、0x30 属性、0x40 属性可知，其 flag 删除标志位为 0，即处于删除状态；创建时间为 2021 年 1 月 17 日 17:42:08，修改时间、记录修改时间和最后修改时间为 2021 年 1 月 17 日 17:42:16；其文件名长度为 7，其文件名为 123.txt。

Offset	0	1	2	3	4	5	6	7	8	9	A	B	C	D	E	F	ANSI ASCII
0021C86800	46	49	4C	45	30	00	03	00	96	98	08	99	00	00	00	00	FILE0 –˜ ™
0021C86810	04	00	01	00	38	00	00	00	58	01	00	00	00	04	00	00	8 X
0021C86820	00	00	00	00	00	00	00	00	05	00	00	00	7E	16	00	00	~
0021C86830	04	00	00	00	00	00	00	00	10	00	00	00	60	00	00	00	`
0021C86840	00	00	00	00	00	00	00	00	48	00	00	00	18	00	00	00	H
0021C86850	AF	73	07	06	B5	EC	D6	01	2D	7A	DB	0A	B5	EC	D6	01	¯s µìÖ -zÛ µìÖ
0021C86860	2D	7A	DB	0A	B5	EC	D6	01	2D	7A	DB	0A	B5	EC	D6	01	-zÛ µìÖ -zÛ µìÖ
0021C86870	20	00	00	00	00	00	00	00	00	00	00	00	00	00	00	00	
0021C86880	00	00	00	00	09	01	00	00	00	00	00	00	00	00	00	00	
0021C86890	38	EC	B6	00	00	00	00	00	30	00	00	00	68	00	00	00	8ì¶ 0 h
0021C868A0	00	00	00	00	00	00	03	00	50	00	00	00	18	00	01	00	P
0021C868B0	05	00	00	00	00	00	05	00	AF	73	07	06	B5	EC	D6	01	¯s µìÖ
0021C868C0	AF	73	07	06	B5	EC	D6	01	AF	73	07	06	B5	EC	D6	01	¯s µìÖ ¯s µìÖ
0021C868D0	AF	73	07	06	B5	EC	D6	01	00	00	00	00	00	00	00	00	¯s µìÖ
0021C868E0	00	00	00	00	00	00	00	00	20	00	00	00	00	00	00	00	
0021C868F0	07	00	31	00	32	00	33	00	2E	00	74	00	78	00	74	00	1 2 3 . t x t
0021C86900	40	00	00	00	28	00	00	00	00	00	00	00	00	00	04	00	@ (
0021C86910	10	00	00	00	18	00	00	00	13	CB	5C	1B	AA	57	EB	11	Ë\ ªWë
0021C86920	9C	33	F4	96	34	18	6E	91	80	00	00	00	28	00	00	00	œ3ô–4 n'€ (
0021C86930	00	00	18	00	00	00	01	00	0B	00	00	00	18	00	00	00	
0021C86940	49	20	6C	6F	76	65	20	79	6F	75	2E	00	00	00	00	00	I love you.
0021C86950	FF	FF	FF	FF	82	79	47	11	00	00	00	00	00	00	00	00	ÿÿÿÿ‚yG
0021C86960	00	00	00	00	00	00	00	00	00	00	00	00	00	00	00	00	
0021C86970	00	00	00	00	00	00	00	00	00	00	00	00	00	00	00	00	
0021C86980	00	00	00	00	00	00	00	00	00	00	00	00	00	00	00	00	

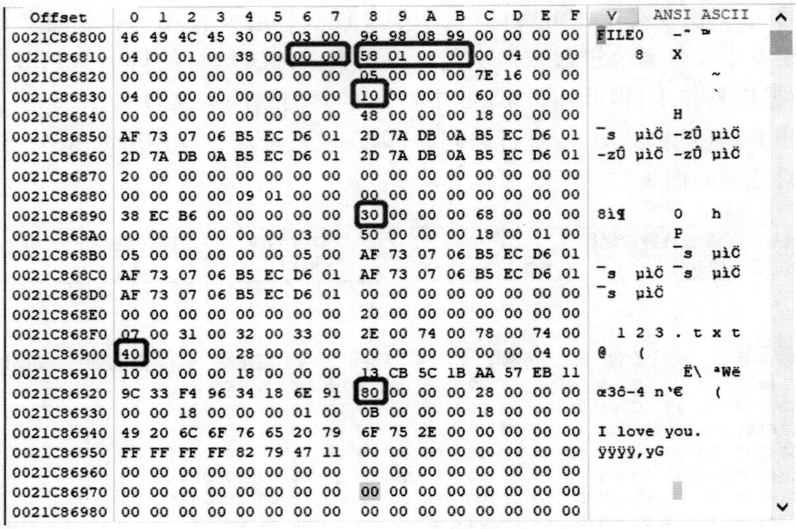

图 3-38　123. txt 属性初步分析

（6）通过分析文件记录中的 0x80 属性，对 123. txt 文件内容进行数据恢复，如图 3-39 所示，可以发现偏移量 0x21C86930 的值为 0，即 0x80 属性为常驻属性；偏移量 0x21C86938 的值为 0x0B，即文件大小为 11 字节；偏移量 0x21C8693C 的值为 18，则可以通过如下公式计算出 123. txt 文件内容的起始偏移为 0x21C86940。

$$0x21C86928+0x18=0x21C86940$$

Offset	0	1	2	3	4	5	6	7	8	9	A	B	C	D	E	F	ANSI ASCII
0021C86920	9C	33	F4	96	34	18	6E	91	80	00	00	00	28	00	00	00	œ3ô–4 n'€ (
0021C86930	00	00	18	00	00	00	01	00	0B	00	00	00	18	00	00	00	
0021C86940	49	20	6C	6F	76	65	20	79	6F	75	2E	00	00	00	00	00	I love you.
0021C86950	FF	FF	FF	FF	82	79	47	11	00	00	00	00	00	00	00	00	ÿÿÿÿ‚yG
0021C86960	00	00	00	00	00	00	00	00	00	00	00	00	00	00	00	00	
0021C86970	00	00	00	00	00	00	00	00	00	00	00	00	00	00	00	00	
0021C86980	00	00	00	00	00	00	00	00	00	00	00	00	00	00	00	00	
0021C86990	00	00	00	00	00	00	00	00	00	00	00	00	00	00	00	00	
0021C869A0	00	00	00	00	00	00	00	00	00	00	00	00	00	00	00	00	
0021C869B0	00	00	00	00	00	00	00	00	00	00	00	00	00	00	00	00	
0021C869C0	00	00	00	00	00	00	00	00	00	00	00	00	00	00	00	00	
0021C869D0	00	00	00	00	00	00	00	00	00	00	00	00	00	00	00	00	
0021C869E0	00	00	00	00	00	00	00	00	00	00	00	00	00	00	00	00	
0021C869F0	00	00	00	00	00	00	00	00	00	00	00	00	00	00	04	00	
0021C86A00	00	00	00	00	00	00	00	00	00	00	00	00	00	00	00	00	
0021C86A10	00	00	00	00	00	00	00	00	00	00	00	00	00	00	00	00	
0021C86A20	00	00	00	00	00	00	00	00	00	00	00	00	00	00	00	00	
0021C86A30	00	00	00	00	00	00	00	00	00	00	00	00	00	00	00	00	
0021C86A40	00	00	00	00	00	00	00	00	00	00	00	00	00	00	00	00	
0021C86A50	00	00	00	00	00	00	00	00	00	00	00	00	00	00	00	00	
0021C86A60	00	00	00	00	00	00	00	00	00	00	00	00	00	00	00	00	
0021C86A70	00	00	00	00	00	00	00	00	00	00	00	00	00	00	00	00	
0021C86A80	00	00	00	00	00	00	00	00	00	00	00	00	00	00	00	00	
0021C86A90	00	00	00	00	00	00	00	00	00	00	00	00	00	00	00	00	
0021C86AA0	00	00	00	00	00	00	00	00	00	00	00	00	00	00	00	00	

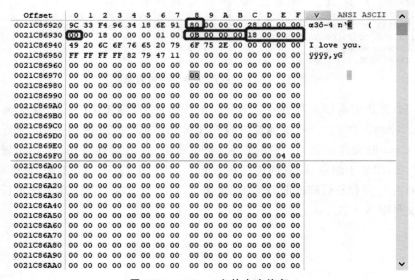

图 3-39　123. txt 文件内容恢复

第三章 电子数据取证及鉴定实例

（7）从偏移量 0x21C86940 开始选取 11 字节，复制选块数据到新文件 123_recover.txt，其恢复内容和文件详细信息分别如图 3-40、图 3-41 所示。由此可以看出，123.txt 文件已经成功恢复。

图 3-40　123_recover.txt 文件内容

图 3-41　123_recover.txt 文件详细信息

第四节 利用第三方电子数据存证平台取证

一、问题描述及相关知识点

1. 问题描述及要求

利用第三方电子数据存证平台对网页进行取证,要求如下:
(1)保证取证网页的真实性,确保未被篡改;
(2)对取证计算机进行环境清洁,保证网络连接真实,防止域名重定向;
(3)对取证网页进行客观完整保存,并进行加密保存,防止事后篡改。

2. 相关概念及知识点介绍

(1)第三方电子数据存证平台是除了法院和公证机构之外的独立第三方机构开发的、面向社会大众的、给当事人提供电子数据收集固定保全服务的电子服务平台。平台包括客户端和服务器端,当事人可利用客户端登录、清洁网络环境、输入存证网址、定制电子合同、上传电子文件等,经平台保全的电子数据存储在服务器端。

(2)第三方电子数据存证平台保全电子数据可分为事后保全和实时保全。第三方存证平台对已经存在的电子数据进行的保全,可称为事后保全,因为这些电子数据是事实行为发生之后产生的,例如网页、聊天记录、电子文件等的保全。第三方存证平台对正在产生的电子数据进行的保全,可称为实时保全,因为这些电子数据是事实行为发生的同时产生的电子数据,例如在线交易的电子合同、实时通话记录等。

3. 案例实验所需系统及相关软件

(1)Windows 操作系统;
(2)国家授时中心联合信任时间戳服务中心(国家授时中心和北京联合信任技术服务有限公司共同创建的第三方电子数据存证平台)。

二、操作过程

(1)打开屏幕录像软件开始录屏,录像内容应保证能够清楚显示每个操作步骤和所获得的内容。

(2)计算机安全性和清洁性检查:① 打开杀毒软件对计算机查杀病毒和木马;② 用于收集和固定网页证据的浏览器应将上网记录清理,清除记录包括缓存文件和历史记录等;③ 打开操作系统的任务管理器,在里面查看程序与进程,看是否存在非法进程。

(3)检查 hosts 文件:在 C:\Windows\System32\drivers\etc 路径下用记事本打开 hosts 文件,查看是否存在影响取证的虚拟链接指向,如图 3-42 所示。

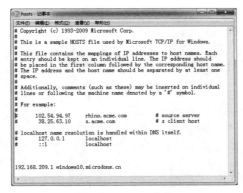

图 3-42　hosts 文件

（4）互联网连接真实性检查：① 在 IE 浏览器的 Internet 选项中，查看局域网设置，确定没有连接代理；② 在开始栏的命令窗口输入"ipconfig/all"命令，查看 TCP/IP 配置信息，如图 3-43 所示。

图 3-43　TCP/IP 配置信息

（5）在命令窗口输入"ping www.ecupl.edu.cn"，利用 ping 命令可以检查网络是否连通和显示的是否是目标网站的 IP 地址。应用格式为 Ping 空格 IP 地址。有些网站设置禁止 ping 命令，可能无法显示 ping 的结果，但是不影响取证的真实性，如图 3-44 所示。

图 3-44　ping 命令

(6) 在命令窗口输入"tracert www.ecupl.edu.cn"，Tracert 命令的作用是跟踪本机到目标网站的路由途径，确保访问网站的真实性，如图 3-45 所示。

图 3-45　路由信息

(7) 取证与固化

① 打开时间戳服务中心官方网站 www.tsa.cn，查看国家授时中心标准时间，如图 3-46 所示；

图 3-46　国家授时中心标准时间

② 在取证计算机桌面创建一个存放证据的空文件夹；

③ 通过 IE 浏览器进入华东政法大学官网首页（http://www.ecupl.edu.cn/），将官网首页另存为图片或其他格式文件，同时查看网站 ICP 备案等信息；

④ 登录时间戳服务中心官方网站 www.tsa.cn，在网页中上位置点击进入产品与服务选项，选择电子证据固化保全服务，点击网页取证，如图 3-47 所示，在注册、登陆后，输入需取证网页 http://www.ecupl.edu.cn/，进行取证，如图 3-48 所示；

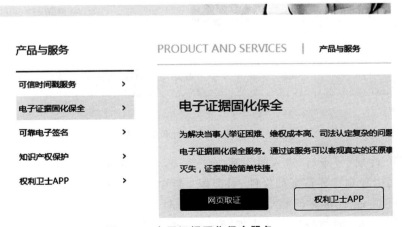

图 3-47　电子证据固化保全服务

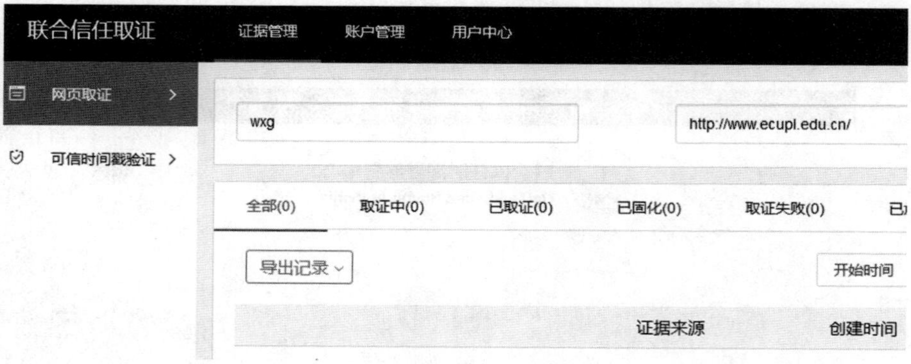

图 3-48 网页保全

⑤ 打开时间戳服务中心官方网站 www.tsa.cn,在网站右上位置点击进入服务专区进行可信时间戳申请,如图 3-49 所示;

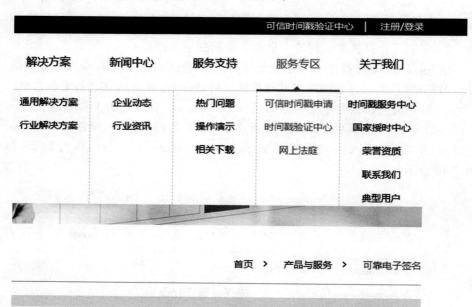

图 3-49 可信时间戳申请

⑥ 注册、登录后,进入时间戳申请系统,点击申请时间戳项,在存放证据的文件夹中找到需要认证的文件,对证据文件申请可信时间戳认证,申请成功后下载时间戳证书和时间戳认证证书,打开时间戳认证证书查看证书内容,如图 3-50 所示(时间戳证书采用加密格式,用于和对应的证据文件匹配,在时间戳中心的验证平台进行验证,该电子证书不能用一般程序打开。时间戳认证证书

主要记载电子证据的认证时间、对应证据文件的哈希值、时间戳签发机构信息等内容。在此处打开的目的是显示证据的取证时间，防止事后编辑篡改取证过程录像。该时间应该与取证录像结束后申请时间戳的时间形成合理的证据链）；

图 3-50　时间戳认证证书

⑦ 最后把录屏视频文件申请时间戳认证，并下载对应的时间戳证书和时间戳认证证书。录像结束后应在尽可能短的时间内对该取证过程录像申请可信时间戳认证，避免事后举证时被质疑取证过程录像文件有编辑、修改内容的可能。

第五节　IP 地址重定向

一、问题描述及相关知识点

1. 问题描述及要求

由于互联网的特殊性及计算机技术的发展，确实存在在 DNS 域名解析服务器上对特定域名解析地址进行重新定义，使电脑访问该特定域名时实际访问的是局域网内的预设 IP 地址而非互联网上该特定域名所指向的 IP 地址的情况。

这一技术手段的存在意味着某些网页内容可以不是某一特定域名所对应的真实网站内容，而是对应预先制作完成的、处于指定互联网空间中的网页内容，出现了虚假链接的可能性。

2．相关概念及知识点介绍

（1）IP 地址：IP 地址是用来唯一标识互联网上计算机的逻辑地址，让电脑之间可以相互通信。每台联网计算机都依靠 IP 地址来互相区分、相互联系。

（2）域名：由于 IP 地址是数字标识，使用时难以记忆和书写，因此在 IP 地址的基础上又发展出一种符号化的地址方案，来代替数字型的 IP 地址。每一个符号化的地址都与特定的 IP 地址对应，这样网络上的资源访问起来就容易得多了。这个与网络上的数字型 IP 地址相对应的字符型地址，就被称为域名。

（3）DNS：在 Internet 上，域名与 IP 地址之间是一对一（或者多对一）的。域名虽然便于人们记忆，但机器之间只能互相认识 IP 地址，它们之间的转换工作就称为域名解析。域名解析需要由专门的域名解析服务器来完成，DNS 就是进行域名解析的服务器。域名的最终指向是 IP 地址。

3．案例实验所需系统及相关软件

Windows 操作系统。

二、操作过程

（1）打开"命令提示符"，Ping 一个网站域名，得到 IP 地址，如图 3-51 所示。

图 3-51　网站 IP 地址

（2）打开 C:\Windows\System32\drivers\etc\hosts 文件，并授权读写权限，如图 3-52、图 3-53 所示。

第三章 电子数据取证及鉴定实例

图 3-52 hosts 文件

图 3-53 授权读写权限

（3）用记事本的方式打开 hosts 文件，在最后一行添加"184.154.126.178 www.ecupl.edu.cn"，如图 3-54 所示。

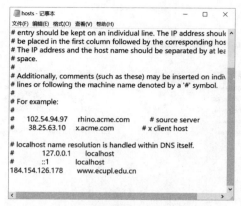

图 3-54　编辑 hosts 文件

（4）在浏览器中输入 www.ecupl.edu.cn，打开的是 www.myarticle.com。

第六节　软件反编译

一、问题描述及相关知识点

1. 问题描述及要求

现在有很多手机软件开发商，为了节约自己的成本，直接抄袭功能类似的软件的代码，这就容易导致软件著作权侵权案件的发生。

在软件著作权纠纷中，为了能够将两款软件的相似度进行对比，如何将软件的安装包反编译成源代码便成了一个重点。

2. 相关概念及知识点介绍

反编译：计算机软件反向工程（Reverse Engineering）也称为计算机软件还原工程，是指通过对他人软件的目标程序（比如可执行程序）进行"逆向分析、研究"工作，以推导出他人的软件产品所使用的思路、原理、结构、算法、处理过程、运行方法等设计要素，某些特定情况下可能推导出源代码。反编译可作为自己开发软件时的参考，或者直接用于自己的软件产品中。

3. 案例实验所需系统及相关软件

Windows 7 以上操作系统、java 1.8.0_66 环境、smali-2.2.2.jar、baksmali-2.2.2.jar、dex2jar-2.0、jd-gui 1.4.0。

常见安卓系统软件安装包类型有 apk 和 odex 两种，下面实验采用的是 odex 类型。文件 abc.odex 与文件夹 framework 为检材，应由委托方主动提供。

二、操作过程

（1）打开命令提示符，定位至检材所在文件夹。

（2）使用命令 java -jar baksmali-2.2.2.jar x abc.odex -d framework，输出一个名为 out 的文件夹，如图 3-55、图 3-56 所示。

图 3-55　java 命令

图 3-56　out 文件夹

（3）使用命令 java -jar smali-2.2.2.jar a out -o abc.dex，输出一个名为 abc.dex 的文件，如图 3-57、图 3-58 所示。

图 3-57　java 命令

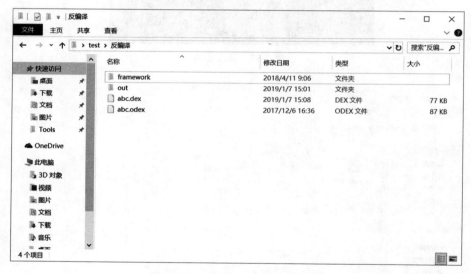

图 3-58　abc.dex 文件

（4）将 abc.dex 文件复制到 dex2jar-2.0 文件夹下，在命令提示符中定位至 dex2jar-2.0 文件夹，使用命令 d2j-dex2jar.bat abc.dex，生成一个名为 abc-dex2jar.jar 的文件。

（5）使用 jd-gui.exe 程序，打开 abc-dex2jar.jar，得到反编译后的代码，如图 3-59 所示。

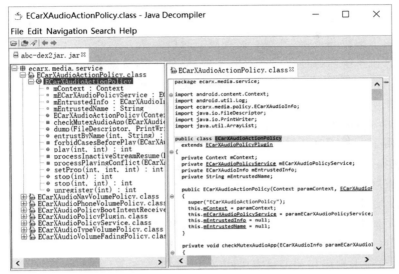

图 3-59　反编译后的代码

第七节　网络取证技术

一、问题描述及相关知识点

1. 问题描述及要求

（1）问题描述

随着计算机网络技术的发展，犯罪嫌疑人采用的技术越来越高明，要侦破此类案件，需要依赖特定的技术装备，且要求侦查人员具备较高的计算机水平。目前，我国大部分地区还未配备受过专业训练并掌握相关侦破技术的侦查人员，现有办案人员缺乏计算机网络知识。这些因素导致计算机网络取证工作在侦查和取证方面，都存在着一定的困难。

计算机网络犯罪主体多种多样，犯罪手段繁多，犯罪行为隐蔽性强，而且作案时间短、传播速度快、不易被人发现。由于犯罪现场留下的痕迹是"数字化"痕迹，计算机网络犯罪现场也不像传统犯罪现场那么明确，这无疑会加大侦查计算机网络犯罪案件的难度。犯罪嫌疑人在虚拟的网络空间中，可以利用计算机网络技术在不同的时间和地点进行犯罪活动，或采用 DDOS（分布式拒绝服务）技术对类似网吧这样的公共上网场所实施攻击，以致其网络瘫痪；或采用网页挂马技术，在捕获大量肉机（受人非法控制的具有最高管理权限的远程电脑）的同时，窃取了大量个人网银账号、公司账务等敏感隐私信息。而有些企业的网络技术人员和负责人在发现网络入侵事件后,担心损害企业在用户心目中的形象,对所受到的网络攻击隐瞒不报或自行重建系统排除故障了事,这样往往破坏了犯罪嫌疑人留下的犯罪证据,延误了侦查破案时机。

计算机系统内各种数据资料形态各异,使人不易察觉到计算机系统内发生的变化。一方面,侦查人员在计算机网络犯罪现场对本地计算机硬盘或其他网络存储介质进行取证时,可能误入犯罪嫌疑人设计好的圈套,收集到被篡改的证据;另一方面,由于目前计算机网络取证技术尚未成熟,存在局限性,犯罪嫌疑人由此采用了一些反取证技术,如数据擦除、数据隐藏和数据加密,只需敲击几下键盘,在很短时间内就可以销毁犯罪记录,这些都大大增加了对计算机网络犯罪进行调查取证的难度。

(2) 实验要求

为了加强对员工的监管,很多企业会安装流量监控软件对网络流量进行监控,而将网络流量保存到服务器中形成的数据包是电子数据取证的关键检材。因此,本节要求利用相关工具完成网络数据包取证分析,要求如下:

① 记录数据包收集工具的 dumpcap 版本号;
② 分析数据包中的黑客扫描方式(如 SYN、FIN、Connect、ACK 扫描等);
③ 分析数据包中记录的黑客攻击 FTP 服务器版本包;
④ 分析数据包中记录的黑客登录 FTP 服务器的痕迹;
⑤ 分析数据包中记录的黑客破解服务器登录用户名以及密码的相关痕迹;
⑥ 分析数据包中记录的黑客下载 FTP 服务器中的文件痕迹;
⑦ 分析数据包中记录的黑客 IP 地址以及通信端口信息。

2. 相关概念及知识点介绍

(1) 简单来说,协议就是计算机与计算机之间通过网络实现通信时达成的一种约定。为了能实现计算机之间的通信交互,两者必须有一种共同能理解的约定,这个就是我们所称的"协议"。互联网协议中,比较有代表性的有 IP 协议、TCP 协议、HTTP 协议等。

(2) OSI 参考模型是学术上和法律上的国际标准,是完整的权威的网络参考模型。而 TCP/IP 参考模型是事实上的国际标准,即现实生活中被广泛使用的网络参考模型。在 TCP/IP 模型中,计算机信息系统按照应用程序、操作系统、设备驱动程序与网络接口三个层面进行划分,相关的计算机通信协议主要分布于 TCP/IP 模型的应用层、传输层和互联网层,与 OSI 参考模型的分层上稍有不同,但是各种协议都能对应到 OSI 参考模型中。

(3) 数据包在两个模型中都是以报文的形式存在的,数据包的结构可以分成两个部分——报头和内容。数据在发送方顶层至底层的传递过程中,到达相应层会添加一个报头,将原先带有上一层报头的数据包整体作为内容部分存入新的数据包,实现了层层加报头的特点。在接收方,则按照这样的模式自下而上层层解包,最终实现了数据的传输。在 TCP/IP 分层模型中,数据包也是与 OSI 参考模型一样,通过分层与分发的方式进行封装传输,如需要传输的数据在传输层中增加了一个 TCP 的报头,形成 TCP 中的数据包,传输至网络层;到达网络层后又增加了一个 IP 的报头,传输至数据链路层,形成以太网的数据包进行传输。

(4)顾名思义,网络实时取证是对正在运行中的网络数据进行取证。在网络实时取证中,主要是针对传输中的数据包的获取和分析,在获取数据包后,主要是分析数据包使用的协议、对数据包内容的搜索以及从数据包提取文件等分析工作。在本章节中,通过对不同的数据包分局分析工具和分析技巧的介绍,可以了解掌握网络实时取证的基本技能。

3. 案例实验所需系统及相关软件

(1)Windows 7 及以上的操作系统;

(2)Wireshark 开源数据包分析工具。

二、操作过程

本案例检材中提供四个数据包,分别为 1.pcagng、2.pcagng、3.pcagng、4.pcagng。

(1)记录数据包收集工具的 dumpcap 版本号

用 WinHex 打开 1.pcagng 数据包进行分析,发现是 1.10.8,如图 3-60 所示。

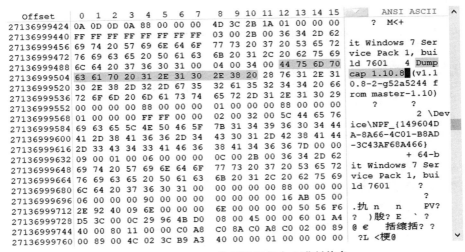

图 3-60　WinHex 分析数据包十六进制信息

(2)分析数据包中的黑客扫描方式(如 SYN、FIN、Connect、ACK 扫描等)打开 1.pcagng 文件,通过对数据包进行分析,发现 tcp 层的 flag 标志为

0x002(SYN),因此断定是 SYN 扫描,如图 3-61 所示。

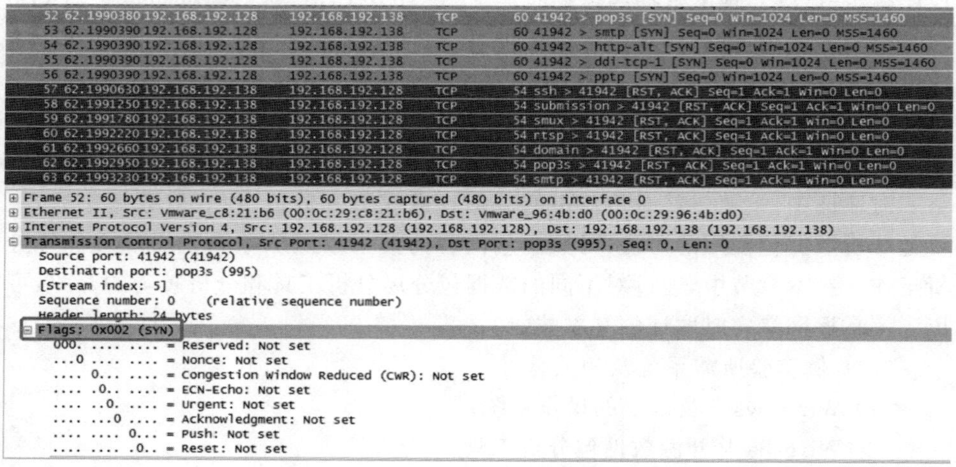

图 3-61　数据包记录的黑客扫描方式

（3）分析数据包中记录的黑客攻击 FTP 服务器版本包

打开 2.pcagng 文件,通过对数据包进行分析,发现服务器返回了这么一句话:FileZilla Server 0.9.60 beta written by Tim Kosse (Tim.Kosse@gmx.de) Please visit http://sourceforge,因此断定是 FileZilla Server 0.9.60,如图 3-62 所示。

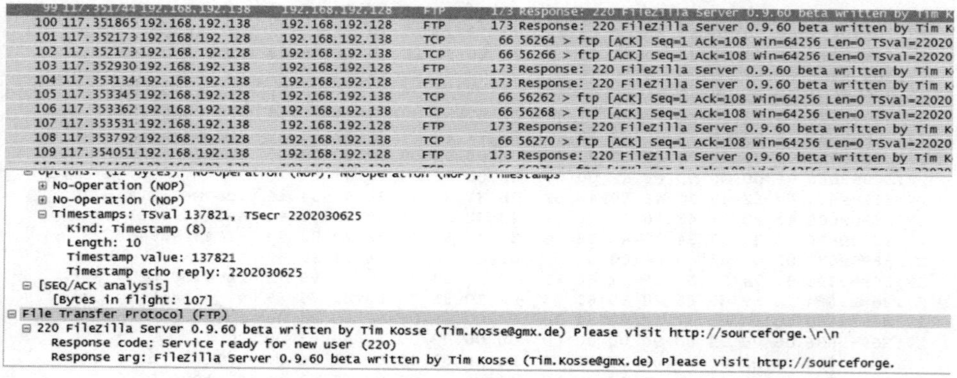

图 3-62　被攻击 FTP 服务器版本

(4) 分析数据包中记录的黑客破解 FTP 服务器的痕迹

继续对 2.pcagng 文件进行分析，对数据包进行过滤，输入过滤条件"ftp contains 230"，发现有"230 Logged on"痕迹，由此发现一共登录了 2 次，如图 3-63 所示。

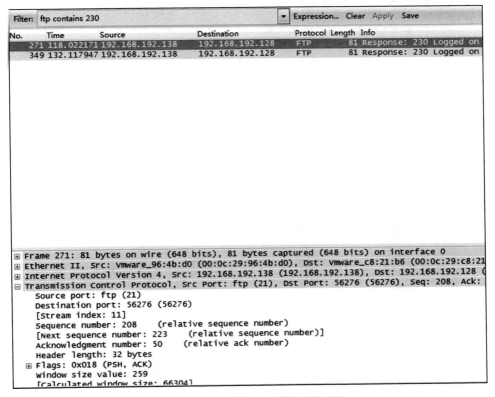

图 3-63　黑客登录 FTP 服务器的痕迹

(5) 分析数据包中记录的黑客攻击服务器登录用户名以及密码的相关痕迹

对数据包 3.pcagng 进行分析，发现大量的 smb 协议以及登陆失败的提示，因此怀疑黑客使用 smb 协议的漏洞对服务器的用户名与密码进行暴力破解。过滤器输入 smb || smb2，经过分析，发现有"Session Setup Response"的痕迹，由此发现是 liang 用户成功登录，使用的是 smb2 协议。

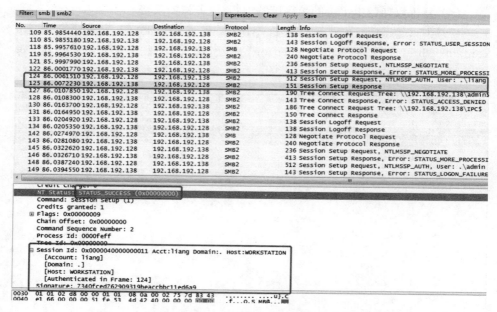

图 3-64　黑客攻击服务器登录用户名以及密码的相关痕迹

（6）分析数据包中记录的黑客下载 FTP 服务器中的文件痕迹

打开 4.pcagng，输入过滤条件 ftp contains "download"，发现下载了\351\243\237\350\260\2611.txt 和 \351\243\237\350\260\2612.txt，如图 3-65 所示。

图 3-65　黑客下载 FTP 服务器中的文件痕迹

（7）分析数据包中记录的黑客 IP 地址以及通信端口信息

继续分析 4.pcagng，经过综合判断，发现受害人的 IP 地址是 192.168.192.138，端口号为 49237；黑客的 IP 地址是 192.168.192.128，端口号为 22222。黑客发送的黑客指令被加密，加密方法是 SSL 和 TLS，如图 3-66、图 3-67 所示。

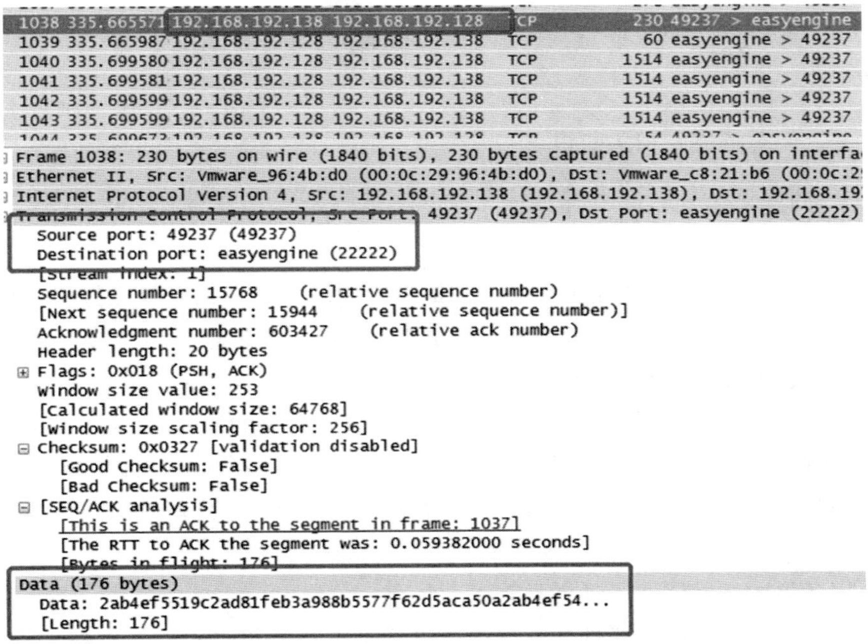

图 3-66　黑客与受害人 IP 地址以及通信端口

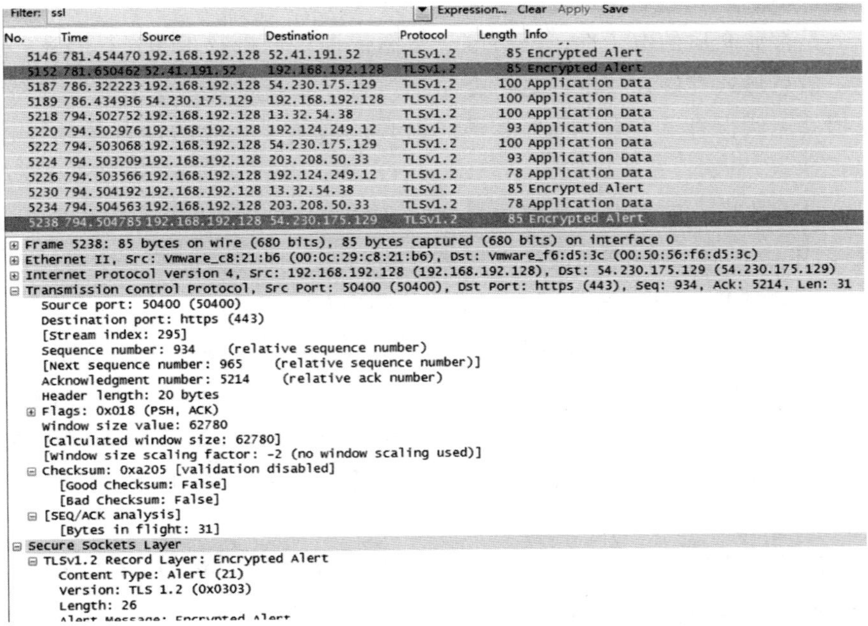

图 3-67　加密方法为 SSL 和 TLS

第八节 服务器取证技术

一、问题描述及相关知识点

1. 问题描述及要求

（1）问题描述

服务器的取证，关键在于网络电子证据。网络电子证据是通过网络进行传输的网络数据，其存在形式是电磁或电子脉冲。与传统证据一样，服务器中的网络电子证据必须是可信的、准确的、完整的、符合法律法规的证据。但是，由于网络电子证据的存在形式依赖于网络传输协议，缺乏可见的实体，采用不同的传输协议，网络电子证据的格式及传输方式就会不同，因此服务器中的网络电子证据必须通过专门工具和技术来进行正确的提取和分析，使之具备证明案件事实的能力。

服务器中的网络电子证据具有以下特点：

一是表现形式的多样性。虽然网络电子证据均是以二进制数据格式存储、传输，但它超越了所有传统的证据形式，可以以文本、图形、图像、动画、音频、视频等多种信息形式存储于计算机硬件及网络设备等介质中。

二是存储介质的电子性。网络电子证据依据计算机技术和通信技术产生，以电子信息形式存储在特定的电子介质上。离开了高科技含量的技术设备，电子证据就无法保存和传输，同时电子证据必须依赖于相应的设备及软件才能重现。

三是准确性。网络电子证据信息的记录方式为二进制信号，具有非常好的可靠性，不像痕迹、颗粒等物证存在自然衰减、灭失的问题，也不会受到感情、经验等主观因素影响，能准确地反映整个事件的完整过程。

四是脆弱性。服务器中的网络电子证据同时也是脆弱的。因为它的载体是电磁介质，可以被破坏者以任何手段修改且不易留下痕迹，还容易受到电磁攻击。另外，有些网络电子证据是流动的，会随着时间的推移而消失，不能被重现。网络电子证据的这种特点，使得网络罪犯的作案行为更容易，事后追踪和复原更困难。

五是海量性。随着网络带宽的不断增加，计算机系统和网络中每天产生的数据复杂而庞大，如何在海量的数据中判断出与案件关联的、反映案件客观事实的电子证据是一项艰巨任务。

六是广域性。网络犯罪现场范围一般由犯罪嫌疑人使用网络的大小而决定,小至一间办公室内的局域网,大到可以延伸至世界范围的任何一个角落。网络的便利性使得网络犯罪跨越省界、国界都是很容易做到的,这给网络取证工作带来很大的挑战。

(2) 实验要求

本章节要求利用相关工具完成服务器取证分析,要求如下:

① 记录受害人服务器检材的硬盘接口类型;

② 记录受害人服务器检材的 sha1 哈希值;

③ 通过分析注册表,记录受害人服务器安装的 Windows 名字、内部版本号和 build 版本号;

④ 分析受害人服务器保存的浏览器记录;

⑤ 通过审核日志,分析黑客使用网络扫描和嗅探工具的痕迹;

⑥ 通过审核日志,分析黑客使用远程登录工具成功登录受害人计算机的痕迹;

⑦ 通过综合取证,分析黑客对服务器的木马植入以及开机启动木马模块。

2. 相关概念及知识点介绍

(1) 硬盘接口是硬盘与主机系统间的连接部件,作用是在硬盘缓存和主机内存之间传输数据。不同的硬盘接口决定着硬盘与计算机之间的连接速度,在整个系统中,硬盘接口的优劣直接影响着程序运行快慢和系统性能好坏。从整体的角度上,硬盘接口分为 IDE、SATA、SCSI、光纤通道、M2-SATA、M2-Nvme 和 SAS 七种。其中,IDE 接口硬盘多用于家用产品中,也部分应用于服务器,SCSI 接口硬盘主要应用于服务器市场,而光纤通道只在高端服务器上,价格昂贵。

(2) Hash,一般译作散列、杂凑,或音译为哈希,是把任意长度的输入(又叫作预映射 pre-image)通过散列算法变换成固定长度的输出,该输出就是散列值。这种转换是一种压缩映射,即散列值的空间通常远小于输入的空间,不同的输入可能会散列成相同的输出,所以不可能从散列值来确定唯一的输入值。简单地说,哈希值就是一种将任意长度的消息压缩到某一固定长度的消息摘要的函数。

(3) 注册表是 Microsoft Windows 中的一个重要的数据库,用于存储系统和应用程序的设置信息。早在 Windows 3.0 推出 OLE 技术的时候,注册表就已经出现。随后推出的 Windows NT 是第一个从系统级别广泛使用注册表的操作系统。但是,从 Microsoft Windows 95 操作系统开始,注册表才真正成为 Windows 用户经常接触的内容,并在其后的操作系统中继续沿用至今。

（4）Windows 网络操作系统都设计有各种各样的日志文件，如应用程序日志、安全日志、系统日志、Scheduler 服务日志、FTP 日志、WWW 日志、DNS 服务器日志等，这些根据系统开启服务的不同而有所不同。我们在系统上进行一些操作时，这些日志文件通常会记录下我们操作的一些相关内容，这些内容对系统安全工作人员相当有用。比如，有人对系统进行了 IPC 探测，系统就会在安全日志里迅速地记下探测者探测时所用的 IP、时间、用户名等，用 FTP 探测后，就会在 FTP 日志中记下 IP、时间、探测所用的用户名等。

（5）痕迹检验是运用刑事科学技术手段，发现、提取、分析、检验鉴定犯罪分子遗留在案件现场上的各种痕迹物证，为侦查破案提供线索和证据。痕迹检验包括手印、足迹、工具痕迹、枪弹痕迹、牙齿痕迹、车轮痕迹、牲畜蹄迹和接体分离痕迹的检验等。而电子数据取证领域中引用了此概念，以描述对包含电子数据的载体分析。

（6）永恒之蓝，2017 年 4 月 14 日晚，黑客团体 Shadow Brokers（影子经纪人）公布了一大批网络攻击工具，其中就包含"永恒之蓝"工具。"永恒之蓝"利用 Windows 系统的 SMB 漏洞可以获取系统最高权限。5 月 12 日，不法分子通过改造"永恒之蓝"制作了 wannacry 勒索病毒，英国、俄罗斯等国以及中国国内多个高校校内网、大型企业内网和政府机构专网中招，被勒索支付高额赎金才能解密恢复文件。

3. 案例实验所需系统及相关软件

（1）Windows 7 及以上的操作系统；

（2）Winhex 专家版；Event Viewer；Index.DAT File Viewer。

二、操作过程

本案例检材中提供受害人服务器检材 victim.E01 以及受害人服务器检材取证记录信息 victim.E01.txt。本案例将基于上述两个检材进行分析。

（1）记录受害人服务器检材的硬盘接口类型

打开受害人服务器检材取证记录信息 victim.E01.txt，分析后发现检材接口的类型是 SCSI，如图 3-68 所示。

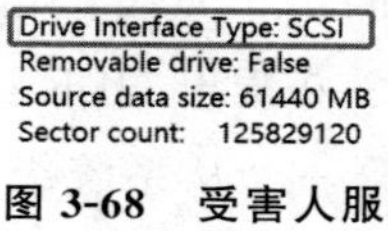

```
Drive Interface Type: SCSI
Removable drive: False
Source data size: 61440 MB
Sector count:   125829120
```

图 3-68　受害人服务器检材取证记录信息

（2）记录受害人服务器检材的 sha1 哈希值

打开受害人服务器检材取证记录信息 victim.E01.txt，分析后发现 sha1 哈希值为：10d887f02a2750916b30552464b4f30b30dad9a0，如图 3-69 所示。

```
[Computed Hashes]
 MD5 checksum:    08de37eabfc43bbe6f5044ac90fcfc6b
 SHA1 checksum:   10d887f02a2750916b30552464b4f30b30dad9a0
```

图 3-69 受害人服务器检材取证记录哈希值

（3）通过分析注册表，记录受害人安装的 Windows 名字、内部版本号和 build 版本号

通过分析 system 和 software 注册表后，发现其安装的 Windows 名字为 Windows 7 Enterprise，内部版本号为 6.1，build 版本号为 7601，如图 3-70 所示。

Windows internal version	6.1
Windows installation date	23.07.2020 06:27:29 +3
Windows product ID	55041-001-4471651-86023
Windows CD key	BBBBB-BBBBB-BBBBB-BBBBB-BBBBB
Windows name	Windows 7 Enterprise
Windows build number	7601
Processor architecture	Multiprocessor Free

图 3-70 注册表记录信息

（4）分析受害人服务器保存的浏览器记录

经过分析，受害人有使用过 IE 浏览器浏览 wireshark 网站。打开 C:\Users\liang\AppData\Local\Microsoft\Windows\History\History.IE5\index.dat，分析后发现浏览了 https://www.wireshark.org/update/relnotes/wireshark-3.2.5.html，如图 3-71 所示。

```
Visited: liang@https://www.wireshark.org/update/relnotes/wireshark-3.2.5.html    7月 23, 2020; 06:22
Visited: liang@file:///C:/FTP/guest/1.txt                                         7月 23, 2020; 06:23
Visited: liang@file:///C:/FTP/guest/2.txt                                         7月 23, 2020; 06:23
Visited: liang@file:///C:/FTP/liang/%E9%A3%9F%E8%B0%B11.txt                       7月 23, 2020; 06:26
Visited: liang@file:///C:/FTP/liang/%E9%A3%9F%E8%B0%B12.txt                       7月 23, 2020; 06:26
Visited: liang@http://www.msn.cn/?ocid=iehp                                       7月 23, 2020; 07:19
Visited: liang@http:///F:/%E5%95%86%E4%B8%9A%E7%A7%98%E5%AF%86%E9%A3%9F%E8%B0%B1.txt  7月 23, 2020; 06:57
Visited: liang@http://www.msn.cn/zh-cn?ocid=iehp                                  7月 23, 2020; 07:19
Visited: liang@http://go.microsoft.com/fwlink/?LinkId=69157                       7月 23, 2020; 07:19
Visited: liang@https://www.baidu.com                                              7月 23, 2020; 07:20
Visited: liang@https://www.baidu.com                                              7月 23, 2020; 07:20
```

图 3-71 受害人 IE 浏览器记录

(5) 通过审核日志,分析黑客使用网络扫描和嗅探工具的痕迹

打开 security.evtx,查找 4624 和 4625 事件 ID,发现大量的工作站名称为 nmap 的匿名登录,因此可以确定黑客使用了 nmap 工具进行嗅探,且原网络地址为 192.168.192.128,如图 3-72 所示。

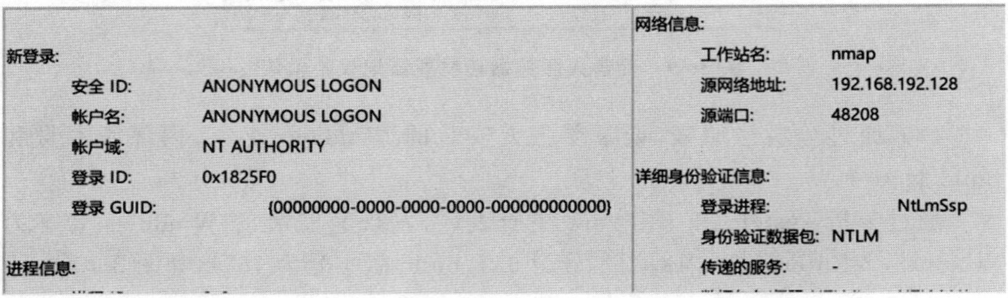

新登录:		网络信息:	
安全 ID:	ANONYMOUS LOGON	工作站名:	nmap
帐户名:	ANONYMOUS LOGON	源网络地址:	192.168.192.128
帐户域:	NT AUTHORITY	源端口:	48208
登录 ID:	0x1825F0	详细身份验证信息:	
登录 GUID:	{00000000-0000-0000-0000-000000000000}	登录进程:	NtLmSsp
		身份验证数据包:	NTLM
进程信息:		传递的服务:	

图 3-72 黑客使用网络扫描和嗅探工具的痕迹

(6) 通过审核日志,分析黑客使用远程登录工具成功登录受害人计算机的痕迹

继续分析 security.evtx,查找 4624 和 4625 事件 ID,并且搜索 login type 为 10 的登录日志,发现在 2020 年 7 月 23 日 15:06:09 成功登录,且 login type 为 10,表明是一次远程登录。登录的详细信息如下:

使用者:

 安全 ID:SYSTEM

 账户名:WIN-EH1TI610URG$

 账户域:WORKGROUP

 登录 ID:0x3E7

登录类型:10

新登录:

 安全 ID:S-1-5-21-2366435306-3439542625-2392592062-1000

 账户名:liang

 账户域:WIN-EH1TI610URG

 登录 ID:0x365323

 登录 GUID:{00000000-0000-0000-0000-000000000000}

进程信息:

 进程 ID:0xe98

 进程名:C:\Windows\System32\winlogon.exe

网络信息：

　　工作站名：WIN-EH1TI610URG

　　源网络地址：192.168.192.138

　　源端口：49327

如图 3-73 所示。

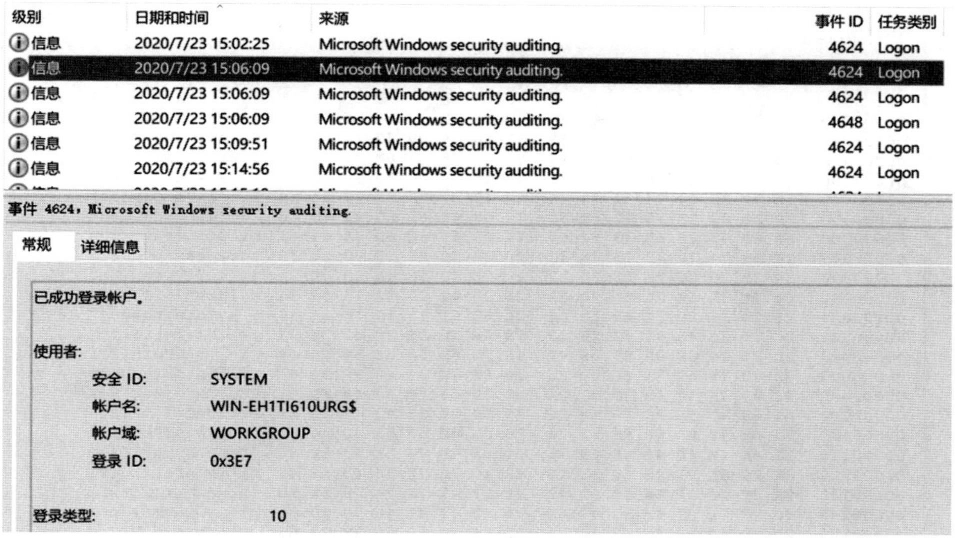

级别	日期和时间	来源	事件 ID	任务类别
信息	2020/7/23 15:02:25	Microsoft Windows security auditing.	4624	Logon
信息	2020/7/23 15:06:09	Microsoft Windows security auditing.	4624	Logon
信息	2020/7/23 15:06:09	Microsoft Windows security auditing.	4624	Logon
信息	2020/7/23 15:06:09	Microsoft Windows security auditing.	4648	Logon
信息	2020/7/23 15:09:51	Microsoft Windows security auditing.	4624	Logon
信息	2020/7/23 15:14:56	Microsoft Windows security auditing.	4624	Logon

事件 4624, Microsoft Windows security auditing.

常规　详细信息

已成功登录帐户。

使用者：
　　安全 ID：　　SYSTEM
　　帐户名：　　WIN-EH1TI610URG$
　　帐户域：　　WORKGROUP
　　登录 ID：　　0x3E7

登录类型：　　10

图 3-73　security.evtx 日志信息

（7）通过综合取证，分析黑客对服务器的木马植入以及开机启动木马模块

经过对服务器检材进行挂载杀毒并进行手工分析，发现黑客有进行木马植入。木马脚本位于 C:\Windows\TEMP\LihMWDUPJPKa.vbs，且木马进行了高强度加密。

分析注册表开机启动模块后，未发现木马的开机自启模块。

经过密码学专家的详细分析并进行相应解密，发现此脚本连接到 192.168.192.138:22222，并且每隔 5 秒进行重连。

暂无法理解黑客后续如何利用这个木马，很可能这是一个死马。如图 3-74 所示。

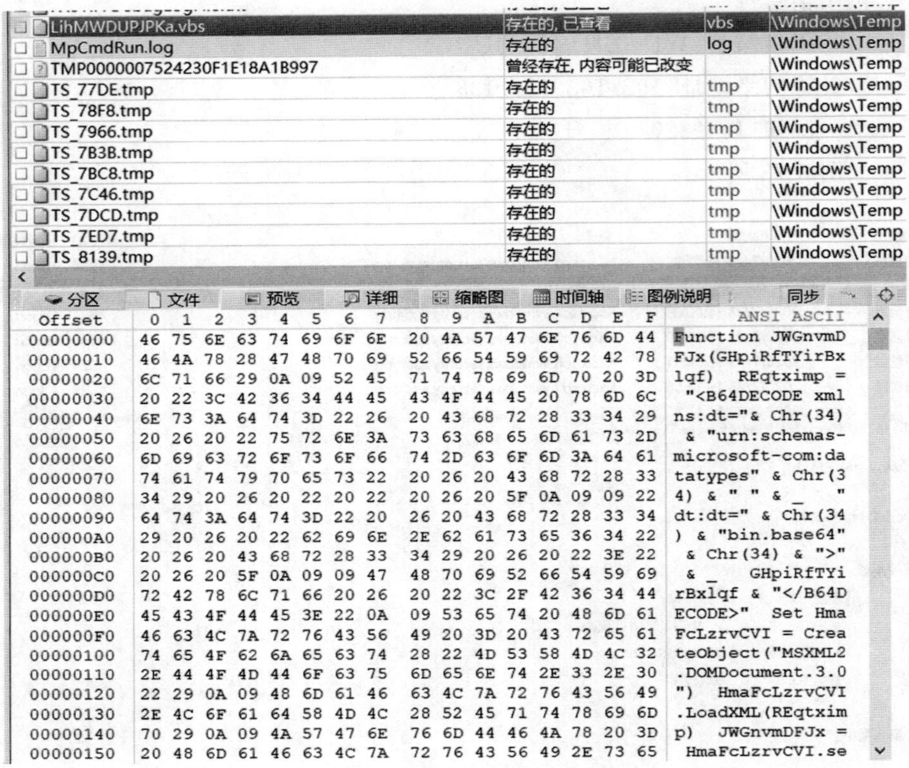

图 3-74 黑客永久注入痕迹

第九节 内存取证技术

一、问题描述及相关知识点

1. 问题描述及要求

主存储器简称内存或主存,是计算机系统中的主要部件,用于保存进程运行时候的程序、数据等,也称可执行的存储器。通常,CPU 是从内存中获得数据和指令,并将其所获得的指令放在相关寄存器中(Register)。早期的内存是由磁芯做成的,其容量一般为几十 KB 到几百 KB 不等。随着 VLSI 的发展,现在的内存已由 VLSI 构成,其容量由几十 MB 到几 GB 不等,且还在不断增加。由于用户输入的密码、文件加密的密钥、内存信息、I/O 设备状态等信息都是经由 I/O 通道输入内存,因此近年来,对于内存取证的重视程度不断提高。很多关于开机密码的破解、True Crypt 密钥的挖掘、微信密钥的解析,都是通过对内存的取证实现的。

本节要求利用相关工具完成内存取证分析,要求如下:

(1) 记录内存镜像的 MD5 哈希值;

(2) 记录内存镜像的 profile 以及 kdbg 地址;

(3) 分析内存中的黑客注入进程名;

(4) 分析内存中的黑客用于监听的 IP 地址和端口号;

(5) 分析内存中黑客远程连接的端口;

(6) 分析并恢复内存中的加密盘密钥以及加密盘中的商业秘密菜单。

2. 相关概念及知识点介绍

(1) 虚拟地址又叫线性地址。在各种操作系统中都没有采用分段机制,所以逻辑地址和虚拟地址(在用户态,内核态逻辑地址专指下文说的线性偏移前的地址)是一个概念。物理地址自不必提。内核的虚拟地址和物理地址,大部分只差一个线性偏移量。用户空间的虚拟地址和物理地址则采用了多级页表进行映射,但仍称之为线性地址。

(2) 由于内核的虚拟和物理地址只差一个偏移量(物理地址 = 逻辑地址 − 0xC0000000),因此如果 1G 内核空间完全用来线性映射,显然物理内存也只能访问到 1G 区间,这显然是不合理的。HIGHMEM 就是为了解决这个问题,专门开辟的一块不必线性映射,可以灵活定制映射,以便访问 1G 以上物理内存的区域。

(3) 物理内存的碎片化一直是操作系统的弱点之一,尽管已经有人提出了很多解决方法,但是没有哪个方法能够彻底地解决。memory buddy 分配就是解决方法之一。磁盘文件也有碎片化问题,但是磁盘文件的碎片化只会减慢系统的读写速度,并不会导致功能性错误,而且我们还可以在不影响磁盘功能的前提下,进行磁盘碎片整理。物理内存碎片则截然不同,物理内存和操作系统结合得太过于紧密,以至于我们很难在运行时,进行物理内存的搬移(这一点上,磁盘碎片要容易得多;实际上 mel gorman 已经提交了内存紧缩的 patch,只是还没有被主线内核接收)。因此,解决的方向主要放在预防碎片上。

(4) 内核中的很多对象都是用 slab 机制来管理的。slab 就相当于对象池,它将页面"格式化"成"对象",存放在池中供人使用。当 slab 中的对象不足时,slab 机制会自动从伙伴系统中分配页面,并"格式化"成新的对象。

(5) 内存映射。这里所谓的内存映射,实际上是指将内存页面映射到用户空间,供用户进程使用。进程的 task_struct→mm 结构中的每一个 vma 就代表着一个映射,而映射的真正实现则是在用户程序访问到对应的内存地址之后,由缺页异常引起的页面被分配和页表被更新。

3. 案例实验所需系统及相关软件

(1) Windows 7 及以上的操作系统；

(2) WinHex 专家版；Volatility Framework 2.6；美亚柏科内存数据解析工具；Vera crypt 容器。

二、操作过程

本案例检材中提供内存镜像 memdump.mem。

(1) 记录内存镜像的 MD5 哈希值

使用 WinHex 进行计算，发现是 C2C89D63604E0152BBC6C65603911B18，如图 3-75 所示。

图 3-75　内存镜像哈希值

(2) 记录内存镜像的 profile 以及 kdbg 地址

使用 volatility—filename＝"E：\memdump.mem" imageinfo 命令进行 profile 扫描，发现是 Win7SP1x64。

使用 volatility kdbgscan—filename＝"E：\memdump.mem" —profile＝Win7SP1x64 进行扫描 kdbg 地址，发现是 0xf800040050a0。

(3) 分析内存中的黑客注入进程名

分析整个进程列表，发现 powershell.exe 的 PPID 号比 PID 号大，这很反常。通过前面分析整个镜像，发现是一个没有打过"永恒之蓝"补丁的 Windows7 版本，因此推测使用了 ms17-010-psexec 漏洞进行了攻击，如图 3-76 所示。

序号	进程名称	进程ID	父进程ID	线程数	句柄数	会话ID	wow64	创建时间	退出时间
55	powershell.exe	3816	4016	9	257	0	1	2020-07-23 15:1...	
56	powershell.exe	4016	4084	0	0	0	0	2020-07-23 15:1...	2020-07-23 15:16:14

图 3-76　黑客注入进程名分析

(4) 分析内存中的黑客用于监听的 IP 地址和端口号

继续分析，发现黑客监听的端口为 22222，如图 3-77 所示。

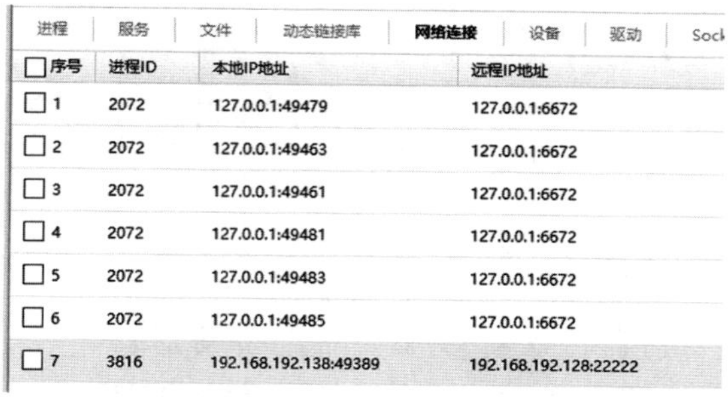

进程	服务	文件	动态链接库	网络连接	设备	驱动	Sock

序号	进程ID	本地IP地址	远程IP地址
1	2072	127.0.0.1:49479	127.0.0.1:6672
2	2072	127.0.0.1:49463	127.0.0.1:6672
3	2072	127.0.0.1:49461	127.0.0.1:6672
4	2072	127.0.0.1:49481	127.0.0.1:6672
5	2072	127.0.0.1:49483	127.0.0.1:6672
6	2072	127.0.0.1:49485	127.0.0.1:6672
7	3816	192.168.192.138:49389	192.168.192.128:22222

图 3-77　内存中的网络连接信息

（5）分析内存中黑客远程连接的端口

使用 netscan 命令发现受害人计算机存在 3389 端口的监听，如图 3-78 所示。

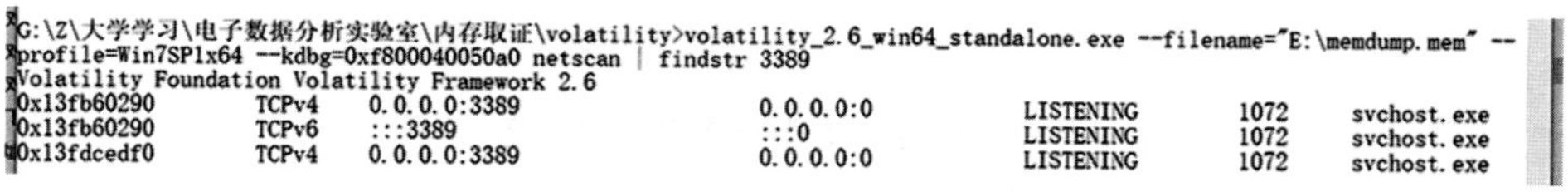

```
G:\Z\大学学习\电子数据分析实验室\内存取证\volatility>volatility_2.6_win64_standalone.exe --filename="E:\memdump.mem" --
profile=Win7SP1x64 --kdbg=0xf800040050a0 netscan | findstr 3389
Volatility Foundation Volatility Framework 2.6
0x13fb60290    TCPv4    0.0.0.0:3389    0.0.0.0:0    LISTENING    1072    svchost.exe
0x13fb60290    TCPv6    :::3389         :::0         LISTENING    1072    svchost.exe
0x13fdcedf0    TCPv4    0.0.0.0:3389    0.0.0.0:0    LISTENING    1072    svchost.exe
```

图 3-78　内存中的端口连接信息

（6）分析并恢复内存中的加密盘密钥以及加密盘中的商业秘密菜单

使用 volatility 中的 filescan 命令扫描 pass. txt，找到其物理地址为 0x000000013f8c0cd0，然后使用 dumpfiles 命令导出，即可从内存中恢复密钥文件，在此命名为 pass2. txt，如图 3-79 所示。

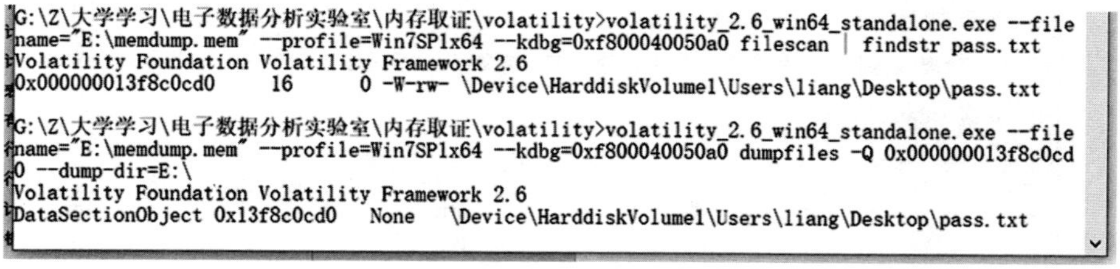

```
G:\Z\大学学习\电子数据分析实验室\内存取证\volatility>volatility_2.6_win64_standalone.exe --file
name="E:\memdump.mem" --profile=Win7SP1x64 --kdbg=0xf800040050a0 filescan | findstr pass.txt
Volatility Foundation Volatility Framework 2.6
0x000000013f8c0cd0     16      0 -W-rw- \Device\HarddiskVolume1\Users\liang\Desktop\pass.txt

G:\Z\大学学习\电子数据分析实验室\内存取证\volatility>volatility_2.6_win64_standalone.exe --file
name="E:\memdump.mem" --profile=Win7SP1x64 --kdbg=0xf800040050a0 dumpfiles -Q 0x000000013f8c0cd
0 --dump-dir=E:\
Volatility Foundation Volatility Framework 2.6
DataSectionObject 0x13f8c0cd0   None   \Device\HarddiskVolume1\Users\liang\Desktop\pass.txt
```

图 3-79　内存中的加密盘密钥

使用 pass2. txt 作为密钥文件，对加密盘进行解密，发现解密失败。使用 WinHex 分析后发现，内存中的 pass2. txt 密钥文件多了无关的尾部信息，使用 WinHex 将相关的密钥信息以十六进制的形式复制到新文件，并且保存为 pass3. txt，如图 3-80、图 3-81 所示。

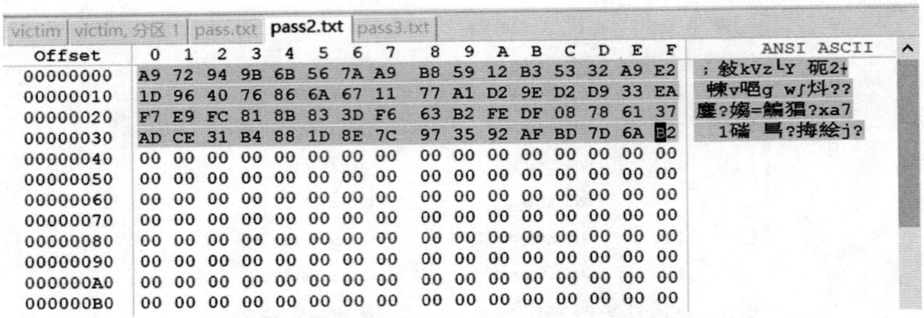

图 3-80　内存中的留有尾部信息的密钥

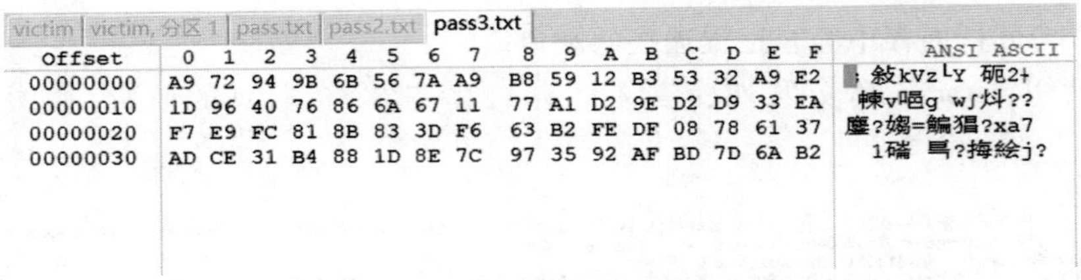

图 3-81　内存中的删去尾部信息的密钥

将检材镜像进行仿真，使用 Vera crypt 进行恢复，发现使用删去尾部信息的 pass3.txt 密钥文件能够解密加密盘的数据，至此商业秘密已然被恢复，如图 3-82。

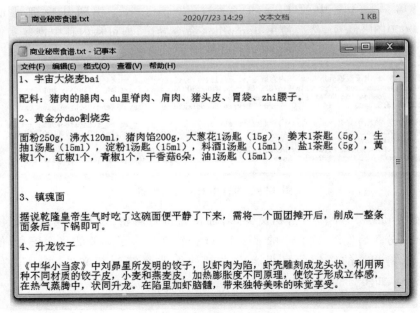

图 3-82　商业秘密食谱

下篇 电子数据案例辨析

第四章 刑事诉讼中的电子数据

第一节 滴滴打车空姐遇害案

一、相关概念简介

1. 网约车(平台)

随着以互联网为媒介的预约式交通出行方式的兴起和急速发展,国家有关部门基于公共安全考虑,颁布了相关法规对网约车实施监管。2016年,《网络预约出租汽车经营服务管理暂行办法》出台,其中第2条对网约车服务、网约车平台公司的名词予以解释:网约车经营服务是指以互联网技术为依托构建服务平台,整合供需信息,使用符合条件的车辆和驾驶员,提供非巡游的预约出租汽车服务的经营活动;网络预约出租汽车经营者(即网约车平台公司)是指构建网络服务平台,从事网约车经营服务的企业法人。

2. 电子证据关联主体

电子证据关联主体是指在诉讼案件中,与案件有关的电子证据(即电子数据)的相关联主体,包括个人、平台、公司、企业和其他单位等。互联网技术为全世界构建了一个融通万物的虚拟通道,连接了网络空间和物理(现实)空间。然而,网络空间与物理(现实)空间相比不同的是,首先,网络无法明确其自身边界,当产生法律纠纷时会产生各方面责任主体界定不清晰的问题,如电子数据的民事权利义务主体无法确定;其次,在实际案件中,如网络运行平台(主体)对其拥有的电子数据的使用权限、责任范围,也会存在模棱两可的问题。因此,在诉讼中,界定电子证据关联主体的身份,明确电子证据关联主体的权利、义务以及法律责任,都是十分必要的。

二、案情概况

- 2018年5月5日,空姐李明珠从昆明飞到郑州,当晚在与航空公司签约的宾馆换装洗浴后,于23时50分左右离开航空港区沃金大酒店,并通过滴滴打车软件叫车前往郑州火车站。次日,李明珠便与家人失去联络。

- 5月8日,警方告知家属李明珠的遗体被找到。

• 5月10日,郑州警方已锁定案件嫌疑人,正全力抓捕。经专案组调取事发地附近多路监控,顺线追踪,显示嫌疑人刘振华作案后弃车跳河。

• 5月11日下午,河南郑州红十字水上义务救援队的队员们准备潜水装备等工具,开始搜索打捞犯罪嫌疑人刘振华尸体。

• 5月12日,警方对已打捞出的尸体DNA样本完成鉴定,与此前在案发现场搜集的DNA样本分型一致,确认此次打捞出的尸体确系杀害空姐李明珠的犯罪嫌疑人刘振华,案件至此告破。

三、案件情况分析

滴滴打车空姐遇害案是一个由网约车引发的刑事案件,针对此案件,公安机关进行了立案侦查,但由于之后犯罪嫌疑人网约车司机刘振华作案后跳河身亡,此刑事案件就此终结。然而,这个案件又是一个侵权案件,根据法律责任聚合说的观点,虽然犯罪嫌疑人网约车司机已经死亡,但是此案侵犯了他人的生命权,可以就相应的网约车司机以及网约车平台所附带的民事责任继续提起民事诉讼。

四、"滴滴打车案"涉案的电子证据

• 滴滴平台提供的存于滴滴后台数据库中的相关记录信息,如车牌号、车主姓名、身份证号、车辆定位信息、路线记录、通话记录。

• 被害人和犯罪嫌疑人打车软件上的聊天记录信息;被害人和犯罪嫌疑人手机短信、微信、电话记录等信息。

• 行车记录仪存储的相关电子数据信息。

五、"滴滴打车案"所反映出的相关问题

1. 滴滴平台运营管理所显现的问题

首先,滴滴平台责任义务履行不到位,对滴滴出行顺风车监管不严。具体而言:(1)注册系统存在巨大漏洞及隐患:注册人无须本人亲自手持证件照上传。滴滴公司在针对郑州顺风车案件的自查中发现,该接单账号归属于嫌疑人父亲,且正常通过了滴滴顺风车注册时的三证验真、犯罪背景筛查和接首单前须进行的人脸识别等安全措施。嫌疑人系违规借用其父顺风车账号接单。(2)泄露乘客隐私信息:在司机端可以看到乘车人的各种标签、描述等,是非常详尽的,暴露了乘客个人信息。从犯罪嫌疑人这边来讲,他想进行一个犯罪,就要找合适的机会、合适的对象,当滴滴平台提供这些信息的时候,就等于给犯罪分子提供了一个找到合适犯罪对象的机会。这样的情况下,滴滴就为这些犯罪提供了帮助。

因此，滴滴平台的后台信息没有进行筛选、限制，是存在问题的。（3）对违规记录处罚不到位：嫌疑人在案发前，曾有一起言语性骚扰投诉记录，客服五次通话都联系不上嫌疑人。由于判责规则不合理，后续未对投诉做妥善处理。

其次，滴滴原有的夜间安全保障机制不合理，导致在该订单中针对司机的夜间人脸识别机制没有被触发，无法验证司机身份。

再次，在空姐的朋友向滴滴平台寻求帮助的时候，求告无门。这也反映出滴滴平台虽掌握了电子数据信息，但是对乘客安全作为措施不到位，出现客服推诿的情况，未能阻止惨案的发生。就算乘客本人使用滴滴APP联系客服，也并不是件很容易的事。曾有记者在搭乘顺风车时发现，车辆行驶后，乘客若有事想联系客服，可以点选页面上的"联系客服"选项，但点开后是机器人客服，可以解答"如何取消订单""乘客无法发单"等问题，但无法直接联系到人工客服。

最后，滴滴APP上报警功能设置比较烦琐。乘客在搭乘顺风车时若出现突发恶性事件，报警的时效性就凸显重要。滴滴APP上可以选择一键拨打报警电话，但一键报警功能被折叠到"更多"选项中，点开后有"投诉"和"紧急求助"两个选项。"紧急求助"选项页面显示，滴滴将保留录音证据、实时位置、通知紧急联系人。页面下方则显示："仅限生命财产安全受到侵害、严重威胁时使用。必要时，我们将为您接通110报警。"这些设置增加了选择次数，使得报警时效成本提高，提升了乘客在遇到恶性事件时的危险性。

2. 滴滴平台的责任和义务即电子证据关联主体的责任和义务

分析滴滴运营平台所负有的义务和是否应承担相应的法律责任，必须剖析在本案中滴滴顺风车的服务特征、三方所担当的角色、平台承担的基本义务以及在案件中平台有无违背相应的法律义务。

（1）滴滴顺风车的服务模式特征和性质

首先，需分析滴滴出行运营模式①，剖析滴滴顺风车的服务特征，特别是与其主营业务"滴滴快车"之间的区别和联系。

放眼国外，对于与滴滴出行具有类似经营形式的Uber以及Uber司机之间的法律关系早有判例。2014年9月16日，Uber司机Barbara Ann Berwick在加州劳动委员会提起对Uber公司的个人诉讼，请求法院确认其为Uber公司的雇员并要求相应的雇员待遇。2015年6月3日，加州劳动委员会支持了原告Berwick的诉讼请求，认为Berwick系Uber公司的雇员。为了判断是否存在雇佣关系，法院审查了Uber对司机Berwick施加的控制力度，最终认定Uber"参与了司机运营的很多个方面"。2020年3月，法国最高法院曾经就Uber司机的法律身份作出判决，认定Uber司机应该为平台的"雇员"（salarié）。然而，法国

---

① 仅分析需求车辆且需要司机服务的出行服务模式，如快车、顺风车等。

最高法院的这一判例并未引起太多关注,而时隔一年之后,法国 Uber 司机的处境也未发生明显变化。2021 年 2 月 19 日,英国最高法院判定 Uber 平台司机属于"工人"(worker),此判例确定了 Uber 司机不再属于 Uber 一直以来宣称的"自雇佣者"(self-employed)。

我国对滴滴运行平台、滴滴司机以及滴滴用户之间的法律关系暂未作出明确的界定。对于滴滴运行平台与滴滴司机的法律关系,我国民法学说上主要存在着劳动关系说、劳务关系说和居间关系说三种观点。为避免不必要的学术上的争议,考虑到本章并非讨论滴滴司机、滴滴用户以及滴滴运行平台之间的法律关系,而是讨论滴滴运行平台作为电子证据责任主体以及其与滴滴司机关于约定滴滴运行平台使用相关条款所应承担的相应义务,因此下面将参考滴滴司机在软件上注册时所签订的《滴滴出行企业版服务协议》,将滴滴运行平台与滴滴司机认定为是居间法律关系。如果认为滴滴运行平台在上述三个学说中所应承担的义务是包容关系而非对立关系,则对于居间关系说,滴滴运行平台所应承担的责任与义务显然是最少的,而这对于劳动关系说与劳务关系说的观点持有者分析滴滴运行平台所应承担的责任与义务具有一定的参考价值。

《滴滴出行企业版服务协议》1.1 规定,甲方可通过滴滴企业版使用乙方"滴滴出行"平台上的全系列出行服务产品。甲方乘车人员在行程结束后无须支付出行服务费及增值服务费,相应金额将自动从甲方滴滴企业版账户余额中扣除。乙方根据甲方需求,还可提供车辆呼叫中心、企业结算统一对账以及实时管理用车信息等增值服务。由此可以看出,滴滴出行整体运营模式具有以下特征:① 乘客将预约车辆的需求指令通过滴滴出行客户端发送至滴滴出行的云端服务器,然后滴滴出行将乘客的乘车需求指令通过服务器发送至滴滴出行司机端,形成车辆服务需求订单,由滴滴车主在司机端自主选择是否接单;② 乘客在上车之前,与滴滴车主之间并不一定实际产生有关交易内容的直接磋商,上车之后亦不一定会发生有关交易缔结与否以及服务内容的协商,滴滴车主甚至可以与乘客不产生语言交流,而仅将其按照订单的要求送往目的地;③ 任意一笔乘车订单结束之时,在形式上乘客通过滴滴出行客户端在线支付车费给滴滴车主;④ 在订单完成之后,乘客可通过滴滴出行客户端对乘车服务进行评分、评论,也可对车费的计算等问题进行投诉和建议。由此可见,滴滴出行运营模式是以滴滴平台为中心,促成乘客与车主之间形成运输服务。在滴滴出行提供的出行服务中,滴滴快车作为滴滴出行主营业务,是最能体现其服务特色的一种服务模式。滴滴车主通过滴滴出行平台获取乘客需求订单,乘客支付费用至滴滴出行平台,滴滴出行平台抽取一定比例金额作为促成服务费,后将剩余费用转至车主账户。在滴滴顺风车服务方面,虽然滴滴出行平台声明顺风车作为共享经济出行服务,仅发布车主与乘客之间的合乘需求信息,提供二者之间信息交互以及需求匹配服务,完成订单后,滴滴出行从乘客支付车费中抽取一定比例服务费,而非提供运输服务。但将滴滴顺风车与滴滴快车服务模式特征进行比较,可以发现,二者服务模式都是乘客发布乘车订单至滴滴出行平台,车主接受订单将乘客运输至目的地,乘客支付乘车费用,滴滴出行平台抽取一定比例费用,剩余费用转至车主账户。二者实质区别仅在于车费计算规则和滴滴出行平台抽取比例的不同,实际服务内容并无实质性区别。同样,对比滴滴出行其他运输服务,其服务特征和内容也并无实质性差异。

其次,深入分析滴滴出行服务模式的具体内容,可以发现:① 乘客与滴滴司机之间存在信息不对称的问题,滴滴司机与乘客之间并不存在直接的交易前磋商,而是滴滴出行通过客户端收集乘客的乘车需求、乘车路线、车辆的位置等关键性信息,并将此种信息在乘客与滴滴车主之间进行共享。② 滴滴车主大多并非滴滴出行的雇员,也并不隶属于滴滴出行旗下公司或者关联企业。③ 滴滴司机是否选择接单完全系其自由,即使进入滴滴出行设置的派单模式或车主模式,滴滴车主也可以自由选择拒绝接单,其出车行为并不置于滴滴出行的管控之下,并且乘客的目的地及行车路线也并非完全不可改变,经乘客与滴滴车主协商可进行变更。④ 在计费规则方面,滴滴出行各服务模式之间存在些许差异,滴滴出租车一般直接和出租车公司合作,每单收取20%的提成。而专车一般和汽车租赁公司合作,同样收取提成,司机没有选择打车软件的权利。当然,更多的是符合法定条件的车主自己申请加入滴滴,成为滴滴司机。快车是按每单直接收取20%的提成,另加0.5元的保险费。滴滴顺风车是滴滴出行收取10%左右的浮动提成。滴滴用户客户端显示的金额和司机客户端显示的金额一般是不一样的,滴滴在收到用户的付费后会直接扣除提成部分,剩余的资金直接转到司机端钱包。虽然抽取提成的比例各不相同,抽取名义也存在差异,但从客观结果来看,滴滴出行都完成了抽取一定比例费用的行为。

综上所述,滴滴出行服务的主要特征是乘客和车主均作为滴滴出行客户端的用户,滴滴出行撮合乘客与车主之间的运输服务,并从车费中抽取提成。必须说明的是,车主(非滴滴员工司机)与出行平台之间并无劳动或劳务法律关系。在本案中,所涉及的滴滴顺风车包含于滴滴出行服务中,涉案嫌疑人与受害人在形式上构成"车主"与乘客的关系,即使涉案嫌疑人并非真实注册车主,但对于善意第三人的乘客来说也毫不知情。因此,虽然本案犯罪嫌疑人并非实际注册车主,但并不影响其作为运输服务中实际车主的身份构成和应当承担的服务责任。

(2)滴滴出行平台、车主和乘客所担当的角色及关系

从滴滴出行服务模式可以看出,乘客与滴滴车主之间默认是构成乘客支付乘车费用、滴滴车主提供运输乘客服务行为的一种运输服务合同关系。在这种法律关系中,服务合同的内容并不以传统的纸质文件形式进行确立,而是以滴滴

出行平台提供的出发地与目的地之间的行程路线、车费计量、时间与路程的计算为主要内容的"变异合同",但究其法律本质关系,与运输服务合同内容无异。滴滴出行在乘客和滴滴车主之间提供了服务合同的具体内容、细节和保障条款。根据《民法典》第961条的规定,中介合同是中介人向委托人报告订立合同的机会或者提供订立合同的媒介服务,委托人支付报酬的合同。在民事法律关系上,滴滴出行在车主和乘客之间成立中介服务合同关系,系为促成乘客与滴滴司机交易的中介人。因此,滴滴出行作为网约车平台与犯罪嫌疑人和被害者之间的法律关系是,从客观层面上,犯罪嫌疑人与被害者形成运输服务法律关系,滴滴出行平台作为中介人提供服务,与二者构成中介服务法律关系。

(3) 滴滴出行平台作为居间人应当承担的法律义务

作为居间人(俗称"中介"),其法律义务主要包括:① 报告订约机会或者提供订立合同媒介的义务。居间人应当就有关订立合同的事项向委托人如实报告。② 忠实义务。居间人应当如实报告订立合同的有关事项和其他有关信息。居间人故意隐瞒与订立合同有关的重要事实或者提供虚假情况,损害委托人利益的,不得要求支付报酬并应当承担损害赔偿责任。③ 隐名和保密义务。在媒介居间中,如果当事人一方或双方指定居间人不得将其姓名或商号、名称告知对方,居间人就负有不将其姓名或商号、名称告知对方的义务,这种居间又称为隐名居间或隐名媒介。④ 介入义务。居间人的介入义务是指在隐名居间中,在一定情形下由居间人代替隐名当事人以履行辅助人的身份履行责任,并由居间人受领对方当事人所为的给付义务。居间人承担介入义务与居间人的隐名义务是一致的,是为了保证隐名当事人保持交易秘密目的的最终实现。居间人仅在一定情形下负有介入义务,并不享有介入的权利。换言之,只有在保护隐名当事人利益的前提下,才有居间人的介入义务,而不存在居间人基于特定情形主张介入的权利问题。

结合本案,对照合同法以及电子商务运营平台的义务和责任,我们可以看出,滴滴出行平台存在以下问题:① 未尽审查义务。滴滴出行应当如实向乘客提供司机的真实信息,保证滴滴司机是实际的认证人员。但就案情来看,滴滴并未实际履行这一义务,导致"人车不符",而乘客对此毫不知情。② 违背隐名和保密义务。滴滴出行以不合理的方式披露了乘客的个人信息。在滴滴出行顺风车一栏,乘客可以被他人进行标签评价,如"年轻、长得好看、颜值爆表"等,但乘客无法决定是否显示个人标签。③ 违背交易安全保障义务以及诚实守信义务。这是法律层面上兜底性法律义务,交易安全并不限于交易行为以及平台的安全风险,还包括在服务过程中的对交易者安全的前置审查义务。

综上所述,在本案中,滴滴顺风车与快车实质相同,仍属于滴滴出行作为居间人的服务内容之一,并不能以对顺风车设置了比较宽松的准入条件为理由,如车主无须申请《网络预约出租汽车驾驶员证》资质、无须变更车辆的使用性质、无须受车辆报废管理限制等,作为逃避法律义务的借口。根据《民法典》第 577 条,当事人一方不履行合同义务或者履行合同义务不符合约定的,应当承担继续履行、采取补救措施或者赔偿损失等违约责任。因此,滴滴出行作为电子商务运营平台,应当承担赔偿损失的违约责任。

3. 滴滴平台整改缓慢且无实质进展所引发的相应问题

2018 年 5 月 11 日,有媒体对滴滴顺风车审核流程进行实测,发现审核中的漏洞,滴滴官微发布消息称,将对平台进行全面整改。

5 月 16 日,滴滴发布顺风车如下整改措施:
- 顺风车服务下线所有个性化标签和评论功能。
- 合乘双方的个人信息和头像改为仅自己可见,外显头像全部为系统默认的虚拟头像。
- 车主每次接单前必须进行人脸识别,最大限度地防止私换账号的可能性。
- 在继续评估夜间顺风车合乘双方安全保障可行性的同时,顺风车暂停接受 22 点—6 点期间出发的订单。接单在 22 点之前但预估服务时间超过 22 点的订单,在出发前对合乘双方进行安全提示。

以上整改措施将在顺风车业务重新上线前全部完成。

此外,关于全平台出行相关业务,滴滴在之前司机背景筛查、三证验真的基础上作了如下整改:
- 专项整治人车不符,坚决零容忍。每天出车前,快车、专车、豪华车司机必须进行人脸识别验证,同时在全平台推出有奖举报人车不符。
- 修改产品设计,将紧急求助功能提升至显著位置。在紧急求助原有功能(按下后上传现场实时录音,由客服监听并回拨用户电话,同时自动发送行程信息给紧急联系人)的基础上,用户可自主选择一键拨打 110、120、122 及滴滴 24 小时安全客服等号码。
- 滴滴承诺,在平台上发生的相关交通事故、治安及刑事案件和用户纠纷中,其将主动承担应有的法律责任。此外,在已有安全保障机制(包括保险、医疗费用先行垫付、意外伤害人道援助、车主猝死公益帮扶等总额最高 120 万元的保障)的基础上,滴滴已着手建立关爱基金,在法律规定的范畴外,为当事人和家属提供更多的救助和关怀。

痛定思痛,在发生了涉及人身安全的恶劣事件后,作为第三方的电子商务运营平台应该加强管控,履行其相应的责任和义务。然而,在前述"空姐被杀案"发生之后,滴滴出行平台虽然发布了滴滴顺风车整改措施,但是仍未尽到严格的监管责任,也没有建立有效审核和应急响应机制。2018 年 8 月 24 日,又发生了类似案件——乐清女孩滴滴打车遇害案：滴滴司机钟元因赌博在网络借贷平台欠下债务，预谋在从事滴滴顺风车业务时伺机抢劫女乘客财物。8月23日，钟元第一次伺机抢劫女乘客未果；8月24日，钟元在从事滴滴顺风车业务时，采取持刀威胁、胶带捆绑的方式，对乘客被害人赵某某实施了抢劫、强奸行为后杀人灭口。

【案件还原】

- 2018年8月24日13：30左右，赵某某从乐清虹桥镇打滴滴顺风车，前往永嘉上塘。
- 14：09左右，赵某某发微信给闺蜜说，这个师傅开的山路，一辆车也没有，很害怕，她还发了一个定位给闺蜜。8月24日14：14，另一个朋友收到赵某某的微信："救命！抢救！"
- 14：50左右，犯罪嫌疑人钟元将被害人带至淡溪镇杨林线山路时，对受害人实施强奸，并用匕首刺其颈部，致大量出血，后将受害人抛至道路护栏外悬崖下。

案发后温州警方第一时间索要车牌未果，共耗时92分钟。

- 16：22，被害人的永嘉朋友朱某某到永嘉县上塘派出所报案，同时朱某某称，此前已与滴滴平台客服联系，客服称1小时内回复。民警随即通过公安信息平台查询赵某某轨迹，并拨打赵某某手机号码，但显示已关机。
- 16：41左右，该所民警利用朱某某手机与滴滴客服沟通，在表明警察身份后，希望向滴滴客服了解更多关于赵某某所乘坐的顺风车车主及车辆的相关信息，滴滴客服回复称安全专家会介入，要求继续等回复。
- 17：13左右，滴滴客服向该所民警反馈称，赵某某已于14时10分许将订单取消，并未上车。民警质疑上车后还可以在中途取消订单，再次提出要求了解该顺风车司机联系号码或车牌号码以便于联系，未果。
- 17：30左右，受害人家属向乐清虹桥派出所报警其女儿失联，民警于17时36分用接警电话与滴滴平台进行联系，平台客服称需3至4小时提供查询结果，民警表示情况紧急后，滴滴公司同意加急处理。
- 17：49，滴滴公司回电称需要提供介绍信以及两名民警的警官证等手续，后民警于18时04分通过邮件发送至滴滴公司。
- 18：13，乐清警方收到滴滴公司发来的车牌（车牌号为川A31×××）及驾驶员信息。
- 8月25日4：00，在柳市镇抓获犯罪嫌疑人钟元；8月25日9：00，在永嘉县峙口村查获车牌号为川A31×××的作案车辆。

图4-1到4-3为被害女孩同班汪姓同学投诉记录截图（图片来源新浪网：http://k.sina.com.cn/article_6599215418_18958093a00100a1qu.html，2022年8月7日访问）。

第四章 刑事诉讼中的电子数据　　　　　　171

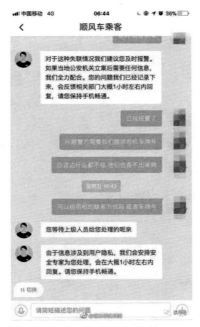

图 4-1　投诉记录截图

图 4-2　投诉记录截图

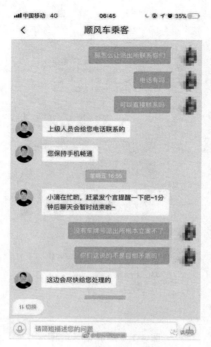

图 4-3 投诉记录截图

滴滴客服在已获悉女孩处于极度危险的情况下,仍必须层级上报走流程,硬生生将黄金救援时间拖没了;明知受害者处于极度危险之中,却坚持保护司机的个人隐私不配合警方。在乐清女孩出事前一天,同在乐清的林女士险遭这位司机毒手,惊魂未定的林女士投诉到滴滴平台,但涉案司机不仅没被处罚禁行,还仍被派单。

如果探究根源,监管是表面原因,垄断才是滴滴傲慢的本钱。根据媒体的报道称,滴滴 2018 年占据了中国网约车市场近九成份额。滴滴出行收购 Uber 中国的交易此时都完成快两年了,而对于该交易是否违反《中华人民共和国反垄断法》未进行交易反垄断经营者集中的审批,仍未有个说法。

第二节 暗网案件——"丝绸之路"网站案

一、相关概念简介

1. 暗网

暗网(Hidden Web)是指那些存储在网络数据库里,不能通过超链接访问而需要通过动态网页技术访问的资源集合。暗网不属于可以被标准搜索引擎索引的表面网络,而必须使用特定的方法,如爬虫技术,才可以进行访问。暗网是深网(Deep Web)的一个子集,属于深网的一小部分。据估计,暗网比表面网站大几个数量级。

2. 比特币

比特币(Bitcoin)是依据特定算法,通过大量计算而产生的虚拟加密数字货币。比特币的概念最初由中本聪在 2008 年 11 月 1 日提出,并于 2009 年 1 月 3 日正式诞生。比特币经济是使用整个 P2P 网络中众多节点构成的分布式数据库来确认并记录所有的交易行为,并使用密码学的设计来确保货币流通各个环节的安全性。其中,P2P 的去中心化特性与算法本身可以确保无法通过大量制造比特币来人为操控币值。此外,基于密码学的设计可以使比特币只能被真实的拥有者转移或支付。

比特币的产生(挖掘)可以通过下载专用的比特币运算工具来实现。安装比特币客户端后,可以直接获得一个比特币地址,当别人付钱的时候,只需要自己把地址贴给别人,这样就能通过同样的客户端进行支付。此外,在安装好比特币客户端后,会分配有一个私有密钥和一个公开密钥,这时需要备份包含私有密钥的钱包数据,这样才能保证财产不丢失。但是,如果完全格式化硬盘,那么个人的比特币将会完全丢失。

3. 暗网交易

暗网主要使用加密货币进行交易,在直接进行交易时,每个账户都有一对公私钥,而有私钥的人就是账户的主人。例如,如果 S 要给 R 转一笔钱,S 就把钱的数量加上 R 的公钥,再用自己的私钥签名。而 R 看到这个签名,就可以了解,的确是 S 转给了他如数的比特币。此外,交易也可以通过比特币交易平台进行,然后再提现到个人账户。根据 Recorded Future 在 2018 年年初发布的报告,短短几年内,暗网中交易所使用的货币虽然依旧以比特币为主流,但更方便、更安全的莱特币乃至门罗币等加密货币也逐渐风靡起来。

4. 公钥与私钥

(1) 私钥加密,公钥解密。这种方式用于数字签名,有不可抵赖性。因为密钥在所有者手里,用 B 密钥签名的数据通过 A 公钥是解不开的。反之,只要是用 A 公钥解开的数据,就说明此数据为 A 私钥所签名。

(2) 公钥加密,私钥解密。把公钥公布,每个人都可以将经过该公钥加密后的文件进行发送,即使数据在途中被截获,但接收方没有对应的私钥也是破解不了该密文的。总之,用公钥加密数据,只有用相对应的私钥才能解密数据。用私钥加密数据(数字签名),可以用公钥来验证其数字签名。

简单来说,公钥和私钥成对出现,私钥只有拥有者自己知道,其他人可以用

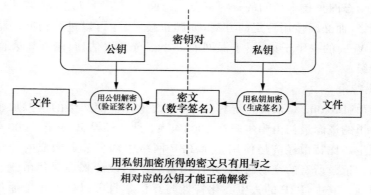

图 4-4 私钥加密公钥解密

其公钥（公开的）发加密的信，密信的内容只能被该拥有者的私钥所解密，其他密钥解密不了。此外，其他人也可以用私钥拥有者的公钥（公开的）来对密信进行解密，如果能解开，说明此信经过该拥有者的私钥所加密，就可以确认此信确实是该私钥拥有者所发布。

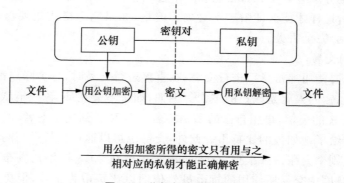

图 4-5 公钥加密私钥解密

二、案情概况

- 罗斯·乌布利希在大学期间已经开始销售自制的毒品，赚取了不菲的收入。
- 2011年1月，罗斯在美国海军研究实验室为保护美国情报通讯所建立的暗网 Tor 上，创办了一个名为"丝绸之路（Silk Road）"的商店，罗斯用"恐怖海盗罗伯茨"（Dread Pirate Roberts）的缩写 DPR 作为化名。
- 2012年1月，随着"丝绸之路"进一步壮大，美国国家安全局计划聚合多个执法部门,共同实施了一项针对"丝绸之路"的深度调查行动,代号"马可波罗"(Operation Marco Polo),卡尔是主要成员之一。

• 2012年4月,卡尔通过政府配发的老式电脑,给DPR发了一封信。由此,卡尔(大毒枭Nob)成为卧底。而后,罗斯听取了卡尔的建议,在冰岛建立了"丝绸之路"比特币版的支付中心服务器。

• 2013年5月,卡尔叛变,成为双面间谍。此后不久,"丝绸之路"已经扩展出买凶杀人的业务。

• 2013年10月1日,罗斯出现在旧金山的一个公共图书馆,与他自认为是"丝绸之路"的员工聊天。但其实这个员工就坐在附近,是一名FBI特工。当罗斯登录自己的电脑时,两名特工吸引了他的注意力,并趁机控制了他的电脑,以此为证据证明他就是这个黑暗帝国的幕后首脑。

• 2015年5月,法庭判处罗斯·乌布利希终身监禁,此外他还被责令支付美联邦政府1.83961921亿美元的罚金。

三、案件情况分析

在诉讼中,罗斯·乌布利希的辩护律师辩称,罗斯是此案件的"替罪羊",虽然他创建了网站,但几个月后他就把网站交给了别人,不再负责此网站的运营管理。但经过美国纽约曼哈顿联邦法院审判,针对其涉嫌洗钱、毒品走私等七项罪名的指控均被判有罪,罗斯被判终身监禁。美国联邦调查局查封了"丝绸之路"网站,并缴获了价值1800万美元的比特币。纽约南区联邦检察官普利特·巴拉

图4-6 "丝绸之路"网站

拉称此次抓捕和判决传递出一个信息:"匿名网络黑市并不能逃避法律的制裁。"但实际情况真的如巴拉拉检察官所说的那样乐观吗?在"丝绸之路"网站这个案件中,从美国国家安全局开始调查到抓获犯罪嫌疑人直至最终判决,前后持续了近4年的时间,其中从调查到抓获犯罪嫌疑人用了近2年的时间,诉讼用了近2年的时间。可以看出,对于从暗网中进行犯罪证据的获取及认定是十分困难的。

四、"丝绸之路"涉案的电子证据

1. "丝绸之路"比特币版的支付中心服务器(信任中心)、罗斯的个人电脑。
2. 罗斯创建的"丝绸之路"网站、加密通信的电子文件、聊天记录。
3. DPR的私人PGP密钥。

五、"丝绸之路"案所反映出的相关问题

1. 暗网取证困难,要求技术人员素质极高

访问暗网有很多种方式,但主要是通过Tor进行。Tor是一个匿名性极其强烈的浏览器,因为Tor采用了洋葱路由加密网络技术。洋葱路由加密网络的主要原理是该传输协议使用了大量的代理服务器和严格的加密方式,从而导致他人无法追踪到用户的具体位置,并且让用户在互联网上有着绝对的匿名性。分布于全球的中继节点,使得Tor彻底去中心化。每年有近5000万人次下载Tor,而人们使用Tor的功能开始变得五花八门:有人买卖毒品,有人散布色情图片,有人定期泄露政府机密文件。

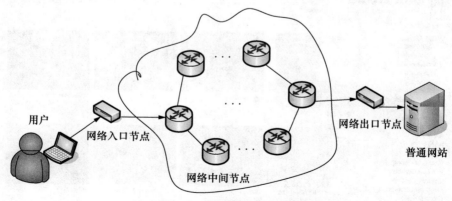

图4-7 普通网络访问流程

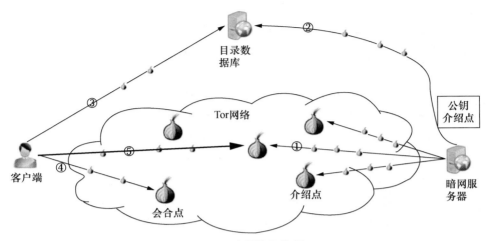

图 4-8　暗网访问流程

暗网主要分为三层：第一层通过特定的网络环境就能进入，内容多为黄赌毒和重口味的内容，如著名的"丝绸之路"就存在于该层；第二层只能通过特定的方式或邀请才能进入，如各种邪恶势力和恐怖组织；第三层极少有人探索过，多为一些见不得光的政府机密文件。英国朴茨茅斯大学的一项研究表明，暗网主要由色情内容、黑市、黑客组织、僵尸网络等构成，而暗网中提供的服务按比例大小依次包含毒品、欺诈/伪造、黑市、比特币、黑客攻击等。

暗网取证困难，具体可从以下几个方面来讲：（1）获取：在暗网环境下，想定位指定的证据是极其困难的；（2）内容：与文件系统不一样的是，暗网所需获取的内容多为 web 站点的内容，没有固定的格式和规则；（3）存储：暗网网络设备通常不会使用次级存储介质或能在断电后持久保存数据的不丢失的存储介质，只会选择性地存储与执行操作相关的元数据，同时网络传输数据是加密的。暗网的服务器地址和数据传输通常都是"隐身"的，难以通过常规技术手段查找检索，"暗网"成员之间的联络具有极端私密性。因此，在暗网环境下取证非常困难，这就增加了执法部门对暗网犯罪的打击难度。

打击暗网犯罪主要通过网络技术来提升取证能力，如配置网络环境、链接暗网网站、爬取网络数据、数据分析以及黑客攻击（如通过套路化搭建网站的漏洞入侵）等。但取证人员操作不规范很容易导致数据流失，或者无法获取到有效数据。要取出数据就需要更高的权限，这必然会破坏设备原来的状态，导致得到的数据可能有误。目前，市面上已经出现暗网取证的相关软件，但是数量极少，取证行业在此方面依然有待发展。

2. 身份辨识困难，对犯罪嫌疑人法律制裁难度极高

虽然最终通过众多证据特别是电子数据证据指认了罗斯·乌布利希是"恐怖海盗罗伯茨"，但是证据的获取以及对应的身份指认也是非常曲折和困难的。

(1) DPR 的私人 PGP 密钥

2012 年 1 月前后，自称是该网站 15 位主要管理员的"丝绸之路"用户共同使用了"恐怖海盗罗伯茨"这个用户名。这个名字会周期性地从一个人传到另一个人。为了向用户保证由 DPR 撰写的文章的真实性，DPR 使用一个私人 PGP 密钥的电子签名对其文章进行了身份验证。"丝绸之路"的用户可以使用一个公共 PGP 密钥，而 DPR 有一个私人 PGP 密钥，只有他可以使用这个密钥在"丝绸之路"的帖子上签名。当 DPR 使用他的私钥对一个帖子进行签名时，"丝绸之路"用户可以在公钥中运行代码，如果是用正确的私钥对帖子进行签名，用户将收到一条消息，表明身份验证成功。政府在罗斯·乌布利希的笔记本电脑上找到了 DPR 的私人 PGP 密钥。重要的是，公共 PGP 密钥在站点的生命周期中没有变化，这意味着 DPR 在他管理"丝绸之路"期间使用相同的私有密钥来签名他的帖子。

(2) 其他的电子数据证据

其他的一些电子证据也支持了罗斯·乌布利希是"恐怖海盗罗伯茨"的结论。例如，DPR 提供给 Cirrus 的关于如何访问员工聊天和直接联系 DPR 的指令在罗斯笔记本电脑上的一个文件中找到。政府还在他的电脑上发现了以下证据：涵盖了 DPR 管理"丝绸之路"网站整个时期的数千页与"丝绸之路"员工的聊天记录；详细的日志条目，描述了网站所有权；一份与"丝绸之路"有关的任务和想法的清单；"丝绸之路"数据库副本；电子表格，对"丝绸之路"的服务器以及与该网站相关的费用和利润进行了分类；等等。此外，政府从罗斯笔记本电脑的钱包中查获了价值约 1800 万美元的比特币，并分析了它们的交易历史（通过区块链记录），确定电脑上 89% 的比特币来自位于冰岛的"丝绸之路"服务器。

在红极一时的美剧《纸牌屋》中，当正义的记者 Lucas 想要挖掘主角不为人知的秘密时，他的朋友建议他"不如试试深网"，"互联网上只有 4% 的信息处于可搜索状态，剩余的 96% 皆存在于深网世界中"。戏剧来源于现实，虽然此说法有些夸张，但是也可以从侧面看出，很多隐私数据都存在于深网中。

网络世界如同一座冰山，我们只能看到它显露在水面之上的部分，水面之下则隐藏着其更为庞大的躯干。作为深网的一个子集，暗网就隐藏在最深的水底。然而，令人遗憾的是，我们至今都无法计算出这个"子集"的大小。美国国会安全

服务局于2017年发布的报告表示:"目前还不清楚深网中到底有多少暗网内容,有多少暗网被用于合法活动或非法活动。"此外,犯罪嫌疑人还可以在暗网发布虚假信息,甚至伪造身份,以混淆视听。例如,当年斯诺登正是将"棱镜门"的信息通过Tor发布在暗网上,以此躲避追捕。因此,在暗网中,交易时时存在,但身份锁定比较困难,执法机关所获得的证据所指向的犯罪嫌疑人,其身份可能是假的,可能是犯罪嫌疑人蓄意制造的不实身份信息。

3. 暗网中非法数据交易给隐私信息安全带来巨大威胁

2018年8月28日,一则有关"出售华住旗下酒店开房数据"的帖子出现在暗网中文论坛上。卖家自称提供的数据包括1.23亿条华住官网注册资料、约1.3亿人入住时登记的身份信息以及2.4亿条酒店开房记录(包括客人姓名、手机号、身份证号、家庭住址、入住时间、房间号及消费金额等),全部资料共141.5G。这些数据出自华住旗下酒店,如汉庭、桔子、全季、宜必思尚品等。9月17日,华住集团发布公告称,根据公安机关的最新消息,目前案件已告破,在境外网站暗网上试图兜售数据的犯罪嫌疑人已经被缉拿归案,其企图交易数据未能成功。公告指出,犯罪嫌疑人还利用舆论声浪,对华住进行敲诈勒索未遂。

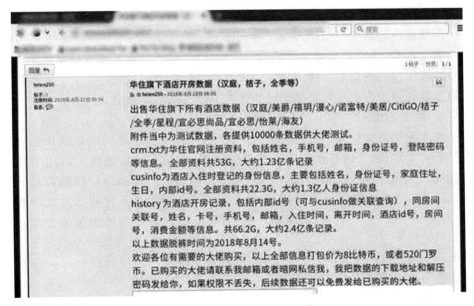

图4-9 华住数据在暗网售卖截图

从"华住案"我们可以看出,暗网已成为个人信息、隐私数据等非法数据贩卖的主要渠道。黑产从业者往往会利用一些平台泄露的账号、密码等信息,通过撞库等手段获取更多的用户信息,进行盗号、发广告、刷量(刷赞、刷粉、刷榜……)等直接变现。此外,黑产从业者还会利用撞库攻击得到一些新的用户数据,然后通过大数据分析等技术手段,获得更丰富的用户信息,之后再放到暗网等黑产平台售卖。不法分子通过购买得到这些数据,并利用这些数据进行精准诈骗和敲诈勒索等违法犯罪活动,如常见的"购物退款"诈骗、"银行卡消费"诈骗、冒充"公检法"诈骗等。

暗网"数据—情报类"版块中,有很多邮箱账号类信息被挂出来贩卖。暗网中一交易帖子号称其所贩卖的数据包含 16 亿条邮箱及密码数据,涵盖了我国国内各大互联网平台。此外,涉及学生学籍、母婴数据信息、快递订单数据等公民个人信息的交易帖子也层出不穷。这些非法数据交易给隐私信息安全带来了巨大的威胁及隐患。

第三节 快播案

一、相关概念简介

1. 传播淫秽物品罪

传播淫秽物品罪是指以传播淫秽的书刊、影片、音像、图片或者其他淫秽物品为表现形式,扰乱国家对淫秽物品的管理秩序,危害广大人民特别是青少年的身心健康而构成的犯罪。我国《刑法》(2020 年修正)第 363 条、第 364 条第 1 款和第 4 款等对于传播淫秽物品罪定罪处罚进行了相应的规定。

2. 技术无罪

技术无罪是指技术中立,是 1984 年美国最高法院在"环球电影制片公司诉索尼公司案"中确立的法律原则。根据该原则,如果产品可能被广泛用于合法的、不受争议的用途,即能够具有实质性的非侵权用途,那么即使制造商和销售商知道其设备可能被用于侵权,也不能推定其故意帮助他人侵权并构成帮助侵权。2011 年 12 月 16 日,我国最高人民法院印发的《最高人民法院关于充分发挥知识产权审判职能作用推动社会主义文化大发展大繁荣和促进经济自主协调发展若干问题的意见》(法发〔2011〕18 号),对于技术中立与侵权行为认定的关系有进一步的阐述。

3. 快播播放器

快播播放器被称为 QVOD 或 Q 播,是深圳市快播科技有限公司的一款用于视频播放的产品,是一款基于准视频点播内核的多功能、个性化的播放器软件。与传统播放器软件不同的是,快播集成了不一样的播放引擎,应用 P2P 技术,并支持 MKV、RMVB、MPEG、AVI、WMV 等主流音视频格式。

4. 非法证据

2010 年,最高人民法院、最高人民检察院、公安部、国家安全部和司法部(两高三部)联合颁布了《关于办理死刑案件审查判断证据若干问题的规定》和《关于办理刑事案件排除非法证据若干问题的规定》。根据这两个规定的分类和界定:"非法证据"在概念上是指以非法手段或违反法定程序获取的证据,其基本特征是取证手段或取证程序重大违法,侵犯了公民的宪法性基本权利。

《诉讼法大辞典》关于"非法证据"的释义为:"不符合法定来源和形式的或违反诉讼程序取得的证据材料。"证据的合法性涵括了证据主体合法、证据形式合法、证据取得程序合法以及证据认定程序合法,若有欠缺即属于非法证据。对于非法证据,因为其存在严重违法情节,侵犯了公民的宪法性基本权利,因而司法政策上对其应零容忍,程序上应对其径直予以排除,否定其证据能力。

二、案情概况

2020 年 1 月 2 日,人民法院公告网显示,最高人民法院在 2018 年 12 月 29 日刊登的公告称,深圳市快播科技有限公司(简称快播公司)债权人会议已书面表决通过快播公司第一次破产财产分配方案。2019 年 12 月 13 日,深圳市中级人民法院对该方案予以认可。这表明,曾经风靡一时的快播公司破产倒闭了。"快播"曾经是"宅男"神器,但是由于涉传播淫秽物品牟利罪,2014 年 8 月,其创始人王欣被捕;2016 年 9 月,王欣罪名成立,被判处刑期及罚金。"快播案"当时在全国引起了极大的反响,其案件情况大致如下:

• 快播公司成立于 2007 年 12 月 26 日,通过免费提供 QSI 软件(QVOD 资源服务器程序)和 QVOD Player 软件(快播播放器程序)的方式,为网络用户提供网络视频服务。任何人(被快播公司称为"站长")均可通过 QSI 发布自己所拥有的视频资源。快播公司的中心调度服务器在站长与用户、用户与用户之间搭建了一个视频文件传输的平台。

• 为提高热点视频下载速度,快播公司搭建了以缓存调度服务器为核心的平台,在视频文件点播次数达到一定标准后,缓存调度服务器即指令处于适当位置的缓存服务器抓取、存储该视频文件。当用户再次点播该视频时,若下载速度慢,缓存调度服务器就会提供最佳路径,供用户建立链接,向缓存服务器调取该视频,提高用户下载速度。通过快播播放器,一些淫秽视频因用户的点播、下载次数较高而被缓存服务器自动存储。缓存服务器加速了淫秽视频的下载、传播。

• 2012 年 8 月,深圳市公安局信息网络安全监察分局对快播公司给予行政警告处罚,并责令整改。快播公司成立了网络安全监控小组,于 8 月 8 日投入使用"110"不良信息管理平台,但之后"110"平台工作基本搁置,检查屏蔽工作未再有效进行。

- 2013年8月5日,深圳市南山区广播电视局执法人员对快播公司开展调查,执法人员登录快播网站,很快便找到了可播放的淫秽视频。快播公司随后仅提交了一份整改报告,但其"110"平台工作依然搁置,检查屏蔽工作依然没有有效落实。
- 2013年上半年,北京网联光通技术有限公司(简称光通公司)与快播公司开展合作。2013年8月,光通公司提供四台服务器开始上线测试。2013年11月18日,北京市海淀区文化委员会在行政执法检查时,从光通公司查获快播公司托管的此四台服务器。之后,公安机关从服务器里提取了29841个视频文件进行鉴定,认定其中属于淫秽视频的文件为21251个。
- 2014年4月11日,北京市公安局海淀分局决定对王欣等人涉嫌传播淫秽物品牟利罪立案。公安部高度重视,实行挂牌督办。在前期深入侦查的基础上,公安部部署北京、广东等地公安机关统一行动,依法查扣了一批服务器、电脑等涉案工具,先后抓获10余名涉案人员。案发后,公司法定代表人王欣潜逃至境外。为尽快将其缉捕归案,公安部协调国际刑警组织发布了红色通报。
- 2014年8月8日,潜逃境外110天的王欣在韩国被抓获押解回国。
- 2015年2月6日,海淀区检察院以涉嫌传播淫秽物品牟利罪,对快播公司及王欣等人提起公诉。
- 2016年1月7日,快播公司涉嫌传播淫秽物品牟利一案在海淀区法院开庭审理。2016年1月8日,持续两天的"快播案"庭审结束。在法庭辩论阶段,王欣的辩护人抓住公诉人和庭审人员不懂技术的弱点,坚称"技术无罪"。控方在证据保存、证据链等方面出现纰漏。公诉人建议法院判处快播公司法定代表人王欣10年以上有期徒刑,辩护人则要求对王欣进行取保候审。法院宣布择期宣判。
- 2016年9月9日上午,快播公司涉嫌传播淫秽物品牟利案继续在海淀区人民法院开庭。审判长询问被告单位、被告人对公诉人指控的犯罪事实的意见。快播公司、王欣、张克东、牛文举均表示认罪悔罪。
- 2016年9月13日上午,快播公司及其主管人员王欣等人涉嫌传播淫秽物品牟利一案,在海淀区人民法院一审宣判。快播公司犯传播淫秽物品牟利罪,判处罚金1000万元;被告人王欣、张克东、吴铭、牛文举犯传播淫秽物品牟利罪,分别被判处有期徒刑三年至三年零六个月不等,并处罚金。
- 2016年12月15日,一审宣判后,原审被告人吴铭不服,提出上诉。北京市第一中级人民法院对该案进行二审公开宣判。法庭裁定驳回上诉人吴铭的上诉,维持原判。鉴于被告人王欣、张克东、牛文举三人在一审第二次庭审及二审审理期间均能如实供述犯罪事实,自愿认罪,故可分别对三人酌予从轻处罚。
- 2018年2月7日,快播创始人王欣出狱。

三、案件情况分析

被告单位快播公司自 2007 年 12 月成立以来,基于流媒体播放技术,通过向互联网发布免费的 QVOD 资源服务器安装程序(QSI)和快播播放器软件(QVOD)的方式,为网络用户提供网络视频服务。期间,被告单位快播公司及其直接负责的主管人员以牟利为目的,在明知 QSI 及 QVOD 被网络用户用于发布、搜索、下载、播放淫秽视频的情况下,仍予以放任,导致大量淫秽视频在国际互联网上传播。北京市海淀区人民检察院认为,应当以传播淫秽物品牟利罪追究上述被告单位及被告人的刑事责任。虽然辩护方在辩护时坚称"技术无罪",控方也在证据保存、证据链等方面出现纰漏,但最终被告单位、被告人对公诉人指控的犯罪事实,均表示认罪悔罪。北京市海淀区人民法院一审判决认定被告单位快播公司以及被告人王欣、张克东、吴铭、牛文举犯传播淫秽物品牟利罪,并判处相应的罚金和刑期。

1. 传播淫秽物品牟利罪

传播淫秽物品牟利罪的客观方面是传播淫秽物品,即通过播放、陈列、在互联网上建立淫秽网站、网页等方式,使淫秽物品让不特定或者多数人感知以及通过出借、赠送等方式散布、流传。传播的方式形形色色,但其实质都是让不特定或者多数人可以感知(看到、听到)淫秽物品。

快播公司使用的 P2P 技术不仅在用户下载视频时为其提供上传视频的服务,而且在用户与用户之间介入了自己控制、管理的缓存服务器;快播调试服务器不仅拉拽淫秽视频文件存储在缓存服务器里,而且也向用户提供缓存在服务器里的淫秽视频文件。后者就属于以陈列方式传播淫秽物品的行为。例如,一个展览厅的管理者,不仅允许他人将淫秽图片存放在展览厅,而且允许不特定或者多数人进入展览厅观看淫秽图片的行为,当然属于传播淫秽物品。快播公司的行为与此相类似,也属于传播淫秽物品。

2. 技术无罪

"快播案"辩护律师提出了"技术无罪"。这里的技术无罪也称技术中立,是 1984 年美国最高法院在"环球电影制片公司诉索尼公司案"中确立的一个法律原则。根据该原则,如果产品可能被广泛用于合法的、不受争议的用途,即能够具有实质性的非侵权用途,即使制造商和销售商知道其设备可能被用于侵权,也不能推定其故意帮助他人侵权并构成帮助侵权。技术中立原则对于推动技术进步具有重要意义,它不仅在知识产权领域具有排除帮助侵权的民事责任的功能,而且在刑事领域同样具有排除共犯责任的功能。适用技术中立原则的一个前提条件是:制造商或者销售商只是单纯的技术设备提供者,并不能干预设备的实际使用。正如商家出售菜刀,不能排除有人利用菜刀杀人,但商家并不能因为预见到有人可能利用菜刀杀人而承担杀人共犯的刑事责任。那么,快播公司是否只是单纯提供视频播放器呢?

快播公司基于P2P原理开发了QVOD视频播放器,QVOD除了具备常规的视频播放功能之外,还可以针对广泛分布于互联网上的视频种子进行在线播放。当终端用户观看在线视频有卡顿现象,或者某些视频因点击量高而成为热门视频时,快播公司的缓存服务器便自动将视频文件下载存储起来,用户可以直接从快播公司的缓存服务器下载观看。因此,缓存服务器就成为视频资源站。为了确保在线片源的不断丰富,快播公司研制开发了便捷易用的建站发布视频工具软件QSI,通过使用QSI建立一个视频站点,方便上传视频资源,这些视频发布者被称为站长。快播公司通过服务器对站长上传视频、用户观看视频、用户分享视频、采集用户观影特征并分析、调度选择和优化网络等进行处理。由此可见,快播公司在提供视频软件技术的同时,还利用该技术建立了一个视频发布、传播和分享的平台,正是因为这个平台聚集的流量,快播公司得以通过广告等方式牟利。在这种情况下,快播公司正如一审判决所认定的那样,已经成为一个网络服务系统的管理者。确切地说,快播公司具有网络视频软件提供者和网络视频内容管理者的双重角色。显然,网络视频内容管理者具有对网络安全的管理义务。在网络法上,根据控制可能性,分为三类主体:一是网络提供者;二是网络接入服务提供者;三是宿主服务提供者。其中,网络提供者和网络接入服务提供者不可能控制和封锁在互联网上传输的内容,一般来说,不应对网络内容承担责任。但是,宿主服务提供者通过服务器,不仅传输数据而且存储数据,因而具有对网络内容的管理义务。"快播案"涉案人员为了使软件更加贴合用户,根据缓存的热门视频进行观影特征数据分析,一方面表明技术人员实质上是对影片内容有所了解,另一方面表明技术人员是从一个软件的提供者(符合技术无罪的前提条件)变成了管理者,因此不适用技术无罪。

3. 犯罪构成

是否追究某人的刑事责任,先要查明某人的行为是否构成犯罪,行为只有符合了犯罪构成,才能认定为犯罪,进而追究其刑事责任。作为法律上的概念,犯罪构成就是确定某种行为是否为犯罪的规格和标准,是行为人对自己行为负刑事责任的法律依据。刑法的核心内容是犯罪论和刑罚论,犯罪论主要讲的是什么是犯罪,如何认定犯罪,包括犯罪的概念、性质、分类,犯罪构成,以及犯罪特殊形态、共同犯罪、罪数等;刑罚论也称法律后果论,主要讲刑事责任和刑罚,包括刑罚的观念、体系、裁量、执行,以及非刑罚的法律后果、法律后果的消灭等。简而言之,犯罪论说的是"什么是犯罪,什么样的行为构成犯罪";刑罚论解决的是"构成犯罪后应如何处置,即对该类犯罪应当适用何种刑罚"。

对于犯罪构成,刑法关于犯罪论的理论学说大概有三种,即四要件说、三阶层说和两阶层说。

(1) 四要件说

四要件说是传统的犯罪论,是学习苏联而来。判断一个行为是否构成犯罪的标准,即看该行为是否符合四个要件——犯罪客体、犯罪客观方面、犯罪主体、犯罪主观方面。如果同时满足这四个要件,即构成犯罪,四者缺其一就不构成犯罪。这使得四个要件在形式上简单明了,但同时在认定某些情形下的定罪,如有未成年人参与的共同犯罪时,所得出的结论却不甚合理。

- 犯罪主体,是指达到刑事责任年龄,具有刑事责任能力,实施危害社会行为的人,单位也可以成为部分犯罪的主体。
- 犯罪客体,是指我国刑法所保护,而为犯罪行为所侵害的社会关系。
- 犯罪主观方面,是指犯罪主体对其实施的危害行为及危害结果所抱的心理态度,包括犯罪目的和主观罪过等要素。
- 犯罪客观方面,是指犯罪活动在客观上的外在表现,包括危害行为、危害结果、因果关系等要素。

四要件说主张的构成犯罪所需要的四个要件是没有顺序之分的,也就是说只要同时满足这四个要件即可,没有逻辑判断上的先后之分(这是四要件说与两阶层说和三阶层说之间比较明显的一个区别)。但是,随着四要件说的发展,有的学者主张客体→客观方面→主体→主观方面的逻辑判断顺序,有的学者则主张主体→主观方面→客体→客观方面的逻辑判断顺序,以此来弥补本身的缺陷。

(2) 三阶层说

三阶层说是比较新的犯罪论学说,是学习德日而来。一个行为构成犯罪,要依次经过三个层级的判断:第一,犯罪构成要件符合性;第二,违法阻却事由;第三,责任阻却事由。只有依次满足三个层级的判断,才能最终判定某行为是否被认为属于刑法上的"犯罪"。

- 犯罪构成要件符合性:也称犯罪构成要件的该当性,是指犯罪行为必须是符合法律规定的某项犯罪构成要件的行为,是法律所调整的范畴。这也是罪刑法定的要求。结果无价值论观点认为构成要件仅包含客观违法要素,而行为无价值论观点认为构成要件包括客观违法要素和主观违法要素,其中客观违法要素包含危害行为、行为对象、危害结果、定罪身份和因果关系,而主观违法要素包含故意、过失的罪过心理以及目的与动机。
- 违法阻却事由:也称犯罪构成的违法性,是阐述客观要件以及排除客观上犯罪构成事由的。违法性要求犯罪行为不仅是符合构成要件的行为,而且实质上是法律所不允许的行为,即必须是违法的行为。违法性的判断标准在于是否有违法阻却事由,违法阻却事由是排除具有该当性的行为的违法性的事由。违法阻却事由一般包括正当防卫、紧急避险、法令行为、正当业务行为、自救行为、被害人承诺、推定的承诺、假定的承诺、自损行为以及危险接受等。

• 责任阻却事由：也称犯罪构成的有责性。结果无价值论观点认为有责性应当包括积极的责任要素以及消极的责任要素，即阐述主观要件以及排除主观方面犯罪构成事由，能够就满足该当性和违法性条件的行为对行为人进行非难和谴责。而行为无价值论观点认为有责性仅包括消极的责任要素，即是否具有有责性应该从行为人的刑事责任能力、刑事法定年龄、期待可能性以及违法性认识的可能等方面考察。例如，幼童的行为，精神病人在精神病发作时实施的行为，意外事件，不具有违法认识的可能性的行为，等等。

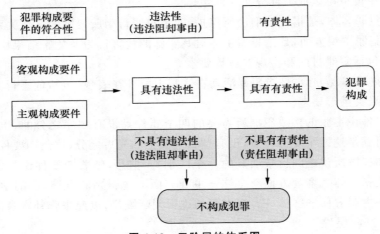

图4-10 三阶层的体系图

以日本刑法理论通说行为无价值论的观点为例，三阶层说的逻辑是这样的：一个事实发生后，第一步是判断该当性，即这个事实符不符合刑法条文中所规定的某罪的构成要件，也就是说客观构成要件是否有犯罪行为和危害结果，且行为和结果是否有因果关系，主观构成要件行为人主观上有没有犯罪故意或者犯罪过失。满足第一步后，还不能断定行为人就构成犯罪，接着进行第二步判断违法性，即是否有违法阻却事由，也就是说在满足第一步的前提下，就推定该行为具有两阶层说中所理解的"违法性"。所以，第二步主要从消极方面判断有无违法阻却事由，即是否满足正当防卫或紧急避险。满足第二步后，仍然不能断定行为人就构成犯罪，还要进行第三步判断有责性，即有没有责任阻却事由，也就是说同样在满足第二步的前提下，就推定该行为具有"责任性"。所以，第三步主要从消极方面判断有无责任阻却事由，即是否缺乏刑事责任能力。

（3）两阶层说

两阶层说与三阶层说并没有本质区别，是指违法构成要件和责任要件。其中，根据结果无价值论的观点，违法构成要件包括构成要件符合性和违法阻却事由两方面,责任要件包括责任要件符合性和责任阻却事由两方面;根据行为无价值论的观点,违法构成要素包括客观违法要素、主观违法要素以及违法阻却事由,责任要件仅仅包括消极的责任要素。两阶层说就是把违法性和构成要件符合性合并论述了。实际上,两阶层说在形式上,形成了"不法"和"有责"的两阶层的判断逻辑。

- "不法"是将三阶层中的第二步的判断与第一阶段的判断融合在了一起,即无论是对于结果无价值论还是行为无价值论的观点,都是属于构成要件符合性(两阶层说中称"积极的不法")和违法阻却事由(两阶层说中称"消极的不法")合而为一。两者之间的区别仅仅是对于三阶层中的违法性和该当性的理解不同,而这也决定了结果无价值论的"不法"和行为无价值论的"不法"之间的内涵差异。

- "有责"即三阶层中的第三步的判断,因此结果无价值论的"有责"以及行为无价值论的"有责"与三阶层说的理解应当趋于一致。

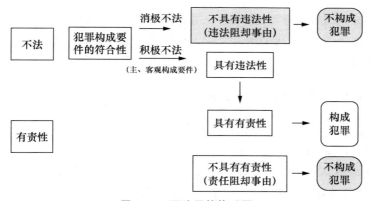

图 4-11 两阶层的体系图

采取不同的犯罪论在犯罪构成判定时,可能会有不同的结果。假定犯罪事实如下:13 岁的张三和 30 岁的李四作为共同正犯强奸了小红。四要件说认为:13 岁的张三不构成犯罪,30 岁的李四构成强奸罪,最终以强奸罪对李四定罪量刑(这样的结果可能会导致罪刑不相适应)。三阶层说、两阶层说认为:13 岁的张三虽然不具有刑事责任能力,但仍满足"构成要件符合性(对于三阶层来说)"或"客观的不法(对于两阶层来说)",所以可以认定张三和李四共同犯罪成立,构成强奸罪。但因为张三具有"责任阻却事由(对于三阶层来说)"或缺乏"有责性(对于两阶层来说)",所以最终张三不承担刑事责任;而对于李四来说,不仅构成强奸罪的基本犯,还同时满足了"轮奸"的法定刑升格条件,量刑直接提高了一个档次。此外,现今这种差别只是在很少的领域表现得突出(如共同犯罪),大部分情况下判定结论并没有显著的差别。而随着四要件本身的完善,这种差别正在越来越小。

"快播案"是网络犯罪与单位犯罪的结合,其所蕴含的技术行为(网络技术特征)在认定犯罪构成时处于争议的焦点,电子数据证据、刑罚适用标准等问题也都是案件本身面临的挑战。快播的传播行为可分为帮助传输模式和参与传输模式,后者暗藏了快播公司对存储、分发热门"不法"视频的技术支持。快播的行为方式既有作为也有不作为,两种方式在不同层面同时发生、反复出现并集合为一个整体行为。产生这一现象的原因在于,大规模的 P2P 传播不是单一的行为举止,特定视频文件的传播行为被分散给了每一个参与者,因而将 P2P 网络中心服务器的提供者作为刑法意义上的行为人是打击类似网络犯罪唯一有效的选择。① 这也是判定其犯罪构成的基础。

四、"快播案"涉案的电子证据

1. 涉案的四台服务器:从光通公司查获快播公司托管的服务器 4 台。
2. 淫秽视频文件:从上述 4 台服务器中提取的 21251 个视频文件。
3. 涉案电脑:从光通公司查获快播公司用于维护服务器的电脑数台。

五、"快播案"所反映出的相关问题

1. 司法实践中电子数据取证问题
(1) "快播案"中电子数据取证问题
在"快播案"中,辩护人质疑了案件办理过程中涉案电子证据的关联性、真实性以及合法性问题。这是因为,电子证据具有易篡改的技术特性,致使对于电子数据取证流程规范与传统证据会有所差别。因此,电子证据的取证规范性直接关系到其能否成为有效定案依据的关键。"快播案"中,通过分析辩护人的质疑理由,可以发现依据电子证据特性,主要存在以下三个方面的问题:

① 没有采取有效保全措施,涉案电子证据的完整性存疑

首先,"快播案"在证据保全时,扣押服务器的物品清单登记不清,只有服务器 IP 地址信息,但 IP 地址无法作为服务器身份唯一标识,没有写明特征、型号,没有记载内置硬盘的型号、数量、容量,也没有扣押物品照片。

其次,海淀区文化委员会于 2013 年 11 月 18 日扣押了 4 台涉案服务器,之后将其送至北京市版权局实施著作权鉴定。北京市版权局因工作涉及计算机及

---

① 参见范君:《快播案犯罪构成及相关审判问题——从技术判断行为的进路》,载《中外法学》2017 年第 1 期。

网络视频专业技术问题,于送交当日委托文创动力公司提供专业技术服务。2014年4月11日,北京市公安局海淀分局决定对王欣等人涉嫌传播淫秽物品牟利罪立案。在刑事立案之前的五个月时间内,被海淀区文化委员会扣押的4台服务器没有由行政执法机构保管,这期间缺乏有效的证据证明服务器内容没有被写入或修改。

最后,本案中淫秽物品鉴定共有三次。第三次淫秽物品鉴定期间,公安机关委托信诺鉴定所出具了一份鉴定意见书,意见书中表述的是可以证明3台服务器从2013年11月18日至2015年12月2日扣押期间没有任何qdata格式(快播专用格式)的视频文件拷入。但信诺鉴定所的送检材料显示,4台涉案服务器内置硬盘数量和容量(3台服务器内置6块硬盘,一台内置5块,且有一台服务器内的硬盘容量为1T)与2014年4月11日公安机关第一次淫秽物品鉴定时的记载(3台服务器内置7块硬盘,1台内置6块,每块硬盘容量均为2T)存在不同。服务器内硬盘数量、容量前后矛盾,使得第三次淫秽物品鉴定检材的真实性、完整性即是否为原始扣押的服务器存疑。

② 没有严格按照取证规范,电子证据取证、鉴定行为不合规

在电子证据获取时,被扣押的服务器在各方移转过程中,均没有登记服务器的特征、型号,尤其是没有记载服务器内置硬盘的型号、数量、容量,也没有扣押物品的照片。此外,取证通知书事后被人修改过,将打印的2015年(估计是疏忽所致)人为修改为2014年。

在鉴定中,本案对于淫秽物品鉴定存在程序违法。公安机关于2014年4月11日出具第一份鉴定书,鉴定人是邢政博、许平,记载的内容为3台服务器内置7块硬盘,1台内置6块,每块硬盘容量均为2T。2015年1月20日,公安机关出具第二份鉴定书,文号与第一份相同,但鉴定人为丁燕华、赵世才,签名是同一人所签。鉴于上述鉴定书存在程序违法问题,公诉机关申请补充侦查后,于2015年11月6日出具第三份淫秽物品审查鉴定书,该份鉴定的文号与前两次不一致,鉴定人却一样,违反了重新鉴定应另请鉴定人的规定。因此,第三份鉴定虽然是重新鉴定,但鉴定程序违法。

③ 由缺乏取证资格主体实施取证行为,取证主体不合法

在"快播案"中,文创动力公司受北京市版权局委托提供专业技术服务,对扣押的4台服务器进行数据提取和对视频进行转码,之后再由公安机关审验员进行鉴定。经查,文创动力公司在北京市企业信用信息网上显示是自然人投资的有限责任公司,经营范围包括技术推广服务、版权代理等,承担了版权监测、版权侵权投诉与举报、版权调解等职能。但是,文创动力公司没有实施取证、鉴定的资格,取证主体不合法。

证据必须经过查证属实,才能作为定案的根据。虽然"快播案"中法院对涉案

电子证据进行的事后检验鉴定予以了认定(有程序瑕疵,但在检材内容的鉴定上还是可信的),但不可忽视的是,前期调查中侦查人员的确缺乏对电子证据取证的基本规范意识,造成了涉案电子证据的瑕疵,增加了后续鉴定检验的难度和时间。我们需从取证的主体资格、程序要求、取证行为等方面出现的纰漏中吸取经验教训,进一步提高取证的规范性。

(2) 电子数据取证规范问题

电子证据取证属于法庭科学所体现的具体环节,其工作需具备一定的行为准则和方针,即要按照一定的取证原则指导整个取证活动。G8组织早已制定了一系列电子证据取证的标准,并提出了6条基本原则:第一,必须应用标准的电子证据取证过程;第二,收集证据的前提是不能改变证据的原始性;第三,取证人员应当经过专门、合格的技能培训和法律教育;第四,应当完整地记录任何对电子证据的收集、固定、访问或传输行为;第五,电子证据保管链条上的每个经手人员都应对证据的任何操作行为负责;第六,任何负责获取、访问、存储或传输电子证据的机构必须遵守上述基本原则。这6条基本原则高度概括了电子证据取证的框架,虽然每个国家具有不同的基本国情和法律体系,但每个国家都应根据自身情况,制定相应的取证基本原则。此外,电子证据取证的基本原则大体上还要体现取证的合法性和完善性,即应当保证电子证据的关联性、客观性和合法性等。其中,电子证据取证的合法性是指应当保证取证的实体合法和程序合法,它要求取证活动的主体、客体、程序、技术、手段、标准、方法都符合相关法律法规和技术规范的要求。在遵循取证原则的基础上,在电子证据获取时还要注意以下一些细节:

其一,电子数据具有实时性和易失性。很多电子证据都是在信息系统的运行中自动而实时生成的,如果不能够及时对系统采取合适的操作,系统经过一段时间的运行或突发事件的影响,很有可能导致信息数据出现不可知的变化,从而导致这些电子数据不能如实反映案件的真实情况。因此,电子证据的获取应当及时有效地开展,尽早经过批准收集证据,降低电子证据受到破坏的可能性。例如,计算机在运行中数据会暂时地存储于内存中,但是一经断电,内存中数据会被清除,这就要求取证人员及时对内存中的数据信息进行拷贝和提取,确保证据的完整性。

其二,调查人员在取证过程中应尽可能全面地调查取证,使得经过验证的证据能够相互印证,从而形成完整的证据链,这也是保证电子证据的客观性的重要原则。同时,调查人员在整个取证活动中应当摒除一切外界的干扰因素,保持公正无偏的取证本心,根据科学技术和经验对取证对象进行全面的取证调查和分析鉴别,用尽所有可能的验证方法和合理的线索,避免偏颇而片面地下定结论。

其三,电子证据的特性导致它对存储、运行及操作的环境都存在较强的依赖性。根据电子证据的存在状况,可将其所面对的环境安全分为物理环境安全和运行环境安全。物理环境安全是指在现场勘查中对可能存储电子证据的物理设备的保护以及在取证分析过程中对存储电子数据的物理设备的保护,如温度、湿度、电磁场等方面的防护等。运行环境安全是指电子数据运行的系统安全。对存储介质、系统环境的任何操作均有可能导致电子信息的改变,如打开涉案的计算机,就会在系统日志中产生开启操作系统的痕迹,同样,断电也会生成记录。运行环境安全就是要求所有操作都是有迹可循的,以保证无损的调查分析。

其四,电子证据取证是法律和技术交叉应用的活动,除了取证行为本身的合法性以及技术手段和工具的科学性之外,整个取证活动还应当形成完整的管理监督链条,以确保每个环节的双重保障。其中,对电子证据从收集到呈交法庭过程的每一步都需要有所记录;对承载电子证据的载体的移交、保管、开封、拆卸过程,都需要有侦查人员和保管人员共同完成。此外,每一个环节都必须检查其真实性和完整性,并进行拍照和制作详细的笔录,再由参与人员共同签字。

2. 刑事案件中非法证据排除问题

"快播案"中证据瑕疵问题若缺乏合理解释和合法补正,会被以非法证据予以排除,否定其证据效力,进而可能致使案件缺乏核心证据而无法证明犯罪事实。在司法实践中,非法证据问题屡见不鲜。虽然我国诉讼法中关于非法证据排除的实操规则和流程设计已初具成果,但在非法证据排除的法律原则和法律制度上仍存在一定问题。需界定非法证据排除的范围和证明责任,谨慎启动非法证据排除程序,并强化监督机制。

(1) 非法证据排除的不足分析

我国关于非法证据排除的规定最早仅见于为执行1996年《刑事诉讼法》而先后颁布的《最高人民法院关于执行〈中华人民共和国刑事诉讼法〉若干问题的解释》和《人民检察院刑事诉讼规则》。直到2017年6月20日,最高人民法院、最高人民检察院、公安部、国家安全部、司法部联合发布了《关于办理刑事案件严格排除非法证据若干问题的规定》,这是一部为准确惩罚犯罪、切实保障人权、规范司法行为、促进司法公正而制定的法规。上述法规在强调严禁以非法方法收集证据的基础上,提出凡经查证属实属于以刑讯逼供或者威胁、引诱、欺骗等非法的方法获取的被追诉人供述、被害人陈述、证人证言,不能作为指控犯罪或定案的根据。

我国《刑事诉讼法》第52条对搜集证据明确规定,严禁用非法的方法搜集证据。第56条规定,在侦查、审查起诉、审判时发现有应当排除的证据的,应当依法予以排除,不得作为起诉意见、起诉决定和判决的依据。但是,《刑事诉讼法》只是作出原则性的界定,没有清晰细化和具体化。根据"两高三部"《关于办理死刑案件审查判断证据若干问题的规定》和《关于办理刑事案件严格排除非法证据若干问题的规定》中的分类和界定:"非法证据"在概念上是指以非法手段或违反法定程序获取的证据,其基本特征是取证手段或取证程序重大违法,侵犯了公民的宪法性基本权利。对于非法证据,因为其存在严重违法情节,侵犯了公民的宪法性基本权利,因而司法政策上对其应零容忍,程序上应对其径直予以排除,否定其证据能力。此外,《关于办理刑事案件严格排除非法证据若干问题的规定》,进一步细化了侦查机关非法收集证人证言、被告人陈述的行为种类,特别针对性指出了在本规定出台之前未被足够重视的软性暴力非法行为。同时,明确了重复供述的排除问题;规范了侦查行为,强调了非法证据排除的及时性以及侦查监督的同步性;确定了检察机关在庭审前对证据合法性争议的审查功能;强化了辩护和法律援助制度。

从司法实践来看,针对不同非法证据排除,我国还缺乏各方面综合条件。每个环节的失灵都将导致将该阶段问题流向后续程序,加重了后续检验的难度,进而造成了现阶段我国司法实践中对非法证据的排除更多地取决于庭审法官的个人裁量权。同时,实务中还存在一些异化的"非法"逼供取证手段,包括与侦查策略未作区分的"指供""诱供",以及"催眠""施用药物"等逼供方法。

更难的是,对于非法取证行为与后续获得的一系列派生性证据之间的因果关系,法院应掌握何种标准来作出认可与否的判断,并以此为基础进一步决定某一派生性证据是否可被排除,都存在相应的问题。

(2) 非法证据排除规则的应用考量

① 寻求刚性排除和柔性排除的平衡点

非法证据的范围和认定标准日趋细化、严格,公安司法机关的职责分工逐渐明确,辩方的权利保障不断强化。刚性排除是司法机关的强制性审查行为,亦是犯罪嫌疑人向法院提出审查的主动性行为。柔性排除是指:"不经辩方提出排非申请,公安司法机关自主发现非法证据而弃用,不将其作为审查逮捕决定、起诉意见、起诉决定或者判决的根据,或者在辩方提出排非申请后,公安司法机关主动撤回有关证据。"[①]在捕诉阶段,检察机关在犯罪嫌疑人及其辩护人提出有线索支持的申请后,才会考虑刚性排除。庭前会议阶段,当辩方提出相关材料后,检察人员针对性作出解释,若检方分析的确存在证据不当问题,则有可能弃用该证据。进入审判阶段后,非法证据排除主要以刚性排除为主,即当犯罪嫌疑人或其辩护人提出非法证据排除申请后,控方对该证据的三性情况作出解释说明,必要时可申请鉴定,审判方进行调查后予以裁定。

司法实践中,刚性排除的实践性困境在于,面对惩罚犯罪的基本要求,检察机关和审判机关主动性审查的积极性不高,难度较大,但刚性排除是法律明确规

---

① 闫召华:《刑事非法证据"柔性排除"研究》,载《中外法学》2018年第4期。

定的主要非法证据排除方式，相应的实施规范更为细致、全面，因此柔性排除作为辅助刚性排除的方式，通过侦查机关自律机制或多方主体间沟通机制，主动性搁置非法证据。侦查机关在没有刚性排除压力下，缺乏柔性排除的主动性审查动力。建立刚性排除和柔性排除之间良好的互动关系，应加强从审查起诉到审判过程中的庭前会议非法证据刚性排除。经过调查核实后，对于非法证据，若侦查机关没有撤回该证据或辩方没有撤回申请，应当作出排除决定；审查逮捕、审查起诉期间，检察机关在调查核实后也必须作出排除与否的决定。

② 精细化各证据种类的规则要点

我国《刑事诉讼法》第 50 条规定了 8 类法定证据类型，包括：物证，书证，证人证言，被害人陈述，犯罪嫌疑人、被告人供述和辩解，鉴定意见，勘验、检查、辨认、侦查实验等笔录，视听资料、电子数据。不同证据种类的证据特性并非同一，因而对于各证据种类的排除规则，应精细化其要点。

以电子数据为例，刑事诉讼法及相关司法解释对电子数据的收集、固定和运用的程序规范，与物证、书证等其他证据的要求基本相同。为避免成为非法证据，电子数据的规范应具备以下几方面要点：

• 收集电子数据的规范要求

对侦查机关而言，收集电子数据是指侦查机关向有关单位和个人提取能够证明案件事实的电子数据。侦查人员应当根据案件情况全面调取和记录各方信息，必要时采取录音、录像等方式固定取证过程。刑事司法和行政执法应相衔接，不同机关之间的证据移送应保证其三性审查要求，符合法定条件才可作为证据使用。

• 勘验电子数据的规范要求

鉴于电子数据的特殊性，应客观、及时、全面地对其进行勘验。勘验时，在现场及相关场所对所有可能留存的电子数据进行查看、收集、固定，为后续电子数据的相关鉴定、质证提供有力支撑。

• 搜查电子数据的规范要求

搜查是找寻电子数据的重要方式，综合刑事诉讼法及相关解释的具体规定，搜查必须持有搜查证，搜查人员在实施搜查过程中不得少于两人，且必须在检察人员主持下进行，必要时可安排专业技术人员予以协助。搜查笔录由侦查人员制作，记载搜查的情况，并由侦查人员、被搜查人以及其他相关人员签名或者盖章。

• 查封与扣押电子数据的规范要求

对相关设备或载体的查封、扣押是收集电子数据的重要内容，需要对存有电子数据证据的电子设备、储存介质进行扣押，从而获取并保护、固定证据源，防止证据受到破坏。对于被扣押的物品和文件，应当会同在场证人和被扣押物品、文件的持有人查点清楚,写明物品或者文件的名称、编号、规格、数量、重量、质量、特征及其来源等信息。

- 电子数据鉴定的规范要求

电子数据鉴定是就电子数据取证中对专门问题进行的认定,也是增强电子数据证据效力的一种方式。电子数据涉及技术性专业问题,有时需要通过司法鉴定弥补侦查人员专业知识的不足,以便对电子数据及案件的认定提供坚实的科学基础。因此,对于电子数据的鉴定要严格按照司法鉴定的规程执行,要避免鉴定中因程序的违规而形成非法证据。

第四节 复旦大学研究生林森浩投毒案

一、相关概念简介

1. 二甲基亚硝胺

二甲基亚硝胺,分子式 $C_2H_6N_2O$,结构简式 $(CH_3)_2NNO$,分子量 74.08,缩写为 NDMA;黄色液体,可溶于水、乙醇、乙醚、二氯甲烷;可由二甲胺与亚硝酸盐在酸性条件下反应而生成,高毒,对眼睛、皮肤有刺激作用,摄入、吸入或经皮肤吸收可能致死,接触可引起肝、肾损害。美国政府工业卫生学家协会将 NDMA 列为人类可疑化学致癌物。

2. 痕迹检验

痕迹检验是刑事科学技术的一个组成部分,是指运用刑事科学技术方法及手段,对犯罪分子遗留在案件现场的各种痕迹物证进行勘验和鉴定,为侦查破案提供线索和证据。痕迹检验的主要任务在于发现、提取和保全各种痕迹,以及研究痕迹形成的机制及其与犯罪事件的联系。痕迹检验包括手印、足迹、工具痕迹、枪弹痕迹、牙齿痕迹、接体分离痕迹以及电子数据记录痕迹的检验等。

3. 浏览器记录

浏览器记录是指在计算机浏览器中曾经浏览过的网站信息被以缓存的方式保存下来作为浏览日志,可供日后查询。通过查看浏览器的历史记录,可以知道用户曾经访问过哪些网站。在搜索关键信息时,可以按时间、名称、地址以及访问次数等方式排序列出相关历史记录,来进行查看。

4. 证据链

证据链是指一系列客观事实与物件所形成的证明链条。证据链的构成至少包括三个要求:一是有适格的证据;二是证据能够证明案件的证明对象;三是证据之间能够相互印证,对案件事实排除了合理怀疑。

5. 证据关联性

"关联性被用于说明任何两项彼此存在如下联系的事实,即按照事情的一般过程,一项事实本其自身或者与其他事实的联系,为另一事实过去、现在或者未来的存在或者不存在提供证明或者提供可能性。"[①]证据关联性射向证据与待证事实存在的客观联系,具备因果关系,证据与待证事实存在某种关联是因,关联内容对待证事实证实与否是果,并通过证据关联性的证明性和实质性提供了参照分析依据。

二、案情概况

被告人林森浩与被害人黄洋均系复旦大学上海医学院2010级硕士研究生,同住一间宿舍。林森浩因日常琐事对被害人黄洋不满,决意采用投放毒物的方式加害黄洋。

• 2013年3月31日下午,林森浩以取物为借口,从他人处借得钥匙后,进入复旦大学附属中山医院11号楼204影像医学实验室,取出其于2011年参与医学动物实验后存放于此处的装有剩余剧毒化学品二甲基亚硝胺原液的试剂瓶和注射器,并装入一个黄色医疗废弃物袋带离该室。

• 3月31日17时50分许,林森浩携带上述物品回到421室,趁无人之际,将试剂瓶和注射器内的二甲基亚硝胺原液投入该室饮水机内,后将试剂瓶等物装入黄色医疗废弃物袋,丢弃于宿舍楼外的垃圾桶内。

• 4月1日9时许,黄洋在421室从该饮水机接水饮用后,出现呕吐等症状,于当日中午到中山医院就诊。4月2日下午,黄洋再次到中山医院就诊,经检验发现肝功能受损,遂留院观察。4月3日下午,黄洋病情趋重,转至该院重症监护室救治。

• 4月11日,上海市公安局文化保卫分局接复旦大学保卫处对黄洋中毒事件报案,立即组织专案组开展侦查。此前,包括在接受公安人员调查询问时,林森浩始终未说出实情。

• 4月12日零时许,公安机关确定林森浩有作案嫌疑并对其传唤后,林森浩才如实供述了其向421室饮水机投放二甲基亚硝胺的事实。

• 4月12日,林森浩被警方依法刑事拘留。

• 4月16日,黄洋经抢救无效,于当天15时23分在上海某医院去世。经法医鉴定,黄洋系因二甲基亚硝胺中毒致急性肝坏死引起急性肝功能衰竭,继发多器官功能衰竭死亡。

• 4月19日下午,上海警方正式以涉嫌故意杀人罪,向检察机关提请逮捕犯罪嫌疑人林森浩。

• 4月25日,黄浦区检察院以涉嫌故意杀人罪对犯罪嫌疑人林森浩依法批

---

① Declan McGrath, *Evidence*, Round Hall Ltd, 2004, p. 2.

准逮捕。
- 5月5日,黄洋父母给复旦大学校长杨玉良写亲笔信,质疑学校推诿避责。
- 6月26日,上海市公安局文化保卫分局出具《上海市公安局鉴定意见通知书》,诊断称林森浩无精神异常。
- 10月30日,上海市检察院二分院对嫌疑人林森浩提起公诉,公诉方指控涉案人林森浩以投毒方式故意杀人。
- 11月27日上午9时30分,"林森浩投毒案"在上海市第二中级人民法院公开开庭审理。庭审中,检方指控,被告人林森浩因琐事与被害人黄洋不和,采用投毒方法故意杀害黄洋并致其死亡,手段残忍,社会危害极大,其行为已构成故意杀人罪,提请法院对林森浩依法予以严惩。被告人林森浩辩称,其只是出于"愚人节"作弄黄洋的动机而实施投毒,没有故意杀害黄洋。辩护人对起诉书指控不持异议,但提出林森浩系间接故意杀人,到案后能如实供述罪行,有认罪表现,建议对其依法从轻处罚。11月27日下午6时15分,该案庭审结束。
- 2014年2月18日上午,上海市第二中级人民法院一审宣判,被告人林森浩犯故意杀人罪,判处死刑,剥夺政治权利终身。
- 2月25日,林森浩的二审代理律师唐志坚正式受林森浩委托向法院提起上诉。
- 2015年1月8日上午,上海市高级人民法院宣布"林森浩投毒案"二审维持原判。二审法院没有认可辩方提出的辩护意见,认为林森浩杀人手段残忍,后果严重,虽然到案后能如实供述,但不能从轻处罚。根据我国《刑事诉讼法》的规定,对林森浩的死刑判决将依法报请最高人民法院核准。
- 5月26日,最高人民法院针对"林森浩投毒案"被告人林森浩的二审死刑判决复核听取林森浩辩护人意见。辩护人阐述了四点意见,认为判处林森浩死刑的量刑过重,法官表示会依法审理。
- 7月28日,经林父的律师谢通祥申请和沟通,最高法院刑庭主办法官经过请示领导研究和慎重考虑,同意了被告人林森浩的父亲与主办法官的会见请求。在最高法院刑事审判庭内,林森浩案件的主办法官和林父交流了部分案情,法官与书记员还详细地作了笔录。
- 7月31日下午,林父林尊耀和谢通祥律师第二次来到最高法。这一次,林尊耀向最高法提交了一份由谢通祥与多位专家撰写的《请求最高法院不核准并撤销林森浩死刑意见书(一)》以及十多份和案件有关的申请。
- 12月9日,最高法下发核准林森浩死刑的裁定书。
- 12月11日,林森浩被依法执行死刑。行刑之前,上海市第二中级人民法院依法安排林森浩与其父亲林尊耀等亲属进行了会见。

三、案件情况分析

本案中有两份电子证据：监控视频和浏览器记录。这两份证据都成为公安机关侦破本案的关键证据，更是在法院的审判过程中成为定罪量刑的依据。

1. 监控视频

本案中的监控视频（连同上海市公安局文化保卫分局《调取证据清单》、复旦大学保卫处《情况说明》）证实，2013年3月31日17时41分22秒至17时47分36秒，林森浩右手拎着一个黄色袋子，和盛某一起从复旦大学××校区东区返回西××宿舍楼。约十分钟后，林森浩右手拎着黄色袋子走出西××宿舍楼，经过××教学楼门前，2分半钟后空手原路返回西××宿舍楼。

在刑事侦查中，一般情况下，监控视频可以真实且准确地记录、储存、证明案件客观真实的情况。凭借这种独有的客观真实性，监控视频相比于其他传统证据有着更强大的证明力。在刑事诉讼中，监控视频有其独特的固有性，不易和其他证据一样改变，如不像笔录和供述那样可以反复更改，也不像其他的书证那样在记录时存在记录人的主观可能性，其客观真实性与其他证据相比是最主要的不同之处。在监控视频的形成过程中，受到主观人为因素干扰的情况较少，只要形成便可以长久保持其原始形态，若视频被篡改，通过技术手段仍是可以被检测发现的。一般来说，监控视频只要存在，且未被篡改，就能为案件提供最真实、最可靠的证据，甚至成为法院决断的依据。本案中的监控视频不仅证明了林森浩取毒、丢弃犯罪工具的过程，还证明了林森浩有实施投放毒物的时间和行为的可能。

2. 浏览器记录

上海市人民检察院《电子数据检验报告》、上海市公安局物证鉴定中心《鉴定书》、上海浦东软件平台有限公司计算机司法鉴定所《司法鉴定检验报告书》及其附件光盘部分内容的打印件证实，林森浩在投毒后、黄洋喝水前，用自己的戴尔牌电脑上网查询过二甲基亚硝胺。在黄洋发病后，林森浩还多次用该电脑上网查询过二甲基亚硝胺的特征及中毒检测方法等。

线索是犯罪侦查中用于查明案件事实、收集证据材料不可或缺的媒介，对线索的正确运用能够有效推进案件的侦查进程。在对案件的侦查中，会出现大量线索，有些线索是真实的，有些线索是虚假的；有些线索与案件联系紧密直观，有些线索与案件的联系并不直接，而是具有间接性。在本案中，浏览器记录与案件的联系具有间接性，从侧面反映了林森浩事前曾刻意计划，有使用二甲基亚硝胺的打算，事发后又查询二甲基亚硝胺特征及中毒检测方法。浏览器记录作为侦查过程中的一条线索，显得尤为重要，将其作为一项证据与案件其他证据相互印证，能够证明被告林森浩投毒系主观故意，进而成为为林森浩定罪量刑的依据。

URL *	最后访问时间
Visited: Administrator@http://www.baidu.com/s?ie=utf-8&bs=在WORD如何从第四页开始标注页码&f=8&rsv_bp=1&rsv_spt=3&wd=二甲基亚硝胺&rsv_sug3=2&rsv_sug=0&rsv_sug4=343&inputT=3502	2013-03-06 10:50:19
:20130325201301401: Administrator@http://www.baidu.com/s?tn=baiduhome_pg&ie=utf-8&bs=陈明&f=8&rsv_bp=1&rsv_spt=1&wd=二甲基亚硝胺&rsv_sug3=3&rsv_sug=0&rsv_sug4=475&rsv_sug1=2&inputT=3128	2013-03-31 18:25:45
Visited: Administrator@http://www.baidu.com/s?tn=baiduhome_pg&ie=utf-8&bs=陈明&f=8&rsv_bp=1&rsv_spt=1&wd=二甲基亚硝胺&rsv_sug3=3&rsv_sug=0&rsv_sug4=475&rsv_sug1=2&inputT=3128	2013-03-31 18:25:45
Visited: Administrator@http://www.baidu.com/s?tn=baiduhome_pg&ie=utf-8&bs=二甲基亚硝胺&f=8&rsv_bp=1&rsv_spt=1&wd=二甲基亚硝胺+味道&rsv_sug3=2&rsv_sug1=1&rsv_sug4=82&inputT=1066	2013-03-31 18:27:28
:20130325201301401: Administrator@http://www.baidu.com/s?tn=baiduhome_pg&ie=utf-8&bs=二甲基亚硝胺&f=8&rsv_bp=1&rsv_spt=1&wd=二甲基亚硝胺+味道&rsv_sug3=2&rsv_sug1=1&rsv_sug4=82&inputT=1066	2013-03-31 18:27:28
Visited: Administrator@http://www.baidu.com/s?tn=baiduhome_pg&ie=utf-8&bs=二甲基亚硝胺+味道&f=8&rsv_bp=1&rsv_spt=1&wd=二甲基亚硝胺有味道吗&rsv_sug3=2&rsv_sug1=2&rsv_sug4=114&inputT=4695	2013-03-31 18:27:49
:20130325201301401: Administrator@http://www.baidu.com/s?tn=baiduhome_pg&ie=utf-8&bs=二甲基亚硝胺+味道&f=8&rsv_bp=1&rsv_spt=1&wd=二甲基亚硝胺有味道吗&rsv_sug3=2&rsv_sug1=2&rsv_sug4=114&inputT=4695	2013-03-31 18:27:49
Visited: Administrator@http://www.baidu.com/s?tn=baiduhome_pg&ie=utf-8&bs=二甲基亚硝胺重度&f=8&rsv_bp=1&rsv_spt=1&wd=二甲基亚硝胺中毒怎么办&rsv_sug3=5&rsv_sug=2&rsv_sug1=4&rsv_sug4=223&inputT=4128	2013-04-01 18:42:43
:20130401201301408: Administrator@http://www.baidu.com/s?tn=baiduhome_pg&ie=utf-8&bs=二甲基亚硝胺重度&f=8&rsv_bp=1&rsv_spt=1&wd=二甲基亚硝胺中毒怎么办&rsv_sug3=5&rsv_sug=2&rsv_sug1=4&rsv_sug4=223&inputT=4128	2013-04-01 18:42:43

图 4-12　林森浩笔记本电脑浏览器记录

用户通过日常使用计算机、手机、平板电脑等设备，进行新建、修改、访问、传输等操作所产生的电子数据记录就是其留下的痕迹，即用户痕迹。用户痕迹数据贯穿了使用计算机等设备的整个过程，也使得第三方调查者能够通过调查这些痕迹数据对嫌疑人进行用户行为串联和分析，从而为还原案件的真相提供了可能。本案就是一个很好的例子，从浏览器记录可以分析林森浩的犯罪心理，与他取毒、投毒、丢弃犯罪工具的行为进行串联分析，从而达到还原案件真相的目的，由此体现了浏览器记录的不可或缺性。同时，浏览器记录作为电子证据，是一种客观实在的记载，有比较完备的存储系统，客观性强于一般的传统证据，真实记载了事物原有的存在。

在案件侦查过程中，充分利用相关电子证据，能有效提高案件侦破效率，促进司法公正。尤其是在信息技术不断发展的今天，电子数据的记录及痕迹几乎是无处不在，电子证据将会成为案件证据的主要形式，案件的侦破也将越来越离不开电子数据。

四、涉案的电子证据

1. 案件监控视频：监控视频 2013 年 3 月 31 日 17 时 41 分 22 秒至 17 时 47 分 36 秒，林森浩右手拎着一个黄色袋子，和盛某一起从复旦大学××校区东区返回西××宿舍楼；约十分钟后，林森浩右手拎着黄色袋子走出西××宿舍楼，经过××教学楼门前，2 分半钟后空手原路返回西××宿舍楼。

2. 浏览器记录：林森浩的电脑浏览器记录显示，林森浩在投毒后、黄洋喝水前，用自己的戴尔牌电脑上网查询过二甲基亚硝胺；在黄洋发病后，林森浩还多次用该电脑上网查询过二甲基亚硝胺的特征及中毒检测方法等。

五、"林森浩投毒案"反映出的相关问题

1. 完整证据链中证据的关联性分析

在"林森浩投毒案"中，林森浩电脑浏览器以及监控视频等电子证据对林森浩犯罪过程中行为轨迹和案件事实起到了一定程度的证明作用。在完整证据链中证据与案件某些事实片段相关联，是确定定案证据的基础条件之一，证据的关联性亦是证据是否得以采纳的主要争议点之一。在英美法系中，关联性是证据得以采纳的重要分析要点，关联性与可采性既有联系亦有区分，证据关联性是证据可采性的前提，但证据具有关联性并不必然可采纳为证据，仅为必要条件而非充分条件。我国现行法律规定特别是相关证据规则与司法解释，对于判断证据有无关联性往往一语带过，模糊之处甚多，无法适应司法实践之需求。因此，有必要解释和解构证据关联性。

（1）证据关联性的理解

证据的关联性又称"相关性"，指的是"证据对其所要求证明的事实具有的必要的最小限度的证明能力"[①]。此外，对于证据关联性定义还有很多，其中经典的定义之一是："关联性被用于说明任何两项彼此存在如下联系的事实，即按照事情的一般过程，一项事实本其自身或者与其他事实的联系，为另一事实过去、现在或者未来的存在或者不存在提供证明或者提供可能性。"证据内容与案件待证事实（甚至只是待证事实的部分片段）存在某种连接相关性，具备证明事实或行为发生的实际能力。证据关联性射向证据与待证事实存在的客观联系，具备因果关系，证据与待证事实存在某种关联是因，关联内容对待证事实证实与否是果，并通过证据关联性的证明性和实质性提供了参照分析依据。在我国，按照主流的证据三性学说，证据关联性是证据自身的客观属性，不以人的意志为转移，

---

① 万旭：《瑕疵证据理论的反思与重建》，载《刑事法评论》2016 年第 1 期。

司法人员在办案过程中,必须如实科学有效地解释和评价涉案证据与案件待证事实的客观联系和逻辑关系,二者关系并非司法人员的主观臆想。

证据关联性的逻辑表现形式有多种,如因果联系、时间联系和空间联系、偶然联系和必然联系、直接联系和间接联系、肯定联系和否定联系等。① 对于涉案证据与待证事实的关联性逻辑表达与解释,司法人员和一般人员均能以可理解的方式进行认知,这种认知依赖于两方面:一是证据与待证事实存在实质性内容的联系和可解释性,司法人员通过简单或复杂的逻辑推理能够演化证据与待证事实之间的逻辑走向;二是现有法律思维和科技手段需同时能够帮助人们认知和理解证据与待证事实的关联性。

对于证据与待证事实关联性解释的可能性是多样的,为了避免涉案证据的缺漏,需严格细分证据内容的证明作用。例如,在本案中,监控视频证实林森浩拎着黄色袋子走出西××宿舍楼,经过××教学楼门前,2分半钟后空手原路返回西××宿舍楼。但抛开已有的结果定论,仅行为人拎着袋子进入房间后空手返回这一过程并非犯罪实施行为,只是在多方线索汇聚的情况下,监控视频记录的犯罪行为过程可成为犯罪行为前期准备、实施、事后掩饰等某一节点的证明片段,或者成为衔接各推定事实或行为的关键连接点。证据内容或承载信息能够直接证明犯罪行为是常见的关联性的逻辑表现,但其内容间接证明某些事实片段也可具有与案件事实的关联性。因此,对于证据关联性的解释和认知应当是动态的。

(2) 证据关联性的解构

"关联性取决于证据与证明对象(待证事项)之间的形式性关系。构成关联性的两个结构要素是证明性和实质性,证据相对于证明对象是否具有实质性,以及证据对于证明对象是否具有证明性,是判断证据有无关联性的依据。"② 具体分析因素包括三方面:一是证据来源、存在或形成环境与案件相关;二是与待证事实的解释或推理具有指向性;三是解释或推理具有明确的结果,即证明存在或不存在待证事实。一、二属于实质性判断,三是证明性判断。

我国有学者主张:"对诉讼证据关联性的认识,有两点应当注意:第一,从形式上推论,诉讼证据应当与案件事实之间有逻辑上的联系,这种联系表现为:运用形式逻辑的一般原理,能推论出诉讼证据与案件事实之间的关系,即诉讼证据能证明案件事实的全部或一部分,或某一案情是存在还是不存在。第二,从内容

---

① 因果联系指证据事实是案件主要事实的原因或者结果;时间和空间联系指证据事实属于与案件事实有关的时间、地点、环境等事实;偶然联系和必然联系、直接联系和间接联系、肯定联系和否定联系,反映了证据事实与案件事实之间存在偶然的或者必然的、直接的或者间接的、肯定的或者否定的关系。参见张建伟:《指向与功能:证据关联性及其判断标准》,载《法律适用》2014年第3期。

② 张建伟:《指向与功能:证据关联性及其判断标准》,载《法律适用》2014年第3期。

上看,诉讼证据所反映的内容应当是能直接或间接说明案件的有关情况,而不论这种反映是内在的,还是本质上的或必然的。"①从形式和内容两角度分析,实质性要素决定关联性的基础,即证据关联性分析的基础是证据证明的问题是需要运用证据分析加以证明的待证案件事实。在诉讼中,证据辩论须限定涉案范围,"诉讼一方可以证实所有与争议事实有关的情况,而不能去证实别的东西。这种相关的情况不仅包括主要争议事实本身的各个部分,而且也包括所有为辨明或解释主要争议事实所需要的辅助事实(举证事实)"②。

实质性要素:我国《刑事诉讼法》第120条规定,犯罪嫌疑人对侦查讯问人员提出的"与本案无关的问题",有权拒绝回答。法庭在质证过程中,对与案件没有关联的证据材料,应予排除并说明理由。实质性要素要求证据的来源、存在或形成环境与案件有关联,并且对争议的实质性问题或待证事实起到推理或解释作用。在司法实践中,证据关联的实质性要素认定并非固守不变,关键在于证明能否指向争议焦点,需结合辩诉双方的证明核心问题来加以判断。

证明性要素:证据证明待证事实存在或不存在,研判和确定可能性程度,是从结果意义上对实质性要素的推理或解释的证实。这种证实活动并不是从法律条文中获取,而是裁判者应用经验判断和科学逻辑综合研判,不得任意决断。从这个角度来看,证据关联性的证明性要素是具有一定"倾向性"的,虽然是经过严密的逻辑推理,但带有人的主观思考,是对于证据和意图证明的待证事实之间关系的合理性推断结果。

2. 证据链中直接证据和间接证据分析

从本案的裁判文书来看,其中证据大多为间接证据,如林森浩的上网痕迹、案件相关的监控视频等。按照证据学理分类标准,证据可分为间接证据与直接证据,直接证据可单独证明待证事实,而间接证据需要联合几个相关证据才能证明案件事实。在司法实践中,鉴于间接证据的证明对象多元化、内容复杂化、证明方式不确定等特点,裁判人员会报以一定的排斥心理,有时会以证明力较小或不能直接适用证据规则为由排除间接证据,使得原本可能得到认定的待证事实缺乏科学证明。因此,对间接证据的适用规则有必要予以解析。

"直接证据和间接证据的根本不同在于它们的证明方式,证明方式的不同在直接证据与间接证据的分类中就具体表现为证据与基础证明对象的直接联系或间接联系中。"③间接证据的特点在于需要运用严密的逻辑推理,一般需要与其

---

① 江伟主编:《证据法学》,法律出版社1999年版,第121页。
② 〔英〕J. W. 塞西尔·特纳:《肯尼刑法原理》,王国庆、李启家等译,华夏出版社1989年版,第516页。
③ 李树真:《间接证据疏义》,载《山东师范大学学报(人文社会科学版)》2008年第2期。

他证据结合才能证明案件主要事实,但有些间接证据也能够单独证明案件中的主要事实片段。单独从证明方式无法有效区分直接证据和间接证据,但结合证据关联性要求可做适度区分。一般情况下,直接证据被确认为真实后可直接解决争议事实问题,具备定案证据的关联性要求。间接证据的真实性与关联性不必然同时具备,尽管间接证据被提出用来证明某个事实片段,但与主要事实若缺乏附加推理逻辑则不具备关联性要求,缺乏证明力,无法影响指向的事实认定,即主张存在或不存在的高度盖然性判断没有证明基础。

直接证据和间接证据的证明逻辑要求不一。民事纠纷中,直接证据对一个事实的各方面可直接证明待证事实,无须多次辗转逻辑推理。例如,在借贷纠纷中,直接证据的表现形式可以是一张借款协议,包含双方身份信息、贷款的意思表示、贷款金额等必要性要件,缺一则无法明确一方向另一方借贷实事实,从而成为间接证据,需要联合其他证据来证明借贷事实。在刑事案件中,一个证据能够证明案件主要事实才是直接证据,例如一把带血的匕首,DNA 检测和指纹鉴定均可表明匕首上多项信息,但无法证明是谁拿着匕首杀了谁,这样只是间接证据;但如果录像视频中记录了犯罪嫌疑人实施杀害行为,则录像视频成为直接证据。同时,对于视频中行为人和犯罪嫌疑人的同一性认定属于辅助证据信息,起到对直接证据的辅助作用。直接证据和间接证据对于待证事实的逻辑要求并非证明力的高低之分,直接证据可以单独证明待证事实,只是对这类证据特征的理论阐述,并不是要说明在司法实务中直接证据一定优于间接证据,更不是说事实认定者只需要一个直接证据就可以认定争议事实。① 因此,民事诉讼中直接证据和间接证据对待证事实片段及其主张事实与证明包含的要素相关;刑事诉讼则需证明整个案件主要实施过程。单独直接证据不能定案,间接证据并非不能定案,多个间接证据对待证主要事实若形成闭合证据链,满足确实充分标准,亦可认定案件事实。

第五节 红黄蓝幼儿园虐童案

一、相关概念简介

1. 隐私权

英国《牛津法律大辞典》(The Oxford Companion to Law)认为,隐私权是不受他人干扰的权利,是关于人的私生活不受侵犯或不得将人的私生活非法公开

---

① 参见〔美〕乔恩·R. 华尔兹:《刑事证据大全》,何家弘等译,中国人民公安大学出版社 1993 年版,第 12—13 页。

的权利要求。① 我国法学家认为,隐私权是指公民享有的私人生活安宁与私人信息依法受到保护,是不被他人非法侵扰、知悉、搜集、利用和公开等的一种人格权。② 隐私权是自然人享有的对其个人的,与公共利益无关的个人信息、私人活动和私有领域进行支配的一种人格权。③ 隐私权的常见类型包括个人生活自由权、情报秘密权、个人通讯秘密权、个人隐私利用权。隐私权是公民人格权的重要内容,《中华人民共和国宪法》(以下简称《宪法》)以及《刑法》《民法典》等法律条文中均有相关规定。

2. 信息网络传播权

《中华人民共和国著作权法》第 10 条规定,所谓信息网络传播权,即以有线或者无线方式向公众提供作品,使公众可以在其个人选定的时间和地点获得作品的权利,它是著作权中财产权的重要内容。

3. 诽谤罪

根据《刑法》第 246 条,诽谤罪是指故意捏造并散布虚构的事实,足以贬损他人人格,破坏他人名誉,情节严重的行为。

二、案情概况

2018 年 12 月 26 日,北京市朝阳区人民法院依法对"红黄蓝幼儿园虐童案"进行公开宣判,自此牵动人心的"虐童案"真相大白,幼儿园教师刘亚男也被绳之以法。

- 2017 年 11 月 22 日晚,有十余名幼儿家长反映,朝阳区管庄红黄蓝幼儿园(新天地分园)国际小二班的幼儿遭到老师扎针、喂不明白色药片,并提供了孩子身上多个针眼的照片。家长提供的视频中显示,警方已提取孩子针眼等证据。朝阳分局刑警提取了园区大量监控视频,称警方正在调查中。

- 11 月 26 日,北京警方就该幼儿园幼儿疑似遭针扎、被喂药一事进行了通报,涉嫌虐童的幼儿园教师刘亚男被刑拘。警方称,此前网上传播的红黄蓝幼儿园第一大股东系某领导人儿子的消息,被证实纯属谣言。编造此谣言的金某、戴某某已被警方依法查处、教育训诫。两人对自己的造谣传谣行为均表示深刻忏悔,并亲笔写下悔过书。此外,利用网络编造、传播虚假信息,编造"老虎团"人员集体猥亵幼儿虚假信息的刘某也被警方行政拘留。同时,朝阳区政府责成红黄蓝幼儿园举办者对该幼儿园园按照程序免职。

- 11 月 28 日晚,北京市公安局朝阳分局官方微博(@平安朝阳)通报了红

---

① 参见〔英〕戴维·M. 沃克:《牛津法律大辞典》,李双元等译,法律出版社 2003 年版,第 719 页。
② 参见张新宝:《隐私权的法律保护》,群众出版社 1997 年版,第 12 页。
③ 参见王利明主编:《人格权法新论》,吉林人民出版社 1994 年版,第 487 页。

黄蓝新天地幼儿园事件调查结果。

• 12月29日,北京市朝阳区人民检察院经依法审查,对红黄蓝幼儿园教师刘亚男以涉嫌虐待被看护人罪批准逮捕。

• 2018年5月,就红黄蓝幼儿园虐童一案,检察机关向法院提起公诉。

• 2018年12月26日上午,北京市朝阳区人民法院依法对被告人刘亚男虐待被看护人案公开宣判。经查明,刘亚男为涉案幼儿园国际小二班的教师,在任职的班级内,使用针状物先后扎4名幼童,经刑事科学技术鉴定,上述幼童所受损伤均不构成轻微伤。但是,法院认为,幼儿是祖国的未来、民族的希望,是需要特殊保护的群体,其合法权益不容侵犯。刘亚男身为幼儿教师,本应对其看护的幼童进行看管、照料、保护、教育,却违背职业道德和看护职责要求,使用针状物对多名幼童进行伤害,其行为严重损害了未成年人的身心健康,已构成虐待被看护人罪。一审判处刘亚男有期徒刑一年六个月,同时禁止其自刑罚执行完毕之日或者假释之日起五年内从事未成年人看护教育工作。

• 刘亚男不服一审判决,向北京市第三中级人民法院提出上诉,认为侦查机关利用非法方法获取其有罪供述,其同事和四名被害人均未指证其犯罪,作案工具及现场监控录像未提取,不排除四名幼童的伤系其他原因造成,故原审判决认定其犯罪的证据不充分,请求宣告其无罪。刘亚男律师认为,根据刘亚男供述的作案时间至被害人体检的时间间距,远超正常痂皮可能留存的时长,不排除受害人及家长受虚假信息和舆论的诱导,作出不实陈述的可能。而刘亚男实施犯罪的动机不明显,亦不排除刘亚男因经受不住高强度审讯,作出虚假有罪供述的可能。北京市第三中级人民法院调取了公安机关对刘亚男的审讯同步录像。录像显示,刘亚男是主动、自然供述出其用针刺扎被害人的事实,写有亲笔供词,且其被羁押期间获得休息的权利得到了保障。

• 2019年6月11日,北京市第三中级人民法院对本案作出二审宣判,裁定驳回刘亚男上诉,维持原判。刘亚男因犯虐待被看护人罪获刑一年六个月,并被责令五年内禁止从事未成年人看护教育工作。

三、案件情况分析

在案件的侦查过程中,2017年11月23日,警方将行为人刘某(女,31岁,北京人)、李某某(女,29岁,河北人)抓获。她们对自己编造"老虎团"人员集体猥亵幼儿虚假信息,后通过微信群传播的违法事实供认不讳,并对造成的不良影响深表悔恨。但是,仔细看看这两个人的道歉,旁观者都无法感受到其诚意,反倒以"身为人母,为了孩子"这种理由来搪塞网友。《最高人民法院、最高人民检察院关于办理利用信息网络实施诽谤等刑事案件适用法律若干问题的解释》第2条规定:"利用信息网络诽谤他人,具有下列情形之一的,应当认定为刑法第二百四十六条第一款规定的'情节严重':(一)同一诽谤信息实际被点击、浏览次数达到五千次以上,或者被转发次数达到五百次以上的……"第3条规定:"利用信息网络诽谤他人,具有下列情形之一的,应当认定为刑法第二百四十六条第二款规定的'严重危害社会秩序和国家利益':……(五)损害国家形象,严重危害国家利益的……(七)其他严重危害社会秩序和国家利益的情形。"法律面前人人平等,刘某、李某某的行为和造成的转发量已经足够进行刑拘。

近年来,因在微信群里发表不当言论而惹上名誉侵权官司的案例并不鲜见。一些人之所以肆意在微信群里口无遮拦,一个重要原因在于他们认为微信群是虚拟的自由世界,言论不受约束。其实,这是一种错误的认识。诚然,微信群形式上属于特定群体的"自留地",但微信也是网络的一个子集,在互联互通的网络世界,本质上还是属于公共空间,只不过这种公共空间的人群相对特定而已。在公共空间信口雌黄,以侮辱性的语言或谣言对个人或特定的群体进行人身攻击,显然为法律所不容。无论是在传统世界还是网络空间,"言论的自由"不是"情绪宣泄的自由",对于他人或特定群体,均不得以言语上的辱骂或讽刺进行名誉侵权,这是最基本的法治要求。如果言语的辱骂或讽刺符合名誉侵权的构成要件,就会涉嫌违法,进而受到法律的制裁。因此,即使是在网络空间,也不能僭越法律的底线而任意对他人或特定群体实施名誉上的侵权行为。

本案中,许多人关注到了"红黄蓝幼儿园虐童案"的真相,希望对涉事教职工实施惩罚。而我们可以从另一个角度看待此案:刘某编造"老虎团"人员集体猥亵幼儿虚假信息,是在没有任何事实及证据的情况下散布谣言的行为,已涉嫌侵犯相关人员的名誉权,被行政拘留是其为自己不当言辞应该付出的法律代价。要知道,作为一项重要的人身权,名誉权始终受法律保护。《民法典》第1024条第1款规定:"民事主体享有名誉权。任何组织或者个人不得以侮辱、诽谤等方式侵害他人的名誉权。"《最高人民法院关于审理利用信息网络侵害人身权益民事纠纷案件适用法律若干问题的规定》对利用网络侵犯他人名誉权的法律责任也作出了具体规定,轻则承担民事责任,重则将被追究刑事责任。在法律规定如此完善和严密的情况下,仍有此类情况发生,既凸显了这类人热衷于在微信群里诋毁他人的任性,更凸显了其法治意识的淡薄,让其付出应有的法律代价,实乃一个法治社会的应有之义。微信不是法外之地,不负责任地发布诋毁他人的言论,引起社会强烈不安的行为必将受到法律制裁。

此外,本案中调取涉事班级监控视频存储硬盘时发现已有损坏,经专业公司技术检测,系多次强制断电所致。经查,该园库管员赵某某感觉监控设备噪音大,经常放学后将设备强制断电,经鉴定部门数据恢复,已恢复约113小时视频,未发现有人对儿童实施侵害。虽然官方修复了监控视频,未对案件造成证据缺失的影响,但这也让我们发现,幼儿园的监控视频对于儿童的安全是何其重要,应该具有同步备份措施,如将数据备份在云端,这样即使硬盘有损坏,也能够取到完整的数据,还原事实真相。因此,有必要出台相关政策或法律法规,以鼓励或规范各类企业及机构对于监控等设备产生的电子数据信息进行同步备份,如使用云存储等,以备不时之需。

四、"红黄蓝幼儿园虐童案"涉案的电子证据

1. 监控视频存储硬盘:涉事班级监控视频存储硬盘,发现已有损坏(后修复)。经专业公司技术检测,系多次强制断电所致。

2. 监控录像:涉事班级监控视频存储硬盘已有损坏,经鉴定部门数据恢复,已恢复约113小时视频,未发现有人对儿童实施侵害。

3. 微信群内涉案视频:针对2017年11月23日某电视台报道该园幼儿被喂食药片的情况,经核实,幼儿家长苟某(男,28岁,四川省人)承认孩子没有在园内被喂食药片,视频内容系其在家中使用家人服用的药片。苟某承认以语言诱导方式询问孩子,拍摄后发至幼儿园家长微信群。

4. 网络编造、传播的虚假信息:针对网传涉事幼儿园"群体猥亵幼童"等内容,经查,系刘某、李某某二人编造传播。2017年11月26日,李某某在个人微博公开致歉。

5. 公安机关对刘亚男的审讯同步录像:北京三中院调取了公安机关对刘亚男的审讯同步录像。录像显示,刘亚男是主动、自然供述出其用针刺扎被害人的事实,并写有亲笔供词。

五、"红黄蓝幼儿园虐童案"反映出的相关问题

1. 刑事侦查中网络取证侵犯公民隐私的规制分析

随着信息时代、网络时代的到来,远程在线提取电子数据已经成为刑事侦查的必要手段,但此种行为可能导致控辩力量对比失衡和侵犯公民隐私权。因此,有必要在网络犯罪侦查活动中明确公民隐私信息的保护规范。

在网络环境中实施犯罪活动会留下潜在的痕迹记录,例如搜索记录、下载记录、设备信息等。为了获取这些可能成为证据的电子数据,需要对电子数据原始存储介质进行现场取证,或通过网络实施在线取证。我国2016年由最高人民法院、最高人民检察院和公安部联合发布的《关于办理刑事案件收集提取和审查判断电子数据若干问题的规定》第9条第2款规定:"对于原始存储介质位于境外或者远程计算机信息系统上的电子数据,可以通过网络在线提取。"2019年公安部《公安机关办理刑事案件电子数据取证规则》第二章第四节对"网络在线提取电子数据"作了较为细致的规定。通过远程在线提取电子数据证据的方式,固然增强了侦查机关的证据收集能力,有利于打击犯罪特别是网络高科技犯罪,但在

证据取得的同时也可能侵犯公民隐私权和触及个人信息安全。若取得的数据被滥用,则可能导致严重后果。

目前,关于网络侦查取证制度与网络隐私保护的立法不多且较为分散,主要分布于《民法典》《刑法》《民事诉讼法》《刑事诉讼法》《行政诉讼法》等实体法和程序法中,这些法律分别在各自调整的范围内对隐私信息进行保护。在网络侦查取证制度方面,2012年修正的《刑事诉讼法》中明确了"尊重和保障人权"条款和非法证据排除规则。随后,多个相关部门又联合发布《关于实施刑事诉讼法若干问题的规定》,作了进一步详细规定。从立法技术来看,这些法律规章比较粗糙泛化,可操作性不足,对网络侦查启动门槛设置过低,侦查范围和手段没有体现比例原则,尤其是网络侦查缺乏有效的外部监督和制约。[①] 这种缺乏操作性的规定导致在侦查中对位置服务数据的利用过于随意,几乎可以依据侦查便利性进行自由裁量,甚至非法截取和滥用也无法得到监督和制约。因此,可以借鉴国外立法经验,从数据权利保护角度探讨网络取证中对公民隐私的保护规制方法。

(1) 区分一般数据和敏感数据

在网络取证中,要注意区分一般数据和公民信息的敏感数据。根据欧盟2018年5月25日发布的《通用数据保护条例》(General Data Protection Regulation,GDPR,又译《一般数据保护条例》),其第9条第1款将揭示种族或民族出身、政治观点、宗教或哲学信仰、工会成员的个人数据,以及以唯一识别自然人为目的的基因数据、生物特征数据、健康数据、自然人的性生活或性取向的数据,规定为敏感数据。日本和韩国的《个人信息保护法》、印度《信息技术法》和《数据保护框架白皮书》中均有对于一般数据和敏感数据的区分。我国虽然在立法中还未明确敏感数据范围,但在《信息安全技术 个人信息安全规范》(GB/T 35273-2017)中,将身份证件号码、个人生物识别信息、银行账号、通信记录和内容、财产信息、征信信息、行踪轨迹、住宿信息、健康生理信息、交易信息、14岁以下(含)儿童的个人信息等规定为"个人敏感信息"。

就网络犯罪侦查中提取电子数据而言,应在区分作为行为对象的不同类型数据的基础上规定不同的行为规制手段。首先,在网络侦查取证前,侦查机关应对取证的电子数据范围和对象,根据办案经验和一般理性评估判断是否包含敏感数据。其次,对不同类型数据设定不同审批要求:对于一般数据可在侦查机关内部办案小组或者部门负责人申请调查;对于敏感数据可向侦查机关第一负责人申请调查,并向检察监督部门予以报备。在实施取证获取敏感数据后,敏感数据的流传和传输应当设定安全保障措施,通过加密方式传递,保障其在诉讼前、

---

① 参见郑曦:《刑事侦查中远程在线提取电子数据的规制》,载《国家检察官学院学报》2019年第3期。

中、后不被诉讼之外的目的使用。

（2）明确避免数据滥用的承担义务

为了防止网络侦查取证中对公民隐私信息的滥用，特别是取证和诉讼之后要限制对获取的电子数据的使用范围，有关机关应承担避免数据滥用的审查和保障义务，具体包括审慎使用义务、安全保障义务、泄露告知和补救义务。

审慎使用义务要求侦查机关基于刑事侦查取证的目的，完全根据犯罪侦查的需要，不得出于窥私和个人使用。取证发生之后，涉案电子数据仅用于对犯罪行为的侦查、起诉和审判，并遵守我国《刑事诉讼法》第152条第2款"对采取技术侦查措施获取的与案件无关的材料，必须及时销毁"，以及2019年公安部《公安机关办理刑事案件电子数据取证规则》第4条"公安机关电子数据取证……对于获取的材料与案件无关的，应当及时退还或者销毁"等条款的规定。

安全保障义务要求电子数据流转的各机关间，对电子数据的机密性加以保护，对流转和传输过程进行完整记录和保密。由于电子数据的易篡改特性以及电子取证的技术要求，网络侦查取证的过程应当全程记录，包括笔录、见证人、录音录像等记录方式。必要时可对所取电子数据进行数据加密以防止数据泄露，保障数据安全。在区分一般数据和敏感数据的基础上，应当对个人数据特别是敏感个人数据根据其泄露的风险设置相应的加密措施，例如添加密级标识、设置加密授权触发机制等，以保证其安全。

泄露告知和补救义务是在出现与公民隐私数据相关的电子数据泄露事故后，数据控制者应当及时向涉案人告知并且采取必要手段予以补救。一旦数据发生泄露，通常要求数据控制者进行"双报告"，即向主管部门和数据主体报告。例如，欧盟《通用数据保护条例》第33、34条规定，当发生个人数据泄露时，数据控制者通常应在知道之时起72小时内向监管机构报告，若此种泄露可能给自然人权利和自由造成高风险，应当及时向数据主体告知。我国《网络安全法》第42条第2款也规定："网络运营者应当采取技术措施和其他必要措施，确保其收集的个人信息安全，防止信息泄露、毁损、丢失。在发生或者可能发生个人信息泄露、毁损、丢失的情况时，应当立即采取补救措施，按照规定及时告知用户并向有关主管部门报告。"网络侦查取证获取的电子数据一旦发生数据泄露事件，应当立即采取补救措施并向上级部门报告，若数据泄露事件可能对涉案主体造成损失，应当及时告知涉案主体，并对其保护。此外，根据数据泄露的具体情节，对实际数据取证人或监管负责人设定从纪律处罚到刑事责任的分级惩罚体系，以降低其不履行义务致使公民权利受到侵害的潜在风险。

2. 网络诽谤行为的主观定性分析

英国《牛津法律大辞典》对"诽谤"的解释为"以虚假事实向不特定第三人传播，并造成他人名誉受损"。我国《刑法》第246条第1款规定："以暴力或者其他方法公然侮辱他人或者捏造事实诽谤他人,情节严重的,处三年以下有期徒刑、拘役、管制或者剥夺政治权利。"诽谤是一种散布虚假事实致使他人名誉受损的行为,诽谤行为的严重性与其散布传播的深度和广度存在相关性,传统诽谤往往通过人与人之间"口口相传"的途径传播。如今,诽谤传播的深度和广度受到网络与信息技术的加持,其传播面通过微博、微信、抖音等自媒体或短视频工具急剧扩大,对受害人造成的影响往往难以预测。这种通过网络作为传播媒介的诽谤行为,成本低、影响力大,且传播速度极快。由于网络的匿名性和隐蔽性,网络信息往往真假难辨,判别存在难度,对于网络诽谤行为的定性成为刑事责任认定的难题。

我国刑法尚未对诽谤罪的规定进行修改,而是通过司法解释的方式应对网络诽谤。2013年颁布的《最高人民法院、最高人民检察院关于办理利用信息网络实施诽谤等刑事案件适用法律若干问题的解释》,对于网络环境中诽谤罪的认定明确了入罪标准,对"情节严重"等客观要素确定了明晰的量化标准,就虚假散布、捏造散布、篡改散布等入罪定性。但是,网络诽谤与传统诽谤在主观认定上仍存在一定差异。

传统诽谤罪是指故意捏造并散布虚构的事实,足以贬低他人人格,实施破坏他人名誉,情节严重,从而构成的犯罪。主观构成要件要素中需认识到事实必然为假,但网络环境中这种主观认识愈发难以认定甚至无法认定。发布者和传播者分离,网络取证困难,使得从客观行为到主观意识均难以推定。虽然《最高人民法院、最高人民检察院关于办理利用信息网络实施诽谤等刑事案件适用法律若干问题的解释》规定了篡改原始信息为损害他人名誉的事实,散布的客观行为可以视为诽谤罪客观方面的"捏造事实诽谤他人",但其没有对这种情况下主观构成要件要素作进一步解释,这就造成了认定争议。

例如,甲根据指使人乙的陈述内容(乙捏造事实损害他人名誉),编辑相关材料在网上散布传播,甲对这些材料的真假并不知情也未进行核实。那么,根据《最高人民法院、最高人民检察院关于办理利用信息网络实施诽谤等刑事案件适用法律若干问题的解释》中的规定,此种情况中存在损害他人名誉的行为,甲在客观方面可视为诽谤罪客观方面的"捏造事实诽谤他人",但其是否符合诽谤罪的主观故意要件,则值得思考。

观点一认为,甲存在诽谤罪的间接故意。甲某不知道是否真实的信息一旦传播,可能对他人声誉造成影响,且未核实就传播,属于放任此违法信息传播的情形,至少可以认定甲存在诽谤罪的间接故意,构成诽谤罪,应适用刑法对其判处刑罚。

观点二认为,如果甲只是对未知真实的信息在网上进行事实陈述,且根据社会经验,一旦传播对他人声誉造成的影响较低,则这种情况下可以适用刑法学理论中的主观的超过要素理论解决。根据此种观点,"主观的超过要素"是将目的犯的"目的"、倾向犯的"内心倾向"和表现犯的"内心过程"看成是"超过"故意犯罪的"故意"的主观要件要素,且没有客观事实与之对应,因此主观的超过要素起着限缩处罚范围的作用。甲没有诽谤他人的故意,而主观的超过要素起着限缩处罚范围的作用,则根据违法有责的二分体系以及结果无价值论的观点,甲的行为仅仅符合违法构成要件,不符合有责构成要件。应对甲适用行政处罚法以及治安管理处罚法的相关规定进行行政处罚,而对甲适用刑法中关于诽谤罪的相关规定,则可能有违刑法的谦抑性,有失偏颇。而事实上,对于此种情况,司法实践中除非有其他证据能明显证明甲有犯罪的直接故意,否则根据自诉人的自诉而将其认定为犯罪的可能性相对较低。因此,观点二是司法实践所采纳的观点。

此外,由于网络环境的复杂性和不可接触性,判断诽谤行为的主观意识表示更加困难,现实环境中判断诽谤罪的相关标准和经验可能失效。如何结合网络诽谤的特点构建诽谤罪主观要件的判别标准,成为需要研究与思考的问题。

按照我国刑法的规定,诽谤罪主观方面只能体现为故意,主观意识形态的分析需要结合现实环境和客观行为综合分析。换言之,意识形态的推定需从客观行为表征进行分析认定。网络平台转发是网络中最为常见的表现方式,其源头较难查证,自媒体等平台将捏造和散布的复合行为逐渐模糊并合一化,转向侵犯法益行为则聚焦在散布捏造的虚假事实这一行为。① 捏造作为前置行为被模糊化,散布的单一行为的认定标准亦符合《最高人民法院、最高人民检察院关于办理利用信息网络实施诽谤等刑事案件适用法律若干问题的解释》原意,明知是捏造的损害他人名誉的事实,却在信息网络上散布,情节恶劣的,以捏造事实诽谤他人论。鉴于网络环境的不确定性,作为主观构成要素的故意的认知也不以行为人认识到行为的捏造性质为必要,只要认识到行为具备对捏造的事实的散布性质即可。② 明知是捏造事实却转载散布的行为不一定比捏造事实本身造成的影响小,例如,微博名人的转载热议效应远比一个普通捏造者造成的影响大。由于转发转载的便利性,单纯散布行为与捏造行为的法益危险性可相提并论。此外,转载散布主体规避法律责任的常见做法是无意识转发行为并载明非原创仅转发,以期避免问责。对于被侵犯法益结果来看,这种行为的主观意图无非认为网络具有隐蔽性,法不责众,但造成结果的负面性并未减弱,并且会助长此类行为。言论自由不代表言论无边,言论自由的前提是不对他人权益造成影响,否则应受法律管控。因此,仅散布行为在主观上是否认知到行为与捏造事实之关系并不影响诽谤罪构成,认识到散布行为的意识支配性即可符合诽谤的主观意思表示。

---

① 参见张明楷:《网络诽谤的争议问题探究》,载《中国法学》2015年第3期。
② 参见李川:《网络环境下诽谤罪主观要素认定标准探究》,载《暨南学报(哲学社会科学版)》2019年第2期。

对行为性质的主观意识支配仅是故意认知要素之一,行为对象必须是捏造的虚假事实。对于捏造事实的理解因人而异。在传统诽谤中,由于物理环境限制,散布主体往往可以接触亲历者,予以内心合理确信,但网络打破了物理环境的局限性,使合理确信的核实行为更为困难。合理确信的核实行为在网络环境中应当有最低行为义务:一是转发即默认散布者对转发信息的真实性的认可;二是散布主体有合理理由使其确信所转载信息为真实;三是散布主体在其能力范围内实施了普通人可认知并接受的核实行为。需要指出的是,散布主体认识到转发信息的虚假性且未予以核实,若最终信息被证实不符合捏造的客观性要素,散布行为当然不构成诽谤行为,主客观一致是诽谤问责的基本前提。

因此,对于网络诽谤认定的主观故意不仅包括直接故意,也包括间接故意,特别是网络传播中行为人不负责任地肆意散布贬损名誉的信息而不进行核实和分辨。如前文所述,在捏造和散布相融合的情况下,影响范围更大的消极性传播可能比积极性传播更普遍,散布主体在未经任何核实的情况下,不负责任地随意传播,虽不具备直接故意,但也具有明显的放任。散布主体明知转发信息在网络环境下的不可控性,但又实施了转发行为,至少主观上有任意性。若将诽谤罪故意仅限于直接故意,则无法实际反映出网络环境中随意散布传播诽谤信息者的心理特征,更无法实现对于网络诽谤的有效规制。

第五章 民事诉讼中的电子数据

第一节 张某武诉陈某雄合作合同案

一、相关概念简介

1. 声像资料

声像资料是一种以模拟信号或者数字信号的形式组成存储的信息编码,通过相关设备的读取可将该信息编码转换成可被人类感知的声音或图像信息。从证据表现形式来看,声像资料是以相关录音、录像设备或电子设备存储的能够表明案件事实的音频、视频和图像,具体可分为录音资料,包括录音磁带、手机音频等。录像资料,即一组图像以动态连续变化的信息表示,包括有声和无声的录像片、电视电影资料等;图像资料,包括图片、数码照片等。

声像资料与视听资料(audio-visual material)有些许不同。在我国三大诉讼法中,法定证据种类里均包括了"视听资料"与"电子数据"。根据《民事诉讼法解释》(于2015年2月4日实施)第116条规定,视听资料包括录音资料和影像资料,电子数据是指通过电子邮件、电子数据交换、网上聊天记录、博客、微博客、手机短信、电子签名、域名等形成或者存储在电子介质中的信息。存储在电子介质中的录音资料和影像资料,适用电子数据的规定。视听资料与电子数据在存储形式上有一定区别,视听资料更倾向于传统的模拟信号设备录取的声音和图像信息,以数字信号存储的电子形式的声音、图像、录像适用电子数据的规定。从现实情况来看,随着电子信息设备的发展和应用,模拟形式的视听资料正在被电子数据形式的声像资料所替代,但二者证明信息的作用一致,均为法定证据。在不区分存储形式的情况下,因声像资料和视听资料都是能够表明案件事实的音频、视频和图像,在电子数据成为独立证据之前,也会笼统地将声像资料称为视听资料。

2. 声像资料司法鉴定

结合司法部2000年11月29日颁布的《司法鉴定执业分类规定(试行)》第15条,声像资料司法鉴定是指运用物理学和计算机学的原理和技术,对录音带、录像带、磁盘、光盘、图片等载体上记录的声音、图像信息的真实性、完整性及其所反映的情况过程进行鉴定,并对记录的声音、图像中的语言、人体、物体作出种类或同一认定。

3. 录音真实性

录音真实性是指录音资料的内容是否真实可信,是否有任何增加、删减、剪接、篡改伪造的情形。为增强证据效力,必要时可对录音的真实性进行司法鉴定。

4. 录音合法性

录音合法性是指录音来源是否符合法律规定的要求,是否能够准确提供录音资料的形成时间、地点、制作人、制作过程以及录制设备等信息。录音资料向法官出示时应当为原件,在特殊情况下,无法当场提供原件的则应当说明无法调取录音原件的原因,并且说明录音出示件的合法制作过程以及原件状态情况,这些说明应当以纸质形式并附有适格制作人和原件持有人或负责人的签名及印章。

5. 录音关联性

录音关联性是指录音资料承载的信息能够与案件争议焦点相关联,其是录音资料作为法定证据的实质性要求。录音关联性也体现为录音资料所映射的案件事实能够与其他证据表明的事实相互印证,或者录音资料可与其他证据形成证据链,对案件事实起到关键的证明作用。

二、案情概况

- 2008年3月20日,张某武与陈某雄就合作经营某物流综合市场项目签订《合作协议》。协议第4条约定,陈某雄同意以不低于6000万元作为张某武的项目分红,并在此协议生效日起7年内分期付清;其中,2010年12月31日前,陈某雄至少应向张某武支付6000万元的25%即1500万元;
- 一审:2010年11月26日,张某武向广东省珠海市香洲区人民法院提起诉讼,法院判决陈某雄应支付张某武1500万元及逾期利息。
- 二审:陈某雄不服香洲区人民法院一审判决,向珠海市中级人民法院提起上诉。珠海市中级人民法院驳回上诉,维持原判。陈某雄不服二审判决,向广东省高级人民法院申请再审。
- 再审:广东省高院再审判决,撤销珠海市香洲区人民法院和珠海市中级人民法院民事判决;驳回张某武的诉讼请求。张某武不服广东省高级人民法院上述再审民事判决,向最高人民法院申诉。
- 申诉:2016年4月26日,该案在最高人民法院第一巡回法庭开审。最高人民法院再审期间,张某武提交了一份录音:张某武女儿私自录制的张某武与陈某雄于2012年6月16日14时50分至17时在深圳市五洲宾馆一楼大堂咖啡厅的谈话录音,拟证明本案《合作协议》签订的整个过程及双方合作事宜的来龙去脉,即张某武与陈某雄的合作关系源于2001年,陈某雄认可张某武为项目公司做所的各项工作并对工作所形成的约定成果予以认可,陈某雄希望更改6000万元收益为3500万元,6000万元是40%权益的支付对价,即陈某雄在2008年选择了较股权价值低的对价6000万元。最高人民法院认为,该录音系两人就《合作协议》产生争议后双方协商的谈话过程,能够客观反映双方合作的相关事宜,与本案的基本事实密切相关,符合《最高人民法院关于适用〈中华人民共和国民事诉讼法〉审判监督程序若干问题的解释》第10条第1款第1项规定"原审庭审结束前已客观存在庭审结束后新发现的证据",属于再审中的新证据,应当采纳。

三、案件情况分析

本案经过基层人民法院一审、中级人民法院二审、高级人民法院再审和最高人民法院的申诉,共四个阶段,一审和二审阶段原告均胜诉,再审阶段却被高级人民法院认定败诉,但在申诉阶段最终被最高人民法院判决胜诉。纵观本案情节,张某武提供的录音资料成为最终扭转案件审判结果的关键。因此,本案核心争议点之一在于能否认定张某武在申诉阶段补充的录音资料作为证明案件事实的新证据。

首先,录音资料作为属于民事诉讼法中法定证据种类之一的"视听资料"或"电子数据"证据,从证据形式上符合法律规定。

其次,有关申诉阶段张某武补充提交的录音资料能否作为新的质证证据的问题,这里涉及两个具体问题:

第一,张某武补充提交的录音资料是否是新的证据。根据《最高人民法院关于适用〈中华人民共和国民事诉讼法〉审判监督程序若干问题的解释》第10条第1款第1项"原审庭审结束前已客观存在庭审结束后新发现的证据"的规定,该项录音资料的形成时间在一审判决结果之前,符合规定,属于新的证据。

第二,该录音资料是否属于逾期提交证据,若是逾期提交,能否作为质证证据。《民事诉讼法》第65条规定:"当事人对自己提出的主张应当及时提供证据……当事人逾期提供证据的,人民法院应当责令其说明理由;拒不说明理由或者理由不成立的,人民法院根据不同情形可以不予采纳该证据,或者采纳该证据但予以训诫、罚款。"在本案中,张某武提供的录音证据形成时间是一审判决之前,但并未在之前的诉讼程序中予以提交,属于逾期提供证据的情形,因此法院需要审查其逾期的情形和理由。《民事诉讼法解释》第102条规定,当事人因故意或者重大过失逾期提供的证据,人民法院不予采纳。但该证据与案件基本事实有关的,人民法院应当采纳。当事人非因故意或者重大过失逾期提供的证据,人民法院应当采纳，并对当事人予以训诫。该录音资料说明了张某武与陈某雄二人之间的经济行为，与案件事实相关。同时，该证据直接影响案件审判结果，符合《民事诉讼法》第200条第1项规定"有新的证据，足以推翻原判决、裁定的"，属于再审理由，并且由于一审和二审裁判结果均为胜诉，但再审阶段发生了逆转，因此在申诉阶段原审原告再提交该录音资料符合人的正常思维逻辑，并非故意或重大过失逾期提交证据。综上，再审阶段张某武补充提交的录音资料可作为新的质证证据。

最后，从证据的合法性来看，根据张某武女儿所述，案件中提供的证据是她在张某武与陈某雄谈话阶段私自录制，陈某雄并不知晓谈话内容正在被录制。那么，私自录制的录音资料是否合乎法律规定呢？该录音材料内容是张某武与陈某雄在宾馆大厅的公共场所中就《合作协议》相关款项的支付产生争议后双方沟通谈话的真实记录，其取得并未侵害陈某雄或其他人的合法权益，也未有违反法律禁止性规定或违背公序良俗的情形。录音内容与案件事实相关，取得手段没有违反法律规定，可以作为认定案件事实的证据。

从证据的真实性来看，根据《民事诉讼法》第71条规定，人民法院对视听资料，应当辨别真伪，并结合本案的其他证据，审查确定能否作为认定事实的根据。因此，法院可对该录音资料进行司法鉴定，确认其真实性。另外，当事人双方均承认录音材料的记录内容，则该录音材料亦可作为定案证据。

从证据的关联性来看，该录音材料内容记录了涉案双方当事人就二人长期以来的合作对于《合作协议》的相关款项约定，内容直接表明了案件争议的焦点事实，与涉案其他证据形成一条证据链，能够确认张某武与陈某雄之间的合同约定内容。

四、涉案的电子证据

1. 录音资料：本案中由张某武女儿录制的张某武与陈某雄于2012年6月16日14时50分至17时在深圳市五洲宾馆一楼大堂咖啡厅的谈话录音。
2. 录音设备：记录涉案录音资料的录制设备。

五、"合同案"所反映出的相关问题

（一）私自录制的录音、录像成为合法有效证据的条件

1. 相关法律法规中关于"声像资料"的证据规定

在日常生活中，"偷录"的声像资料是司法实践中经常遇到的证据材料。为预防纠纷处理困难，让义务人能够主动披露关键信息，会有权利人在未告知对方

的前提下私自录制双方谈话内容。这种未经允许的"偷录"行为是不得已为之，若告知对方正在录音，对方往往会心生警惕或有所保留，不会自然表露，可能避重就轻甚至捏造、否认真实情况。"偷录"的录音或录像必须符合法律规定才能成为定案证据。1995年3月6日发布的《最高人民法院关于未经对方当事人同意私自录音取得的资料能否作为证据使用问题的批复》规定，证据的取得首先要合法，只有经过合法途径取得的证据才能作为定案的证据。未经对方当事人同意私自录制其谈话，系不合法行为，以这种手段取得的录音资料，不能作为证据使用。

除了基本法律和司法解释之外，地方性司法文件同样规定了关于如何认定"偷录"录音、录像的证据效力。例如，《山东省高级人民法院民事诉讼证据规则（试行）》(2001年7月12日山东省高级人民法院审判委员会第35次会议通过)第87条规定："视听资料不能单独作为认定事实的根据，应当结合案件的其他证据予以审查认定。未经对方当事人同意，以偷录、窃听等非法手段取得的视听资料不具有证据效力。"

从以上相关法律法规以及司法解释来看，"偷录"一般会被认定为非正常获取证据的行为，但并不是所有的"偷录"都是不合法行为，若"偷录"并不是以侵害他人合法权益或者违反法律禁止性规定的方法取得，在司法实践中仍可得到法官的认可。

2. 司法实践中"偷录"录音、录像成为合法有效证据的条件

最高人民法院的司法判例对于司法审判通常具有指导性意义，通过裁判文书网检索，可从司法案例中发现最高人民法院对于"偷录"录音、录像的认定。

表 5-1 相关司法案例

案例名称	内容概要	是否采信
朱以科等与重庆创硕建筑劳务有限公司等建设工程分包合同纠纷案，(2012)民再申字第324号	最高人民法院认为，根据《民事诉讼证据规定》第69条3项关于存有疑点的视听资料不能单独作为认定案件事实的依据的规定，朱以科以其与余代德、陈德清、徐东通话录音为证，拟证明双方有未结算工程，但由于余代德、创硕公司不予认可，且该通话录音内容不清晰，仅凭该通话录音不能证明双方有未结算工程	否
张冠雄与福建省燕京惠泉啤酒股份有限公司等技术合同纠纷案，(2012)民申字第1318号	最高人民法院认为，张冠雄为证明其主张所提交的主要证据是与惠泉公司部分领导的5份通话录音资料，但由于该5份通话录音资料所涉及的技术成果、技术合同等内容均为张冠雄在通话中自己陈述的，通话对方并未认可，张冠雄也没有提供其他证据予以佐证，因此原一、二审法院认定张冠雄不能证明所主张的技术成果和技术合同真实存在并无不当	否

（续表）

案例名称	内容概要	是否采信
乾安东方能源化工有限公司与王龙等买卖合同纠纷案,(2013)民申字第529号	最高人民法院认为,关于山东恒泰录音录像证据能否采信的问题。《民事诉讼证据规定》第70条规定:"一方当事人提出的下列证据,对方当事人提出异议但没有足以反驳的相反证据的,人民法院应当确认其证明力:……(三)有其他证据佐证并以合法手段取得的、无疑点的视听资料或者与视听资料核对无误的复制件……"录音录像属于视听资料,山东恒泰提供的录音录像虽未经过被摄录人员许可,但该录音录像的方法未侵害他人合法权益,其内容未侵犯他人隐私、人身、人格等权利,也未违反法律禁止性的规定,而且该份证据经过法院委托鉴定机构进行了鉴定,结论为未发现检材经过剪辑处理。根据上述规定,该份证据具有相应证明力,二审法院予以采信,并无不当	是
嘉兴市大江南丝绸有限公司与中国茧丝绸交易市场等赔偿损失及返还期货保证金纠纷案,(2012)民提字第104号	最高人民法院认为,经本院再审庭审质证,交易市场、结算公司对大江南公司提交的光盘所记录谈话事实的真实性没有疑义,亦没有证据证明大江南公司在取得上述证据时采用了强制等非法手段。其虽对大江南公司整理的《谈话录音录像记录》文稿内容有异议,但没有提交足以反驳的证据。依《民事诉讼法》第63条、第71条及《民事诉讼证据规定》第70条相关规定,本院对该光盘记录的谈话事实及《谈话录音录像记录》内容的真实性及证明力予以确认	是
陈刊等与陈泰安借款合同纠纷案,(2013)民申字第805号	最高人民法院认为,《民事诉讼证据规定》第69条第3项规定,存有疑点的视听资料,不能单独作为认定案件事实的依据;第70条第3项规定,一方当事人提出的有其他证据佐证并以合法手段取得的、无疑点的视听资料或者视听资料核对无误的复制件,对方当事人提出异议但没有足以反驳的相反证据的,人民法院应当确认其证明力。本案中,对陈刊、融和公司提交的录音录像资料,广西公明司法鉴定中心受其委托,作出一份桂公明司鉴声像字[2012]第007号检验鉴定文书,鉴定意见为:送检的数码录音笔上时间长度为22分16秒的音频文件内容没有经过剪辑;送检的钥匙数码录像机上的音视频文件内容没有经过剪辑;送检数码录音笔上时间长度为22分16秒的音频文件内两名女性对话录音材料中其中一女性的语音与送检的钥匙数码录像机上视频文件内其中一女性的语音(邓庆逸)相一致。从二审查明的案件事实来看,该资料系陈刊、融和公司私自录音录像而成。录音录像资料中的对话虽有提及"借款""付息"等有关词句,但并不能完整地反映本案2120万元欠款系由多少或者全部由高额利息形成,陈刊、融和公司又未提供其他充分有效的证据予以佐证,二审判决未予采纳亦正确	否

在"朱以科等与重庆创硕建筑劳务有限公司等建设工程分包合同纠纷案"中,涉案录音内容应当清楚、明确;在"张冠雄与福建省燕京惠泉啤酒股份有限公司等技术合同纠纷案"中,录音资料应当有其他证据佐证;在"乾安东方能源化工有限公司与王龙等买卖合同纠纷案"中,录音资料取得方法未侵害他人合法权益,其内容未侵犯他人隐私、人身、人格等权利,也未违反法律禁止性的规定,并且经过司法鉴定,其内容真实性得到肯定;在"嘉兴市大江南丝绸有限公司与中国茧丝绸交易市场等赔偿损失及返还期货保证金纠纷案"中,录音资料并非是强制性获取,不违反禁止性规定;在"陈刊等与陈泰安借款合同纠纷案"中,录音资料是原始文件,其内容经过司法鉴定认定其真实性,但其录音内容未完整反映出案件关键事实,与争议焦点的关联性不足,亦无其他证据佐证,因而无法作为定案证据予以采用。通过以上真实的司法案例可以发现,"偷录"的录音录像能够被认可,一般都是与对方当面或电话沟通过程中,通过偷偷录制双方沟通的过程取得的视听证据。若是采取在他人居所、工作场所等安置偷录设备,或者是采取其他非法手段取得的视听证据,属于侵犯他人隐私,违反公序良俗,一般认为不属于合法取得,是无效证据。因此,结合声像资料的技术属性和法律属性,对于"偷录"的声像资料,认可其合法有效性的条件如下:

(1)声像资料的取得必须符合法律的规定,录音录像的双方当事人没有受到限制,是个人完全自然的意思表示,是善意和必要的,是为了保护当事人合法权益和查明案件真实情况的。

(2)声像资料的录制尽可能在环境安静下进行,谈话人身份明确,谈话内容清晰,具有客观真实和连贯性,未被剪接或者伪造,内容未被改变,无疑点,有其他证据佐证,必要时可以采取司法鉴定手段确认其内容真实性。

3. 录音录像的注意事项

综合司法实践情况以及声像资料的技术特性,对于录音录像应当注意以下要点:

(1)有意识的提前准备

• 期限:法律规定的举证是有期限的,因故意或重大过失逾期举证也可能无法作为定案证据。因此,声像资料的形成应在双方当事人法律纠纷处理之前,其一,承担义务一方通常没有防备心理,表述内容为真实的意思表示;其二,符合法定举证期限,更有利于权利一方当事人胜诉。

• 时间:录制时间通常保证在一定时限范围内,因此需要有准备、有计划,对重点内容予以明确,避免过长的录制时间,最终提交声像资料时,需要准备相应的文字稿,能够让法官快速抓住重点,也方便存档。

（2）以合法形式进行录制

• 场所：正常的情况下一般应处于合理的场所，比如双方当事人在公共场所进行约谈，如果是在对方的私密场所，必须经过其同意才能进入，不能采取强制或违法手段进入对方住所并进行录制，否则也是违反了法律的禁止性规定，会导致声像资料无效。

• 方式：一般采取双方当事人面对面交谈或电话录音的形式，不能以威胁或胁迫的方式要求对方违背自我意愿表达言论，也不能私自安装窃听设备，侵犯他人隐私，以这种方式获取的声像资料也会被认定为非法证据予以排除，甚至窃听者要承担法律责任。此外，如果对方明确表示交谈内容不允许录音或交谈内容具有内部保密性质，通常也是不能进行录制。

（3）录制内容应当合理、真实、有效

• 对象：声像资料录制的对象必须是承担义务的一方。只有承担法律义务的一方才能对其表达的内容负责，其他人员的表述仅仅起到辅助性作用，不能作为单独的声像资料证据。

• 内容：首先，录制的内容应当真实完整，具备真实性、连贯性，不可进行任何的剪辑或修改，需要以原始状态呈现，一定要保留原始声像资料和录制载体。其次，录制内容应当包含时间、对方身份等信息，针对核心内容进行事实性描述，应当实事求是，减少主观性意见或评价，不要涉及个人隐私或他人的商业秘密。最后，录制内容完整反映双方法律关系的具体内容，以陈述性语气将案件事实或事件的来龙去脉表达清楚，并向对方明示得到答复确认，涉及的数字如金额、时间、数量，应尽可能清楚准确。

4. 具体操作指引

根据上述注意事项，在录制前、录制中和录制后按照以下操作指引，完成整个声像资料的录制过程，保证声像资料具备合法性、真实性和关联性。

表 5-2　具体操作流程

次序	操作指引
录制前	• 时间：确定好双方商谈的具体时间 • 器材：准备好录制器材，保证录制过程不会发生意外，可以是录音笔、摄像机或者手机 • 方式：双方当事人面谈或者电话录音 • 脚本：预测对方回答的各种可能性，提前准备需要咨询或确认的问题，正确引导对方按照预先设定好的脚本将事实真相予以陈述

(续表)

次序	操作指引
录制中	• 表现：交谈自然、态度诚恳，避免慌张、神情紧张 • 内容：谈话过程中交代一下时间、地点，明确各方谈话者的身份和与谈论事实的关系，在交谈时尽量用全名称呼，以增强录音的关联性和可信度。注意与其他证据的内容相互印证，因为有其他证据佐证是录音证据被采信的条件。谈话内容不要涉及与案情无关的个人隐私或商业秘密，也不要采用要挟口吻，否则可能会被认定为不合法而不予采信。着眼于事实的叙述、承认或否认，不要纠缠于法律责任的争论 • 时间：注意控制谈话时间，问到希望对方承认的事实，说到要点即可 • 公证：如果是电话录音，必要时可以请公证人员进行现场公证
录制后	• 保留原始材料和录制载体，以防对方提异议或要鉴定 • 不剪辑录音文件 • 整理录音的文字稿，突出重点，并标明时间点 • 将录音刻录成光盘，每个当事人一份，法院一份

（二）微信、支付宝、QQ、手机短信等互联网电子证据如何举证

随着网络及信息技术的快速发展，微信、QQ、支付宝等综合应用已经深入到广大民众的日常生活中。根据腾讯发布的《2018微信数据报告》，2018年微信每个月有10.82亿用户保持活跃，每天有450亿次信息发送出去，每天有4.1亿音视频呼叫成功。① 如此庞大的用户基础使得微信成为当下极为重要的信息交互综合工具，但同时也引发出越来越多的新型纠纷、违法行为甚至是犯罪活动。在纠纷处置中，微信等互联网电子数据成为认定案件关键事实的主要证据，在特殊情况下，甚至成为当事人证明自己主张的唯一证据。因此，以计算机及其网络为依托的电子数据在证明案件事实的过程中起着越来越重要的作用。下面讨论微信、支付宝、QQ、手机短信等互联网电子数据证据的举证问题。

1. 相关法律法规

《民事诉讼法解释》第116条第2款规定："电子数据是指通过电子邮件、电子数据交换、网上聊天记录、博客、微博客、手机短信、电子签名、域名等形成或者存储在电子介质中的信息。"最高人民法院、最高人民检察院、公安部下发的《关于办理刑事案件收集提取和审查判断电子数据若干问题的规定》第1条规定："电子数据是案件发生过程中形成的，以数字化形式存储、处理、传输的，能够证明案件事实的数据。电子数据包括但不限于下列信息、电子文件：（一）网页、博客、微博客、朋友圈、贴吧、网盘等网络平台发布的信息；（二）手机短信、电子邮件、即时通信、通讯群组等网络应用服务的通信信息；（三）用户注册信息、身份认证信息、电子交易记录、通信记录、登录日志等信息；（四）文档、图片、音视频、数字证书、计算机程序等电子文件……"由此可见，电子数据种类广泛，常见的支

---

① 参见《2018微信数据报告》，https://support.weixin.qq.com/cgi-bin/mmsupport-bin/getopendays，2019年11月20日访问。

付宝、QQ、微信所涉及的电子信息并非单一性电子数据,会涉及即时通信、朋友圈发布信息、用户注册信息、身份认证信息、电子交易记录等多个电子数据证据种类。因此,在诉讼程序中,支付宝、QQ、微信所涉及的电子数据信息是可以作为电子数据证据的。

2. 相关司法案例

表 5-3　相关司法案例

案例名称及案号	内容	是否认可
李仁祥等诉饶中祥民间借贷纠纷案,(2017)最高法民申2877号	最高人民法院认为,2014年8月11日徐群丽与李仁祥的手机短信显示,徐群丽就所转款项发信息给李仁祥"已付了,要等胡丹查下",李仁祥回复"收到,谢谢"。该短信的时间及内容能够与饶中祥、徐群丽关于100万元借款的说明予以印证,符合情理,较为可信。李仁祥和胡丹虽然否认短信的真实性,但并未提出具体的理由,亦未提交证据证明短信息虚假	是
施惠敏(CLARA-JANESHIH)诉山东龙泰果蔬有限公司买卖合同纠纷再审案,(2016)最高法民申143号	最高人民法院认为,龙泰公司在一审起诉时提交了其与施慧敏之间的7份电子邮件以证明双方就案涉货物的品种、规格、包装、重量、价格等进行了磋商,但施慧敏在一、二审及再审过程中亦提交了数量众多的电子邮件、银行凭证等证明本案货物贸易涉及出口商神龙公司、进口商天际公司及鲜货公司以及最终收货方百思买公司,其本人只是作为百思买公司的首席执行官与作为供货商的龙泰公司进行业务联络,但并非案涉交易的买方主体。从施慧敏提交的证据材料内容看,难以否定其真实性及与本案的关联性。因此,认定施慧敏是否为案涉出口贸易的买方主体,不能仅仅依据龙泰公司单方面提交的电子邮件,而应综合考量双方提交的全部证据材料并据此做出判定。施慧敏提交的证据材料,不仅涉及自身的收货记录、码头报告、商业发票、银行付款凭证,而且涉及其与龙泰公司、天际公司、鲜货公司以及龙泰公司、天际公司、鲜货公司相互之间的众多电子邮件,还涉及龙泰公司及其美国律师向百思买公司主张权利的电子邮件以及案外人上海腾道信息技术有限公司出具的有关案涉货物的集装箱提单、出口数据表格及有关出口商和进口商的信息。因此,施慧敏有关本案存在转手贸易、百思买公司为最终收货人以及施慧敏并非案涉货物的买方主体的主张有事实依据。施慧敏作为最终收货人百思买公司的首席执行官与作为货物供应商的龙泰公司就出口货物的相关事宜进行联系与磋商,并非不合常理,不能就此认定百思买公司就是案涉货物的直接买方,更不能认定施慧敏个人系本案货物买卖关系的买方。龙泰公司向施慧敏主张欠付货款依据并不充分,一、二审判决及再审判决仅以施慧敏与龙泰公司之间的电子邮件认定本案货物买卖关系存在于施慧敏与龙泰公司之间并据此判令施慧敏承担付款责任,属认定事实不清、适用法律不当	否

(续表)

案例名称及案号	内容	是否认可
上海康夫特国际贸易有限公司诉上海外经贸国际货运有限公司海上货运代理合同纠纷案，(2016)最高法民申1399号	最高人民法院认为，康夫特公司向原审法院提交了QQ号码45×××67(昵称长风无浪)和QQ号码33×××10(昵称迷男)分别与QQ号码45×××82(昵称Frances)之间的QQ聊天记录，拟证明外经贸公司在接受涉案货物出运委托时，对康夫特公司与博晨公司之间的代理关系是明知的。首先，康夫特公司所提交的QQ聊天记录虽然在二审期间办理了公证，但是并不能证明相应QQ账号在涉案合同签订时归属相应当事人所有并使用，主体真实性并未得到有效证明。康夫特公司向本院提交的证据只能证明吴乐为和刘震认可其对应的号码和网名为QQ45×××67(昵称长风无浪)和QQ33×××10(昵称迷男)，但因外经贸公司对聊天记录的真实性不予认可，康夫特公司并不能证明许汶与号码QQ45×××82(昵称Frances)的对应。其次，QQ聊天记录中并未明确显示货物提单编号等内容，相关单据也没有在聊天记录中显示内容，无法直接反映合同签订的过程，也无法确定其内容与本案的关联性。最后，康夫特公司除提交QQ聊天记录等电子数据外，未提交其他有效证据予以印证，该电子数据无法单独作为定案依据	否
北京北大科技实业发展中心等诉成都地奥矿业能源有限公司股权转让纠纷案，(2015)民一终字第405号	最高人民法院认为，上诉人提供的北京北大青鸟软件系统有限公司工商登记信息、北大资产经营有限公司工商登记信息，有关机票信息，以及北京市企业信用信息网网站简介、全国企业信用信息公示系统上线介绍等证明资料，因与本案没有关联或者无法证明其关联性，本院不予采纳。对于上诉人提交的挂牌申请和审批通过时间系统记录(微信截屏)以及唐小冲身份信息等证据材料，由于真实性无法确认，不予采信	否
张迎、延安金世源工贸有限公司合同纠纷案，(2019)最高法民终260号	最高人民法院认为，关于张迎支付给宋国防的170万元，经查，张迎自2015年7月通过银行、微信、支付宝转账等方式陆续向宋国防个人支付了数百笔资金，金额从几元到几十万元不等，合计两百余万元，该170万元即包含其中，明显不符合赔偿款的支付特点，金世源公司该项陈述不实，缺乏诚信	否

从上述五个实际案例可以看出，微信、支付宝、QQ聊天记录、电子邮件、手机短信等电子数据是否能够被法院认可为定案证据需要满足一定的条件。首先，在"李仁祥等诉饶中祥民间借贷纠纷案"中，手机短信等内容必须能够印证案

件事实,具有关联性;在"施惠敏(CLARAJANESHIH)诉山东龙泰果蔬有限公司买卖合同纠纷再审案"中,仅有电子邮件作为证据,缺乏其他佐证信息,无法单独凭借电子邮件认定案件事实;在"上海康夫特国际贸易有限公司诉上海外经贸国际货运有限公司海上货运代理合同纠纷案"中同样表明,QQ聊天记录必须体现涉案关键内容,要能够证明案件争议焦点,若缺乏其他辅助证据,则无法单独成为定案证据;在"北京北大科技实业发展中心等诉成都地奥矿业能源有限公司股权转让纠纷案"中,法院认为微信聊天记录需证明其真实性和关联性;在"张迎、延安金世源工贸有限公司合同纠纷案"中,微信、支付宝等转账记录必须与生活经验相结合证明案件事实。因此,以微信、支付宝、手机短信、QQ聊天记录、电子邮件为代表的互联网电子数据既要满足其作为证据本身的合法性、真实性和关联性,又要从电子数据技术特性出发,将其技术表现形式转换成为法官所能够认可的形式,在必要时可以采取一定的手段,如公证、司法鉴定等,加强其证明力。

3. 举证指引

(1) 证据三性

互联网电子数据在诉讼中的应用仍需满足证据的三个属性(简称证据三性),即合法性、真实性和关联性。以微信为例,微信常用的功能主要有聊天、交易支付、生活娱乐等①,其中聊天记录、朋友圈和交易支付记录是案件中常见的电子数据证据。具体包括:微信聊天记录,包含文字、静态和动态图片、文本文件、音频、视频、网络链接;微信朋友圈信息,包括文字(评论和点赞)、图片、音频、视频、网络链接;使用支付、转账、红包功能产生的支付转账信息;其他存在手机等载体上的电子数据等。②

合法性:电子数据的来源必须符合法律规定,通过暴力手段、非法囚禁、欺骗等方式获取的证据不具备合法性。微信作为证据,先要确保双方当事人是自愿选择通过微信来进行沟通交流,其聊天记录才具有合法性。此外,若双方明知且自愿选择使用微信语音,则该语音信息并未涉及隐私侵犯,不属于偷录的情形,也符合证据的合法性。

真实性:微信作为电子数据,不同于传统证据,具有易被篡改性。使用者可以通过微信软件,对聊天记录进行修改或删除,而删除的聊天记录不会在删除者的聊天界面上留下任何痕迹(对方的聊天记录仍会保留)。因此,当事人一方的微信聊天记录很难证明是完整的,其证据的真实性难以被确认。

关联性:关联性是指证据必须是与案件所要查明的事实存在逻辑上的联系,

---

① 截至2019年8月19日,微信手机客户端的最新版本号为 Version 7.0.6。
② 参见广州市南沙区人民法院(广东自由贸易区南沙片区人民法院)2018年7月出台的《互联网电子数据证据举证、认证规程》。

从而能够说明案件事实。由于当时注册微信不需要进行实名认证,无法通过用户名确定微信使用者为当事人,更无法证明微信聊天记录为诉讼双方主体的真实意思表示,因此必须对参与诉讼的当事人双方是否为该微信账号的使用者这一情况加以证明。

通过对微信证据三性的分析,基于证据三性要求和电子数据特性,可以看出对于涉案的电子数据若想作为合法有效的案件证据,还需要对上述常见互联网电子数据内容进行固定举证。

(2) 固定举证

当事人提供微信、QQ 等相关电子数据的,应当采用截图、拍照或录音、录像等方式对内容进行固定,并将相应图片的纸质打印件、音频、视频的储存载体(U 盘、光盘)编号后提交,其中:

- 提供微信、支付宝、QQ 通讯记录作为证据的,应当对用户个人信息界面进行截图固定;
- 证据中包含音频的,应当提交与音频内容一致的文字文本;
- 证据中包含视频的,应当提交备份视频后的储存载体;
- 证据中包含图片、文本文件的,应当提交图片、文本文件的打印件。

由于公证的证据效力高于一般证据,上述内容在必要可行情况下可进行公证之后提交给法官,确保其证据效力。提供的电子数据形式的通讯记录,包括文字、语音、视频等,应当清楚、完整、真实地反映出对话过程,不得私自有选择性地提供仅对自己有利的部分,不允许私自对涉案电子数据进行剪辑、增删等操作,涉及语音、视频信息的,一定要保存原始语音,不加任何处理,保障其真实性和完整性。

提供电子数据的当事人应保存好电子数据及其原始载体,必要时在庭审时可向法官通过载体或相关设备展示,既能提高法官对于电子数据的认可程度,也能够与提交的固定电子数据形成的图片、音频、视频进行核对,若当事人一方对涉案电子数据的真实性产生质疑,可向法院申请,经过法官审核,确有必要的,可以进行司法鉴定,证明涉案电子数据的真实性。

在日常生活中,针对不同形式的电子数据的具体操作指引如下:

- 文字记录:包括通讯聊天记录(如双方事项讨论内容、"微信借条"等)、在平台上发布的以文字形式存在的信息(如论贴、文章等)。文字记录可通过手机截屏、拍照、导出等方式提取与固定。
- 图片、视频记录:包括在聊天过程中出现的、在平台上发布、转载、制作、拍摄的图片和视频等。如果图片、视频记录与文字记录同时存在,则在办理保全时不能仅对图片、视频操作,还要将相关记录整体进行公证。
- 语音记录:语音留言是较为特殊的记录类型,代替传统的文字交流形式,常见于微信、QQ、支付宝等软件。由于人的语音具有一定的特征性和唯一性,因此在主动获取证据过程中,可以诱使对方发送语音留言,结合其他相关线索,能够确认对方的虚拟身份和真实身份的同一性。

此外,证据的获取应当及时、有效。各种记录形成时,最佳方式是立即拍摄视频进行证据保全。在拍摄过程中,尽可能在记录形成的同时进行拍摄,要注意拍摄的连贯性和完整性,信息都应全部展示,切勿中断拍摄,要开始于记录形成之初,结束于记录完结之处。

第二节 奇虎360与腾讯纷争案("3Q大战")

一、相关概念简介

1. 不正当竞争

不正当竞争是指经营者违反法律的规定,损害其他经营者的合法权益,扰乱社会经济秩序,违反市场秩序、市场规则及相应法律规范的竞争。所谓经营者,是指从事商品经营或者营利性服务的法人、其他经济组织和个人。

2. 反不正当竞争法

反不正当竞争法的概念有广义和狭义两种理解。广义的反不正当竞争法是指调整发生在市场竞争中的不正当竞争行为的法律规范的总称;狭义的反不正当竞争法专指《中华人民共和国反不正当竞争法》(1993年9月2日八届全国人大常委会第三次会议通过,2017年11月4日十二届全国人大常委会第三十次会议修订,根据2019年4月23日十三届全国人大常委会第十次会议《关于修改〈中华人民共和国建筑法〉等八部法律的决定》修正)。

3. 技术中立原则[①]

技术中立原则起源于美国联邦最高法院的两个判例——"索尼(Sony)案"和"纳普斯特(Napster)案",其基本含义是:如果产品本身属于技术创新,而且具有实质性非侵权的用途,即主要用于合法的用途,则该产品的提供具有合法性,不负帮助侵权责任;但如果对用户具有持续的控制力,即有能力采取相关措施以制止可能的侵权,则可能承担帮助侵权的责任。

4. 用户自主选择权

用户自主选择权是消费者权益的一种。《中华人民共和国消费者权益保护法》指出,消费者享有自主选择商品或者服务的权利,具体是指消费者有权自主

---

① 参见郑玉双:《破解技术中立难题——法律与科技之关系的法理学再思》,载《华东政法大学学报》2018年第1期。

选择提供商品或者服务的经营者，自主选择商品品种或者服务方式，自主决定购买或者不购买任何一种商品、接受或者不接受任何一项服务。

5. "私服"和"外挂"

"私服"是盗用游戏原代码，私自架设的盗版网络游戏服务器。此服务器中运行与合法出版的网络游戏相同的底层程序，又借合法出版的网络游戏宣传优势，非法运营，不择手段谋取私利。"外挂"是一种恶意破坏程序，其本身不具有独立的功能，只用来修改、破坏合法出版的网络游戏的设计与结构，通过外挂运行程序与合法出版的网络游戏程序挂接，让用户迅速提高游戏水平。"外挂"经营者以此吸引消费者注册，收取注册费，同时将注册后的大量游戏运营服务甩给合法经营者。

新闻出版总署等五部委联合发布的《关于开展对"私服"、"外挂"专项治理的通知》(新出联[2003]19号)中将"私服""外挂"行为合在一起进行了解释，即"私服""外挂"违法行为是指未经许可或授权，破坏合法出版、他人享有著作权的互联网游戏作品的技术保护措施，修改作品数据、私自架设服务器、制作游戏充值卡(点卡)，运营或挂接运营合法出版、他人享有著作权的互联网游戏作品，从而谋取利益、侵害他人利益。

二、案情概况

"3Q 大战"系 360 与腾讯纷争案，是指 2010 年至 2014 年期间，中国两家大型软件公司奇虎公司和腾讯公司之间互相指责对方不正当竞争所引发的一系列事件。

1. 腾讯诉"360 隐私保护器"不正当竞争案

• 2009 年 9 月，360 公司创造性地推出了一款完全免费的电脑系统安全保护软件，即 360 杀毒软件。凭借其"轻巧快速，永久免费"的鲜明特点，360 杀毒软件得到用户极大认可，用户量迅猛增加。至 2009 年年底，360 杀毒软件占据了超过 30% 的市场份额，用户量超过 1.2 亿，加上 360 安全卫士，共超过 70% 的全国覆盖率。

• 2010 年 5 月 31 日，腾讯悄然将 QQ 医生升级至 4.0 版，并更名为"QQ 电脑管家"。新版软件将 QQ 医生和 QQ 软件管理合二为一，增加了云查杀木马、清理插件等功能，涵盖了 360 安全卫士所有主流功能，用户体验与 360 极其类似。凭借其 QQ 用户基础以及腾讯强力的推广手段，QQ 电脑管家的市场占有率迅速提高。至此，360 与腾讯在系统安全防护市场中形成了无法调和的竞争关系。

• 9月27日,360发布专门针对QQ的"360隐私保护器"工具,宣称其能实时监测曝光QQ的行为,并提示用户"某聊天软件"在未经用户许可的情况下偷窥用户个人隐私文件和数据,引起了广大网民对于QQ的担忧和恐慌。

• 10月14日,针对"360隐私保护器"曝光QQ偷窥用户隐私事件,腾讯正式宣布起诉360不正当竞争,要求奇虎及其关联公司停止侵权、公开道歉并作出赔偿。10月27日,腾讯刊登了《反对360不正当竞争及加强行业自律的联合声明》,要求主管机构对360不正当的商业竞争行为进行坚决制止,对360恶意对用户进行恫吓、欺骗的行为进行彻底调查。

• 11月3日,北京市朝阳区法院正式受理腾讯公司诉北京奇虎科技有限公司、奇智软件(北京)有限公司和北京三际无限网络科技有限公司涉嫌不正当竞争案。腾讯公司要求上述三公司立即停止不正当竞争行为,包括停止开发、传播和发行"360隐私保护器"及相关软件,停止虚假宣传,停止诋毁腾讯公司及其产品、服务的行为;要求上述三公司连续三个月在www.360.cn网站("360网")首页显著位置、搜狐网和网易等网站首页显著位置,在《法制日报》和《中国知识产权报》等报纸第一版显著位置就其不正当竞争行为进行道歉,消除不良影响;要求上述三公司连带赔偿腾讯400万元,并承担该案的诉讼费用。

• 一审:2011年4月26日,朝阳区法院判决,三被告停止发行使用涉案"360隐私保护器"V1.0Beta版软件;在"360网"上删除涉案侵权内容;在"360网"首页以及《法制日报》上公开发表声明,消除不良影响;共同赔偿原告经济损失40万元。随后,360公司向北京市第二中级人民法院提起上诉。

• 二审:9月14日,北京市第二中级人民法院认定的事实和理由与一审相同,判决驳回上诉,维持原判,判决360公司构成不正当竞争,判决停止侵权,公开道歉并赔偿原告腾讯公司经济损失40万元。

2. 腾讯公司起诉"360扣扣保镖"不正当竞争案

• 2010年10月29日,360推出"360扣扣保镖",称该工具全面保护QQ用户的安全,包括阻止QQ查看用户隐私文件、防止木马盗取QQ、给QQ加速、过滤广告等功能。"360扣扣保镖"在72小时内下载量突破2000万,并且仍不断迅速增加。腾讯对此作出强烈说明,称"360扣扣保镖"是"外挂"行为。

• 11月3日,腾讯公开宣称,将在装有360软件的电脑上停止运行QQ软件,倡导必须卸载360软件才可登录QQ。

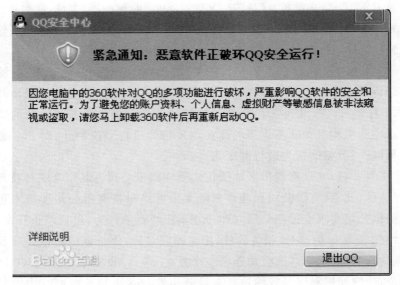

图 5-1　腾讯向用户提出"二选一"

- 11月4日,360向用户弹窗表示召回扣扣保镖软件,请用户卸载该产品,并在弹窗中直接提供了卸载该软件的链接。

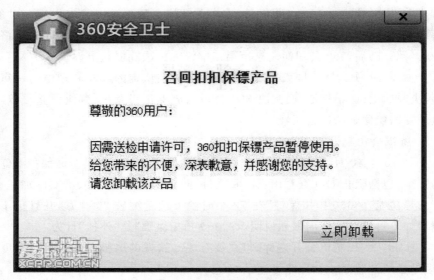

图 5-2　360召回扣扣保镖产品

- 11月15日,在有关部门的调停下,两家公司停止网络攻讦行动,转而以法律程序诉讼。

- 11月21日,工信部通报批评360与腾讯,要求双方道歉,同日腾讯和360公司共同发布致歉声明。
- 2011年8月19日,腾讯公司向广东省高院起诉"360扣扣保镖"不正当竞争,要求360公司停止开发、传播"360扣扣保镖"及相关软件,更要求360赔偿经济损失1.25亿元人民币,同时要求其通过多种方式向腾讯赔礼道歉,消除不良影响。
- 2013年4月3日,广东省高院对"腾讯诉360不正当竞争纠纷案"进行宣判,判决被告360公司构成不正当竞争,但原告腾讯公司要求赔偿的1.25亿人民币经济损失缺乏足够依据。360公司被判向腾讯赔偿500万元,并在其网站首页和其他媒体的显著位置上刊登赔礼道歉声明。
- 2013年12月4日,"腾讯诉360不正当竞争纠纷案"在最高人民法院开庭审理。2014年2月18日,最高人民法院公开宣判:一审判决认定事实清楚,适用法律正确,驳回360公司的上诉,维持原判。

3. 360诉腾讯公司反垄断案

- 2011年11月15日,360公司向广东省高院提起针对腾讯的反垄断诉讼,请求判令腾讯立即停止滥用市场地位,停止实施QQ软件用户不得与原告交易并捆绑搭售安全产品等行为。
- 2013年3月20日,广东省高院对"360诉腾讯滥用市场支配地位纠纷案"进行宣判,驳回360公司的全部诉讼请求。随后,360公司不服判决结果,向最高人民法院提起上诉。
- 2013年11月19日、11月26日、11月27日,最高人民法院公开审理"360公司诉腾讯滥用市场支配地位纠纷上诉案",于2014年10月8日公开宣判:"一审判决认定事实基本属实,适用法律正确,裁判结果适当。上诉人的上诉理由虽部分成立,但不足以影响本案裁判结果,驳回上诉,维持原判。"360公司最终败诉。

"3Q大战"及"3Q诉讼"历程如下表所示[①]:

表5-4 "3Q诉讼"主线

时间	事件内容
2010年9月27日	360推隐私保护器专门"监控"QQ
2010年9月28日	腾讯称360借色情推广
2010年9月28日	360回应称腾讯"造谣"并"已向公安局报案"

---

① 参见《3Q诉讼战》,https://wiki.mbalib.com/wiki/3Q诉讼战,2019年10月17日访问。

（续表）

时间	事件内容
2010年10月14日	腾讯宣布已正式起诉360，要求奇虎及其关联公司停止侵权、公开道歉并作出赔偿，并称法院已受理此案
2010年10月27日	百度、腾讯、金山、傲游、可牛共同发表一份《反对360不正当竞争及加强行业自律的联合声明》
2010年10月27日	腾讯与360开打"弹窗"大战
2010年10月29日	360推扣扣保镖，称该工具全面保护QQ用户的安全
2010年10月29日	可牛称将发布361特警，功能包括"清理360垃圾、去360弹窗、保护系统软件等"
2010年10月29日	腾讯回应360推扣扣保镖
2010年11月1日	360称扣扣保镖下载量破千万
2010年11月2日	360宣布将新推出的360隐私保护器和360扣扣保镖的源代码，交给中国信息安全测评中心托管和检测
2010年11月2日	腾讯发布公告，称用户安装使用"360扣扣保镖"使QQ宠物无法正常启动
2010年11月3日	朝阳法院正式受理腾讯诉360隐私保护器不正当竞争一案
2010年11月3日	360扣扣保镖下线
2010年11月3日	360推出WebQQ
2010年11月3日	360称已向监管部门汇报，将保证和QQ同时正常使用
2010年11月3日	腾讯公告：装有360软件的电脑停止运行QQ
2010年11月3日	腾讯宣布，QQ空间宣布不支持360浏览器访问
2010年11月3日	360发出最新声明称，反抗QQ霸权，需要你的力量。建议用户停用腾讯QQ三天，以示对"腾讯公司不尊重用户权益的抗议"
2010年11月4日	腾讯发布给QQ用户的第二封信——《难以承受之痛的背后》，称这是腾讯人度过的最痛苦和最难过的十几个小时
2010年11月4日	腾讯公告遭调侃新浪微博网友疯狂制作3Q体
2010年11月4日	腾讯公司就与360纠纷召开新闻发布会
2010年11月4日	腾讯与360的决战已达关键时刻，金山安全和卡巴斯基向TechWeb分别发来消息称自己公司的杀毒软件产品免费一年
2010年11月4日	360发布致用户的一封信，表示愿意让中国互联网尽快恢复平静。希望经历过这个不眠之夜的互联网用户以理性、平静的心态对待此次突发事件
2010年11月4日	360向用户弹窗表示召回扣扣保镖软件，请用户卸载该产品，并在弹窗中直接提供了卸载该软件的链接
2010年11月5日	马化腾首谈纠纷内幕
2010年11月6日	周鸿祎做"战后"总结

（续表）

时间	事件内容
2010年11月8日	政府已要求双方作让步
2010年11月10日	360称QQ已与360全线产品兼容
2010年11月10日	腾讯回应称仍有500万用户受威胁
2010年11月21日	工信部通报批评360与腾讯,要求双方道歉
2010年11月21日	腾讯发布致歉声明
2010年11月21日	360发布致歉声明
2011年4月26日	对腾讯诉360隐私保护器不正当竞争一案,朝阳区法院判决360一审败诉,360公司向北京市第二中级人民法院提起上诉
2011年8月19日	腾讯公司向广东省高院提起360扣扣保镖不正当竞争案
2011年9月14日	对"腾讯诉360隐私保护器不正当竞争上诉案",北京市第二中级人民法院作出二审终审判决,认定的事实和理由与一审相同,判决驳回上诉,维持原判,判决360公司构成不正当竞争,判决停止侵权,公开道歉并赔偿原告腾讯经济损失40万元,360败诉
2011年11月15日	360公司向广东省高院提起针对腾讯的反垄断诉讼,请求判令腾讯立即停止滥用市场地位
2013年3月20日	广东省高院对"360诉腾讯滥用市场支配地位纠纷案"进行宣判,驳回原告360公司的全部诉讼请求
2013年4月3日	广东省高院对"腾讯诉360不正当竞争纠纷案"进行宣判,判决被告360公司构成不正当竞争,随后360公司向最高人民法院提起上诉
2013年12月4日	"腾讯诉360不正当竞争纠纷案"在最高人民法院开庭审理
2014年2月18日	对"腾讯诉360不正当竞争纠纷上诉案",最高人民法院驳回360公司的上诉,维持原判,360败诉
2014年10月8日	最高人民法院公开宣判"360诉腾讯滥用市场支配地位纠纷上诉案",驳回360公司的上诉,维持原判,360败诉

三、案件情况分析

"3Q大战"是中国两家互联网巨头公司360和腾讯为抢占网络安全市场而引发的举世瞩目的互联网竞争事件。2010年9月27日,360发布了"隐私保护器",专门搜集QQ软件是否侵犯用户隐私。随后,腾讯立即指出360浏览器涉嫌借黄色网站推广。2010年11月3日,腾讯宣布在装有360软件的电脑上停止运行QQ软件,用户必须卸载360软件才可登录QQ,强迫用户"二选一"。双方为了各自的利益,从2010年到2014年,上演了一系列互联网之战,经工信部介入双方才共同停止网络攻讦行动,转为采用法律手段解决纷争。双方诉讼索赔金额高达 2.75 亿，创国内互联网诉讼最高记录。随后，双方历经三起诉讼，三起诉讼均以 360 败诉告终，结束了长达 4 年的"3Q 大战"。

图 5-3　360 隐私保护器

图 5-4　360 扣扣保镖

四、涉案的电子证据

1. 腾讯诉"360 隐私保护器"不正当竞争案

(1)"360 隐私保护器"V1.0Beta 软件。

(2)QQ2010 软件。

(3)360 网页上声明信息。

(4)"360 网"域名注册信息、网站备案信息。

2. 腾讯起诉"360 扣扣保镖"不正当竞争案

(1)QQ2010 正式版 SP2.2 软件及其运行过程中产生的程序执行文件和插件。

(2)"360 扣扣保镖"1.0beta 及其在运行过程中产生的各项动态链接库等相关进程文件。

3. 360 诉腾讯公司反垄断案

(1)QQ 软件。

(2)QQ 安全中心声明。

(3)QQ2010 正式版 SP2.2 软件及其运行过程中产生的程序执行文件和插件。

(4)"360 扣扣保镖"1.0beta 及其在运行过程中产生的各项动态链接库等相关进程文件。

五、"3Q 大战"反映出的相关问题

1. 在不正当竞争中网络技术中立问题分析

随着互联网技术、人工智能等科技的迅猛发展,法律与科技之间的难题不断突显,司法中关于技术之定位的疑难案件也反复出现。以 360 与腾讯纷争的诉讼案件为例,在"腾讯诉 360 隐私保护器不正当竞争纠纷案"中,"360 隐私保护器"只针对 QQ 软件进行监测,具有唯一针对性,因此"360 隐私保护器"是依附于 QQ 软件运行,其用户群也是 QQ 软件的用户群。由于双方的客户群有同一性,从而使得两产品的经营者之间形成竞争关系。此外,"360 隐私保护器"主要的技术性功能是监测 QQ 软件,扫描 QQ 软件在计算机中可执行文件的行为,并未对 QQ 软件造成破坏性结果或影响 QQ 软件正常运行。因此,仅是监测行为并不是构成其行为不正当性的理由,安全类软件中很多程序都是为解决单一问题或弥补单一漏洞而设计的。针对一款市场占有率较高的软件提供相关的辅助性服务,只要该款软件设计合理、表达恰当,且不存在违反诚实信用等公认商业道德的情况,都应为法律所允许。

在腾讯起诉 360 扣扣保镖不正当竞争一案中,法院工作人员在专家指导下

操作"360扣扣保镖",当一键修复后,QQ软件安全沟通界面被替换成扣扣保镖界面。此外,根据中国信息安全测评中心对扣扣保镖1.0beta(1005)的测试报告,"扣扣保镖具有阻止QQ.exe进程加载特定插件、加载扫描模块、弹出窗口等"对QQ的软件功能进行破坏、删除、篡改的行为,还具备"屏蔽QQ加载模块、替换360浏览器、备份和恢复QQ、拦截QQ升级"四项隐藏功能。因此,"360扣扣保镖"会诱导并提供工具积极帮助用户改变被QQ软件的运行方式,并同时引导用户安装其360安全卫士,替换QQ软件安全中心,破坏了QQ软件相关服务的安全性,并对QQ软件整体具有很强的威胁性。

首先,从两起腾讯起诉360不正当竞争案件中,"360隐私保护器"和"360扣扣保镖"都是作为技术性工具,但二者表现形式并不相同。"360隐私保护器"在符合法律规定和行业规则的条件下,仅是从技术上对QQ进行监测。而"360扣扣保镖"则不同,由于360宣称其是安全工具,因此运行后会以醒目字体提示用户QQ存在严重的健康问题,用户基于对计算机病毒、盗号木马、隐私泄露等的关注、恐惧或者预防心理,在扣扣保镖提供了便利的修复工具的情形下,通常会按照相应提示进行相关的操作,并最终导致QQ软件的相应功能键全部或者部分无法使用,破坏了QQ软件的完整性。此外,扣扣保镖诱导并提供工具积极帮助用户改变被上诉人QQ软件的运行方式,对QQ的软件功能进行破坏、删除、篡改,影响QQ软件安全性。因此,二者虽然都是360针对QQ开发的专门性工具,但在案件中的行为表现形式并不相同,进而对认定360公司的行为是否构成不正当竞争所起到的证明作用亦有差异性。

其次,在上述两起诉讼案件中,360公司的辩词中均提及其产品和推广立场是基于技术中立原则①,并无侵权之故意。面对法律与技术的交叉融合难题,"技术中立"已成为网络服务提供商(如360、腾讯)对抗法律监管、寻求责任豁免的惯用"伎俩"。最典型的是"快播案":快播公司开发的快播播放器一方面以技术手段便利了互联网用户的视频需求,另一方面又因其缓存技术而储存了大量的淫秽视频。检察机关依法对快播公司CEO王欣和另外三名高管以传播淫秽物品牟利罪提起公诉。在庭审中,王欣所提出的"技术无罪"论在网络上引发热议,也引出关于技术中立的法律意义的争论。② 技术特别是网络技术产品是将人的主观目的性以客观结构予以实现,如360隐私保护器是一种扫描QQ软件运行过程的技术性产品,将扫描QQ进程的程序设计通过计算机编码予以实现。

---

① 在腾讯诉360隐私保护器不正当竞争一案的一审与二审中,360公司辩称"360隐私保护器"作为一款软件,是中立的,并不会对某款软件是否侵犯用户隐私权作最终的判定。在"腾讯诉360扣扣保镖不正当竞争纠纷案"的一审与二审中,360公司辩称扣扣保镖的打分功能只是基于技术中立的原则,对运行状况客观评分,并未有贬低QQ软件的意图。

② 参见桑本谦:《网络色情、技术中立与国家竞争力——快播案背后的政治经济学》,载《法学》2017年第1期。

从物质客观性角度,技术产品是一种客观属性的逻辑存在,依据现代科学技术原理和大量研究证明,其逻辑功能基本上趋于稳定且可预期,因此技术自身的客观属性和功能意义并无太大争议。但是,在不正当竞争纠纷中,技术中立能否成为企业的"护身牌"呢?

在 360 与腾讯纠纷案件中,法官并未对 360 公司提出的技术中立予以回应,而是从技术创新和自由竞争角度进行论证。最高人民法院认为:"互联网的发展有赖于自由竞争和科技创新,互联网行业鼓励自由竞争和创新,但这并不等于互联网领域是一个可以为所欲为的法外空间。竞争自由和创新自由必须以不侵犯他人合法权益为边界,互联网的健康发展需要有序的市场环境和明确的市场竞争规则作为保障。是否属于互联网精神鼓励的自由竞争和创新,仍然需要以是否有利于建立平等公平的竞争秩序、是否符合消费者的一般利益和社会公共利益为标准来进行判断,而不是仅有某些技术上的进步即认为属于自由竞争和创新。否则,任何人均可以技术进步为借口,对他人的技术产品或者服务进行任意干涉,就将导致借技术进步、创新之名,而行'丛林法则'之实。技术创新可以刺激竞争,竞争又可以促进技术创新。技术本身虽然是中立的,但技术也可以成为进行不正当竞争的工具。技术革新应当成为公平自由竞争的工具,而非干涉他人正当商业模式的借口。本案中,上诉人以技术创新为名,专门开发扣扣保镖对被上诉人 QQ 软件进行深度干预,难以认定其行为符合互联网自由和创新之精神。"[①]最高人民法院以技术本身功能和技术使用目的的差异来认定侵权。但这似乎并未契合技术中立原则本意,因此结合技术中立法律内涵,能以技术中立豁免责任的基础条件应当有以下几点:

(1)从主体资格来看,在技术中立原则应用场景中,网络服务提供者不能既是技术提供者,同时还是具体侵权行为的实施者。技术中立原则只可应用于间接侵权。

(2)从主观意识来看,网络服务提供者没有主观过错,若网络服务提供者故意实施侵权行为,则不能适用技术中立原则。此外,网络服务提供者在客观条件允许下应当采取有效措施但视而不见,没有尽到注意义务则可认为存在主观过错。

(3)从客观行为来看,网络服务提供者没有引诱或教唆用户的外部行为。例如,以广告语、宣传暗示用户,引起用户不安心理进而采取防范措施,则无法以技术中立主张免责。

(4)从客观结果来看,网络服务提供者不能从他人使用技术产品导致的直

[①] 北京奇虎科技有限公司等与腾讯科技(深圳)有限公司等不正当竞争纠纷上诉案,(2013)民三终字第 5 号。

接侵权行为中获利,否则也是无法应用技术中立原则。"

因此,基于技术中立原则的法律内涵以及不正当竞争的法理基础,360公司都缺乏理由主张技术中立,以在不正当竞争纠纷中寻求免责的法律基础。

2. 在网络服务中用户选择权被侵犯问题

360与腾讯纷争事件给我们做出提醒:当我们对网络以及网络技术的依赖性无限上升时,尤其是某种网络产品在市场中形成了绝对垄断地位时,整个社会和公众在特定条件下会被网络服务提供商"绑架",如"3Q大战"中腾讯向用户提出"二选一"应用选择;为响应政府加强网约车管理的要求,滴滴公司暂停深夜服务,致使用户半夜"无车可用";"猫狗大战"中京东强制商家在京东和天猫平台中"二选一";等等。互联网企业间的良性竞争有助于推动互联网行业的创新发展,但模糊的竞争边界极易引发恶性竞争,而"最容易受伤"的是竞争主体之间的普通用户。以金山毒霸案为例,我们发现用户的选择权往往容易被忽视,甚至被网络服务提供商强制代替选择。

(1)用户选择权——金山毒霸案[①]

上海二三四五网络科技有限公司(简称2345公司)系2345网址导航、2345王牌浏览器的经营者。北京猎豹网络科技有限公司、北京猎豹移动科技有限公司、北京金山安全软件有限公司共同经营金山毒霸软件,并通过以下六类行为将终端用户设定的2345网址导航主页变更为由北京猎豹移动科技有限公司主办的毒霸网址大全:

① 通过金山毒霸的"垃圾清理"功能变更浏览器主页;

② 通过金山毒霸升级程序的"一键清理"弹窗,默认勾选"立即锁定毒霸网址大全为浏览器主页,保护浏览器主页不被篡改"。无论用户是否取消该勾选,浏览器主页均被变更;

③ 通过金山毒霸的"一键云查杀""版本升级""浏览器保护"等功能变更浏览器主页,并针对不同浏览器进行区别对待;

④ 通过金山毒霸的"安装完成"弹窗,默认勾选"设置毒霸导航为浏览器主页"。无论用户是否取消该勾选,浏览器主页均被变更;

⑤ 通过金山毒霸"开启安全网址导航,防止误入恶意网站"弹窗,诱导用户点击"一键开启"变更浏览器主页;

⑥ 通过金山毒霸的卸载程序篡改用户计算机注册表数据,以变更浏览器主页。

2345公司以上述行为构成篡改主页、劫持流量等不正当竞争行为为由,提

---

① 参见《"金山毒霸"不正当竞争纠纷案》,https://www.chinacourt.org/article/detail/2019/04/id/3848715.shtml,2019年11月2日访问。

起诉讼。经法院审理认为，首先，三被告经营的金山毒霸系安全类软件，在计算机系统有优先权限，被告利用优先权限为自己非法牟利，侵害他人权益，违反了公认的商业道德。其次，三被告利用用户对其安全软件的信任，通过金山毒霸软件变更用户网址导航主页，侵害了网络用户对其浏览器的自主决定权，而且作为安全软件，其拥有更多的信任，更应充分保障用户的知情权和选择权，因此其行为具有不正当性及可责性。

金山毒霸案是猎豹公司与 2345 公司就猎豹公司利用其金山毒霸软件篡改用户使用的 2345 网址主页而导致的不正当竞争纠纷。但从普通用户视角来看，其自主选择服务权利容易被忽视。网络服务中用户自主选择权是消费者权益之一，根据《中华人民共和国消费者权益保护法》，消费者享有自主选择商品或者服务的权利，具体是指消费者有权自主选择提供商品或者服务的经营者，自主选择商品品种或者服务方式，自主决定购买或者不购买任何一种商品、接受或者不接受任何一项服务。首先，自主选择权具有主观层面的自愿性，即用户选择的行为是其意思表示真实的结果映射。在网络服务中，用户选择安装某款软件或拒绝安装都是其使用意愿的行动表达。一般意义上，用户有主观意愿安装某软件是出于该软件满足了自身被服务的需求。其次，自主选择权具有客观层面的自由性，即其选择安装行为是完全由其主观意愿引起的客观层面的自由行为表示。用户的自主选择是有条件的，会受到用户自身能力、掌握的信息以及外界环境等因素的制约和限制。例如，360 安全卫士提供开机优化加速服务，向用户提示可优化功能，在此宣传下用户主观上被软件的可优化加速的功能所吸引，自愿安装软件。在整个自愿选择和安装过程中，用户了解和控制软件的全流程，没有其他非必要的捆绑性产品在用户不知情或不知晓其功能性的情况下被强制安装。[①]而这种宣传和引导是否具有合理性和公正性，是用户以其发自内心的真实意思表达的前提条件，也是网络服务提供者是否尊重用户自主选择权的判断基础。

在选择服务中，一种情况是用户"被诱导"选择服务。在网络泛在的大数据时代，信息技术的应用使得用户不可能对所有产品都完全了解，网络服务提供商正是利用这点，采取相应的诱导方式使得用户做出看似是主观自愿的选择，但实际上是借用用户之手达到获取使用流量之目的，以非公正手段损害了其他服务提供商的利益，也侵害了用户权益。金山毒霸案鲜明地体现出这一诱导趋势。另一种情况是用户"被胁迫"选择服务。用户面对强势的网络服务提供商，不得不接受其捆绑式服务要求，例如在腾讯与 360 之争中，腾讯公司让用户做出"二选一"的决定就是对用户主观自愿的一种侵犯。

---

① 参见韩焕玲：《消费者的自主选择权：从 QQ 与 360 大战说开去》，载《经济研究导刊》2011 年第 7 期。

具体来说,参照《规范互联网信息服务市场秩序若干规定》,网络用户自主选择权被侵犯的表现主要包括以下几个方面:

- 无正当理由拒绝、拖延或者中止向用户提供互联网信息服务或者产品;
- 无正当理由限定用户使用或者不使用其指定的互联网信息服务或者产品;
- 以欺骗、误导或者强迫等方式向用户提供互联网信息服务或者产品;
- 与其他互联网信息服务提供者的服务或者产品不兼容时,未主动向用户提示和说明;
- 未经提示并由用户主动选择同意,修改用户浏览器配置或者其他设置;
- 欺骗、误导或者强迫用户下载、安装、运行、升级、卸载软件;
- 未提供与软件安装方式同等或者更便捷的卸载方式;
- 在未受其他软件影响和人为破坏的情况下,未经用户主动选择同意,软件卸载后有可执行代码或者其他不必要的文件驻留在用户终端;
- 无正当理由擅自修改或者删除用户的上载信息,或者未经用户同意向他人提供用户的上载信息,擅自或者假借用户名义转移用户上载信息,或者欺骗、误导、强迫用户转移其上载信息。

(2) 流量劫持

在金山毒霸案中,用户的浏览器主页被强制修改,属于浏览器被劫持的表现之一,以"浏览器被劫持"为搜索关键词,这种关于浏览器主页被劫持的帖子比比皆是。"浏览器主页被毒霸网址大全篡改无法修改怎么办?""大家对于搜狗输入法劫持主页有什么好的解决办法?""浏览器主页被劫持为 Hao123 怎么办?""浏览器主页被 2345 劫持如何处理?"在复杂的互联网技术面前,用户仍居弱势地位,不时遭遇技术霸凌、个人隐私被侵犯和网络安全风险等问题。

"浏览器主页被劫持"根据"来源"可分为三类:第一类是正规互联网公司的应用软件。安装安全软件或应用软件时,未经任何提示完成安装后,浏览器主页地址也随之被修改为相关网址或导航网页。第二类是由于某些第三方工具软件的捆绑安装导致。这类软件通常会捆绑安装浏览器和游戏,并默认设定新的目标主页。即便是安装过程中弹出"是否同意用户协议"的窗口,由于协议冗长,用户很少会看全或者根本不看就点击"同意",从而导致主页设置被更改。第三类则是明目张胆的恶意软件或电脑木马病毒所为。通过对浏览器发起恶性攻击、潜入恶意插件,或利用木马病毒侵入电脑导致系统混乱,也能轻而易举地篡改主页。以浏览器被劫持来看,第一,由于个人数据被持续收集,容易导致用户隐私泄露,浏览器网页所用到的 Cookie 是网站常用的用户跟踪和识别技术。用户使用浏览器浏览网站内容时,网站可以在用户电脑本地存放 Cookie,以识别和记录用户的登录、浏览和购买信息。例如,网络服务提供商利用 Cookie 记录了用户浏览习惯和内容,根据用户网上搜索了什么商品,就可以精准推送与之相关的各类广告。第二，存在极大的安全隐患，浏览器主页被劫持，意味着用户电脑中有极大可能存在恶意软件或病毒，存储在电脑上的资料如银行账号、密码等可能被窃取。如果主页被黑客劫持，用户被诱导进入一些恶意网站甚至钓鱼网页，可能会导致更大的财产损失。第三，更严重的后果是有可能对整个网络安全造成威胁。用户被劫持到挂马网页①，就会感染木马病毒，从而被黑客控制浏览器乃至电脑，更有甚者还会使用户电脑成为僵尸主机，用来攻击其他电脑，如 DDoS（分布式拒绝服务）攻击。

针对如主页劫持等技术霸凌行为，司法实践中已有相应的案例反馈。2015年11月，上海市浦东新区人民法院判决了全国首例"流量劫持案"，被告人付宣豪、黄子超等人租赁多台服务器，使用恶意代码修改互联网用户路由器的 DNS 设置，使用户登录"2345.com"等导航网站时跳转至其设置的"5w.com"导航网站。最终，法院以破坏计算机信息系统罪判处两名被告人有期徒刑三年，缓刑三年；扣押在案的作案工具以及退缴在案的违法所得。2018年年底，最高人民法院将该案发布为指导性案例。"流量劫持案"表明，非法剥夺用户选择服务权，不仅仅是违法行为，严重者会构成网络犯罪。

（3）立法情况

在网络服务中，用户选择服务权夹杂在网络服务提供商竞争行为和各方漠视的大环境之中。网络环境下，用户是企业生存发展的必需品，由于大部分的互联网公司开始向全业务方向转变，全业务多元化的发展使得企业想占据个人终端即电脑或者手机屏幕，因此互联网企业之间的竞争日趋白热化。面对日益激烈的竞争环境，网络服务提供商以先发展为主的主导思想，单方面以"隐私保护协议""用户使用协议"等规避自身风险的方式，变相地获取用户各方面数据，"逼迫"用户只有在选择服务的情况下，才可以使用网络产品。有的网络服务提供商以极其隐蔽的方式让用户在不知情的情况下，选择了"分享"个人数据的服务条款。而市场中存有海量的各类服务产业和应用，由于应用场景多样，监管、取证的难度较大。另外，法律上的低违法成本加剧了服务提供者对用户权益的侵犯。同时，网络服务提供者对用户权益的侵害与用户放之任之的纵容态度也有关系，技术的门槛使得网络用户在网络环境中处于弱势地位，加之服务提供商与网络用户之间信息严重不平衡、不对称，网络用户通常会把企业向用户提供的服务中的各种选择当作一种应然行为。此外，诉讼成本较高，导致依靠单个受害用户仅以诉讼途径寻求救济极其困难。因此，网络服务提供商和用户的双重问题导致了网络服务中用户选择服务权容易被侵犯。

从以法律法规为手段保护用户权益来看，立法机关已意识到自主选择权保

---

① 挂马网页是指带有病毒木马的网页。

护的重要性。例如,工业和信息化部制定了《规范互联网信息服务市场秩序若干规定》,互联网企业签订了《互联网终端软件服务行业自律公约》。但在立法过程中,由于缺乏宏观层面的网络治理体系,用户选择权、隐私权保护存在短板,法律规制相对缺乏,存在着网络服务应用极速发展而用户权益保护相对滞后的矛盾。除却法律规定外,在行业自律的框架下,网络行业自身也会建立内部的共识体系。然而,由于行业的自律性规范没有强制力,加上中国的社会信用体系的建设和惩罚机制尚未建立健全,因此行业自律对于网络服务提供者的约束力不强。

3. 互联网中"外挂"程序的法律问题

在"3Q大战"中,腾讯曾称360扣扣保镖为"外挂"程序,虽然这可能是腾讯的宣传话术,但可从侧面反映出"外挂"程序的负面效果。"外挂"常见于网络游戏中,多指非官方(授权)主体针对某个或者某些游戏程序所设定的,具有挂接游戏客户端以及修改、复制原游戏程序及相关程序等功能,从而影响游戏用户在游戏中的进程,并且会造成权利人损害的程序。① "外挂"程序由来已久,且在互联网产品中愈发活跃。例如,在近年来一款网络游戏《绝地求生》②中,"外挂"一直都令运营方深恶痛绝,运营方采取了各种检测手段查处问题,但是作为有高额利润的"黑色产业","外挂"始终无法彻底根除,甚至在一些公开场合"外挂"都有被使用。2018年2月,由某平台举办的"绝地求生贺岁杯"比赛中,因为被质疑有来自"全民"的战队使用外挂,导致其他参赛队伍纷纷退赛,这迅速成为全网《绝地求生》玩家关注的热点。

将"外挂程序"作为关键词在中国裁判文书网进行检索,可以发现近年来有多起涉及"外挂"的诉讼,特别是刑事诉讼案件。以外挂程序的应用场景作为分类,主要有网络游戏类,如《王者荣耀》游戏外挂的入刑案③、CS作弊器案④;社交生活类,如"微信"外挂案件⑤、滴滴抢单作弊器案⑥;视频直播类,如YY直播人气外挂案⑦等。"外挂"正是通过非法手段侵入、非法控制这些互联网平台的计算机信息系统程序,破坏游戏或应用的操作规则牟取暴利。由于"外挂"的技术特性是对原有程序的非正常干涉,因此需要从技术与法律双重问题予以分析。

---

① 参见王燕玲:《论网络游戏中"外挂"之刑法规制》,载《法律适用》2013年第8期。
② 《绝地求生》是由蓝洞开发的一款战术竞技型射击类沙盒游戏。在该游戏中,玩家需要在游戏地图上收集各种资源,并在不断缩小的安全区域内对抗其他玩家,让自己生存到最后。因为当游戏结束后,取得第一名玩家的屏幕上会出现"大吉大利,晚上吃鸡"的字样,所以玩家又将《绝地求生》戏称为"吃鸡"。
③ 谢闯提供侵入、非法控制计算机信息系统程序、工具案,(2018)苏0281刑初705号。
④ 张乐、黄谦等侵犯著作权案,(2010)浦刑初字第3240号。
⑤ 张某等提供侵入、非法控制计算机信息系统程序、工具案,(2016)粤0105刑初1040号。
⑥ 庞某某等破坏计算机信息系统、提供侵入、非法控制计算机信息系统的程序、工具案,(2018)京01刑终233号。
⑦ 俞彬华与安吉岩卿影视文化工作室、赵娅男合同纠纷案,(2018)浙0523民初4057号。

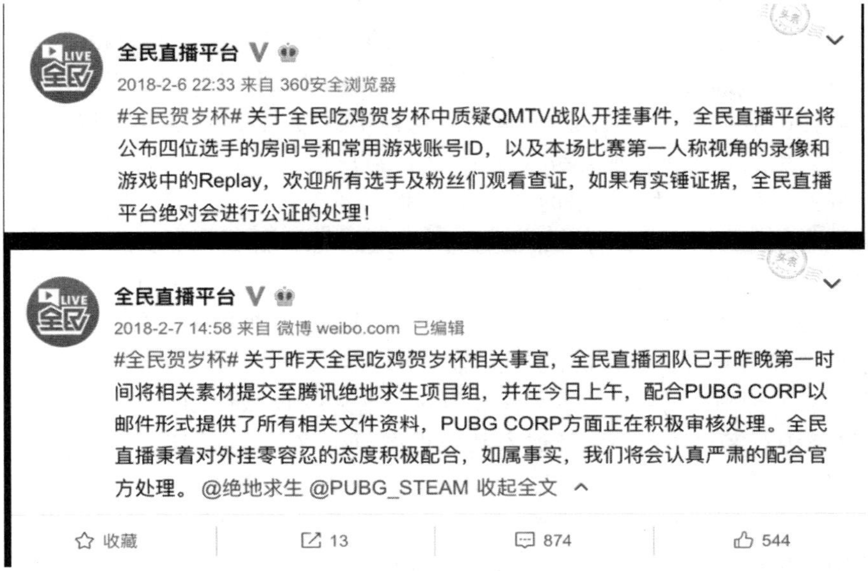

图 5-5 游戏中的外挂

(1)"外挂"程序的技术问题

"隔行如隔山",软件、程序等专业技术概念、原理对于司法裁判者来说往往是难以理解的,但是在网络犯罪案件中,这些技术原理是对行为人的事实行为抽象为法律行为并予以定罪量刑的基础内容。因此,很多情况下需要对案件中"外挂"程序予以委托鉴定。

以网游为例,其技术制作过程大致如下①:

- 截取游戏封包,并破解其加密与解密算法;
- 游戏指令与数据结构的筛查;
- 游戏内容(如地图、武器等)文件的破解与转换;
- 外挂中智能部件的实现;
- 外挂配置文件的构造与设计;
- 脚本解析器设计与游戏脚本指令;
- 自动行走算法的设计与寻路算法。

在上述程序设计中每一步都有明确目的,但从鉴定技术角度进行逆向工程分析或动、静态分析反推证明是一件相当困难的活动,其完整的逻辑证明必须说明外挂的异常行为与原有程序正常过程的非合理性或不符合程序性。

---

① 参见王海军:《网络游戏中外挂防御技术的研究与设计》,沈阳工业大学 2007 年硕士学位论文。

以全国首例网络游戏"外挂"刑事案件[①]为例。2004年,被告人谈文明等人非法制作游戏外挂,公诉人指控被告人设计的外挂软件能绕过验证程序,修改原有游戏的传输数据,影响了程序的正常运行,使用外挂软件的消费者较之未使用外挂软件的消费者在游戏能力上取得了明显的优势地位,通过外挂软件设置的功能可以更容易和更快地升级或过关,从而造成游戏消费者之间游戏能力明显不平等的局面。公诉人依据的是北京市版权局著作权鉴定书、北京市版权局《007外挂举证报告》及附件等证据材料。这些证据阐述的内容为:"'007传奇3外挂''008传奇3外挂''超人传奇3外挂'软件中均存在与'传奇3G'网络游戏客户端程序中功能、结构、算法一致的计算机程序。这些功能、结构、算法一致的程序是'007传奇3外挂'软件实现其功能必不可少的程序和'008传奇3外挂'程序、'超人传奇3外挂'程序的核心程序。上述外挂软件均系部分复制'传奇3G'网络游戏客户端程序后又加入其他程序而生成,上述外挂软件的制作者从事了部分复制他人享有著作权的计算机软件的行为。007外挂软件未经授权,修改了传奇3G游戏中服务器端与客户端之间用于通讯的'协议'内容;传奇3G游戏的著作权人,为了保护该软件而使用加密手段对游戏客户端程序的静态表现形式进行了加密处理,但是由于动态表现形式的特殊性无法进行加密处理,007外挂软件利用该技术缺陷绕过有加密的静态文件,直接对传奇3G游戏在内存中的动态表现形式进行了修改,并非法调用传奇3G游戏所使用的大量函数。"但审判法官经过与技术专家深入研讨后认为:"现有证据无法充分证明涉案外挂计算机程序'部分复制'了《恶魔的幻影》游戏软件。首先,控方证明'部分复制'的主要证据是北京市版权局的鉴定结论,该鉴定存在逻辑证明过程不完整瑕疵。从依据上看,该鉴定既没有将《恶魔的幻影》的源代码与涉案系列外挂软件的源代码进行比对,也没有对执行程序全部反编译后加以比对,无从证明涉案外挂软件与《恶魔的幻影》软件相同的程序究竟有多少、外挂软件的源代码究竟在多大程度上与网络游戏的源代码存在同一性。从内容上看,该鉴定只有结论,缺乏对鉴定过程和鉴定依据的论证,没有说明'结构、功能、算法'一致的计算机程序具体是哪些以及为何认定这些一致的计算机程序是外挂软件的核心程序,没有说明凭借'结构、功能、算法'一致这一事实判断出部分复制这一结论的依据。其次,与该鉴定紧密相关的北京市版权局的《007外挂举证报告》及其附件,只分析了007外挂软件,没有分析008外挂软件和超人外挂软件,且内容仅仅涉及007外挂软件在运行过程中突破了《恶魔的幻影》游戏软件技术保护措施、修改了数据和调用了函数,虽然此内容经过控辩双方当庭认可,但此事实并不能得出涉案系列外挂软件系部分复制《恶魔的幻影》游戏软件的结论。最后,虽然光通

[①] 谈文明等非法经营案,(2007)一中刑终字第1277号。

公司技术人员反编译涉案外挂程序后得出的内容及其证言内容，控辩双方无异议，但该证言和相关资料只能证明涉案外挂软件使用了《恶魔的幻影》游戏软件的一些数据名称和一个配置文档，以及在动态运行状态下调用了《恶魔的幻影》游戏软件的函数，不能证明上述专有名称或配置设置文件的存在就构成外挂软件与《恶魔的幻影》游戏软件内容的实质性相似；同时'调用'与'复制'在行为方式和表现形态上亦有较大区别，二者不可混同。故上述北京市版权局的鉴定结论、《007外挂举证报告》及其附件、证人董某某的证言及相关举证资料不能证明涉案外挂软件构成对《恶魔的幻影》游戏软件的复制。"

上述案例可以反映出，"外挂"程序的技术性鉴定存在一定难度，对于非技术背景的审判法官来说，需要从外挂的技术原理中抽取出与案件诉讼相关的法律事实，然后将法律事实与行为人的法律主观意识和客观行为进行关联，以便从现有法律规定中确定其具备适格条件和触发条件。如果是刑事案件，则需要判断其犯罪行为的社会危害性、刑事违法性和应受刑罚惩罚性。

（2）"外挂"行为的法律性质分析

随着我国互联网行业的快速发展，"外挂"行为频繁出现，外挂种类以及数量的更迭也在加快。"外挂"行为不但破坏了系统程序、修改了进程数据，同时也侵犯了软件著作权。因此，从法律层面分析"外挂"行为，除了考虑"外挂"本身的技术属性外，其法律问题也应该被关注。

在刑事领域，"外挂"违法行为可以分为制作运营外挂行为与使用外挂行为两种类型。对于制作运营外挂行为而言，有非法获取计算机信息系统数据、非法控制计算机信息系统罪，提供侵入、非法控制计算机信息系统程序、工具罪，破坏计算机信息系统罪，侵犯著作权罪，非法经营罪，等等。使用外挂行为可以分为三种类型：第一种是使用外挂为他人代练升级的行为，例如"董杰、陈珠非法经营案"是我国外挂代练第一案。南京两级法院均将该案认定为非法经营罪，而上海市徐汇区法院（2013）徐刑初字第641号"王某某等破坏计算机信息系统案"中，则将外挂代练行为认定为破坏计算机信息系统罪。第二种是使用外挂获取网络游戏金币后销售的行为，既有认定为非法获取计算机信息系统数据罪，也有认定为破坏计算机信息系统罪。以上两种类型虽然行为方式不尽相同，但共同特点是使用外挂从事经营活动。第三种是单纯使用外挂的行为，即使用外挂突破网络游戏的技术保护措施从而快速轻松升级。单纯使用外挂的行为可排除在刑法规制之外。

在民事领域，"外挂"行为通常涉及财产损害赔偿纠纷、合同纠纷、侵害著作权及不正当竞争纠纷等。具体来说，民事纠纷中外挂行为包括使用外挂和研发外挂。网络用户使用外挂，基于游戏运营商与用户之间签订的使用协议，双方已经形成网络游戏服务合同关系。若用户违反协议，则可以按照违约处理，例如

"邓声鹏与上海黑桃互动网络科技股份有限公司网络服务合同纠纷上诉案"①。若用户违反了运营商关于使用外挂程序的处理约定,则按照合同约定予以处理,在诉诸法院后形成合同纠纷案。若运营商不合理地限制用户游戏行为或在游戏中处罚用户游戏的虚拟物品,则可以按照财产损害赔偿纠纷处理,例如"谷瑞雪诉广州网易计算机系统有限公司财产损害赔偿纠纷案"②。此外,"外挂"行为所涉及的知识产权纠纷,主要是运营商主体因网络产品的竞争性行为所引发的纠纷。例如,在"广州网易计算机系统有限公司诉广州华多网络科技有限公司侵害著作权及不正当竞争纠纷案"③中,网易公司称其发现华多公司通过YY语音的游戏直播功能模块对《梦幻西游》等游戏非法注入外挂程序,直接违法显现YY的直播图标和控件,严重影响游戏的正常运行、界面布局和客户端稳定性,对网易的众多玩家造成很大的不良影响。

第三节 今日头条与腾讯纷争案("头腾大战")

一、相关概念简介

1. OpenAPI

API(Application Programming Interface,应用编程接口)是服务型网站常见的一种应用,网站的服务商将自己的网站服务封装成一系列API开放出去,供第三方开发者使用,这种行为被称作开放网站的API,所开放的API被称作OpenAPI。OpenAPI是互联网新的应用开发模式,这种网络应用开发模式能够更好地发挥数据资源价值,实现开放平台方和第三方应用方之间的合作共赢。OpenAPI通过《开发者协议》来约定双方的权利义务,同时亦通过该协议来实现保护用户数据信息。OpenAPI的权限控制和安全权限控制由OpenAPI的提供方通过技术手段来控制实现,应用开发者必须在满足相应权限的前提下才可能访问到相关资源。应用开发者通过OpenAPI平台调用数据,平台系统可通过检测响应时间和Http响应的状态码,获得相应时间和可用性,同时通过综合可用性的历史信息,得到该OpenAPI当前的稳定性指标。

2. 合同相对性原则

《民法典》第119条规定,依法成立的合同,对当事人具有法律约束力。当事人应当按照约定履行自己的义务,不得擅自变更或者解除合同。依法成立的合同,受法律保护。合同关系具有相对性,合同项下的权利义务只能赋予合同的当

---

① (2019)沪02民终8519号。
② (2017)皖1302民初1872号。
③ (2015)粤知法著民初字第16号。

事人,对合同外第三人不发生效力。

3. 数据权利

数据权利尚无统一明确的定义,参考欧盟《一般数据保护条例》,数据权利系指数据主体所拥有的权利,主要包括数据主体对个人数据的访问权、更正权、被遗忘权、限制处理权、数据可携权、一般反对权和反对自动化处理权。①

4. 网络爬虫

网络爬虫(Web Crawler,简称爬虫)也被称为网络蜘蛛、蜘蛛爬虫(Web Spider)或网络机器人(Web Robot),是互联网时代一项运用非常普遍的网络信息采集技术。爬虫技术的本质是一套实现高效下载的系统,通过遍历网络内容,按照指定规则提取所需的网页数据,并下载到本地形成互联网网页镜像备份的程序。② 另外还有一些不常使用的名字,如蚂蚁、自动索引、模拟程序或者蠕虫等。

5. 破坏计算机信息系统罪

根据《刑法》第286条规定,破坏计算机信息系统罪是指违反国家规定,对计算机信息系统功能或计算机信息系统中存储、处理或者传输的数据和应用程序进行破坏,或者故意制作、传播计算机病毒等破坏性程序,影响计算机系统正常运行,后果严重的行为。此外,《刑法》第286条之一规定了拒不履行信息网络安全管理义务罪;第285条规定了非法侵入计算机信息系统罪;第287条规定了利用计算机实施犯罪的提示性规定;第287条之一规定了非法利用信息网络罪;第287条之二规定了帮助信息网络犯罪活动罪等。

二、案情概况

2018年4月起,腾讯、头条摩擦不断,5月双方开启"口水战",6月升级为互相诉讼,并引发舆论关注,被称为"头腾大战"。在舆论层面鏖战的同时,腾讯与头条系也在业务层面展开缠斗。

"头条系"涉案主要产品包括"今日头条""抖音""西瓜视频""火山小视频""字节跳动飞聊""faceu激萌""悟空问答""多闪短视频社交""懂车帝""今日头条值点""有点意思""皮皮虾社区"。腾讯涉案主要产品主要有"微信""QQ""微视"。头条系主要有两家公司作为实际民事主体,分别是北京微播视界科技有限公司(简称微播视界)和北京字节跳动科技有限公司(简称字节跳动),其中抖音的开发商是微播视界,"今日头条"是字节跳动的研发产品,但两家公司属于商业关联关系,字节跳动全资间接控股微播视界,因此其名下产品共称为"头条系"。

---

① 参见丁晓东:《什么是数据权利?——从欧洲〈一般数据保护条例〉看数据隐私的保护》,载《华东政法大学学报》2018年第4期。

② 参见孙佳亮、李慧敏:《论爬虫抓取数据行为的法律边界》,载《电子知识产权》2018年第12期。

以时间为主线，“头腾大战”始末如下：

- 2018 年 3 月 8 日，抖音、火山链接分享到朋友圈有可能仅为自己可见。
- 3 月 25 日，抖音分享到 QQ 空间仅为自己可见。
- 4 月 11 日开始，西瓜、抖音、火山分享到微信、QQ 链接不能播放。
- 5 月 8 日，张一鸣在朋友圈发文称，“微信的借口封杀，微视的抄袭搬运，挡不住抖音的步伐”，抖音 APP 的海外下载量达新高峰；同日，马化腾在该条朋友圈留言“可以理解为诽谤”，引发双方“口水”较量。
- 5 月 15 日，抖音个人页图片被朋友圈屏蔽。
- 5 月 16 日，西瓜视频网站被腾讯电脑管家标记为不安全网站。
- 5 月 17 日，因认为在腾讯公司运营的“微信”客户端上，微信公众号“快微课”发布文章虚构其视频来源，抖音短视频以名誉权侵权纠纷为由将腾讯公司诉至北京市海淀区人民法院，要求其立即停止侵权，提供微信公众号“快微课”的注册信息及身份信息，并赔礼道歉，以及赔偿经济损失及维权合理费用共计 100 万元。

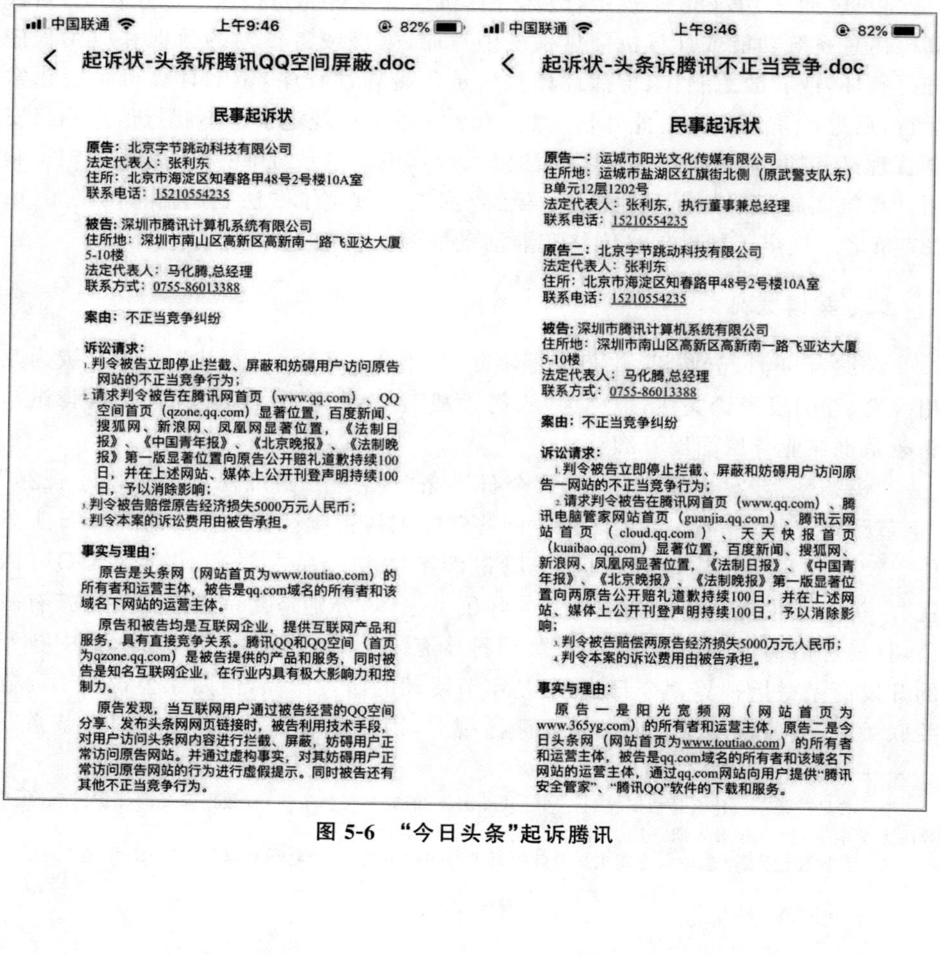
中国联通 上午9:46 82%

起诉状-头条诉腾讯QQ空间屏蔽.doc

民事起诉状

原告： 北京字节跳动科技有限公司
法定代表人：张利东
住所：北京市海淀区知春路甲48号2号楼10A室
联系电话：15210554235

被告： 深圳市腾讯计算机系统有限公司
住所地：深圳市南山区高新区高新南一路飞亚达大厦5-10楼
法定代表人：马化腾,总经理
联系方式：0755-86013388

案由： 不正当竞争纠纷

诉讼请求：
1. 判令被告立即停止拦截、屏蔽和妨碍用户访问原告网站的不正当竞争行为；
2. 请求判令被告在腾讯网首页（www.qq.com）、QQ空间首页（qzone.qq.com）显著位置，百度新闻、搜狐网、新浪网、凤凰网显著位置，《法制日报》、《中国青年报》、《北京晚报》、《法制晚报》第一版显著位置向原告公开赔礼道歉持续100日，并在上述网站、媒体上公开刊登声明持续100日，予以消除影响；
3. 判令被告赔偿原告经济损失5000万元人民币；
4. 判令本案的诉讼费用由被告承担。

事实与理由：

原告是头条网（网站首页为www.toutiao.com）的所有者和运营主体，被告是qq.com域名的所有者和该域名下网站的运营主体。

原告和被告均是互联网企业，提供互联网产品和服务，具有直接竞争关系。腾讯QQ和QQ空间（首页为qzone.qq.com）是被告提供的产品和服务，同时被告是知名互联网企业，在行业内具有极大影响力和控制力。

原告发现，当互联网用户通过被告经营的QQ空间分享、发布头条网网页链接时，被告利用技术手段，对用户访问头条网内容进行拦截、屏蔽，妨碍用户正常访问原告网站。并通过虚构事实，对其妨碍用户正常访问原告网站的行为进行虚假提示。同时被告还有其他不正当竞争行为。

中国联通 上午9:46 82%

起诉状-头条诉腾讯不正当竞争.doc

民事起诉状

原告一： 运城市阳光文化传媒有限公司
住所地：运城市盐湖区红旗街北侧（原武警支队东）B单元12层1202号
法定代表人：张利东，执行董事兼总经理
联系电话：15210554235

原告二： 北京字节跳动科技有限公司
法定代表人：张利东
住所：北京市海淀区知春路甲48号2号楼10A室
联系电话：15210554235

被告： 深圳市腾讯计算机系统有限公司
住所地：深圳市南山区高新区高新南一路飞亚达大厦5-10楼
法定代表人：马化腾,总经理
联系方式：0755-86013388

案由： 不正当竞争纠纷

诉讼请求：

1. 判令被告立即停止拦截、屏蔽和妨碍用户访问原告一网站的不正当竞争行为；
2. 请求判令被告在腾讯网首页（www.qq.com）、腾讯电脑管家网站首页（guanjia.qq.com）、腾讯云网站首页（cloud.qq.com）、天天快报首页（kuaibao.qq.com）显著位置，百度新闻、搜狐网、新浪网、凤凰网显著位置，《法制日报》、《中国青年报》、《北京晚报》、《法制晚报》第一版显著位置向两原告公开赔礼道歉持续100日，并在上述网站、媒体上公开刊登声明持续100日，予以消除影响；
3. 判令被告赔偿两原告经济损失5000万元人民币；
4. 判令本案的诉讼费用由被告承担。

事实与理由：

原告一是阳光宽频网（网站首页为www.365yg.com）的所有者和运营主体，原告二是今日头条网（网站首页为www.toutiao.com）的所有者和运营主体，被告是qq.com域名的所有者和该域名下网站的运营主体，通过qq.com网站向用户提供“腾讯安全管家”、“腾讯QQ”软件的下载和服务。

图 5-6 “今日头条”起诉腾讯

• 5 月 18 日，微信官方发布公告称，升级外链管理规则，无“视听许可证”的产品，其相关视频内容禁止在微信传播。据不完全统计，至少有 21 款产品将受到影响。其中，抖音“第一届文物戏精大赛”H5 被微信直接封杀。

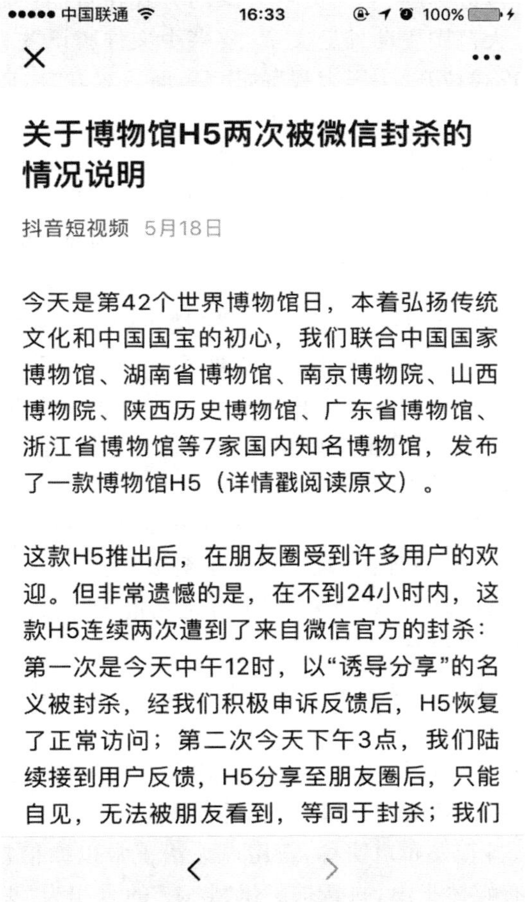

关于博物馆H5两次被微信封杀的情况说明

抖音短视频 5月18日

今天是第42个世界博物馆日，本着弘扬传统文化和中国国宝的初心，我们联合中国国家博物馆、湖南省博物馆、南京博物院、山西博物院、陕西历史博物馆、广东省博物馆、浙江省博物馆等7家国内知名博物馆，发布了一款博物馆H5（详情戳阅读原文）。

这款H5推出后，在朋友圈受到许多用户的欢迎。但非常遗憾的是，在不到24小时内，这款H5连续两次遭到了来自微信官方的封杀：第一次是今天中午12时，以“诱导分享”的名义被封杀，经我们积极申诉反馈后，H5恢复了正常访问；第二次今天下午3点，我们陆续接到用户反馈，H5分享至朋友圈后，只能自见，无法被朋友看到，等同于封杀；我们

图 5-7 “抖音 H5”被微信屏蔽

• 5 月 25 日，腾讯旗下 QQ 空间 PC 端分享今日头条文章链接时，无法正常显示。今日头条发文并举例，“传播恶意网址比例超 80%”说法纯属造谣，腾讯平台也有大量违法赌博内容。

• 5 月 26 日，对于腾讯管家提示今日头条含诈骗信息被今日头条暗指不公一事，腾讯回应称，腾讯安全云部监测到某域名含有大量以“腾讯分分彩”为名义的违法赌博内容，并通过互联网渠道大规模传播（该域名传播的 URL 恶意网址的比例超高，超过 80%），影响大量用户。

• 5 月 30 日 15 时 40 分，新华网发布稿件《多少道文件才能管住网游对少

年儿童的戕害》,经过新浪社会专栏、百度新闻进行标题变更后,今日头条与百度新闻弹窗同样的内容《要多少文件腾讯才肯收手》推送给关注互联网资讯的活跃用户。当天21时24分,腾讯公关总监(@腾讯张军)发微博剑指今日头条,认为今日头条通过故意修改标题、篡改文章来源的方式在自己控制运营的数亿级自有新闻媒体平台上大范围主动推送文章《要多少文件腾讯才肯收手》,严重侵害腾讯的声誉,由此正式拉开"头腾大战"的序幕,而后双方"你来我往"最终形成了互为被告的结果。

- 6月1日,腾讯以"头条系"产品涉不正当竞争,对腾讯声誉造成了严重损害为由,向法院正式起诉今日头条,向其索赔1元并要求道歉。
- 6月2日,今日头条官方表示,腾讯利用垄断地位,以各种理由多次进行不正当竞争的行为,依据《中华人民共和国反不正当竞争法》和《民事诉讼法》,针对"腾讯QQ空间拦截、屏蔽头条网页链接""腾讯安全管家作为安全软件拦截、屏蔽头条网页链接"两案,要求腾讯公司立即停止一切不正当竞争的行为,公开赔礼道歉的同时赔偿今日头条公司共计9000万元人民币的经济损失。
- 6月13日,头条APP上线游戏业务;6月20日,微信公众号改版为"信息流"形式,"头腾大战"矛盾进一步激化。
- 6月20日,腾讯公关总监和马化腾分别晒出截图称腾讯遭遇"黑公关"①,而"黑公关"被媒体及评论解读为"头条系"。
- 6月25日,腾讯就遭遇"黑公关"事件正式报案;同日,今日头条也向公安机关报案,称"遭遇大规模有组织的黑公关"。
- 10月19日,微播视界公司等与腾讯公司等不正当竞争纠纷案经一审、二审,"头条系"以败诉告终。
- 2019年1月15日,抖音推出面向年轻人、主打亲密关系的视频社交软件多闪。多闪是抖音私信功能的升级,也是抖音首次正式尝试进军社交领域。
- 1月23日,抖音发布声明称,新用户无法正常以微信授权的方式登录并使用抖音。随后,有媒体指出,抖音被腾讯"封杀"的真相为"头条系"产品侵犯用户隐私,挑战微信规则底线,这才频频出现登录异常。
- 2月,腾讯向法院申请了四条行为保全请求,涉及立即停止使用微信/QQ用户头像和昵称等数据向抖音用户推荐好友,立即停止多闪使用抖音提供的微信/QQ的登录服务,立即停止多闪使用微信/QQ用户头像和昵称并立即删除此前数据,以及立即删除多闪中与微信/QQ好友相关的多个功能。

---

① "黑公关"是指使用各种手段,通过舆论来攻击和抹黑竞争对手,比如刻意放大和持续传播其产品的缺陷,甚至使用虚假内容恶意中伤,最终以打击对手来获得在市场竞争中的有利地位。参见董天策、章琴丽:《网络公关为何成为不正当竞争手段?——蒙牛伊利"网络黑公关"事件反思》,载《新闻与写作》2011年第6期。

• 3月19日,字节跳动旗下社交产品多闪给予用户弹窗提示:"根据腾讯公司强烈要求,您在微信/QQ上的账户信息,包括头像、昵称的权益属于腾讯公司,如果您多闪的头像昵称与微信/QQ一致,需要修改在多闪或微信/QQ上的头像昵称。如果昵称是真名,我们觉得可以保留。"

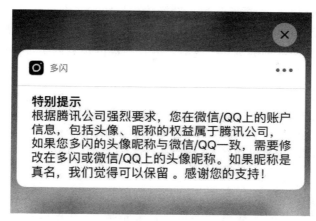

图5-8　多闪APP在3月19日下午的弹窗推送

• 3月20日,天津市滨海新区人民法院公布了裁定结果,要求抖音立即停止将微信/QQ开放平台授权登录服务提供给多闪使用的行为;要求停止在多闪中使用来源于微信/QQ开放平台的微信用户头像、昵称的行为。抖音系由北京微播视界科技有限公司经营,多闪系由北京拍拍看看科技有限公司经营。

• 5月10日,北京拍拍看看科技有限公司不服裁定结果,向天津市第三中级人民法院上诉,经审理,法院认为上诉人拍拍看看公司上诉请求缺乏事实和法律依据,驳回上诉,维持原裁定。

至此,持续近2年的"头腾大战"暂时告一段落。

三、案件情况分析

1. 案件焦点问题

"头腾大战"系字节跳动(即"头条系"产品开发商和实际控制方)与腾讯之间就争夺互联网行业内容主动权,而引发的由"口水战"升级至你来我往的诉讼纠纷。根据裁判文书网的检索结果,"字节跳动"与"微播视界"(头条系的主要两家公司)和腾讯之间共计521起诉讼,其中绝大多数诉讼为腾讯公司起诉字节跳动公司,涉案有500余篇体育、娱乐等具有独家信息网络传播权(职务作品及约稿作品两类)的报道文章。腾讯认为字节跳动未经许可,在其经营的今日头条网站或今日头条手机客户端提供了涉案文章(部分文章在两个端口均提供),侵害了其信息网络传播权。

"头腾大战"并非突然爆发。从2016年和2017年诉讼量来看,"头条系"和腾讯就侵害作品信息网络传播权已集中产生多起诉讼纠纷。2018年,"头条系"和腾讯从作品内容版权之争转向市场地位之争,出现了4起不正当竞争纠纷案和1起侵犯名誉权案,侵害作品信息网络传播权纠纷案件量减少至7起,二者火力集中到市场地位竞争之中。延续之前的竞争内容,2019年,又出现了微信头像与多闪头像使用权利的诉讼。此时二者从作品的信息网络传播权转到对于各自产品内容的权利之争。

这里,我们主要讨论字节跳动旗下关联公司(拍拍看看)的多闪"头像"(代指个人信息包括头像、昵称等)、腾讯公司的微信"头像"以及用户上传"头像"之间的权属争议相关问题。

2. 微信、抖音及多闪三者之间的关系

根据腾讯与微播视界和拍拍看看之间的诉讼,其核心争议点在于抖音是否有权将微信OpenAPI接入的用户头像、昵称等用户信息提供给多闪使用。

首先,梳理涉及的三款APP。从运营关系来看,抖音和多闪的实际运营商的相互关系如图5-9所示。

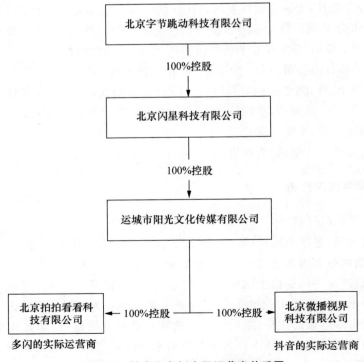

图5-9 抖音和多闪实际运营商关系图

抖音的实际运营商为微播视界,多闪的实际运营商为拍拍看看科技有限公司,两家都是独立法人公司,但都同属于运城市阳光文化传媒有限公司。字节跳动公司则通过完全控股北京闪星科技有限公司实际控制微播视界和拍拍看看,亦是抖音和多闪两款产品的实际控制人。从产品层面来看,多闪是一款从抖音私信衍生而来的产品,用户可以使用其抖音账号进行登录,同时可以将该产品分享给微信好友。也就是说,部分以微信账号授权登录抖音的用户,间接又把这种授权转移给了多闪。具体如图5-10所示。

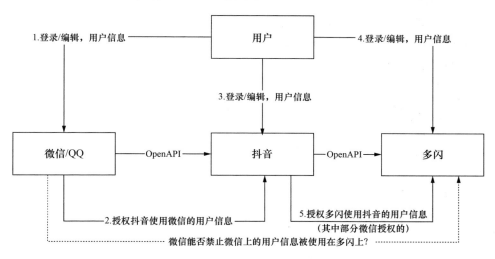

图5-10 用户授权微信的用户信息使用路径

其次,梳理开发平台授权使用的全流程。抖音平台通过OpenAPI与微信/QQ开放平台进行合作。微信/QQ的OpenAPI即开放平台授权登录服务,系指为接入的第三方应用和用户提供快速登录服务,用户用在开发平台的账号登录第三方应用,以帮助第三方应用识别登录用户信息和获取用户基本开发信息。在本案中,微信/QQ提供给抖音的授权登录服务包括:在调用微信/QQ开发平台的OpenAPI,帮助抖音实现快速识别用户身份、授权使用微信/QQ用户头像、昵称等用户基本信息。OpenAPI的调用需经使用方按照微信/QQ要求注册信息,同意微信/QQ开放平台开发者服务协议并经微信/QQ开放平台审核通过后方能进行使用。

在下载微信、抖音和多闪APP后,用户登录抖音,可以选择自行注册或使用微信/QQ账号登录。若经授权微信/QQ账号登录抖音,在"好友"项下"你可能认识的人""查看通讯录好友看看有谁在抖音"以及"好友列表"中的"发现好友"等项目中展示的部分用户的头像和昵称,与登录微信/QQ搜索后的微信/QQ

用户头像和昵称一致。其中,被抖音在向其他用户推荐好友时显示微信/QQ头像和昵称的用户,均系已经通过微信/QQ账号登录过抖音产品的用户。打开多闪应用,进入登录界面,可选择抖音登录,进入抖音对应登录界面,可输入微信/QQ账号密码,之后跳转回"多闪—抖音短视频授权登录"界面,点击"授权并登录"即可登录多闪。在多闪应用点击"你可能认识"的下拉列表,其中展示的部分用户头像和昵称与已经注册多闪的好友其微信/QQ用户头像和昵称一致。若是未注册多闪的被推荐微信/QQ用户,该用户选择以微信/QQ授权登录抖音后会接收到"××请求添加你为好友打开多闪查看"以及"这是一条新类型消息,请打开'多闪APP'查看"。被推荐用户点击消息后可以直接下载多闪产品,并通过抖音登录后查看添加好友的申请,该被推荐用户在多闪账号中使用的昵称和头像与其微信的昵称和头像一致。多闪在向其用户推荐可能认识的人时,使用了其他人的微信/QQ昵称和头像以扩充自身的关系链,并且被推荐的人中存在从未注册登录过多闪的用户。上述过程的技术原理是登录过程中在多闪登录页面点击"抖音登录"将拉起已安装的抖音产品并调用抖音 OpenAPI 接口;进入抖音的账号登录页面选择通过微信/QQ授权登录,将拉起已安装的微信/QQ产品并调用微信/QQ产品的 OpenAPI 接口,并在微信/QQ登录后出现"多闪—抖音短视频授权登录"界面,且点击"授权并登录"完成多闪登录并返回多闪。

上述主要体现了两个过程:第一个过程是用户以微信/QQ授权登录抖音,抖音调用了微信的OpenAPI;第二个过程是用户以抖音授权登录多闪,多闪通过调用抖音OpenAPI接口,将拉起已安装的微信/QQ并调用其OpenAPI,完成授权登录。

3. 微信等三款软件的相关协议及规定

(1) 微信

《微信隐私保护指引》[①]规定:当用户注册微信服务时,微信会收集用户的昵称、头像、手机号码,收集这些信息是为了帮助用户完成微信注册,保护用户微信账号的安全。手机号码属于敏感信息,收集此类信息是为了满足相关法律法规的网络实名制要求。目前,微信不会主动共享或转让用户的个人信息至腾讯集团外的第三方,如存在其他共享或转让用户的个人信息或用户需要微信将个人信息共享或转让至腾讯集团外的第三方情形时,微信会直接或确认第三方征得

---

① 参见《微信隐私保护指引》,https://weixin.qq.com/cgi-bin/readtemplate?lang=zh_CN&t=weixin_agreement&s=privacy#1,2020年1月2日访问。

用户对上述行为的明示同意。

因此,根据《微信隐私保护指引》,用户在注册并使用微信时会产生个人信息,而这些个人信息会被微信所收集,微信可主动向用户确认,或者用户自己主动明确申请并确认,微信可将用户个人信息共享或转让至第三方。

《腾讯微信软件许可及服务协议》[①]规定,未经用户的同意,腾讯不会向腾讯以外的任何公司、组织和个人披露用户的个人信息,但法律法规另有规定的除外。因用户使用本软件或要求腾讯提供特定服务时,本软件可能会调用第三方系统或者通过第三方支持用户的使用或访问,使用或访问的结果由该第三方提供(包括但不限于第三方通过微信公众账号提供的服务,或通过开放平台接入的内容等),腾讯不保证通过第三方提供服务及内容的安全性、准确性、有效性及其他不确定的风险,由此若引发的任何争议及损害,与腾讯无关,腾讯不承担任何责任。第三方服务提供者可以通过本软件向用户提供产品或者服务,比如用户可以关注第三方注册的公众账号、使用第三方开发的小程序、接受第三方通过公众账号(包括小程序)提供的服务及产品,或者通过微信授权登录能力登录并使用其他互联网服务。在此过程中,第三方服务提供者可能会收集、使用和存储用户的相关数据或信息,腾讯通过与第三方服务提供者签署的有关协议、微信相关规范以及合理的产品流程设计,严格要求第三方服务提供者获取用户的任何数据均应遵守相关法律法规的规定,必须事先获得用户的明确同意,采取必要的数据保护措施,且仅为产品或服务之目的合理使用用户的相关数据,向用户提供修改或删除自己数据的方式,并在停止服务时必须删除全部数据等,尽最大可能保障用户的数据和隐私不受侵害。用户在接受或使用第三方产品或服务前应充分了解第三方产品或服务的条款及政策。如果用户发现有第三方服务提供者存有相关违法违规行为,可以向腾讯投诉,腾讯将查实后予以处理。

根据《腾讯微信软件许可及服务协议》,通过开放平台,微信可调用或被调用第三方服务及产品,但必须满足两项要求:一是实现获取用户同意,二是有必要的数据保护措施。

《微信开放平台开发者服务协议》[②]规定,用户在开放平台、应用等中产生的与用户相关的数据,包括但不限于用户提交的语音数据、图像数据、用户操作行为形成的数据等。"用户数据"的所有权及其他相关权利属于腾讯,且是腾讯的商业秘密,依法属于用户享有的相关权利除外。除非另行获得授权或同意(包括在开发者所制定的隐私保护政策下),否则开发者只能在运行相关应用程序的操

---

① 参见《腾讯微信软件许可及服务协议》,https://weixin.qq.com/agreement? lang=zh_CN,2020年1月2日访问。

② 参见《微信开放平台开发者服务协议》,https://open.weixin.qq.com/cgi-bin/frame? t=news/protocol_developer_tmpl,2020年1月2日访问。

作或功能所需的最小限度内处理个人数据。开发者不能超出为运行相关应用程序所需的最小限度,或为其他目的使用个人数据。腾讯有权限制或阻止开发者获取用户数据及开放平台数据。

根据《微信开放平台开发者服务协议》《微信开放平台运营规范》及《QQ互联开放平台开发者协议》,第三方应用须同意该等开放平台的管理规范并向腾讯申请且经腾讯审核通过授权后方可接入微信/QQ开放平台,并在微信/QQ用户授权后以其微信/QQ账号登录第三方应用。

(2) 抖音

根据抖音官网介绍,"抖音短视频,一个旨在帮助大众用户表达自我,记录美好生活的短视频分享平台"。《"抖音"用户服务协议》规定,除自行注册抖音账号外,用户也可选择通过授权使用用户合法拥有的包括但不限于公司和/或其关联方其他软件或平台用户账号,以及实名注册的第三方软件或平台用户账号登录使用抖音软件及相关服务,但第三方软件或平台对此有限制或禁止的除外。当用户以前述已有账号登录使用的,应保证相应账号已进行实名注册登记,并同样适用本协议中的相关条款。除用户登录、使用抖音软件及相关服务外,用户还可以用抖音账号登录使用公司及其关联方或其他合作方提供的其他软件、服务。用户以抖音账号登录并使用前述服务的,同样应受其他软件、服务实际提供方的用户协议及其他协议条款约束。

抖音软件及相关服务中包含公司以各种合法方式获取的信息或信息内容链接,同时也包括公司及其关联方合法运营的其他单项服务。这些服务在抖音可能以单独板块形式存在。公司有权不时地增加、减少或改动这些特别板块的设置及服务。

在个人信息使用和保护层面,根据《"抖音"隐私政策》[①]规定,当用户注册、登录抖音及相关服务时,用户可以通过手机号创建账号,并且用户可以完善相关的网络身份识别信息(头像、昵称、密码),收集这些信息是为了帮助用户完成注册。用户还可以根据自身需求选择填写性别、生日、地区及个人介绍来完善用户的信息。用户也可以使用第三方账号登录并使用抖音,这意味着将授权在第三方平台注册的公开信息(头像、昵称以及用户授权的其他信息),用于与抖音账号绑定,使用户可以直接登录并使用本产品和相关服务。当用户使用抖音账号登录多闪时,经过用户的同意,可能会将账号关联,并共享昵称、头像、直接或间接关注、粉丝等通讯关系(在多闪内形成的好友关系不会在抖音内展示)、发布的内容以及用户授权的其他信息。当用户使用抖音账号登录第三方账号时,经过用户的同意,可能会共享昵称、头像以及用户授权的其他信息。

---

① 参见《"抖音"隐私政策》,https://www.douyin.com/agreements/?id=6773901168964798477,2020年1月2日访问。

实现功能或服务的共享信息如下：

a. 当用户在使用抖音中由抖音的关联方、第三方提供的功能，或者当软件服务提供商、智能设备提供商、系统服务提供商与抖音联合为用户提供服务时，抖音会将实现业务所必需的信息与这些关联方、第三方共享，用于综合统计并通过算法做特征与偏好分析，形成间接人群画像，用以向用户进行推荐、展示或推送用户可能感兴趣的信息，或者推送更适合用户的特定功能、服务或商业广告。

b. 登录、绑定其他账号：当用户使用抖音账号登录多闪、第三方的产品或服务时，或将抖音账号与其他第三方账号绑定，经过用户的同意，用户的昵称、头像、直接或间接关注、粉丝等通讯关系及其他用户授权的信息与前述产品或服务共享。

c. 当其他抖音用户在登录多闪后，经授权多闪会收集其在抖音内的好友、直接或间接关注、粉丝等通讯关系。用户的头像、昵称等公开信息可能因为前述多闪用户的授权而在多闪内被展示。

《抖音开放平台开发者服务协议》规定，开发者应承诺同时遵守《"抖音"隐私政策》的相关规定以及抖音开放平台关于用户数据的其他管理规则。开发者应用如存在收集用户数据的，其对于用户数据的收集、使用和保护要求应当不低于《"抖音"隐私政策》的标准和规定，包括但不限于取得数据所有者的明示知情同意，在授权范围内基于最小原则获取及使用数据，采取足够的技术安全措施保护数据、妥善管理数据并可依申请删除等。

根据《"抖音"用户服务协议》，除了自行注册之外，用户还可以使用第三方软件或平台账号登录，这与微信/QQ开发平台相呼应，用户可以使用抖音账号登录关联方或其他合作方提供的其他软件、服务。抖音与其关联方合法运营的其他单项服务内容可自行增加和减少。《"抖音"隐私政策》则表明，使用抖音账号可登录包括多闪在内的第三方账号，并会共享昵称、头像、直接或间接关注粉丝等通讯录。《抖音开放平台开发者服务协议》基于最小原则获取和使用用户数据。

（3）多闪

多闪产品于2019年1月15日发布，根据其官网介绍，这是一款好友小视频社交APP。根据《多闪用户协议》和《多闪隐私政策》，多闪产品提供的服务包括通过用户账户发送音视频、图片、文字等的即时通讯服务，图文视频等内容的拍摄及分享服务，其他软件或硬件的信息互通服务，以及关系链拓展等相关服务。

《多闪隐私协议》中表明，多闪是抖音私信功能的升级，需要实现与抖音的聊天、评论、内容发布等社交基本功能互通，需要使用抖音登录多闪，并授权在抖音中的账号、头像、昵称、通讯关系、历史消息等必要信息。授权登录时，用户会收到提示登录后应用将获得以下权限："获得你的公开信息（头像、昵称等)"、"访问你的好友关系"、"同步你的会话和历史消息"。《多闪隐私协议》中明确告知用户:"需要你使用抖音登录多闪。""多闪可能会基于你授权的抖音等第三方软件中的信息(账号、头像、昵称、通讯关系、历史 消息等)向你推送好友。"

根据《多闪隐私协议》,可知多闪在协议和技术层面都是将抖音上的用户信息转移到多闪中并进行展示的,包括第三方软件的信息。

4. 微信、抖音、多闪及用户间的法律关系

综上分析,按照合同约定内容,用户、微信、抖音和多闪之间的法律关系,以及用户与各方 APP 之间签署的使用协议,如图 5-11 所示。

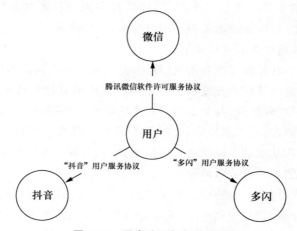

图 5-11　用户注册授权关系图

用户基于同意各方服务协议(或用户协议)而使用 APP。微信/QQ 产品的注册方式为,用户使用手机号码注册,手机号需要验证,微信/QQ 为每个成功注册的用户建立微信账号,以确定其在微信平台内的身份;用户可以设置自己的头像、名称(昵称)、性别和地区等个人信息。抖音产品的注册方式既可以是自行用手机号码注册,也可以选择授权登录方式,其中一种方式是使用微信注册和登录抖音。多闪则必须要求使用抖音账号登录,可以将抖音账号信息直接挪移表现在多闪账号中,用户可自行修改编辑用户信息。"头腾之争"之间的争议内容即是用户同意服务协议下的使用应用形成用户信息数据的流转和使用权问题。"头腾之争"涉及三方主体:微信的实际运营商——深圳市腾讯计算机系统有限公司、腾讯科技(深圳)有限公司、腾讯数码(天津)有限公司,抖音的实际运营商——北京微播视界科技有限公司,多闪实际运营商——北京拍拍看看科技有限公司,图 5-12 是对三方之间的法律关系的具体分析。

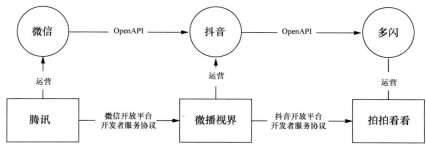

图 5-12 "头腾"主体法律关系

在前面已经说明,微播视界与拍拍看看同属于字节跳动旗下的两家独立公司,二者在对外都是独立的法人主体,独自承担相应的法律权利和义务。微播视界在开发和运营抖音应用时与腾讯形成基于《微信开放平台开发者服务协议》的法律关系,微播视界应当遵守《微信开放平台开发者服务协议》,在限定范围内使用用户信息数据。拍拍看看在开发和运营多闪应用时与微播视界形成基于《抖音开放平台开发者服务协议》的法律关系,拍拍看看应当遵守《抖音开放平台开发者服务协议》,在限定范围内使用用户信息数据。基于合同的相对性原则,合同关系是特定项下所约定的义务,也只有债务人才负有此合同权利。[①] 两种法律关系是基于相应协议形成合约关系,合约关系内部的权利义务一般不能突破合同内容延及第三方。在本案中,微播视界只能在协议约定下使用基于OpenAPI 传输的用户信息数据,却不能通过另一合同约定转移数据使用权利。虽然多闪在其用户协议中申明多闪系抖音私信的升级版,但从法律关系上,多闪的开发并未直接使用微信的 OpenAPI,而是基于微播视界的抖音 OpenAPI 间接接受经抖音授权的来自微信的用户头像、昵称等用户信息数据,而微播视界并非多闪的实际运营商。因此,微播视界违反了《微信开放平台开发者服务协议》,越权使用了用户信息数据,拍拍看看违法使用了来自微信的用户信息数据。

四、涉案的电子证据

1. APP 类:抖音、多闪、微信。
2. 协议类:《腾讯微信软件许可及服务协议》《微信隐私保护指引》《微信开放平台开发者服务协议》《抖音开放平台开发者服务协议》《"抖音"用户服务协议》《"抖音"隐私政策》《多闪隐私协议》。
3. 微信/QQ 相关数据:微信发布的公告信息、微信/QQ 用户头像、昵称。

---

① 参见杨宗仁:《简析合同的相对性原则》,载《法制与社会发展》2002 年第 2 期。

五、"头腾大战"所反映出的相关问题

1. 用户信息数据的权属争议问题

（1）用户数据价值

《2018微信数据报告》显示：2018年，微信每个月有10.82亿用户保持活跃，每天有450亿次信息发送出去，每天有4.1亿音视频呼叫成功。以微信为代表的"全民应用"已成为类似于"国家电信的关键基础设施"的存在。在信息泛化的时代，微信、支付宝与大多数用户的衣食住行紧紧绑定，通过分析微信、支付宝等综合业务平台的用户大数据，完全可以模拟出用户的生活运行轨迹。因此，微信等基础应用的数据存储、使用、转移等数据应用行为成为关注焦点。在"头腾大战"中，"今日头条"就以"偷换概念"技巧，引发网民对微信中用户信息数据应用的担忧，进而质疑微信对于用户数据的"霸权主义"。虽然微信多次强调用户数据并非微信所有，但在大数据席卷的信息化时代，数据的价值通过数据使用和流转予以体现，鉴于数据的技术特性，用户无法实现如传统物权的权利控制，对于数据的占有、使用或采取其他支配形式更是缺乏现实性保障。

由于用户数据与隐私数据并非完全等同，单个用户数据的价值无法具象化，但不定体量的数据聚合体可以形成一定价值特征。由单点用户数据的某项特征可以联合其他用户形成线性特征，不同线性特征可以形成价值特征面，不同价值特征面与单点或者线性价值维度构成立体的数据价值结构体。"大量聚合的数据为商业主体创新商业模式提供了可能，在商业实践中成为交易对象和企业获取竞争优势的资源，而人工智能（AI）的发展更赋予了数据财产前所未有的价值内涵。"①

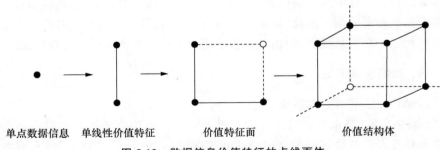

单点数据信息　单线性价值特征　　价值特征面　　　价值结构体

图 5-13　数据信息价值特征的点线面体

对于用户个人而言，数据价值结构体并无较为直接的实效性价值，但对于商业化的运营主体而言，可对其进行特征提取和运用大数据分析，进而直接或间接

---

① 郝思洋：《知识产权视角下数据财产的制度选择》，载《知识产权》2019年第9期。

地转化价值特征,实现价值变现。因此,当前用户主要面临的困境是个人隐私数据保护问题,而聚合的用户数据权属应用争议问题主要体现在不同商业化主体之间,越大的商业化主体(如微信、抖音、支付宝等实际运营商)愈发重视数据的权属应用主动权,即"谁掌握数据,谁掌握主动权"。

(2) 用户数据权属

鉴于数据价值的重要性,近年来关于数据的争议层出不穷,如大众点评诉百度案[①]、淘宝诉美景不正当竞争纠纷案[②]、华为与腾讯的数据之争[③]。那么,在商业竞争中,一个平台从另一个平台获取用户数据,用户信息数据的权属归谁呢?[④]

我国《网络安全法》规定的个人信息是指"以电子或者其他方式记录的能够单独或者与其他信息结合识别自然人个人身份的各种信息"[⑤]。全国人大常委会《关于加强网络信息保护的决定》和工信部《电信和互联网用户个人信息保护规定》均规定了个人信息收集方式和基本原则。《中华人民共和国刑法修正案(七)》和《中华人民共和国刑法修正案(九)》规定了关于个人信息方面的犯罪及刑罚。而在《上海市公共数据和一网通办管理办法》中,公共数据是指本市各级行政机关以及履行公共管理和服务职能的事业单位在依法履职过程中,采集和产生的各类数据资源。纵观国内当前涉及数据相关的立法,数据均以结合性场景应用进行解释,但都避开了对于数据权属的界定。因此,在立法层面对于数据权属的界定,我国尚无明确的法律规定。

国内外相关立法对于数据权属问题主要有三种截然不同的态度:

第一种类型以欧盟为代表,包括德国、英国、巴西、印度等国家。基于个人权利严格保护的立法态度,将受保护的客体限定于个人数据(personal data)或个人信息(personal information)。例如,英国《数据保护法案》(Data Protection Act,DPA)主要目的是保护个人信息不被误用或滥用。该法案第1条就明确该法案是关于个人数据的处理,其中包括:基于数据主体同意或其他情形,合法公平获取个人数据;经授权后可处理个人数据等信息,但需纠正不准确的个人数据。欧盟《通用数据保护条例》第1条也表明该规定是针对自然人的个人数据的处理以及个人数据的流动,保护自然人对其数据的基本权利与自由。从印度《个

---

① 大众点评诉百度不正当竞争案,(2016)沪73民终242号。
② 淘宝(中国)软件有限公司诉安徽美景信息科技有限公司不正当竞争案,(2017)浙8601民初4034号。
③ 参见洪延青:《华为VS腾讯大数据之争 谁拿走了用户的个人数据?》,载《中国经济周刊》2017年第32期。
④ 2019年6月25日,阿里巴巴倡议成立的罗汉堂发布最关乎人类未来的十大问题中,其中一个问题就是:"数据是谁的? 谁是真正的受益者?"参见《阿里巴巴罗汉堂发布最关乎人类未来的十大问题》,http://finance.sina.com.cn/roll/2019-06-25/doc-ihytcerk9117823.shtml,2019年6月29日访问。
⑤ 《网络安全法》第76条。

人数据保护法案(草案)》第 2 条、巴西《通用数据保护法》第 3 条可以看出,印度、巴西的数据保护立法均追随欧盟《通用数据保护条例》,采用统一立法模式。与欧盟《通用数据保护条例》旨在解决保护欧洲公民的基本权利与促进数据流通两个核心目标不同,印度《个人数据保护法(草案)》提出了保护公民利益、贸易和工业利益、国家利益三重目的,希望实现以公民利益为重点,并与保持贸易和工业利益以及国家利益的完整达成微妙平衡的综合目的状态。巴西《通用数据保护法》则将立法目的明确为保护自由和隐私的基本权利,以及自然人人格的自由发展。就强化数据主体基本权利的共同目标看,数据保护法主要从提升个人数据主体控制力和加强数据控制者的义务责任两方面加以规定,例如,强化个人数据收集和处理的"知情同意原则",完善细化数据主体的知情权、访问权等,并将数据控制者内部的数据保护官制度升格为一般性机制,对数据保护官的地位、职能等进行细致规定。[①]

第二种类型以中国、美国为代表,对于数据权利保护保留观望的中立态度。从立法层面和司法实践来看,我国在数据权利保护层面是以个案型场景式应对,寻求结合现有法律框架的亦步亦趋处理方式,以个人信息保护和企业数据财产权并重的方式来稳步推进数据立法。美国在个人数据保护方面,仍然坚持公平信息实践原则,采取分散立法模式,也未设立统一的个人信息保护机构,主要采取以行业自治为主、专门性立法为辅的保护模式。美国立法和政策制定者希望市场在个人数据保护方面发挥主要作用。[②]

第三种类型以澳大利亚为代表,持较为开放宽松的数据权属保护态度。澳大利亚数据管理以"不损害"用户权益为核心,要求机构组织采取措施确保数据无法二次定位识别到用户,并非是以严格保护为出发点。例如,2019 年 8 月 1 日,澳大利亚参议院通过了《用户数据权利法案》(Customer Data Right Bill)。法案的主要内容为数据用户(如四大银行用户)有权利将自己的数据共享给其他数据平台。用户数据权利作为开放式银行业务(Open Banking)最重要的一个环节,其法案的通过给了金融科技公司很大的支持,同时也增加了金融科技公司与大银行之间的竞争。

在学术研究层面,我国学者已经开展较多的深入探讨,主要从部门法的角度切入,对平台数据权属问题进行部门法分析。第一种类型是基于数据保护角度,但保护的出发点各有不同,具体观点有:① 从知识产权角度分析数据权利保

[①] 参见互联网新技术新业务安全评估中心:《全球个人数据保护法律趋势季度分析》,http://www.ankki.com/AboutNewsDetail_84_3369.html,2020 年 1 月 2 日访问。

[②] 参见冯洋:《论个人数据保护全球规则的形成路径——以欧盟充分保护原则为中心的探讨》,载《浙江学刊》2018 年第 4 期。

护①;② 从民法财产权的角度分析企业数据的财产权保护②;③ 从反不正当竞争法的角度通过控制特定行为赋予企业有限的财产保护③。第二种类型是从数据分化差别对待角度,分为个人数据权和企业数据权,代表性观点有:① 大数据处理可实现数据匿名化,使得去身份化后的数据具备新的商业价值,因而应与个人数据作出区分,即商业数据自身权利结构和已经实现数据资产化的现实的符合财产权的权利结构,表现出明显的财产属性④;② 个人信息权可以满足绝对权的特征,融入民事权利体系中的绝对权大家庭。⑤

综合国内外研究,有相当程度的共识认为,数据权属包含人身权属性和财产权属性。数据的人身权属性是以用户个人隐私数据为内容,个人数据私法保护的冲突在于隐私权尊重和财产价值发挥,其中隐私权主要保护个人数据的人格属性,财产价值的发挥则是鼓励个人数据的合理流动。我国《宪法》《民法典》《民事诉讼法》等都将个人信息作为公民人格权的表现形式之一,旨在保护个人隐私。但是,隐私权并不同于个人数据权。个人隐私体现出强烈的人格属性,能够识别出特定主体的身份信息和活动轨迹;而个人数据是经过技术处理、脱敏匿名化后无法识别身份信息和活动轨迹的数据块,彻底地消除了个人隐私信息所附着的人格属性,还原数据财产价值。得益于互联网的泛化深入,网络空间的发展为个人数据的发展提供了载体和边界。以个人信息数据为基础的平台大数据主要隐含了不定量个人信息数据的组合,通过数据挖掘和关联分析发挥数据价值。不同平台主体对数据利用的利益出现冲突,就需要法律的规则对其进行调整。在这其中需要明辨两个相互关系:一个是用户与平台,另一个是平台与平台。个人数据的保护是科技进步推动的结果,现有的科技能够便捷快速地记录特定主体所产生的数据,并且能够通过云计算等手段合理地分析所积累的数据。个人数据的人格属性和财产属性的逐步凸显,需要法律予以保护。个人数据的私法保护并不是保护个人数据的本身,而是希望通过法律规则的建构保护数据所反映的个人信息,进而强化保护个人数据所指向的特定主体的人身和财产安全。⑥用户以个人信息注册和使用平台产生留痕数据,这些数据可能是有价财产的数字化体现,比如数字货币、购买的游戏装备等,平台与用户之间存在体现财产内

---

① 参见徐实:《企业数据保护的知识产权路径及其突破》,载《东方法学》2018 年第 5 期。
② 参见龙卫球:《数据新型财产权构建及其体系研究》,载《政法论坛》2017 年第 4 期;龙卫球:《再论企业数据保护的财产权化路径》,载《东方法学》2018 年第 3 期;高完成:《大数据交易背景下数据产权问题研究》,载《重庆邮电大学学报(社会科学版)》2018 年第 1 期。
③ 参见刘继峰、曾晓梅:《论用户数据的竞争法保护路径》,载《价格理论与实践》2018 年第 3 期。
④ 参见李晓阳:《大数据背景下商业数据的财产性》,载《江苏社会科学》2019 年第 5 期。
⑤ 参见吕炳斌:《个人信息权作为民事权利之证成:以知识产权为参照》,载《中国法学》2019 年第 4 期。
⑥ 参见王鹏鹏:《论个人数据的静态与动态融合的私法保护》,载《四川师范大学学报(社会科学版)》2019 年第 5 期。

容的法律关系。但平台作为某项产品或服务的运营商,利用用户流量和运营数据产生融合性潜在性的价值,与其他平台之间实行交互,平台之间的交互原则和内容除了遵循平台双方法律上的权利义务关系,还需保护交互之下的用户权益不受损害。例如,愈发火热的大数据交易市场中,诸如金融、零售、医疗、教育等大数据作为增值财产的方式予以交易。但是,前提是按照规范的交易规则和交易流程,保护原有数据的源生主体法益。

(3) 基于平台的用户数据权属

基于多维视角的数据权属的确存在一定分歧。有观点认为,各类数据基于数据主体的行为产生,没有主体数据就无价值,由此数据自然归数据产生者所有。还有观点认为,如果用户数据没有被采集,不以数字化的形式存在,那么根本就不存在数据权利一说,用户使用平台服务所产生的数据属于企业所有。针对平台中用户信息数据的权属选择途径有以下几种选择:

① 用户个人所有

在今日头条与微博之争[①]中,今日头条认为,微博信息均由用户生产,在用户授权的情形下进行,即使今日头条违反了微博的 robots 协议,也并非侵犯微博平台之权利。若用户对数据享有充分权利,则有权决定平台是否可以使用个人数据,平台必须履行法律赋予的保护用户数据的义务。欧盟新近确立的数据携带权可以被视为这种个人数据权利的另一佐证。如果认同欧盟《一般数据保护条例》中所确立的数据携带权,那么平台不仅不能对个人数据进行限制,还需要对个人数据的自由流转提供帮助。在用户所有权状态下,如果平台希望从海量的个人数据整理以及使用中获得收益,就必须向用户购买数据使用权,最终数据转让和资产化的收益由用户和平台共同分配。然而,单个用户信息价值是零散、稀疏的,不经过加工处理无法形成有价值特征的聚合体现。从法经济学角度看,这种方式无疑是最差的关系形态,单个用户信息价值微乎其微,平台不会出价太高;而对用户来说,出卖自己数据所得的收益简直不值一提,因而也不会投入太多关注。[②] 最终结果将是数据流动迟滞,无法联合挖掘大数据价值,严重制约社会发展、国家发展。

② 运营平台所有

平台为用户提供产品或者服务,用户借助平台实现某一具体目的,双方各取所需。平台为了运营需求或者豁免义务,将产品或服务需求与个人信息绑定在一起,选择服务即同意使用协议,而用户往往并不在意,或者即使在意也不得不

---

① 微博认为:"某第三方新闻平台在微博毫不知情、并未授权的情况下直接从微博抓取自媒体账号的内容。"参见曹沁:《我国新媒体新闻作品著作权侵权问题研究——以"今日头条"与"微博为例"》,上海师范大学 2019 年硕士学位论文。

② 参见朱宝丽:《数据产权界定:多维视角与体系建构》,载《法学论坛》2019 年第 5 期。

接受协议,实然平台成为用户实际的真实拥有者。在数据产权界定给平台后,平台将拿走对这部分数据运用技术挖掘整合等带来的所有收益,为了收益的持续性扩大,会造成数据滥用,数据中隐含的用户信息将裸现在公众之下。这样不仅是侵害了用户隐私权,而且会导致用户为避免损害进一步扩大而选择减少网络活动,其最终结果亦是阻碍了互联网的良性发展。

③ 用户和平台共有

共有模式已经在法院判决中实际体现。在新浪诉脉脉一案中[1],法院认为,用户数据的使用应当同时取得用户的明确同意和满足承载数据平台的使用协议。其中,需明确使用户知晓数据使用的目的、范围、方式以及取消同意的途径。在这一案件中,法官提出第三方通过 OpenAPI 获取用户信息时应坚持"用户授权+平台授权+用户授权"的三重授权原则。

但是,共有模式存在二者析权不清的难题。例如,个人将平台的数据用"复制—粘贴"的方式大量拷贝到其他平台,此种行为显然没有获取平台的授权,但此种行为是否违反了数据的共有产权?此外,当平台所属的网络发生产权变更时,此时产权的变更又是否需要获取用户同意?2018 年,摩拜单车被美团收购,除了公司资产、工作团队之外,还有 APP 的用户数据,但摩拜没有也无法征求用户同意,甚至其 APP 用户协议中也不存在有关用户数据在被收购或并购情况下数据转移的条款。从实然角度看,共有模式无法解决数据使用授权、收益共享等一系列的法律问题。

综合上述观点,个人数据的范围、个人数据权利均存在很大的不确定性,这使得平台数据中受保护的数据范围存在不确定性,数据权属无法明确给出限定。就平台的数据权利而言,对照各国法律对于企业数据的保护可以发现,各国法律与法律教义对于平台数据的保护也存在很多争议,对于平台数据权利的边界不具备共识。"将数据权属完全配置给个人是不现实的,将产生极高的交易成本与沟通成本。将数据权属完全配置给平台,可能对个人的著作权等知识产权权利造成影响,而且可能无法保护公民的数据隐私。将数据权属配置给个人和平台共有,将存在类似的妨碍数据流通与数据共享问题。"[2]因此,数据权利及其权属问题仍待实务界和理论界的共同研究。

2. 网络爬虫引发的相关问题

OpenAPI 基于开放平台开发者服务协议,通过平台可实施合法的数据获取。在"数据为王"的当下,网络爬虫是另一种处于灰色地带的数据采集方式,在

---

[1] 北京淘友天下技术有限公司等与北京微梦创科网络技术有限公司不正当竞争纠纷案,(2016)京 73 民终 588 号。

[2] 丁晓东:《数据到底属于谁?——从网络爬虫看平台数据权属与数据保护》,载《华东政法大学学报》2019 年第 5 期。

司法实践中已有多起司法案例认定滥用网络爬虫技术而构成刑事犯罪。

网络爬虫这一技术早期用于搜索引擎，主要功能是采集互联网数据，其技术原理是建立 URL[①] 队列，自动运行程序取出 URL，访问其对应网页，解析网页内容，提取网页上 URL 并在此加入待爬队列，循环抓取，直至完成 URL 队列中所有地址或触发某一结束条件。网络爬虫采集的网络信息十分广泛，包含互联网上各类信息，如网页内容信息（文章、新闻、音视频、数据库数据）、网民信息（姓名、身份证号、通信地址、手机号码、微信号、QQ 号，甚至除了密码之外的个人资产信息、消费信息、社交信息及征信信息等）。网络爬虫是一把"双刃剑"。虽然使用爬虫技术可能提升数据采集效率，从而节约大量的人财物力，促进互联网信息的共享与交互，但滥用爬虫技术也可能侵犯公民隐私信息、侵害企业合法权益，扰乱国家安全和社会秩序。网络爬虫涉及的刑事罪名主要有非法获取计算机信息系统数据罪、破坏计算机信息系统罪、侵犯著作权罪、侵犯公民个人信息罪等。

（1）非法获取计算机信息系统数据罪

在 2014 年"黄某等非法获取计算机信息系统数据案"[②]中，被告人黄某发现淘宝店铺源码的漏洞，伙同被告人翁某以非法爬取买家 Cookie 数据为目的，在店铺源码中植入一个 URL，执行该 URL 指向的 JavaScript，该 JavaScript 存储于阿里云服务器，以获取访问被植入 URL 的淘宝店铺的所有淘宝用户的 Cookie（淘宝用户登录时产生的一组认证信息，利用 Cookie 可以执行对应账号权限内的所有操作，无须账号、密码），并利用其中的卖家 Cookie 将 URL 再次植入卖家淘宝店铺源码，实现自动循环，获取更多的淘宝用户 Cookie。通过上述方法，被告共非法获取淘宝用户 Cookie 2600 万余组，并将获取的 Cookie 存放在虚拟队列中；采集淘宝用户的交易订单数据（用户昵称、姓名、商品价格、交易创建时间、收货人姓名、收货人电话、收货地址等）1 亿余条。法院认定被告违反国家规定，侵入计算机信息系统，获取该计算机信息系统中存储、处理、传输的数据，情节特别严重，其行为已构成非法获取计算机信息系统数据罪。

无独有偶，2017 年，"上海晟品网络科技有限公司、侯某等非法获取计算机信息系统数据案"[③]中，被告人张某、宋某、侯某经共谋，于 2016 年至 2017 年间采用技术手段抓取被害单位北京字节跳动网络技术有限公司服务器中存储的视频数据，并由侯某指使被告人郭某破解北京字节跳动网络技术有限公司的防抓取措施，使用"tt_spider"文件实施视频数据抓取行为，造成被害单位北京字节跳

---

① 统一资源定位符（Uniform Resource Locator）属于因特网的万维网服务程序上用于指定信息位置的表示方法，即网络地址。
② （2014）杭余刑初字第 1231 号。
③ （2017）京 0108 刑初 2384 号。

动网络技术有限公司损失技术服务费人民币2万元。经鉴定,"tt_spider"文件中包含通过头条号视频列表、分类视频列表、相关视频及评论3个接口对今日头条服务器进行数据抓取,并将结果存入到数据库中的逻辑。在数据抓取的过程中使用伪造 device_id 绕过服务器的身份校验,使用伪造 UA 及 IP 绕过服务器的访问频率限制。法院认定,被告单位上海晟品网络科技有限公司犯非法获取计算机信息系统数据罪,被告人张某、宋某、侯某犯非法获取计算机信息系统数据罪。

(2) 破坏计算机信息系统罪

如果行为人将网络爬虫程序植入目标网站,对目标网站的计算机信息系统功能进行删除、修改、增加、干扰,进而导致计算机信息系统不能正常运行,或者对目标网站所存储、处理或者传输的数据和应用程序进行删除、修改、增加,后果严重的,那么行为人构成破坏计算机信息系统罪。"王某某、黄某某破坏计算机信息系统案"①中,被告人王某某为获得对全运会组委会接待服务管理系统的安全维护业务,指使黄某某对系统进行攻击。2017年8月8日,黄某某编写"爬虫"程序后,利用王某某提供的登录信息,将"爬虫"程序植入全运会组委会接待服务管理系统。由于"爬虫"程序在运行中自动点击了"删除"按钮,导致该系统内存储的 4000 余条参赛运动员及技术官员来津离津信息、酒店住宿信息、人员身份信息被删除,致使组委会接待服务部工作人员使用的 39 台计算机在当日一段时间内无法正常登录接待服务管理系统。经先特公司对被删除数据进行技术恢复以及组委会接待服务部投入人力对被删除信息进行人工补录,仍有部分参赛运动员及技术官员无法利用通信设施进行联系,组委会接待服务部为此启动紧急预案,派员到机场、车站对部分人员采取"举牌"接站,给全运会组委会的接待服务工作造成了严重影响。法院认定,王某某为牟取个人利益,伙同黄某某侵入计算机信息系统,造成计算机信息系统中存储的数据被删除,且后果严重,其行为均已构成破坏计算机信息系统罪。

(3) 侵犯著作权罪

我国《刑法》第 217 条规定了侵犯著作权罪的相关情形,其中包括未经著作权人许可,复制发行其文字作品、音乐、电影、电视、录像作品、计算机软件及其他作品。"李某某等侵犯著作权案"②中,被告人李某某、王某、徐某某共同开发了"快读免费小说"软件,该软件具有内置搜索引擎功能。自 2014 年起,被告人李某某、王某、徐某某为提高该软件的知名度和点击下载量,在未获玄霆公司等许可的情况下,擅自通过"快读免费小说"软件复制、转载玄霆公司等发行于起点中

---

① (2018)津 01 刑终 300 号。
② (2014)浦刑(知)初字第 24 号。

文网等网站上的《星辰变》等文字作品,存储在服务器内,供 Android 移动电话用户下载该软件后免费阅读上述文字作品,再通过在软件内植入广告,以被告人李某某的银行账户收取广告收益分成。本案所涉及的技术相对特殊,并非传统电脑端网络爬虫,而是借助了移动端 APP 实施定向抓取所需网络资源,同时在内置搜索引擎配置了同步转码功能,充分体现出新型技术带来的盗版技术的升级更迭,也使得知识产权研判愈发困难。最终法院认定,被告单位某某在线公司以营利为目的,未经著作权人许可,通过信息网络复制发行其文字作品达 1453 部,情节严重,行为已构成侵犯著作权罪,依法应当判处罚金。被告人李某某作为某某在线公司直接负责的主管人员,被告人王某、徐某某作为直接责任人员,其行为均已构成侵犯著作权罪,公诉机关指控的罪名成立,应予支持。

(4) 侵犯公民个人信息罪

侵犯公民个人信息罪也是滥用网络爬虫技术的重灾区。最高人民法院、最高人民检察院《关于办理侵犯公民个人信息刑事案件适用法律若干问题的解释》第 1 条规定:"刑法第二百五十三条之一规定的'公民个人信息',是指以电子或者其他方式记录的能够单独或者与其他信息结合识别特定自然人身份或者反映特定自然人活动情况的各种信息,包括姓名、身份证件号码、通信通讯联系方式、住址、账号密码、财产状况、行踪轨迹等。"行为人通过网络爬虫获取网络上的公民个人信息,经过整理组织向他人兜售,情节严重者,应当构成侵犯公民个人信息罪。然而,以是否盈利为目的来作为构成此罪的实质要件还存在着争议,但不管怎样,此行为都是侵犯公民个人信息的行为。例如,"魏某侵犯公民个人信息案"[①]中,被告人魏某通过"网络爬虫"程序下载含有公民姓名和电话号码的工商个体户和单位资料,自 2018 年 3 月至 4 月期间共非法采集公民个人信息及企业信息总计 3296634 条,并将之进行贩卖,非法获利 55822 元。"谢某等侵犯公民个人信息案"[②]中,被告人谢某等人利用被告人杨某提供的"smart tool"等软件,通过技术手段非法侵入京东商城"WIS 旗舰店"等商户的账户维护后台,窃取被害人周某等人的交易类个人信息共计 240372 条,后将窃取的个人信息出售并获利。此两起案件,最终法院都认定为被告人违反国家规定获取公民个人信息后向他人出售,情节特别严重,其行为已构成侵犯公民个人信息罪,依法应予惩处。

综上所述,网络爬虫技术并非新技术,其被创造出来时的目的是促进互联网共享交流,具有中立性。但随着大数据时代的到来,爬虫技术被滥用问题频发,其行为后果已损害了国家、社会以及个人的合法权益。爬虫技术的应用不应超越法律的界限,否则中立就会转化为非法。

---

① (2018)豫 9001 刑初 503 号。
② (2019)京 0115 刑初 570 号。

第四节 微软与上海大亚信息产业有限公司计算机软件著作权纠纷案

一、相关概念简介

1. 版权

版权亦称著作权,是指作者或其他人(包括法人)依法对某一著作物享有的专有权利。具体来说,版权是对计算机程序、文学著作、音乐作品、照片、游戏、电影等的复制权利的合法所有权。非经同意,他人不得使用、出版或作更改。当版权受到侵犯时,作者或其他版权所有者有权要求停止侵权行为和赔偿损失。大多数计算机程序不仅受到版权的保护,而且受到软件许可证的保护。

2. 软件及其相关概念

根据《计算机软件保护条例》第 2 条、第 3 条:

计算机软件是指计算机程序及其有关文档。

计算机程序是指为了得到某种结果而可以由计算机等具有信息处理能力的装置执行的代码化指令序列,或者可以被自动转换成代码化指令序列的符号化指令序列或者符号化语句序列。同一计算机程序的源程序和目标程序为同一作品。

文档是指用来描述程序的内容、组成、设计、功能规格、开发情况、测试结果及使用方法的文字资料和图表等,如程序设计说明书、流程图、用户手册等。

软件开发者是指实际组织开发、直接进行开发,并对开发完成的软件承担责任的法人或者其他组织;或者依靠自己具有的条件独立完成软件开发,并对软件承担责任的自然人。

软件著作权人是指依照《计算机软件保护条例》的规定,对软件享有著作权的自然人、法人或者其他组织。

3. 知识产权司法鉴定

知识产权司法鉴定是指依法取得有关知识产权司法鉴定资格的鉴定机构和鉴定人受司法机关或当事人委托,根据本领域公知技术及相关专业技术,并运用必要的检测、化验、分析手段进行如下活动:对被侵权的技术和相关技术的特征是否相同或者等同进行认定;对技术转让合同标的是否成熟、实用以及是否符合合同约定标准进行认定;对技术开发合同履行失败是否属于风险责任进行认定;对技术咨询、技术服务以及其他各种技术合同履行结果是否符合合同约定,或者对有关法定标准进行认定;对技术秘密是否构成法定技术条件进行认定;对其他知识产权诉讼中的技术争议进行鉴定并提供鉴定意见。①

4. 计算机司法鉴定

结合司法部 2000 年 11 月 29 日颁布的《司法鉴定执业分类规定（试行）》第 13 条，计算机司法鉴定是指运用计算机理论和技术，对通过非法手段使计算机系统内数据的安全性、完整性或系统正常运行造成的危害行为及其程度等进行鉴定。

5. 软件相似性司法鉴定

软件相似性司法鉴定既涉及计算机司法鉴定，也涉及知识产权司法鉴定，可以理解为依法取得计算机及知识产权司法鉴定资格的鉴定机构和鉴定人受司法机关或当事人委托，根据对软件工程及技术的了解，并运用必要的检测、分析手段，对原告的计算机程序与被告的计算机程序（主要包括软件源代码、目标代码、可执行程序、数据结构、数据库结构、软件算法、技术合同等）是否相同或类似进行判断并提供鉴定意见的活动。

二、案情概况

2009 年 4 月 22 日，上海市第二中级人民法院对历时 4 年多的微软与上海大亚信息产业有限公司（简称大亚公司）计算机软件著作权纠纷一案进行了一审宣判，判决被告大亚公司立即停止对原告微软公司享有的 9 种软件的未授权使用，并赔偿微软公司包括合理费用在内的经济损失共计人民币 40 万元。

本案是微软在做产品推广销售的过程中，发现有企业在使用微软的软件，但没有查到他们购买微软正版软件的记录。这种情况下，微软认定企业有使用盗版软件的嫌疑。大亚公司就是在这样的过程中被发现的。案件过程大致如下：

- 2004 年 9 月，微软公司委托律师发函，提醒大亚公司停止未经授权复制使用微软软件，要求大亚公司积极采取措施进行整改，但一直未能得到积极回应。
- 2005 年，微软将大亚公司投诉到上海市版权局。随后，在上海市版权局的安排下，微软公司授权律师事务所与大亚公司进行交流和磋商，但大亚公司还是没有采取任何的正版化措施。
- 2006 年 3 月，上海市版权局对大亚公司的微软软件使用情况进行了现场核查及询问，在大亚公司办公场所之内，发现有 9 个品种共计 130 套的微软软件被侵权使用。
- 2006 年 4 月至 10 月，微软公司跟大亚公司进行了多次磋商，要求大亚公司停止侵权，进行民事赔偿，对以后还要使用的微软软件进行整改，但是磋商结

---

① 参见刘玉琴：《软件知识产权司法鉴定技术与方法》，知识产权出版社 2018 年版，第 29 页。

果依旧不尽如人意。

- 2008年3月和5月,微软再次委托律师事务所给大亚公司发了律师函,要求大亚公司进行民事赔偿,但是大亚公司依旧没有予以回应。
- 2008年11月,微软将大亚公司诉至上海市第二中级人民法院,要求判令大亚公司立即停止侵权,立即删除未经授权的软件并赔偿被告经济损失共计486405元。微软代理律师介绍,这其中包括微软的直接经济损失,以及为本案支出的一些合理的费用,包括律师费等。
- 2009年1月6日,在法院的主持下,原、被告双方交换了意见。被告表示,其已经实现正版化,已停止侵权,并且提交了部分Windows产品的购买凭证。法院要求原告于2009年1月12日到被告经营场所进行实际勘察。但是,当天的核查并没有想象的那么顺利。原告在被告的经营场所发现了大量未经授权被复制使用的软件,并且发现一些软件的删除记录就是在核查当天早上,而不是像被告所说的早已实现了正版化。此外,在原告要求进入被告研发部门工作的23层进一步核查时,遭到了阻挠。
- 2009年1月18日,案件正式开庭审理。法庭上,争论的焦点集中在两个方面:被告认为现已全部安装、使用原告的正版计算机软件,已不存在侵权行为;被告认为原告要求的赔偿数额,缺乏事实和法律依据。
- 2009年4月22日,上海市第二中级人民法院一审判决认为,本案中,被告未提供在其用于经营的计算机中安装、使用涉案9个计算机软件已经获得原告许可的证据。被告提供的编号为NO.01536161的上海市增值税发票,购买者是东海公司,而非被告。对被告的某些异议,鉴于被告未提供充分证据予以证实,且与上海市版权局的陈述内容相悖,法院不予采信。法院认为,被告未经原告许可,商业使用原告涉案9个计算机软件共计130次的行为,侵犯了原告对涉案9个计算机软件依法享有的著作权,被告应当就其侵权行为承担相应的民事责任。

三、案件情况分析

微软与大亚公司计算机软件著作权纠纷一案涉及的是计算机软件知识产权侵权问题。排除人为的干扰因素,从技术角度来说,对于本案中对被告涉侵权软件的证据固定和获取并不是十分困难。因此,侵权事实的认定对于本案而言相对容易。

在案件的审理过程中,实际上法院曾给大亚公司改正的机会,在案件诉讼期间被告表示,其已经实现正版化,已停止侵权,并且提交了部分Windows产品的购买凭证。法院要求原告方于2009年1月12日到被告经营场所进行实际勘察。如果当天的勘察证实大亚公司所说的都是事实,这个案件还存在和解的可能。但是,勘察当天原告方在被告的经营场所发现了大量未经授权被复制使用的软件,且核查过程还遭到了阻挠。由此可以看出,以大亚公司为代表的使用盗版软件的企业在思想意识上还没有认识到软件侵权问题的严重性。

本案中另一个比较引人关注地方是,本案被告的股东之一是上市公司大亚科技股份有限公司(拥有被告49%的股份)。根据2006年4月国家版权局、证监会等9部门联合发出的《关于印发〈关于推进企业使用正版软件工作的实施方案〉的通知》,证监会有督促上市公司及时披露涉及盗版软件的涉诉事项或重大违法违规行为等相关信息的职责。2009年2月13日,大亚科技股份有限公司在国家证监会指定的三家主流媒体上披露了微软公司诉大亚公司盗版软件诉讼纠纷案。这是我国首例上市公司就其参股公司因为盗版软件诉讼而进行信息披露的案件。通过这个案子可以看出,使用盗版软件不但要承担法律责任、受到严厉制裁,而且还会直接导致企业的诚信流失,给企业带来极大的负面影响和信誉损失。本案对提升正版软件在我国的使用和管理方面起到了积极的推动作用。

四、涉案的电子证据

在大亚公司办公场所内发现的盗版微软系列软件共涉及9个品种,共计130套软件,主要包括:
(1) 4种版本的微软"视窗"操作系统;
(2) 3种版本的微软Office办公软件;
(3) 2种版本的微软Visual Studio视觉处理软件。

五、"计算机软件著作权纠纷案"所反映出的相关问题

1. 软件著作权侵权的判定

本案中的软件著作权侵权问题比较容易判定,只需要微软公司查验自己软件的销售记录以及现场勘验核实(证据获取和固定)大亚公司实际软件的使用情况,就可以判定大亚公司是否存在使用盗版软件的侵权行为。而在大多数软件著作权侵权案件中,存在侵权方将被侵权方软件的源代码进行一定程度修改后,形成一个新的软件使用的情况。这种情况下,侵权行为一般需要进行专门的软件相似性鉴定工作后才能判定。

我国对于软件相似性鉴定的研究主要集中在两方面:一是软件相似性鉴定的相关概念、原则和方法等理论层面的探讨;二是集中在针对软件产品相似性鉴定技术层面的研究。软件相似性鉴定领域相关标准规范之所以缺乏,一方面是因为软件产品本身及技术多样,难以规范出统一的标准规范;另一方面是因为软件知识产权纠纷的发展是在这些年才骤然增加,标准规范的制定需要不断探索、

不断积累才能满足司法鉴定实践的需求。

司法实践中,认定软件侵权先要判断侵权软件与权利软件之间是否构成实质性相似。在认定时一般采用"实质性相似加接触"原则,这一原则不要求侵权人完全抄袭或复制权利软件,侵权软件具有独创性的表达部分只要能达到实质上的相似即可,因而非常适合当前软件侵权行为认定的现状。

(1) 接触

所谓接触,是指被告以前曾有过研究、开发、修改、复制原告软件的机会。一般通过以下方式认定:① 直接认定,如被告曾在原告处工作、代理销售软件产品,有机会接触原告软件。② 间接推定,如原告软件公开发表,且时间早于被告产品。在此情形下,若被告无法提供反证证明其根本无机会接触原告软件,则一般推定被告存在"接触"的事实。

(2) 实质性相似

软件实质性相似包括文档部分的"实质性相似"和程序部分的"实质性相似"两个方面。

① 文档部分的"实质性相似"判定

由于软件中的文档与一般著作权保护的文字作品无异,因此在对文档侵权进行认定时,可以直接沿用一般著作权作品的侵权认定方法。如果被告软件中的文档出现复制原告的情况,则可以直接认定被告侵权。在司法实践中,对软件文档的侵权情形比较少见,认定过程也难度不大。

② 程序部分的"实质性相似"判定

计算机软件程序包括源程序和目标程序两个部分。其中,源程序是用高级语言编写的,是指未经过编译的,按照一定的程序设计语言,如 C++、Java、Python 等,规范书写的可读的类文本文件。计算机并不能直接地接受和执行用高级语言编写的源程序,源程序在输入计算机时,要经过编译程序编译成机器语言形式的目标程序,才能被计算机识别和执行。目标程序是指源程序经编译后能直接被计算机识别的机器码集合。通过语言处理程序,如汇编、编译、解释程序,将源程序处理生成与之等价的由机器码构成的、计算机能够直接识别运行的程序,就是目标程序,也叫目标代码,以".obj"作为扩展名。目标代码尽管已经是机器指令,但是还不能运行。因为目标程序还没有解决函数调用的问题,需要将各个目标程序与库函数连接,才能形成完整的可执行程序。

在认定软件程序部分是否构成实质性相似时,主要从软件的源程序和目标程序之间的相似进行对比。其一,对两款软件的源程序进行比对,是认定软件实质性相似的最直接、最有说服力的对比方法。如果二者软件之间的源程序存在实质性相似,则可直接认定软件实质性相似。其二,对两款软件的目标程序进行比对。司法实践中,由于很难直接获取侵权人软件的源代码,或者即使获取到源代码,但双方编程的语言不同,仍然不能直接进行对比时,此时可进行目标程序比对。但值得注意的是,目标程序的近似只是认定软件实质性相似的基础,并不能直接得出侵权人的软件与权利人的软件之间构成实质性相似的结论,而是需结合案件其他证据,以推定被告软件是否侵权。

以西梅卡亚洲气体系统成都有限公司(简称西梅卡公司)诉成都荣腾科技发展有限公司(简称荣腾公司)一案为例[①],我们来看一下案件中对于软件侵权的软件相似性问题是如何判定的,此案涉及的是计算机软件源程序的相似认定。

在该案中,西梅卡公司与荣腾公司签订了《变压吸附制氮设备销售合同》,约定西梅卡公司向荣腾公司提供两套变压吸附制氮设备,总价为120万元。西梅卡公司随同设备向荣腾公司提供了涉案软件及操作手册。荣腾公司与渤海石油装备新世纪机械制造有限公司(简称新世纪公司)签订了买卖合同,约定新世纪公司向荣腾公司购买低含氧空气处理设备(工频)一套,低含氧空气处理设备(变频)两套。荣腾公司在履行与新世纪公司的合同时,将西梅卡公司的两套设备以及自行制造的一套设备提供给新世纪公司,并随同设备提供了大港低含氧PSA设备操作软件。

本案的争议焦点是荣腾公司是否侵害了西梅卡公司涉案软件著作权。经检验,比对结果为:两种软件主程序中多数网络的参数、起始地址、偏移量、输出错误代码地址、输入输出地址相同;PSA子程序的功能、输入输出变量及地址相同;EALARM子程序的功能、输入输出变量及地址相同;SROP子程序的功能、输入输出变量及地址相同;CONVERT子程序的功能、输入输出变量及地址相同。法官结合检验结果,连同荣腾公司亦从西梅卡公司购买并安装了涉案软件之设备(可认定荣腾公司有机会接触涉案软件)的事实,根据"实质性相似加接触"原则,将该案判定为荣腾公司侵害了西梅卡公司涉案软件著作权。

在软件著作权侵权案件中,大多法官由于缺乏专业知识,往往会委托专业鉴定机构进行软件相似性司法鉴定,出具的鉴定意见通常会直接影响法官的判断。因此,准确可靠的软件相似性司法鉴定意见书对软件著作权侵权案件的重要意义不言而喻。然而,一般软件相似性鉴定意见书的结论都只是表述比对软件的相似情况(给出一个相似度的百分比数值)。若单独看鉴定意见书上的鉴定结论,由于检验、分析两个比对软件的过程比较专业、复杂,而鉴定结论也只给出软件比对部分相似度的论述,会导致对计算机不是很了解的法官无法获得确切的信息,不能准确判断案件是否存在侵权行为。有的法官在相似度达到70%时会参考依此判定侵权,而有的法官在相似度达到80%时才会认定侵权成立。没有

[①] 成都荣腾科技发展有限公司、西梅卡亚洲气体系统成都有限公司侵害计算机软件著作权纠纷案,(2017)川民终351号。

一个业内普遍认定的判定标准，也给法官在侵权判定时带来一定问题。因此，如何从辅助法官判案的视角规范软件相似性鉴定意见结论的表述方式，让法官更容易理解，也是一个需要考量的问题。

2. 软件知识产权取证比较困难

在微软诉大亚公司一案中，原告在要求进入大亚公司研发部门工作的区域进一步核查时，遭到了阻挠，无法顺利从侵权方处提取到证据，这是当下软件著作权侵权案件中经常会遇到的问题。

取证是指相关人员为证明事实主张或揭示案件真相，而依法展开的收集证据、初步审查证据以及保全证据的活动。我国《民事诉讼法》的证据收集以当事人自行收集为基本原则，但也规定了人民法院依职权收集证据的情形。《民事诉讼法》第67条规定："当事人对自己提出的主张，有责任提供证据。当事人及其诉讼代理人因客观原因不能自行收集的证据，或者人民法院认为审理案件需要的证据，人民法院应当调查收集。人民法院应当按照法定程序，全面地、客观地审查核实证据。"

在司法实践中，被侵权人为了取证，有时会通过购买、自行下载软件等方式获取侵权的证据，但在诉讼过程中，侵权人往往会以软件可能被修改、证据缺乏确定性为由辩解，或干脆否认被控侵权软件是其复制销售的。由于计算机软件易复制、易修改、易删除的特点，会导致很多证据因缺乏与侵权人的关联性，而不能证明侵权人的侵权行为。在大多数情况下，被侵权人无法接触到侵权软件，获取侵权的证据，只能通过法院调查收集。《民事诉讼法》第70条第1款规定："人民法院有权向有关单位和个人调查取证，有关单位和个人不得拒绝。"在此法院调查取证过程中，当事人应积极提供证据线索。然而，即便有关单位和个人有义务配合法院调查取证，取证结果也不一定乐观。当法院派遣执法人员或律师持法院搜查令前去侵权方处调取证据时，有时会遇到阻碍。基于计算机软件易删除且销毁成本低的特点，只需阻碍取证人员一定时间，侵权方就可以将软件侵权证据销毁；当法院责令侵权方提交证据时，因缺少面对面的监督，侵权方可以提交经修改后的软件，或者难以被破解的部分可执行文件，此类证据会混淆法官对其侵权行为的判定。根据《民事诉讼法》第114条，如果阻碍法院调查取证，会被罚款、拘留甚至追究刑事责任，但其中未提及若阻碍后未取得证据，应当对当事人或侵权方作如何处理。例如，石鸿林诉泰州华仁电子资讯有限公司一案[①]中，一审之所以并未判定存在软件著作权侵权行为，就是因为侵权方提供的证据是芯片，软件固化在芯片上，其中一片芯片是一块带自加密的微控制器，根据当时

---

① 石鸿林诉泰州华仁电子资讯有限公司侵害计算机软件著作权纠纷案,(2007)苏民三终字第0018号。

的技术条件,无法解决芯片解密程序问题,导致比对工作无法进行。此案最后是通过软件的缺陷比对才判定侵权方存在侵权行为,而在一审至二审的诉讼过程中,侵权方一直未提供软件的源代码或目标代码。

目前,在证据获取上还有一种"陷阱取证"的方式,但我国现行《民事诉讼法》中没有相关规定,这会使通过"陷阱取证"得到的证据能否采信存在争论。例如,北大方正诉高术天力公司侵犯著作权一案[①]堪称我国关于民事"陷阱取证"最具代表性的案件。该案审理的过程一直受到国内软件行业和法学界的极度关注,对于一审、二审所作出的截然不同的判决人们争执颇多,争执的焦点主要在于,采用"陷阱取证"方式取得的证据是否可取。一审法院在判决书中认为,法律上并没有禁止"陷阱取证",因而采纳了北大方正公司获得的证据,肯定了这种取证方式的适用。而二审法院对"陷阱取证"并未给予认可,认为本案中的"陷阱取证"方式有违公平原则,一旦被广泛利用,将对正常的市场秩序造成破坏。最终,最高人民法院在其判决中虽然没有提到"陷阱取证"四个字,但从事实上肯定了这种取证方式,认为本案涉及的取证方式合法有效,对原告获取证据所证明的事实应作为定案根据。

从上述论述可以看出,在软件侵权案件中,证据的获取是比较困难的。因此,如何及时地取得有效的、可以采信的证据也是软件著作权侵权案件需要面对和解决的一个比较关键且重要的问题。

第五节 华泰一媒公司诉道同公司著作权侵权案

一、相关概念简介

1. 区块链

区块链是信息技术领域的一个术语,其概念来源于比特币。从本质上讲,区块链是存储于共享数据库中的数据信息,信息会通过点对点传输与加密的形式产生数据块,数据块会包含比特币的交易信息,同时也用于验证其信息的真实性,具有不可伪造、全程留痕、可以追溯、公开透明、集体维护等技术特征。

2. 区块链存证

区块链本身就是一种证据链,可用于信息的追溯和核验。区块链存证是指经过去中心化的分布式计算节点记录数值,并将其存储在可信联盟链中,保证其中数据的完整性、真实性、有效性,具有不可篡改的特性。

[①] 北大方正公司、红楼研究所与高术天力公司、高术公司计算机软件著作权侵权纠纷案,(2006)民三提字第1号。

3. 哈希值和可信时间戳

哈希值是指经过哈希算法(如 MD5、SHA-1、SHA-256 等)计算,将数据压缩成固定长度的数据摘要或数据指纹,标识一段数据的特征。哈希值被广泛应用于文件检验,对数据的任何细微改变都会导致最后生成的报文摘要与原始报文摘要不一致,从而无法顺利通过"报文完整性"的检查。

可信时间戳是由权威可信的时间戳服务中心签发的一个能证明数据电文(电子文件)在一个时间点是已经存在的、完整的、可验证的电子凭证,其具备法律效力。可信时间戳主要用于防篡改和事后抵赖,确定电子文件产生的准确时间。根据国际电子时戳标准规范 RFC3161,可信时间戳服务的本质是将用户电子数据的哈希值和权威时间源绑定,在此基础上通过时间戳服务中心数字签名,产生不可伪造的时间戳文件。

4. 区块链信息服务、信息服务提供者和信息服务使用者

2019 年 1 月 10 日,由国家互联网信息办公室颁布的《区块链信息服务管理规定》给出了区块链信息服务的相关概念。其中,区块链信息服务是指基于区块链技术或者系统,通过互联网站、应用程序等形式,向社会公众提供信息服务;区块链信息服务提供者是指向社会公众提供区块链信息服务的主体或者节点,以及为区块链信息服务的主体提供技术支持的机构或者组织;区块链信息服务使用者是指使用区块链信息服务的组织或者个人。

5. Factom(公证通)

Factom(公证通)是基于区块链的存证系统,是一个建立在比特币区块链上的通用的数据层,是开源软件。Factom 借助区块链技术,可为大型的私营或公有机构安全地存储数据。Factom 将这些数据进行编码或者生成数据独一无二的特征码(哈希),然后将其存储在 Factom 系统内不可篡改的分布式账簿中。Factom 系统中的数据一经发布,便不可撤销。账簿中的这份不可篡改的数据可以被用来作为某份数据的存在证明。

6. 互联网法院

随着涉及互联网的各类诉讼案件的急速增加,为科学确定管辖范围,健全完善诉讼规则,构建统一诉讼平台,推动网络空间治理法治化,互联网法院应运而生。互联网法院是司法主动适应互联网发展大趋势的一项重要举措。现全国有三家互联网法院:杭州互联网法院(2017 年 8 月 18 日成立)、北京互联网法院(2018 年 9 月 9 日成立)和广州互联网法院(2018 年 9 月 28 日成立)。

2018 年 9 月 6 日,由最高人民法院颁布的《关于互联网法院审理案件若干问题的规定》指出,互联网法院集中管辖所在市的辖区内应当由基层人民法院受理的特定类型互联网案件,主要包括:(1)通过电子商务平台签订或者履行网络购物合同而产生的纠纷;(2)签订、履行行为均在互联网上完成的网络服务合同

纠纷;(3)签订、履行行为均在互联网上完成的金融借款合同纠纷、小额借款合同纠纷;(4)在互联网上首次发表作品的著作权或者邻接权权属纠纷;(5)在互联网上侵害在线发表或者传播作品的著作权或者邻接权而产生的纠纷;(6)互联网域名权属、侵权及合同纠纷;(7)在互联网上侵害他人人身权、财产权等民事权益而产生的纠纷;(8)通过电子商务平台购买的产品,因存在产品缺陷,侵害他人人身、财产权益而产生的产品责任纠纷;(9)检察机关提起的互联网公益诉讼案件;(10)因行政机关作出互联网信息服务管理、互联网商品交易及有关服务管理等行政行为而产生的行政纠纷;(11)上级人民法院指定管辖的其他互联网民事、行政案件。

二、案情概况

2018年6月27日,杭州互联网法院审理了一起著作权纠纷案。此案中,区块链技术充当了一次"证人"角色,该案也成为杭州互联网法院认定区块链电子存证具备法律效力的首个案例。案件情况大致如下:

- 2017年7月24日,《都市快报》A08版面刊登了《妈妈带4岁儿子进游泳馆女更衣室被管理员阿姨骂得眼泪都掉下来》(下称涉案文章)一文,署名"记者:郑亿、林碧波"。全文3010字,内附图片两张,一幅署名"记者:郑亿摄",另一幅载明转自其他报刊。该文作者郑亿、林碧波系都市快报社记者。

- 都市快报的稿件见报后,2017年7月24日,深圳市道同科技发展有限公司(简称道同公司)主办的第一女性时尚网站(网址:www.ladyfirst.com.cn),刊登了《妈妈带4岁儿子进游泳馆女更衣室被管理员骂哭》一文,文章内容、插图和都市快报的稿件完全相同。

- 都市快报社享有涉案稿件的著作权,并于2017年7月24日将该稿件的信息网络传播权独家授权给杭州华泰一媒文化传媒有限公司(简称华泰一媒公司)。道同公司在未获得授权的情况下,擅自转载使用华泰一媒公司享有信息网络传播权的作品,侵犯了华泰一媒公司的合法权益。

- 2017年9月3日,林碧波出具《作者声明》,载明:"林碧波系都市快报报社记者,2017年7月24日刊登于《都市快报》A08版涉案文章是本人在工作期间创作完成,该作品著作权由都市快报社享有。"

- 2017年10月17日,浙江法校律师事务所律师受华泰一媒公司委托向道同公司发送律师函,要求其停止侵权行为并赔偿损失,道同公司一直不予理睬。华泰一媒公司遂向杭州市互联网法院提起诉讼。

- 2018年1月10日,杭州互联网法院对华泰一媒公司诉道同公司侵害其作品信息网络传播权纠纷一案立案,并于同年3月15日进行了公开开庭审理。

- 2018年4月16日,郑亿出具《作者声明》,载明:"郑亿系都市快报报社记者,2017年7月24日刊登于《都市快报》A08版涉案文章是本人在工作期间创作完成,该作品著作权由都市快报社享有。都市快报社享有该稿件的著作权,并将涉案作品的信息网络传播权以排他方式授权给华泰一媒公司,华泰一媒公司有权以自己名义独立提起诉讼,或采取其他维权措施,授权期限为2017年7月24日至2018年7月23日。"

- 在此期间,原告华泰一媒公司为证明被告道同公司侵权,通过第三方存证平台,进行了侵权网页的自动抓取及侵权页面的源码识别,并将该两项内容和调用日志等形成的压缩包计算成哈希值上传到Factom区块链和比特币区块链中。
- 2018年6月27日,杭州互联网法院针对华泰一媒公司起诉道同公司侵犯信息网络传播权一案作出一审判决,认为道同公司应当承担停止侵权,删除被诉侵权文章,并就已经发生的侵权行为承担赔偿责任。

三、案件情况分析

从案件情况来看,本案的争议焦点有几个:华泰一媒公司是否具有原告主体资格;道同公司是否构成侵害作品信息网络传播权;如果侵权成立,华泰一媒公司主张的赔偿金额是否合理;等等。最终法院判决认定了道同公司的侵权行为,责令其停止侵权,删除被诉侵权文章,并就已经发生的侵权行为承担赔偿责任。从结果看,杭州互联网法院采信了区块链存证的电子证据,并以此为依据进行了案件的判定。但是,所有涉及区块链存证的电子证据都可以被采信和认定为有效吗?从案件所涉及的证据视角,就道同公司在本案中是否构成侵害作品信息网络传播权所涉及的关键电子证据,可进行具体分析。

1. 区块链电子证据保全的证据效力

华泰一媒公司通过第三方存证平台保全网对道同公司的侵权网页进行了取证,并通过区块链储存电子数据的方式证明电子数据的完整性及未被篡改。因此,要认定侵权行为确系发生,就需要对华泰一媒公司此种固证、存证的方式是否符合电子数据的相关规定及该证据证明力的大小进行认定。我国《电子签名法》第8条规定:"审查数据电文作为证据的真实性,应当考虑以下因素:(一)生成、储存或者传递数据电文方法的可靠性;(二)保持内容完整性方法的可靠性;(三)用以鉴别发件人方法的可靠性;(四)其他相关因素。"据此,可从存证平台的资质审查、侵权网页取证的技术手段可信度审查和区块链电子证据保存完整性的审查三个方面,对案涉电子证据的效力进行判定。

(1) 存证平台的资质审查

在存证平台的资质审查上,经法院核查,运营保全网的数秦公司其股东及经营范围相对独立于华泰一媒公司和都市快报社,具有中立性。同时,通过国家网络与信息安全产品质量监督检验中心完整性鉴别检测,数秦公司运营的保全网具备作为第三方电子存证平台的资质。

(2) 侵权网页取证技术手段的可信度审查

在取证技术手段的可信度审查上,通过在电脑端命令窗口,输入"ping www.baoquan.com",查看保全网的 IP 地址,其返回的 IP 地址是 112.74.234.54,经查询,该 IP 地址的物理位置是阿里云数据中心,故可知保全网系部署在阿里云中。而阿里云作为通用的云平台,能够确保服务器在一般情况下未受病毒和木马感染入侵,且保全网已获得公安部第三研究所与国家网络与信息系统安全产品质量监督检验中心授予的网站安全一级认证证书、信息系统安全等级保护第三级的备案证明。因此,该网站具备进行电子数据存储的安全环境。

保全网服务器在收到传输过来的侵权网页 URL 时,会自动请求互联网环境下的目标地址,目标地址自动返回状态码及网页信息,以确认请求的 URL 系有效的可访问地址,从而确保侵权链接的抓取系在互联网环境下进行。保全网通过自动调用谷歌开源程序 Puppeteer 对目标网页进行图片抓取,同时通过调用 Curl 获取目标网页源码。经查询可知,Puppeteer 系谷歌官方出品的通过 DevTools 协议控制 headlessChrome 的 Node 库,可通过其提供的 API 作为爬虫访问页面来收集数据。Curl 命令系利用 URL 规则在命令行下工作的文件传输工具,通过模拟 HTTP 请求,获取页面内容、版本等信息。操作过程是按照取证系统事先设定好的程序由机器自动完成的,取证、固证全过程被人为篡改相关链接的可能性较小,故该电子数据来源可信性较高。同时,千麦鉴定所对保全网中使用 Puppeteer 和 Curl 程序进行网页截图和源码调取的技术性进行了鉴别和确认。在没有证据证明此保全过程不可靠的情形下,基本上可认定保全网通过使用公开版谷歌开源抓取程序对目标网页进行域名解析以生成、储存数据电文的方式,是具有可靠性的。

(3) 区块链电子证据保存完整性的审查

在电子证据保存完整性的审查上,保全网将网页截图、源代码和调用信息打包压缩计算出 SHA-256 值后,上传至 Factom 区块链、比特币区块链,以保证电子数据未被修改。要审查该种保持内容完整性方法的可靠性,应当先对区块链技术予以分析判断。区块链作为一种去中心化的数据库,是一串使用密码学方法相关联产生的数据块,每一个数据块中包含一次网络交易的信息,用于验证其信息的有效性(防伪)和生成下一个区块。本案中,为确认电子数据确已上传至区块链,可从电子数据是否真实上传和上传的电子数据是否系诉争的电子数据两方面进行审查。

① 审查电子数据是否真实上传

判断本案所涉电子数据是否真实上传,可根据华泰一媒公司提供的交易哈希值在 Factom 区块链中进行搜索,以查看该条交易哈希存放的内容以及生成的时间。根据华泰一媒公司所提交的区块高度,在该区块高度中可查询到前述交易哈希中存放的内容存入该区块高度中以及该条内容上传的时间,且上传的时间以及使用 Puppeteer 和 Curl 自动获取网页截图和源码的调用日志中显示的时间具有合理性,区块高度生成时间符合调用日志生成时间和 Factom 打包规则二者间的时间逻辑。根据该区块高度锚定到的比特币区块链的交易哈希值,在比特币区块链中查询到该区块节点中包含的内容和 Factom 中存放的内容哈希值一致,故可确认保全网已将电子数据上传至 Factom 区块链和比特币区块链。

② 审查上传的电子数据是否为诉争的电子数据

将在保全网中下载的网页截图、源代码和调用信息打包压缩文件进行哈希值计算,经比对,该数值与华泰一媒公司所提交的进行区块链保存的电子数据哈希值一致,故可确认涉案电子数据已经上传至 Factom 区块链和比特币区块链,且从上链至今保存完整、未被修改。

此外,对于采用区块链等技术手段进行存证固定的电子数据,应秉承开放、中立的态度进行个案分析认定。既不能因为区块链等技术本身属于当前新型复杂技术手段而排斥或者提高其认定标准,也不能因为该技术具有难以篡改、删除的特点而降低认定标准,而应根据电子数据的相关法律规定综合判断其证据效力。其中,应重点审核电子数据来源和内容的完整性、技术手段的安全性、方法的可靠性、形成的合法性,以及与其他证据相互印证的关联度,由此认定其证据效力。本案中,数秦公司作为独立于当事人的民事主体,其运营的保全网是符合法律规定的第三方存证平台。保全网通过可信度较高的谷歌开源程序进行固定侵权作品等电子数据,且该技术手段对目标网页进行抓取而形成的网页截图、源码信息、调用日志能相互印证,可清晰反映数据的来源、生成及传递路径。因此,应当认定由此生成的电子数据具有可靠性。同时,保全网采用符合相关标准的区块链技术对上述电子数据进行了存证固定,确保了电子数据的完整性。因此,作为本案认定侵权依据的通过区块链存证的电子证据具有很强的证据效力。

2. 区块链技术的可信性

深度剖析本案,原告华泰一媒通过第三方存证平台保全网(由联盟链 Factom 公证通提供技术支撑),对侵权网页进行了抓取、源码识别,并将其和调用的日志等数据一键打包,计算成哈希值上传至 Factom 和比特币区块链作为证据保存。在提交证据时,原告只需用哈希值在区块链中搜索,并用私钥解锁交易,就能查看区块链中存放的内容及生成时间,这主要依据了区块链不可篡改的技术特征。

区块链的每个块都包含一些数据、哈希值和前一个块的哈希值,存储在块内的数据取决于区块链的类型,每个块也有一个独一无二的哈希值,块一旦被创建,就同步计算产生哈希值,块内数据变化会导致哈希值变化。而哈希值的变化又可以被用来反观块是否变化,每个块内的第三个元素都是前一个块的哈希值,这有效地创建了一连串的区块。区块链存证先用哈希算法将证据数据转换为一个哈希值,该哈希值是证据的唯一 ID,保存在不可篡改的区块链上,并将哈希值和相关数据提供给法院核实。

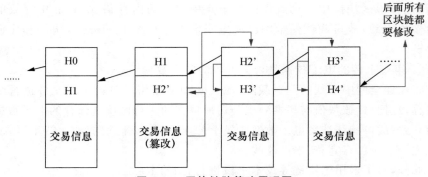

图 5-14　区块链防篡改原理图

那么,如何保证链上证据的真实性呢？用区块链技术进行存证时,存证的第一个块称为创世区块,如果有人篡改了第二个块,就会导致块的哈希值变更。除此之外,这将使第三个块及其以后的所有块皆因不再具备存储验证的价值而失效,因为前一个块不再是有效的哈希值。因此,单独改变一个块,将连带性地导致后面的所有内容都失效。但是,要防止信息篡改,只有哈希值是远远不够的。区块链还有一个被称为工作量证明的机制,这是一种减缓新块创造速度的机制。比如,让证据区块上链,大约需要十分钟来计算所需的工作,并添加到一个新的块中。这种机制使其被篡改的难度加大。如果有人想篡改一个块,他需要重新计算之后所有的块,所以区块链的安全性来自它创造的哈希值和工作量证明机制。区块链通过分布式的方式来保护自身,因为没有任何中心机制来管理链。它采用点对点的网络,联盟链的任何成员都可以加入区块链网络,一旦有人加入这个网络,就会得到区块链网络的完整副本,同步副本能让不同的节点相互验证,如此便能确保上链之后的证据不被篡改。

通过可信的区块链系统,能有效提高司法效率、促进司法公正,且通过区块链公开透明、不可篡改的特性,能降低司法成本,杜绝人为干扰案件的可能,甚至能对整个司法行业的运作模式进行变革。但是,我们也应当理性客观地对待这项新兴技术,认识到假如最初录入的数据被污染,则其本身就会失真。并不是传到链上的证据就是一定真实的、可采信的,它需要与案件的其他证据(包括链上其他证据)进行印证与补强,达到相应证明标准,才能作为最终的定案依据。

四、涉案的电子证据

（1）侵权网页：www.ladyfirst.com.cn（刊登了《妈妈带4岁儿子进游泳馆女更衣室被管理员骂哭》一文）。

（2）源码识别：即侵权网站所用的源代码。

（3）哈希值：将所调取的数据一键打包，计算成哈希值。

五、"华泰一媒"案所反映出的相关问题

1. 我国区块链存证相关立法及规制缺失

在我国相关立法及司法解释中，有关电子证据的适用标准及相关取证规制并不是特别全面，对"新生儿"区块链存证，仅有以下官方公布的文件：

• 2018年5月20日，工信部发布的《2018年中国区块链产业白皮书》指出，利用区块链技术存储电子证据可有效解决传统存证面临的安全问题。在电子证据生成时被赋予时间戳，电子证据存储固定时通过比对哈希值来验证数据完整性，在传输过程中采用不对称加密技术对电子证据进行加密保障传输安全，充分保障了证据真实性和安全性。在取证环节，由于区块链存证方式为分布式存储，允许司法机构、仲裁机构、审计机构等多个节点在联盟链上共享电子证据，理论上可以实现秒级数据传输，降低取证的时间成本，优化仲裁流程，提高多方协作效率。

• 2018年9月6日，最高人民法院发布了《关于互联网法院审理案件若干问题的规定》，其中第11条第2款规定："当事人提交的电子数据，通过电子签名、可信时间戳、哈希值校验、区块链等证据收集、固定和防篡改的技术手段或者通过电子取证存证平台认证，能够证明其真实性的，互联网法院应当确认。"

• 2019年1月10日，国家互联网信息办公室（网信办）出台了《区块链信息服务管理规定》。该规定中明确了区块链信息服务是基于区块链技术或者系统，通过互联网站、应用程序等形式，向社会公众提供信息服务；区块链存证属于区块链信息服务形式。此外，该规定对区块链信息服务内容、区块链信息服务提供者的主体责任、区块链信息服务的流程性管理都作了明确的规定。

其中，《2018年中国区块链产业白皮书》的发布主体是工信部，发布形式是"白皮书"。无论从主体还是从形式上看，其关于区块链存证的内容，仅是对其内在技术的一种说明和介绍，并不具备法律效力。《关于互联网法院审理案件若干问题的规定》被认为是我国首次以司法解释形式对区块链技术电子存证手段进行法律确认，目的是加速"区块链＋司法"模式的落地，但并未对其具体运用及可能出现的问题进行分析和规制。《区块链信息服务管理规定》也仅是在明确区块链信息服务提供者的信息安全管理责任、规范和促进区块链技术及相关服务健康发展，规避区块链信息服务安全风险等方面，为区块链信息服务的提供、使用、

管理提供了法律依据。

总体来说,我国区块链存证的法律规制还存在以下两方面空缺:

(1) 缺乏明确的第三方存证平台资质标准

在当前的司法实践中,法院对于第三方存证的电子证据尚存在不同的认可,且业内也无明确的规定、准则、标准。尽管华泰一媒公司委托"保全网"公司采用"锚定区块链"的方式进行的电子证据保全得到了法院认可,但在此之前的案例中利用第三方存证证据效力也存在不被法院认可的情况。同时,第三方主体性质为商业主体,不可否认的是其所存在的商业性,故其"中立性"存疑。因此,对第三方服务机构要审查其独立性。2017年6月10日,上海市互联网金融行业协会发布了《上海市网络借贷电子合同存证业务指引》,直指电子数据存证,但仅为电子合同存证业务提供了规范的指引,并不具有强制性。随着区块链相关应用的不断涌现,2019年2月15日,《区块链信息服务管理规定》正式实施。该规定正式规范了区块链信息服务,但其内容多为框架性规定,并未具体涉及对利用该技术提供商业服务的存证平台提出具有强制性的资质标准,也未明确第三方存证平台的合法性资质。

(2) 缺乏区块链存证的行业标准

区块链存证行业模式复杂、业务场景过多、相关技术标准缺乏,而且区块链存证相关概念多而易混淆,所涉及时间戳、电子签名、哈希值校验等都被混乱使用。我国已有大量涉及电子数据的技术标准,其中包括国家标准以及相关行业技术标准(如公安部、司法部标准等)可供区块链存证行业借鉴,但这些标准在内容上对技术方法和操作流程的约束过于具体和细致,缺乏灵活性和对具体情况的适用性,在司法实践中很少能够真正发挥价值。现有法律规范并没有对这些标准在审查判断证据时的效力给予支持,使得即便是普通电子数据存证案件,法官也"不敢"贸然以这些标准作为裁判依据。同时,考虑到区块链技术在行业标准方面存在特殊性,有必要对区块链存证行业设立统一标准。在《区块链信息服务管理规定》第4条中,对区块链行业标准有所提及,但也仅是"鼓励区块链行业组织加强行业自律,建立健全行业自律制度和行业准则"等模糊性表述,并未真正涉及行业标准具体详实的内容。

此外,目前运用区块链技术存证的案例多存在于民商事、知产领域。但由于区块链本身极易被利用于非法经营、集资诈骗、擅自发行股票、非法吸收公众存款、洗钱等犯罪,这项技术势必延伸至刑事领域。由于区块链存证系统对于刑事诉讼的证明标准和民事诉讼证明标准存在不同,其适用不同规制机制的问题也值得探讨。

2. 区块链存证的证据效力问题

证据效力又被称为证据的证明力或证据价值,是与证据的内容紧密联系的,是指法官通过自由心证判断证据资料在多大程度上可以证明案件事实。① 在大陆法系中,证据认定与其证明力息息相关。根据我国诉讼规则和证据规则等相关联规则来看,电子证据的证明力应主要从其合法性、真实性及关联性予以判定。依据《关于互联网法院审理案件若干问题的规定》,区块链证据属于电子数据范畴。因此,在司法实践中,区块链存证的证据效力也应结合电子证据的证明力认定形式来予以剖析。

（1）区块链存证的合法性认定

现有区块链存证与通过传统公证方式等受法院认可的证据固定有所不同,其不论是基于私有链、联盟链或是锚定区块链都必须依托第三方平台实施固定,因而正规合法的第三方平台是保障区块链存证的合法性前提条件。《区块链信息服务管理规定》中指出:"区块链信息服务提供者应当具备与其服务相适应的技术条件,对于法律、行政法规禁止的信息内容,应当具备对其发布、记录、存储、传播的即时和应急处置能力,技术方案应当符合国家相关标准规范。"虽然此规定正式规范了区块链信息服务提供者应具备的条件,但其内容多为框架性规定,并未对利用区块链技术提供商业服务的存证平台提出具体的资质标准,这会在认定区块链存证的合法性时产生影响。因为在增加审判人员对区块链存证平台进行额外评估时,若对存证平台的资质以极其严苛的标准要求,则区块链存证的证据效力将会被降低。因此,对于区块链存证平台资质的认定,要结合《区块链信息服务管理规定》进行适当考量,虽然这也增加了法官等审理人员的"技术"难度。

（2）区块链存证的真实性认定

在技术上,区块链具备难以篡改、删除的特点,在确认诉争电子数据已保存至区块链后,其作为一种保持内容完整性的方法是真实可靠的。但是,对区块链存证而言,上链前的电子数据原始性判断是无法通过存证行为予以确认的。因为审查范围是开始于上链时及之后的过程,上链前的电子证据认定只能是结合电子证据自身及其他辅助性手段予以分析。因此,区块链存证的真实可靠认定应包括两点:一是审查电子数据是否被真实上传;二是上传的电子数据是否与案件争议内容相符。只有弄清楚这两点,区块链存证的证据真实性才能够被认定。

（3）区块链存证的关联性认定

电子证据关联性认定一般包括内容与案件关联以及载体与案件关联。区块链存证内容关联性可将存证内容与涉案争议内容进行整体分析、内容对照,连同

---

① "证明力是大陆法系证据理论中的基本概念,相当于英美法系证据理论的'关联性（relevance）',即按照事物发展的一般进程,有关电子证据与案件的特定事实相联系,能在某种程度上证明特定案件事实在过去、现在或将来的存在与否。"参见刘显鹏:《电子证据的证明能力与证明力之关系探析——以两大诉讼法修改为背景》,载《北京交通大学学报(社会科学版)》2013年第2期。

校验值核验等方式予以综合分析判定;区块链存证载体关联性则需要联动存证主体、存证平台和存证行为等多方面因素予以分析判定。由于存证主体进入存证平台一般需要进行账号或身份验证,其存证行为发生应当完整记录在存证平台中,每一步的操作都具备时间戳,因此能够完整回溯存证过程。

综上,对于区块链存证的证据效力,"华泰一媒公司诉道同公司著作权侵权案"的一审判决给出了较为合理的阐述:区块链等新型存证技术不能因其难以篡改、删除的技术性特点而降低认定标准,应当按照电子数据的相关法律规定和认定技术标准综合判断其证据效力,重点应从区块链存证的来源、内容、环境、方法等多方面加以分析,同时与其他证据相互印证关联度,进而确定其证据效力。

第六章 行政诉讼中的电子数据

第一节 牛某诉黔东南州公安局交通警察大队案

一、相关概念简介

1. 雷达测速仪

雷达是利用无线电回波探测目标方向和距离的一种装置。雷达测速仪是根据接收到的反射波频移量的计算而得出被测物体的运动速度。测速雷达主要利用了多普勒效应原理：当目标向雷达天线靠近时，反射信号频率将高于发射机频率；反之，当目标远离天线而去时，反射信号频率将低于发射机频率。如此即可借由频率的改变数值，计算出目标与雷达的相对速度。雷达测速设备可安装在巡逻车上，在运动中实现检测车速，是"流动电子警察"非常重要的组成部分。

2. 行政复议

《中华人民共和国行政复议法》规定，行政复议是指公民、法人或者其他组织认为行政主体的具体行政行为违法或不当侵犯其合法权益，依法向主管行政机关提出复查该具体行政行为的申请，行政复议机关依照法定程序对被申请的具体行政行为进行合法性、适当性审查，并作出行政复议决定。行政复议兼具行政监督、行政救济和行政司法行为的特征和属性。

3. 瞬间速度

瞬间速度是物体在某一时刻的速度大小，是指物体在某一时刻或经过某一位置时的速度，可以用物体该时刻相邻的无限短时间内的位移与通过这段位移所用时间的比值计算得出，如汽车的车速里程表所显示的汽车行驶速度。

4. 行政法与行政诉讼法

行政法是国家行政管理的法律、法规，是指行政主体在行使行政职权和接受行政法治监督过程中而与行政相对人、行政法治监督主体之间发生的各种关系，以及行政主体内部发生的各种关系的法律规范的总称。

行政诉讼法是我国三大诉讼法之一，是公民、法人或者其他组织认为行使国家行政权的机关组织及其工作人员所实施的具体行政行为侵犯了其合法权利时，人民法院在当事人及其他诉讼参与人的参加下，依照该法对被诉具体行政行为进行审查并作出裁判，从而解决行政争议。

二、案情概况

该案为牛某诉黔东南州公安局交通警察支队高速公路交通警察大队（简称交警大队），要求其撤销黔公交决字（2014）第5226902300045539号《公安交通管理行政处罚决定书》的行政诉讼案件，案件大致情况如下：

- 2014年2月19日，牛某受托于贵H186××号大型普通客车的车辆管理人黄某，驾驶该车辆由从江县前往黎平县进行质检。牛某驾驶该车返回途中，行经黎洛公路23KM850M处时，交警大队设置的雷达测速仪抓拍到该车于16时19分50.958秒、16时19分51.058秒的瞬间车速为86KM/H，而该路段小车限速80KM/H、大车限速70KM/H。

- 2014年6月3日，交警大队以牛某存在驾驶中型以上客车在高速公路上行驶超过时速20%以上未达50%的违法行为，作出第522690630003304号《道路交通安全违法行为处理通知书》，要求牛某在15日内到交警大队处接受处理。

- 牛某收到该通知书后，于2014年6月23日到交警大队处接受处理。交警大队的工作人员告知了牛某违法的事实、理由和依据，并制作了告知笔录，牛某对处罚的事实有异议，表示要提起行政复议，未在告知笔录上签名。

- 交警大队于2014年6月23日作出黔公交决字（2014）第5226902300045539号《公安交通管理行政处罚决定书》，对牛某处以罚款100元的处罚。

- 牛某不服，以其从黔岭公司从江分公司调取的GPS数据显示交警大队抓拍的该时段其驾驶车辆未超速为由提起诉讼，要求撤销交警大队作出的处罚决定。

- 庭审后，经现场勘查，情况为：从黎平收费站进入黎洛高速的入口处有标明到洛香全路段测速——大车限速70KM、小车限速80KM的警告标志，在黎洛高速22KM、23KM处有前方测速——大车限速70KM、小车限速80KM的警告标志。另外，对测速点进行勘查，发现与交警大队提交的违法照片证据的周边环境吻合。

- 法院最终判决维持被告交警大队于2014年6月23日作出的交通管理行政处罚决定，案件受理费50元，由原告牛某负担。①

---

① 本案是根据1989年《行政诉讼法》第61条第1项而作出的维持判决。根据现行《行政诉讼法》第69条的规定，行政行为证据确凿，适用法律、法规正确，符合法定程序的，或者原告申请被告履行法定职责或者给付义务理由不成立的，人民法院判决驳回原告的诉讼请求。因此，现行的行政诉讼中已无维持判决。

三、案件情况分析

本案是交通超速类行政诉讼案件,交通超速类行政诉讼是指当事人因交通超速被交通部门行政处罚后不服向法院提起的行政诉讼。在我国行政诉讼中,行政执法部门负有证明行政行为合法性的责任。在交通超速行政案件中,交通部门在向法庭提交用以证明当事人超速事实的电子数据证据的同时,还要提交具有校准资质的计量单位出具的能够证明测速设备精确性的校准证书,以证明测速设备自身系统的稳定性。这是因为,我国交通执法广泛采用的是非现场执法,证明当事人超速事实的证据一般存储在交通部门的测速设备中,交通部门证明处罚行为合法性的关键就在于测速设备里电子数据的证据效力。本案中,交警大队向法院提交了贵州省计量测试院校准证书[编号:力(28)字第20148039号]复印件,以此证明被告取证的机动车雷达测速仪已在2014年1月3日校准过。这确保了测速设备所生成的电子数据证据的真实性,是本案定案的关键证据。

交通部门作出的行政处罚决定若存在错误,会有两种情况:第一种是明知提交的电子数据证据是有瑕疵的;第二种是不知道或不认为提交的电子数据证据是有瑕疵的。第一种情况发生在电子数据证据形成之后,属于交通部门故意为之,法庭比较容易发现;第二种情况是交通部门本身也可能不知道电子数据证据存在瑕疵,而该瑕疵是在电子数据证据生成过程中出现的,测速设备系统是否稳定、技术标准是否达标,都会对生成的电子数据证据产生影响。

就本案而言,并不存在错误的行政处罚决定。黔东南州交警大队作为国家公安机关交通管理部门,有权在其所辖道路开展道路交通安全管理工作,其使用雷达测速仪(型号为LDR-7)在黎洛高速23KM850米处检测到牛某驾驶大型普通客车的瞬间速度超过规定时速(限速70KM/H),并据此以牛某驾驶中型以上载客汽车在高速公路上行驶超过规定时速20%以上未达50%的违法行为为由给予牛某罚款100元处罚。该处罚行为应属黔东南州交警大队正常履行法定职权的执法行为,并无不当。本案中使用的雷达测速仪经贵州省计量测试院进行校准合格,而贵州省计量测试院系经国家质量监督检验检疫总局计量授权、贵州省质量技术监督局计量资质认定的专业单位,且雷达测速仪在校准使用周期内,具备交通行政执法的服役资格。因此,黔东南州交警大队提交的雷达测速仪的检测数据的效力高于牛某提交的GPS卫星定位装置的检测数据的效力。车辆是否存在违章超速应以交通警察部门根据机动车雷达测速仪检测的结果为准。

此外,本案二审期间牛某提出要求进行现场模拟测试的请求。然而,因为我国的法律只授权交警部门交通管理职权,只有交警部门才有权对车辆是否超速作检测,现有证据不能证明交警大队安装使用的雷达测速仪在生产、安装、检测、使用周期等方面存在违法违规问题,其他任何检测装置都不足以推翻雷达测速仪检测的数据,故牛某提出要求进行现场模拟测试的请求没有得到支持。

四、涉案的电子证据

1. 雷达测速仪获得的瞬间速度:即交警大队使用雷达测速仪(型号为 LDR-7)在黎洛高速 23KM850 米处检测到牛某驾驶大型普通客车的瞬间速度。
2. GPS 卫星定位装置的检测数据:即黔岭公司从江分公司调取的卫星定位 GPS 运行轨迹表,且 GPS 的安装公司——凯里市亿程交通运输公司对 GPS 的安装是经过国家认可的,检验也是符合国家标准的。

五、"诉交警大队案"所反映出的相关问题

1. 交通行政执法中电子证据的效力认定问题辨析

交通执法中电子证据取证是指交通执法人员在查处违反交通规则及有关违法行为时,运用技术手段收集、调取违法行为的电子数据证明材料或者与违法行为有关的其他电子数据材料。其中,电子证据是指以电子数据的形式存在于计算机存储器或外部存储介质中,能够证明案件真实情况的电子数据证明材料或与案件有关的其他电子数据材料。

在交通执法中,电子数据并非一直固定在某一存储设备上,而是处于流转的状态中。在非现场执法中,前端采集设备将采集到的数据在本地存储,经审核后上传到执法业务系统,业务处理后形成案件信息对外发布。在现场执法中,执法人员直接将采集到的数据信息上传至执法业务系统,执法人员审核现场执法数据后形成案件信息对外发布。由此可见,在交通行政执法过程中,电子数据的流转包含在多个环节中,每一个环节中又存在多个关键节点,比如非现场执法中电子数据的本地存储与支队审核、现场执法中执法人员对电子数据的自行拷贝等。流转环节及其关键节点的增加,为脆弱的电子数据提供了被修改的可能,而现有的流转环节并未涉及有效的保护措施和记录措施,电子数据在各流转环节均存在被篡改的可能,加上也没有建立有效的证据保管链,最终导致电子数据在合法性和真实性上存在可被诟病的瑕疵。

根据我国相关规定,行政机关对作出的具体行政行为负有举证责任,即交通行政执法部门必须在复议或诉讼中,举示相关的电子数据,并证明其真实性。然而,现行的交通执法系统中所存储的电子数据从生成时就可能具有真实性瑕疵,在各流转环节中存在被篡改的风险,进而导致行政机关无法举证证明其真实性和合法性,在复议和诉讼的过程中,其证据效力受到质疑也是必然的。因此,有必要梳理对此类案件的电子证据认定规则。

鉴于目前我国交通行政执法中并无专门针对电子证据取证规范的相关法律

文件，我们可以从相关行政管理及其他行政执法类型的规定中进行参考，如《国家工商行政管理总局关于工商行政管理机关电子数据证据取证工作的指导意见》《环境保护部办公厅关于印发〈环境行政处罚证据指南〉的通知》《最高人民法院关于行政诉讼证据若干问题的规定》等。综合参考相关意见和规定，交通行政执法过程中电子证据取证应当遵循以下几点规范和审查要点：

（1）交通行政执法中要保障电子证据取证的程序公正

电子证据取证工作应当至少有 2 名执法人员参与进行，其中至少有 1 名人员应当熟练掌握计算机操作知识。在从不同设备获取证明材料时，应当注意防止数据的人为破坏（无论是有意还是无意）。同时，鉴于电子设备操作和电子数据的使用的技术特性，应当由具有专业技术能力或资质的人员实施提取和转存操作，避免证据材料受到污染。需委托其他单位或个人协助调查、取证的，应当制作并出具协助通知书。

交通行政执法中的电子数据取证应当按照法定程序收集、固定、分析、质证等，并且符合相关法律、法规、规章、技术标准等规定。《行政诉讼法》第 101 条规定，人民法院审理行政案件，关于期间、送达、财产保全、开庭审理、调解、中止诉讼、终结诉讼、简易程序、执行等，以及人民检察院对行政案件受理、审理、裁判、执行的监督，本法没有规定的，适用《民事诉讼法》的相关规定。因此，在电子证据取证规范上应当参照民事办案中的相关规定，以确保其证据有效性。此外，《刑事诉讼法》第 54 条第 2 款规定："行政机关在行政执法和查办案件过程中收集的物证、书证、视听资料、电子数据等证据材料，在刑事诉讼中可以作为证据使用。"

（2）交通行政执法中要保障电子证据取证的实质有效

行政证据应该在依法收集并经行政机关审核确认可以证明案件事实的情况下，才能作为定案依据。在交通行政执法中，图像和音视频等视听资料以及相关电子数据信息是最常见的证据类型。

对于视听资料，办案人员应当收集有关资料的原始载体。收集原始载体有困难的，可以收集复制件，并注明制作方法、制作时间、制作人等情况。声像资料应当附有该声像内容的文字记录。对视听资料的审查，可以从下列方面进行：形成和取得是否合法；是否有残缺、失真；现场有无伪造、伪装迹象；是否有剪辑、加工、删节或者篡改迹象。

对于电子数据，执法人员应当收集电子数据证据的原始载体。收集原始载体有困难的，取证时应当注明制作方法、制作时间、制作人和证明对象等，并可以采取以下固定方式[①]：

- 书式固定。对于计算机系统中的文字、符号、图画等有证据效力的文件，可以将有关内容直接进行打印，按书面证据进行固定。书式固定应注明证据来源并保持其完整性。

- 拍照摄像。如果电子证据中含有动态文字、图像、声音、视频或者需要专门软件才能显示的内容，可以采用拍照、录音或摄像方法，将其转化为视听资料证据。

- 拷贝复制。执法人员可以将涉嫌违法的计算机文件拷贝到 U 盘或刻录到光盘等计算机存储设备，也可以对整个硬盘进行镜像备份。在复制之前，应当检验确认所准备的电子存储设备完好且里面没有存储数据。在复制之后，应当及时检查复制的质量，防止因保存方式不当等导致复制不成功或被病毒感染，同时要现场封存好复制件。

此外，如果案件当事人拒绝对打印的相关书证和转化的视听证据进行核对确认，执法人员应当注明原因，必要时可邀请与案件无关的第三方人员进行见证。对于取得电子证据的证明效力审查应当结合不同情况予以判断。案件审查人员发现就同一事实存在相互矛盾的证据时，应当结合具体情况，判断各个证据的证明效力，并对证明效力较大的证据予以确认。

（3）交通行政执法中必要时要实施技术鉴定或聘请专家辅助质证答疑

对于较为复杂的电子证据或者遇到数据被删除、篡改等执法人员难以解决的情况，可以委托具有资质的第三方电子证据鉴定机构或司法部门进行检验分析。委托专业机构或司法部门分析时，执法人员应填写委托书，同时提交封存的计算机存储设备或相关设备清单。专业机构按规定程序和要求分析设备中包含的电子数据，提取与案件相关的电子证据，并制作鉴定意见。

对鉴定意见的审查，可以从下列方面进行：鉴定人是否具备鉴定资格；鉴定机构是否符合法定条件；鉴定人是否签名；鉴定机构是否盖章；鉴定人是否有应当回避的情形；鉴定意见有无明显矛盾；等等。

2. 行政执法证据和刑事诉讼证据之间的衔接问题分析

《刑事诉讼法》第 54 条第 2 款规定："行政机关在行政执法和查办案件过程中收集的物证、书证、视听资料、电子数据等证据材料，在刑事诉讼中可以作为证据使用。"以本案为例，交警部门在取得行政执法证据时，证据获取的规范和标准应该遵循民事证据的取证规范和标准，同时应当兼顾刑事证据的取证规范与标准。这样当行政执法中若涉及刑事问题时，如交通肇事中涉及酒驾并有人员伤

[①] 参见《国家工商行政管理总局关于工商行政管理机关电子数据证据取证工作的指导意见》（工商市字〔2011〕248 号）。

亡或重大财产损失而构成交通肇事罪或相关罪名，行政执法证据就可以作为刑事证据使用。但实际应用时，行政执法证据与刑事诉讼证据的过渡衔接还需要进行探讨研究。

具体分析《刑事诉讼法》第 54 条第 2 款规定，能够明确的是收集行政证据材料的主体单位是行政机关，行为仅限于收集的各类证据材料，过程仅限于行政执法和查办案件中。对于行政机关的定义，《最高人民法院关于执行〈中华人民共和国行政诉讼法〉若干问题的解释》（法释〔2000〕8 号）第 20 条第 3 款规定："法律、法规或者规章授权行使行政职权的行政机关内设机构、派出机构或者其他组织，超出法定授权范围实施行政行为，当事人不服提起诉讼的，应当以实施该行为的机构或者组织为被告。"这里的行政机关是广义上的定义，除了国家行政机关（包括中央行政机关和地方各级行政机关），还包括法律、法规或者规章授权行使行政职权的行政机关内设机构、派出机构和其他组织。

在行政法理论中，行政执法的概念是行政主体依照行政执法程序及有关法律、法规的规定，对具体事件进行处理并直接影响相对人权利与义务的具体行政法律行为，是国家行政机关在执行宪法、法律、行政法规或履行国际条约时所采取的具体办法和步骤，是为了保证行政法规的有效执行，而对特定的人和特定的事件所作的具体的行政行为。[①] 查办案件则是具体行政行为的类型之一，全国人大常委会法制工作委员会将查办案件界定为"依法调查、处理行政违法、违纪案件"[②]。因此，行政执法应当是包含查办案件这一行为。

证据材料的办理行为仅限于收集，所谓证据的收集，指的是证据获取，即如何取得证据。制作（或形成）证据则是指相关主体在已掌握的证据材料的基础上制作而成的证据。收集的证据是已存在的证据，而制作的证据并非事先存在，而是经相关主体分析、归纳、综合、加工之后形成的证据。司法实践中，行政执法机关为了减少出庭质证的成本投入，往往将大量书面材料以书证的方式移送给公安司法机关，在一些案例中已经出现行政执法机关提交"情况说明""执法报告""执法经过"等情形，以规避出庭作证。而行政执法人员在执法中如果感知了案件事实，或者以其他方式知道了案件事实，根据我国刑事诉讼法的规定，这时行政执法人员已经具备刑事证人的身份，在符合法律规定的情形下，应当出庭作证。[③] 行政执法中适格书证应是由公务人员在其职务权限内制作公开的事实陈述的行政文件，如行政认定书、行政处罚决定书等。因此，收集证据材料应当是对已存在的证据予以归集和整理，不包括对证据材料进行分析、归纳和总结。

---

① 参见宋大涵主编：《行政执法教程》，中国法制出版社 2011 年版，第 34 页。
② 全国人大常委会法制工作委员会刑法室编著：《中华人民共和国刑事诉讼法解读》（最新版），中国法制出版社 2012 年版，第 114 页。
③ 参见陈瑞华、杨茂宏：《论两种特殊证据的刑事证据资格》，载《人民检察》2014 年第 13 期。

（1）证据形式的差异性

虽然我国行政证据种类并无法律规定，但行政执法程序的合法性审查归于法院审查，因此行政证据可参照行政诉讼案件的证据种类规定。根据2014年修正后的《行政诉讼法》，证据种类包括书证，物证，视听资料，电子数据，证人证言，当事人的陈述，鉴定意见，勘验笔录，现场笔录。根据2018年修正后的《刑事诉讼法》，证据种类包括物证，书证，证人证言，被害人陈述，犯罪嫌疑人、被告人供述和辩解，鉴定意见，勘验、检查、辨认、侦查实验等笔录，视听资料，电子数据。从具体证据形式以及序位来看，二者证据表现存在差异性。其中，就笔录而言，刑事诉讼对应的是勘验、检查、辨认、侦查实验等笔录，而行政证据的现场笔录无法与之相呼应。此外，行政证据将视听资料和电子数据分离开，而刑事诉讼则将之并列。那么，是不是意味着视听资料和电子数据证明审查标准在行政和刑事中应有不同？

（2）审查标准的差异性

从司法和执法实践看，行政案件与刑事案件的证明标准大相径庭。通常刑事案件的证明标准是证据确实、充分，排除合理怀疑，即刑事上的"排除合理怀疑"证明标准。相比较而言，行政案件没有统一明确的适用标准，现实中通常根据不同具体行政行为、行政案件性质，对当事人权益影响程度等多方面要素，具体案件具体分析，进而确定证明标准。例如，《最高人民法院公报》2007年第1期刊载的"廖宗荣诉重庆市公安局交通管理局第二支队道路交通管理行政处罚决定案"的判决主文中明确提出了"优势证据"这一概念。因此，刑事案件的证据审查标准相对更为严格、清晰。证明标准不同，对于证据收集的强度自然不同，行政执法与刑事司法对于案件的证明标准的不一致，也自然带来衔接过程中对于移送证据的转化与认定的困境。

从审查主体角度，侦查机关、检察机关和审判机关对于进入刑事诉讼后的行政执法证据均有审查判断义务。行政执法机关的范围非常广，除了工商、税务、质监、环境等行政执法机关外，公安机关也有行政执法职能，而公安机关同时又是刑事案件的侦查机关，因此行政执法证据进入刑事司法程序的审查前期工作通常集中在侦查机关手中。但是，侦查机关、检察机关对行政执法证据的审查与审判机关的审查在法律意义上并不相同。从审判中心主义的角度出发，法院最终决定该证据是否具备证据能力、能否作为事实认定的依据，法院才是行政执法证据审查的最终责任者。

从审查内容角度，《人民检察院刑事诉讼规则》规定，经人民检察院审查符合法定要求的，可以作为证据使用。对于何谓"符合有关法律、行政法规规定"和"符合法定要求"，最高人民法院、最高人民检察院、公安部联合出台的《关于办理信息网络犯罪案件适用刑事诉讼程序若干问题的意见》规定，经法庭查证属实，且收集程序符合有关法律、行政法规规定的，可以作为定案的根据。相关司法解释中未作出进一步说明。为了实现从行政执法证据到刑事诉讼证据的过渡，现有学说提供了两种思路模式：其一，单一审查模式，通过确定行政执法证据转化的审查规则，解决行政执法证据进入刑事诉讼环节的前提条件。其二，分段审查模式，在取证主体、取证程序上适用行政法的规定，而在证据排除规则上适用刑事诉讼法的规定。

后　　记

　　本书是结合本人所主持的国家社会科学基金项目、上海市浦江人才计划项目等的相关研究，以及近几年来本人对于计算机犯罪、司法鉴定中相关电子数据内容的研究，依托"华东政法大学高水平地方高校建设项目""华东政法大学高峰学科重点特色专项项目""华东政法大学苏惠渔刑法学研究基金项目"和"华东政法大学一流研究生教育创新计划项目"的资助，历时三年完成的。

　　本书的形成及出版得到了华东政法大学研究生院、刑事法学院的大力支持，院领导和相关老师给予了很多的关心和帮助。另外，在相关内容的撰写过程中，感谢原华东政法大学硕士研究生田晶林（现中共铜仁市委党校）、杨恺（现司法鉴定科学研究院）和赵子玉（现华东政法大学博士研究生）对相关案例资料的收集和整理，感谢华东政法大学硕士研究生诸珺文同学对相关资料的整理和对全书内容的校对，特别感谢上海交通大学赵帅博士对本书案例的研讨与修正。对于他们的付出，在此，再次表示深深的感谢！

　　最后还要特别感谢北京大学出版社对本书出版的支持以及各位编辑在本书出版过程中所付出的辛勤劳动！

王学光

2022 年 10 月

于上海·华东政法大学